中华传世藏书

【图文珍藏版】

# 春秋左传

[春秋]左丘明⊙原著

王艳军⊙主编

第六册

线装书局

# 第六章 《春秋左传》名言

## 其乐融融

大隧之中,其乐也融融!

《隐公元年》

隧,隧道。融融,快乐和睦的样子。

来到隧道中,心情多快乐啊!"其乐融融",形容和谐快乐的样子。

### 【名言典故】

春秋时期,郑国国君郑武公的夫人姜氏先后生了两个儿子,一个是郑庄公,另一个是共叔段。姜氏不喜欢郑庄公,而对共叔段却非常宠爱。

郑庄公当上国君后,共叔段仗姜氏的支持,不断扩大自己的势力范围,还勾结了姜氏做内应,企图发动叛乱,推翻郑庄公的统治。在得知共叔段造反的确切时间后,郑庄公立刻派出军队,消灭了共叔段的武装,共叔段被迫逃亡到了共国避难。

平息叛乱后,大臣们带着姜氏去见郑庄公,请示应该怎样处置姜氏。郑庄公就生气地指着脚下的土地,对母亲姜氏发誓说:"除非是到了地下的黄泉,我再也不会见你了!今后,你就搬到城颍去住吧。"

姜氏搬走后不久,郑庄公的怒气渐渐消了。他开始为自己对母亲说了那么绝情的话而后悔不已。

颍谷有个地方官叫颍考叔,他听说了这件事后,就带上贡品去拜见郑庄公。郑庄公设宴招待他时,他故意把肉食放在一旁,自己只吃饭。郑庄公觉得很奇怪,就问他:"你为什么只吃饭不吃肉呢? 是嫌肉不好吃吗?"

"小人哪里会嫌肉不好吃啊!"颍考叔回答说,"我家有老母,她还从没尝过君王的肉汤。我想把这些美食带回去献给母亲,请大王恩准。"

郑庄公听了,长长地叹了一口气,说:"你有母亲可以送美食给她,而我却没有这样的福分啊!"

颍考叔乘机说:"请允许小人斗胆问一下,大王说这话是什么意思呢?"

郑庄公把憋在心里的话全告诉了颍考叔,说:"君无戏言,我现在真是后悔莫及啊!"

"大王有什么好忧虑的呢?"颍考叔说,"只要挖开地面见到泉水,再挖一条隧道,您就可以在隧道里和您的母亲见面了。难道这不是黄泉相见吗?谁又会说您违背了当时的誓言呢?"

"妙啊!"郑庄公对颍考叔的建议赞不绝口,就照着他的话去做。隧道挖好后,郑庄公快步走进隧道,激动地赋诗道:"来到隧道中,心头乐融融!"姜氏和郑庄公一起走出隧道,她也赋诗道:"走出隧道外,心情多畅快!"母子俩紧紧抱在一起。

# 教子以义方

爱子,教之以义方,弗纳于邪。

《隐公三年》

义方,做人的道理、行事的规矩。弗,不要。纳,入。邪,邪路。

疼爱孩子,就要用正确的道理去教育他,不要让他走上邪路。

### 【名言典故】

卫庄公的宠妾为庄公生了一个儿子,名叫州吁。州吁生得聪明伶俐,深得庄公的宠爱。他从小就喜欢舞枪弄棒,常常惹是生非,但庄公对此却视而不见,这让州吁更加有恃无恐。

卫国大夫石碏看到庄公如此宠爱州吁,便劝他说:"疼爱自己的儿子,就应当用做人的正道去教育他,才不至于让他走上邪路。骄傲、奢侈、放荡、逸乐,是走上邪路的开始。这四种恶习之所以发生,正是过分溺爱的缘故。如果您准备立州吁做太子,那就尽快确定下来;如果还不能明确,您的宠爱反而会害他酿成祸患。"

卫庄公不为所动。石碏有些着急了,他继续说:"州吁出身低贱,但他现在享受的待遇却大大超过了他应该得到的标准。一旦将来不能继承王位,他一定不甘心自己的地位落在别人之下,这样就会酿成国家的祸患啊!"但是,卫庄公依然没有听取石碏的劝告。

石碏的儿子石厚和公子州吁交往频繁,石碏多次劝阻也无济于事。卫桓公即位后,石碏就告老退隐了。

一年以后,公子州吁果然杀死了卫桓公,自己做了卫国的国君。但是,由于州吁仗恃武力,凶狠残暴,卫国的百姓十分不服,卫国长时间得不到安宁。为了帮助州吁顺利地当好卫国的君王,石厚去向自己的父亲石碏请教,如何才能巩固州吁的王位。石碏对儿子和州吁的所作所为痛恨不已,他沉思了片刻,说:"如果能得到周天子的接见,州吁就取得了合法的地位。"

石厚眼前一亮,迫不及待地问:"那怎样才能让周天子接见呢?"

石碏说:"陈国的国君陈桓公深受周天子宠信,如果州吁去拜访陈桓公,请他向周天子引荐,就一定会成功的。"石厚听了,兴高采烈地走了。就在石厚转身离开时,两行浊泪顺着石碏的脸颊滚落下来。

石碏派出密使,赶在州吁和石厚之前到了陈国。石碏的密使对陈桓公转达了石碏的意思:"卫国是个小国,我也老了,不能再为国家做些什么了。州吁和石厚杀死了我国君主,请您替我除掉他们。"

当石厚陪同州吁来到陈国时,陈桓公就把这两个人抓了起来,并请卫国派人来陈国处置他们。九月,卫国派人到了陈国,将州吁处死;石碏也派自己的管家到陈国杀死了石厚。后来,卫国派使者到邢国迎接公子晋回国即位,卫国的动乱终于得以平息。

# 众叛亲离

阻兵无众,安忍无亲,众叛亲离,难以济矣。

《隐公四年》

阻兵,倚仗武力。安忍,安于残忍。叛,背叛。离,离开。济,成功。

倚仗武力就得不到群众支持,安于残忍就没有亲附的人。众人反对,亲近的人离去,是难以取得成功的。成语"众叛亲离"用来形容完全陷于孤立。

【名言典故】

州吁是卫庄公最宠爱的一个儿子。他从小过着养尊处优、呼风唤雨的生活,逐渐养成了唯我独尊、凶狠残暴的性格。州吁的哥哥卫桓公继承王位后,州吁不甘心地位落在鲁隐公四年(公元前719年),卫桓公要到洛阳去参加周天子平王的丧礼。州吁借机在西门外摆下酒席,给卫桓公送行。当卫桓公从州吁手中接过酒杯,准备一饮而尽时,州吁突然拔出匕首刺向了卫桓公。

州吁杀了卫桓公,自己做了卫国的国君。这件事引起国人的强烈不满,反对他的人纷纷组织起来,准备讨伐他。州吁为了转移国内的矛盾,便以替先君报仇为名,兴兵攻打郑国。

当时,宋国的公子冯出逃到了郑国,郑国人准备送他回国,这让宋国的国君宋殇公十分不满。州吁便派人去对宋殇公说:"如果您愿意进攻郑国,除去您的心头之患,我国愿意出兵、出物。只要您同意,就由宋国充当主帅,卫国出军费,如果再联合陈国和蔡国,一定会取得成功的。"宋殇公一听,天下居然有这么好的事情,有人愿意出钱出力替自己消灭在郑国的祸患!于是,卫国和宋国、陈国、蔡国联合起来,一起攻打郑国。由于郑国防守严密,联军把郑国包围了五天,仍攻不下来,只好撤兵回去了。

鲁国的国君鲁隐公听说了这件事,就问大夫众仲:"州吁为了安定他的百姓,想用攻打郑国的办法来转移人民的注意,你觉得他能够成功吗?"

众仲回答说:"我只听说做国君的用恩德来赢得百姓的爱戴,还从没听说过可以用战乱来获取人心。州吁这么做,一定会适得其反。"

"哦,能说得具体点吗?"鲁隐公对众仲表示赞同,请他继续说下去。

"州吁这个人,为人残暴,仗恃自己拥有重兵,到处发动战争,把灾难带给了人民。如果一个国君用武力治理国家,就没有人会支持他;常用残忍的手段,就没有人亲近他。众人反对他,亲近的人离开他,他是不可能成功的。州吁杀了他的国君,又暴虐地驱使百姓。激起民愤后,他不但不开始用美德来安抚百姓,反而希望用战乱来转移人民的注意,其结果必然是玩火自焚!"

果然,没过多久,卫国的老臣石碏就借助陈国的力量杀死了州吁,为民除害。

## 善不可失,恶不可长

善不可失,恶不可长。其陈桓公之谓乎!长恶不悛,从自及也。

《隐公六年》

长,滋长。悛,悔改。

善良的品行不可丢失,邪恶的品行不能滋长。这说的就是陈桓公啊!如果滋长了邪恶而不悔改,就会自取其祸。

**【名言典故】**

华阅和华臣两兄弟都是宋国的重臣,一直独霸着宋国的国政。但为了各自的利益,华氏两兄弟之间的争斗从来没有停止过。

鲁襄公十七年(公元前556年),华阅死了。华臣觉得这是扩张势力的好机会,决心趁此机会彻底铲除华阅的势力。于是,华臣雇了六个杀手,要他们去刺杀华阅儿子家的总管华吴。

六个杀手在街上找到华吴,悄悄地跟在他的后面,准备找个没人的地方杀死他。华吴发觉有几个凶神恶煞般的人紧紧跟在自己后面,吓得撒腿就跑。杀手们挥舞着铍刀(一种两面有刃的刀),在后面紧追不舍。

当华吴逃到左师(宋国的执政官)家房子的后面时,左师正好从后门出来。华吴仿佛看到了救星,连声说:"左师大人,救命,救命啊!"

左师哪里见过这种场面,吓得浑身直哆嗦,战战兢兢地说:"我……可没惹你们啊!你们……你们想干……干什么?"

"哼,你问我们想干什么啊?"一个刺客在左师面前晃了晃铍刀,"当然是要杀人哪!"

说完,刺客猛地一刀砍向躲在左师身后的华吴。血腥的场面把左师吓得瘫坐在地上,半天无法动弹。

随后,几个刺客又跑到华吴家,把他的妻子囚禁起来,逼她交出了华臣垂涎已久的大玉璧。

宋平公听说了这件事,龙颜大怒。他对左师说:"华臣身为重臣,却如此残暴地对待自己哥哥的家人,还明目张胆地杀人抢东西,扰乱了国家法纪。对这种恶人,一定要严惩!"

左师心想:"如果国君真的惩办了华臣,说不定他会以为是我向国君告的状。日后要是来报复我,我的老命岂不是没有了?"

于是,左师对宋平公说:"依臣之见,华阅和华臣都是国家重臣。如果惩办了华臣,这件事必定会宣扬出去,让别国知道我国大臣之间不团结,这可是我国的耻辱呀!俗话说,家丑不外扬，我看还是算了吧！"

宋平公觉得左师说的也有道理，就决定暂时不追究此事。

华臣的罪行没有得到应有的处罚，于是更加恣意妄为。大臣和百姓都小心翼翼地躲着他，生怕一不小心就惹上麻烦。

一天，有人在大街上追打一条疯狗，很多人拿着棍棒来帮忙。疯狗四处逃窜，最后朝着华臣家的方向跑去。华臣听到远处传来一片喊打声，以为有人来攻打他，吓得赶紧从后门溜了出去。

华臣并不知道，正是因为自己作恶多端，做贼心虚，所以才会被人们追打疯狗的行为吓得仓皇逃窜。

## 君子不欲多上人

君子不欲多上人，况敢陵天子乎？

《桓公五年》

欲，希望。陵，同"凌"，欺凌。

君子不希望欺人太甚，又怎么敢欺凌天子呢？

### 【名言典故】

鲁桓公五年（公元前707年）夏季，郑庄公和齐僖公到纪国去访问，想乘机袭击纪国。纪国人察觉到了郑、齐两国的阴谋，提前做了准备，所以郑庄公和齐僖公的阴谋没有得逞。周桓王早就对郑庄公不断扩张势力感到不满，所以他知道这件事后，就剥夺了郑庄公参与周王室朝政的权力，并把郑国的部分土地收为己有。郑庄公从此不再朝觐周王。

这年秋天，周桓王亲自率领陈、蔡、卫等诸侯国的联军讨伐郑国，双方军队交战于繻葛。

郑国的子元对郑庄公说："陈国国内刚发生了动乱，虽然勉强征调了一些兵马，但他们军心不稳，缺乏斗志。如果先攻打陈国，他们必然溃败。周桓王的军队去照顾陈国军队，肯定也会混乱不堪。蔡国和卫国的军队不能互相支援，也一定会四散逃命。这样，我们就可以集中兵力攻打周桓王的中军，必会大获全胜。"

"妙啊，真是妙计啊！"郑庄公听了连声叫好，立刻命令右方阵攻打陈国军队，左方阵抵御蔡国和卫国的军队,中军则负责保卫郑庄公,摆开了阵势。

郑庄公一挥令旗,右方阵就杀向了陈军。陈国的士兵原本就无心恋战,现在看到郑军来势如此凶猛,立刻四处逃窜。蔡、卫两国的军队也被左方阵打得落荒而逃,周军阵营顿时混乱不堪。这时,郑庄公命令军队从两侧合力夹击周军。周桓王看到形势不妙,赶紧指挥军队撤退,结果被郑国的祝聃一箭射中了肩膀。郑军乘胜追击,眼看就要活捉周桓王了,郑庄公却下令鸣金收兵。

祝聃撤兵回来,十分不解地问郑庄公:"臣一箭射中周桓王的肩膀,眼看就要活捉他了,大王为什么在这节骨眼上下令撤兵呢?请大王让我率一队兵马,去生擒周王!"

"你们英勇杀敌,我都看在眼里了,回去以后一定重重奖赏!"郑庄公笑了笑说,"君子不希望欺人太甚,更何况他还是天子呢?我们能保住性命,能保全国家,这就足够了。"

晚上,郑庄公派人带着牛、羊、粮食等礼物去拜见周桓王,说:"天子率兵攻打我国,罪臣不忍心让百姓蒙难才迫不得已自卫,不想却误伤了天子。惊恐之余,特意前来向天子请罪!"

周桓王打了败仗,哪里还敢再治郑庄公的罪,只好打掉牙往肚子里吞,自认倒霉了。

繻葛之战使周天子威信扫地,郑庄公从此声威大振。宋、卫、陈等宿敌都来求和,郑国逐渐成为当时中原最强盛的诸侯国。

# 怀璧其罪

匹夫无罪,怀璧其罪。

《桓公十年》

匹夫,一个人。璧,宝玉。

一个人本来没有罪过,却因为藏有价值连城的宝玉而招来杀身之罪。这句话的意思是,贪图财宝的人往往会招来祸患。

## 【名言典故】

虞公是春秋时代虞国的国君,他有个弟弟叫虞叔。

有一天,虞公听说弟弟虞叔得到了一块价值连城的宝玉,便带着随从来到虞叔家。

"听说弟弟得到一块宝玉,哥哥特地前来祝贺!"虞公一进门就直奔主题,笑盈盈地对虞叔说，"不知弟弟能不能拿出宝玉，让哥哥也欣赏欣赏呀？"

当国君的哥哥要看看宝玉，虞叔怎么敢不答应呢？他赶紧走进卧室，小心翼翼地捧出装有宝玉的盒子，呈到虞公面前。虞公把宝玉拿在手上细细观赏，不时地赞叹道："真是美玉啊！"看着虞公垂涎三尺的样子，虞叔心里直打鼓，生怕虞公向自己索要宝玉。

果然，虞公看完宝玉后，就挤出一脸笑容对虞叔说："弟弟啊，哥哥还从没见过这么漂亮的宝玉，你能不能把它借给我欣赏几天啊？"

虞公说是借几天，其实就是想把宝玉据为己有。虞叔非常为难，支支吾吾地说："这块宝玉我也是刚得到不久，所以……我想……"虞公见虞叔不肯献出宝玉，非常生气，站起身就走了。

虞公走后，虞叔就后悔了。他想："俗话说得好，一个人本来没有罪，但如果他藏有价值连城的宝玉，就会招来祸害。虞公向我索要宝玉，我又何必贪留这块宝玉而招来祸害呢？"虞叔越想越怕，第二天一大早，就带着宝玉去献给了虞公。

献出宝玉后，虞叔以为这下可以过上清静日子了，心情也轻松了许多。不料，虞公得到宝玉后仍不满足，又派人来找虞叔，说听说虞叔还有一把锋利无比的宝剑，希望虞叔能把宝剑也献给他。

虞叔听了气愤不已，对身边的人说："虞公的索取没有停止的时候，因为他不知满足。他这样贪得无厌，即使我毫无原则地把自己所有的财宝都送给他，也不可能满足他。一旦满足不了他，他肯定就会加害于我。与其等到祸事临头，倒不如先发制人，保护自己。"于是，虞叔趄虞公不备，起兵攻打虞公。虞公被虞叔打败后，逃到了共池避难。

# 一鼓作气

夫战，勇气也，一鼓作气，再而衰，三而竭。

《庄公十年》

夫，语气词，放在句子开头，表示要发表议论。鼓，击鼓。再，第二次。衰，减少。竭，穷尽，完。

打仗，依靠的是勇气。第一次击鼓时，士兵们鼓足了勇气；第二次击鼓时，勇气就衰退了；第三次击鼓时，勇气便耗尽了。

**【名言典故】**

鲁庄公十年(公元前684年)的春季,齐国军队攻打鲁国,鲁庄公决定出兵应战。曹刿听到这个消息,担心鲁国的大官们不能深谋远虑,会打败仗,便不顾同乡的劝阻,请求觐见鲁庄公,要求和鲁军一同出战。

等到战争打响的时候,鲁庄公与曹刿同乘一辆战车,与齐军在长勺交战。齐、鲁两军拉开阵势,一场惊心动魄的战斗一触即发。

鲁庄公准备击鼓出击,曹刿拦住了他,说:"大王,时机还不成熟,不能急于出战。"鲁庄公虽然有些不解,但还是听从了曹刿的意见。

这时,齐军开始击鼓,要求与鲁军开战。鲁庄公看了看曹刿,只见曹刿一言不发地看着齐军的阵营,鲁庄公只好作罢。

过了一会儿,齐军第二次擂响了战鼓。鲁庄公有些沉不住气了:"再不出战,齐国还以为我们怕他们呢!"曹刿胸有成竹地笑了笑,对鲁庄公说:"不急!"

当齐军第三次敲起战鼓的时候,曹刿说:"这下可以出击了!"

鲁庄公立刻下令击鼓进军。只见鲁国的士兵如同猛虎下山,快速杀向齐军,把齐军打得丢盔弃甲,落荒而逃。鲁庄公非常得意,正要下令追击齐军,又被曹刿拦住了。

曹刿不慌不忙地走下战车,仔细地察看了齐军战车的车轮印子,然后又登上战车向齐军逃跑的方向眺望了一会儿,这才对鲁庄公说:"大王,现在可以追击了,请下令吧!"鲁军乘胜追击,结果大获全胜,将齐军彻底打败了。

战斗结束后,鲁庄公向曹刿询问取胜的原因。曹刿回答说:"打仗,靠的就是勇气。第一次击鼓后,士兵们勇气振奋;第二次击鼓后,勇气就开始衰减;等到第三次击鼓后,勇气也就消失殆尽了。齐军的勇气没有了,而我军士兵的勇气却刚刚振奋起来,并且非常旺盛,哪有不胜之理?我之所以不让您急于追击敌军,是担心他们设有埋伏,故意装作打败了引我们上当。后来,我看到他们逃跑时的车轮印子很乱,军旗也倒下了,这才放心地让大王出兵追击齐军。"

听了曹刿的分析,鲁庄公心悦诚服地说:"你真是一位不可多得的军事家啊!"

# 与恶弃好非谋也

与恶而弃好,非谋也。

《庄公十二年》

与恶,结交邪恶的人。弃好,丢掉友好的人。谋,主意。

由于结交邪恶的人而丢掉了友好的人,这不是好主意。

## 【名言典故】

南宫长万是宋国的一员猛将,可是在一次战斗中做了鲁国的俘虏。南宫长万回国后,虽然没有受到什么处罚,但宋闵公却时常有意无意地讥讽他。南宫长万对此一直耿耿于怀。

鲁庄公十二年(公元前 682 年)的一天,南宫长万和宋闵公在一起下棋赌酒,输了的人就要喝一大碗酒。南宫长万连输了五局,就一连喝了五大碗酒,微微有些醉意了。南宫长万不愿认输,吵着还要跟宋闵公再下几局。宋闵公有些不耐烦了,就嘲笑他说:"你这个常败将军,怎么还敢再跟我赌啊?哈哈……"

南宫长万气得火冒三丈,一脚踹翻桌子,同宋闵公打了起来。宋闵公哪里是南宫长万的对手,没几下就被打死了。

南宫长万闯了大祸,赶紧夺路而逃,正好跟大夫仇牧撞了个满怀。仇牧还没来得及说话,就被南宫长万一拳打死了。南宫长万逃到东宫的西面时,又碰到了太宰(是一种官职)华督。已经杀红了眼的南宫长万干脆把他也给杀了。

杀死宋闵公后,南宫长万便纠集了人马,拥立子游为国君。宋国的公子们为躲避南宫长万的追杀,就逃到了萧国避难。南宫长万听说公子御说逃到了亳地,就派南宫牛和猛获率兵包围了亳地。

逃亡到萧国的公子们四处奔走,寻求帮助,终于在这年十月带领着援军杀了回来。援军在亳地与南宫牛和猛获的部队交战,在阵前杀死了南宫牛。猛获见援军来势凶猛,就趁乱逃走,躲到卫国去了。

援军又冲进国都,杀死了子游,重新拥立了国君。南宫长万做贼心虚,无心恋战,赶紧驾车拉着他的母亲逃到了陈国。

平息了南宫长万的叛乱后,宋国立即派人到卫国去,请求卫国把猛获交给宋国治罪。

卫国的国君不想交出猛获,大夫石祁子就劝他说:"猛获这个人作恶多端,是个十足的恶人!他在宋国作了恶,我们怎么还能去保护他呢?这样做,对卫国有什么好处呢?如果因为与邪恶的人交往而失去了友好的国家,这样做可不是好主意啊!"听了石祁子的话,卫国的国君下令把猛获交给了宋国。

宋国又派人带上礼物到陈国去,请求陈国归还南宫长万。可南宫长万力大如牛,要抓住他可不容易。陈国人想了个办法,找来几个美女劝南宫长万喝酒,把他灌醉后用犀牛皮包裹起来,交给了宋国人。

到达宋国时,南宫长万的酒已经醒了,他差点儿就挣脱绳子逃走了。宋国人对南宫长万恨之入骨,对他处以了极刑。

# 修己而不责人

修己而不责人,则免于难。

《闵公二年》

修,加强修养。责,责备、埋怨。难,灾难。

加强自己的修养而不是去怨天尤人,就可以免受灾难。

## 【名言典故】

鲁闵公二年(公元前660年),晋献公不顾大夫里克的劝阻,派太子申生去攻打东山的皋落氏,命他"把敌人消灭光了再回来"。

在那时,一般情况下应该是国君领兵出征,太子在国都留守,或者是太子随父出征。太子独自领兵出征而国君留守国都的事例并不多见,仅有的几次也多半是太子地位动摇的迹象。申生作为太子,已经是未来国君的候选人了。这次领兵出征,如果战胜还好,要是战败,轻则会被夺去太子的头衔,重则可能亡命战场,都会失去应有的地位。所以,太子申生接到父亲的命令后,感到非常郁闷。

大夫里克去见申生。申生难过地问:"父王恐怕是要废黜我了吧?"

"您是大王的儿子,大王命你出征,你就应该考虑如何去完成使命,而不是考虑是否被废黜的事情。"里克安慰他说,"你只要不断加强自己的修养,提高自己的能力,自然可以免于灾祸。怨天尤人是解决不了问题的！"

听了里克的劝告，申生决定领兵出征。就在这时，晋献公却派人给他送来了一件杂色的军装。古代领兵打仗要穿"戎装"，以一种颜色的衣服为尊贵。所以，申生更加疑惑了，不知道父亲到底会怎么处置自己。申生手下的几个大臣对申生的处境也非常担忧，便聚集在申生家里商量对策。

"服饰是身份的标志，如果君王真的看重这次行动，就不应该赐给您一件杂色的衣服。"有人长叹了一口气，说，"现在，君王这样做，显然是要疏远您，置您于两难的境地啊！"

"杂色衣服不合常规，看来国君是别有用心啊！"

"是啊！这样的衣服，就算是有精神病的人都不会穿的！君王还说什么'把敌人消灭光了再回来'，敌人是那么容易消灭光的吗？您如果率兵出征，就算是战死疆场也要落个不孝的罪名。再说，即使是把敌人消灭光了，回来以后还是会有人诬陷您。依我看，您不如趁早逃离这里！"

事不宜迟，有人立刻赶来马车，准备帮助申生逃离晋国。这时，有位大夫拦住了他们。他对申生说："您身穿的服装有一半是国君衣服的色彩，手里还掌握着指挥军队的大权，您还有什么好担心的呢？您如果真的逃离了晋国，既违背了父命，又抛弃了自己的责任。违背父命是不孝，抛弃责任是不忠。虽然我们都感到了国君内心的冷酷，但不孝不忠这样的邪恶之举是万万做不得的。成败在此一举，您还是拼死一战吧！"申生听从了这位大夫的建议，决心要全力以赴去打赢这场战争。

由于申生为人忠厚仁慈，将士们都对他忠心耿耿。尤其是兵士们得知晋献公派申生出征是想废黜他以后，大家都非常同情他，因此努力杀敌，终于大败皋落氏，收兵回晋。

# 风马牛不相及

君处北海，寡人处南海，唯是风马牛不相及也。

《僖公四年》

君，你，指齐桓公。寡人，古代君王自称。北海、南海，泛指北方、南方边远的地方。风，走失。及，到达。

您住在北方，我住在南方，即便是走失的马、牛，也不可能到达对方的疆土。

**【名言典故】**

鲁僖公四年(公元前 656 年)春季,齐桓公率领诸侯联军打败蔡国后,又乘胜前进,直扑楚国边境。

面对强大的敌人,楚成王清醒地意识到,要避免这场灾难,必须依靠自己的智慧。于是,楚成王派出使者,前往联军驻地去拜见齐桓公。

楚国使者对齐桓公说:"楚王让我转告大王:您住在北方,我们住在南方,我们两国相隔遥远,即便是走失的马、牛,也不可能跑到对方的疆界里。可是,您却带领军队长途跋涉来到我国边境,不知有何意图?"

齐国的大臣管仲立刻站出来回答说:"从前,辅佐周王的召康公曾对我们的先主太公说,五等诸侯和九州首领,只要不遵从王命,我们都可以去讨伐他们,以便共同辅佐周王。你们楚国向周王室进贡的苞茅至今没有交纳,使天子的祭祀缺乏必备的物资,我们为此特来问罪。还有,当年周昭王南巡楚国,结果溺死在汉水,这件事我们也要查个水落石出。"

周昭王溺死汉水是怎么一回事呢?原来,周昭王是一个生活奢靡的暴君,他听说南方出产一种肉质鲜美的雉鸡,但碍于楚国的阻隔难以得到,便亲自带兵讨伐楚国。汉水岸边的老百姓恨透了周昭王,就找来几艘大船,先用斧头劈坏,再用胶粘上。周昭王上了被劈坏的大船后不久,大船散了架,周昭王就被淹死了。

这件事发生在将近三百年前,现在齐国却拿它来做讨伐楚国的借口。楚国使者不卑不亢地说:"没有按规定进贡苞茅,这确实是我们的过错,今后再也不敢这样了。至于周昭王的事情,您应该去问汉水边上的老百姓!"

楚国使者的一席话,说得齐桓公哑口无言。但是,他仍然下令让联军继续推进,临时驻扎在陉地。

楚成王又派屈完前往联军驻地交涉。齐桓公让联军摆开阵势,请屈完一同乘战车进行检阅。齐桓公指着联军的战阵,耀武扬威地说:"我率领这样强大的军队来作战,有谁能够抵挡得住?"

屈完针锋相对地说:"如果您用德行来安抚各诸侯国,大家肯定都会顺服的。但是,大王如果想用武力来威胁我们的话,楚国就将用方城山当城墙,用汉水当护城河,誓死抵抗!"

齐桓公没有办法，只好与楚国签订了和平盟约，无功而返。

# 一薰一莸，十年尚臭

一薰一莸，十年尚犹有臭。

《僖公四年》

薰，一种有香味的草，比喻好人；莸，一种有臭味的草，比喻坏人。

把有香味的草和有臭味的草放在一起，哪怕过了很长时间，都还会有臭的气味。成语"一薰一莸"比喻好人长期和恶人在一起，善就容易被恶所掩盖。

## 【名言典故】

晋献公讨伐骊戎国时，俘获了两个骊戎国的公主，其中一个便是有名的美人骊姬。

晋献公被骊姬的美貌所迷惑，便找人来为自己算命，打算立她为夫人。晋献公一连算了两次命，第一次的结果是不吉利，第二次的结果是吉利。晋献公说："就按第二次的结果办吧！"负责算命的人劝他说："按照惯例，第一次算命的结果都很灵验，而且这次算出来的结果是：'过分地宠爱一个人会发生变乱。把有香味的草和有臭味的草放在一起，哪怕过了很长时间，都还会有臭的气味。'所以，您千万不能立骊姬为夫人啊！"晋献公哪里听得进去，仍然坚持立骊姬为夫人。

骊姬是个奸诈的女人。为了让自己的儿子继承君位，在以美色取得了晋献公的宠爱后，她又贿赂了晋献公最宠信的两位大夫，让他们说服晋献公把三个公子派离京城。同时，为了废掉当时的太子申生，她又开始实施一个阴险残忍的计划。

一天，晋献公率领人马出城打猎。按照当时的规矩，太子是国家的"储君"，轻易不能走出城去。国君出城，太子就有了"监国"的责任。所以，晋献公出城后，太子申生就留在了宫中"监国"。

晋献公一走，骊姬就悄悄地召见了太子申生。骊姬装出一副很诚恳的样子，对申生说："你妈妈去世后，国君一直很想念她。前些天，国君又梦见你妈妈了。你要是去祭奠一下她，国君回来后肯定会很高兴的！"

为人忠厚的申生不知这是骊姬的奸计，便立刻去祭祀自己的母亲，并把用来拜神的酒和肉带回来交给骊姬，请她在晋献公打猎回来后献给他。看到申生正一步步走入自己的圈套,骊姬暗自高兴,便爽快地答应了申生的请求。

六天后,晋献公回来了。骊姬偷偷地在酒肉里下了毒,呈给晋献公。晋献公倒满一杯酒,倒在地上祭拜天地,没想到被酒浇过的地方立即凸起来了。

"这酒里有毒!"晋献公大惊失色,立刻命人牵来一条狗,扔了一块肉给狗吃。很快,这条狗口吐白沫,四肢抽搐,不一会儿就死了。

"这是怎么回事?"晋献公厉声问道。

骊姬装作很委屈的样子,一边擦眼泪一边说:"这酒和肉都是太子让我献给国君的。国君那么信任他,我怎么都想不到他会对国君下毒啊!"

晋献公气得浑身发抖:"来人哪,快去把这个大逆不道的人抓起来,我要砍他的脑袋!"

有大臣劝晋献公说:"请大王息怒。太子为人忠厚,怎么可能谋害自己的父王呢?这事一定另有原因,还是查清楚了再说吧!"

"这酒肉是太子交给我的。如果不是他下的毒,那就是我下的毒了?"骊姬生怕晋献公放过申生,放声大哭起来,"那就请大王杀了我吧!"

看着骊姬楚楚可怜的样子,晋献公更生气了:"这个逆子,不但要置我于死地,还要嫁祸于骊姬,不杀他不足以消我心头之恨!"

有人悄悄跑去把发生的事告诉了申生,劝他逃离晋国。申生听了,长叹了一口气说:"我能往哪里逃呢? 现在,大家都认为是我投毒想谋害父王,谁敢接纳我呢?"万念俱灰的申生走投无路,被迫自杀了。

除掉了太子申生,野心勃勃的骊姬又开始了消灭另外三位公子的行动。晋国由此陷入了内乱,史称"骊姬之乱"。

# 唇亡齿寒

辅车相依,唇亡齿寒。

《僖公五年》

辅,面颊骨。车,牙床。亡,失去。

面颊骨和牙床紧密相连,嘴唇没有了,牙齿露在外面就会感到寒冷。比喻两者之间关系密切,互相依存。

**【名言典故】**

鲁僖公二年(公元前658年),虞国借路给晋国,使晋国奇袭虢国得手,一举灭掉了虢国的下阳。三年后,晋献公又向虞国借路,准备再次攻打虢国。这一次,晋献公打了一个如意算盘,他想先灭掉虢国,然后在班师回国时偷袭虞国。

虞国有个大夫叫宫之奇,他一眼就看穿了晋国的野心。宫之奇对虞君说:"虢国是咱们虞国的外围屏障。虢国一旦灭亡,虞国也就完了!虢国和虞国的关系就好比嘴唇和牙齿,失去了嘴唇,牙齿也会跟着受冻!三年前,您借路给晋国就已经很过分了,怎么还能有第二次呢?"

虞君很不以为然地说:"晋国是我们的同宗,怎么会谋害我们?况且上次他们灭掉下阳后,不是也没把我们怎么样吗?"

宫之奇回答说:"虢国的君王为周王室立下过赫赫功勋,而晋国却连虢国都要灭掉,怎么可能爱惜我们虞国呢?再说,虞国和晋国的桓叔、庄伯相比,谁跟晋献公更亲呢?晋献公不是照样把桓叔、庄伯的后人都杀了吗?这还不是因为晋献公害怕他们会对自己构成威胁吗?连至亲的人都会被无辜杀害,更何况我们这样一个国家呢?"

虞君固执地说:"我用最丰盛、最干净的祭品供奉给神灵,神灵肯定会保佑我的。"

宫之奇摇了摇头,说:"《周书》上说,上天对人没有亲疏之分,人们的祭品也没有什么不同。上天只对有德行的人进行帮助,有美德的人的祭品才是真正的祭品。假如晋国占领了虞国,并能够弘扬美德来向神明进献祭品,难道神明会不接受吗?"

可是,尽管宫之奇费尽了口舌,虞君还是不肯听从他的劝告,又一次答应了晋国借路伐虢的要求。

宫之奇心灰意冷,仰天长叹:"虞国灭亡的日子不远了!"然后就带着他的家人离开了虞国。

晋国的军队顺利地经过虞国,一路上势如破竹,在当年冬天灭掉了虢国。晋军凯旋回国的途中在虞国驻扎,趁机袭击虞国,俘虏了虞君。虞国灭亡了,虞君这才想起了当初宫之奇的劝告,可惜悔之晚矣。

# 欲加之罪,何患无辞

欲加之罪,其无辞乎。

《僖公十年》

欲,要。辞,言辞,指借口。
要想加罪于人,不愁找不到罪名。指随心所欲地诬陷人。

## 【名言典故】

晋献公去世后,晋国发生了内乱。大夫里克等人想把流亡在外的公子重耳迎接回国继承王位,便发动了政变,先后杀死了继承王位的公子奚齐和公子卓,大臣荀息也被迫自杀。

里克派人到狄国去迎接公子重耳,希望他能回国继承王位。但重耳安于狄国的生活,婉言谢绝了里克。里克又派人前往梁国去请公子夷吾。夷吾怀疑里克的真正目的是想把他骗回去好杀死他,所以不敢贸然成行。

夷吾带着厚礼去拜见秦国国君秦穆公,请求秦国用武力护送自己回国为君,并许诺,他一旦回国为君,就会把晋国的五座城池奉献给秦国。第二年四月,秦军会合齐国的隰朋,率领军队护送夷吾回国即位,他就是晋惠公。

夷吾当上晋国的国君后,一想到里克曾经杀死过两个国君,就觉得心惊肉跳。他非常担心里克会像以前杀死公子奚齐和公子卓一样来害死自己,便决定除掉心头之患,同时也可以把杀害国君导致晋国内乱的罪名推给他,以此来表示自己没有篡位之心。

在处死里克之前,晋惠公派人去看望里克,假惺惺地说:"如果没有你的帮助,我就不可能当上晋国的国君。我能有今天的地位,还真得好好感谢你啊!"

一种不祥的预感涌上里克的心头,他问晋惠公的使者:"大王准备怎么处置我呢?"

晋惠公的使者继续说道:"你毕竟是杀害了两个国君和一个大夫的凶手,当你的国君不是太危险了吗?"

"哈哈……"里克仰天大笑。他心里全明白了,晋惠公只不过是想找个借口处死自己!

里克凄凉地说:"如果不是我把公子奚齐和公子卓杀掉,您现在肯定还在国外流亡呢,又如何做得了晋王?要想给一个人加上罪名,难道还怕找不到借口吗?我知道大王的意思了。"说完就拔剑自杀了。

# 无信患作,失援必毙

弃信、背邻,患孰恤之? 无信,患作;失援,必毙。

《僖公十四年》

信,信用、诚信。背,背弃。患,灾难、灾祸。孰,谁。恤,救助。作,发作、发生。毙,灭亡。

抛弃信用,背弃邻国,当灾难来临时有谁会来救助?没有信用就会导致灾祸发生,失去救援就必定会灭亡。

## 【名言典故】

晋献公去世后,晋国发生内乱,逃亡在外的公子夷吾用重金贿赂秦穆公,请秦国用武力护送他回国继承王位。夷吾向秦穆公许下诺言,他一旦当上晋国国君,就把黄河以西和以南的五座城池献给秦国。于是,在秦国的帮助下,夷吾继承了君位,即晋惠公。

晋惠公回国以后,不但没有兑现赠送五座城池的诺言,甚至连秦穆公的夫人(晋惠公的姐姐)要他把流亡在外的几个兄弟接回晋国的嘱托也忘得一干二净。

几年以后,晋国发生了饥荒。晋惠公便派人向秦国求助。尽管对晋惠公背信弃义的行为十分不满,但秦穆公还是派人给晋国送来了粟米,帮助晋国度过了最艰难的时候。

第二年冬天,秦国也发生了饥荒。秦穆公派人到晋国去,希望晋国能卖一些粮食给秦国。大臣庆郑奉劝晋惠公说:"秦国曾经有恩于我们,如果我们在秦国最艰难的时候不去帮助他们,反而幸灾乐祸,这样做就是不仁,肯定会激怒秦国的。"

"我们当初已经失信于秦国,现在即使把粮食卖给他们,也不会减少他们对我们的怨恨。"大臣虢射不同意庆郑的意见,与其把粮食卖给敌人增加他们的实力,还不如不卖!"

庆郑高声反驳道:"抛弃信用,背弃邻国,如果再有灾难来临,有谁还会来救助我们?没有信用就会导致灾祸的发生,失去了救援就必定会灭亡啊!"可是,晋惠公并没有听取庆郑的意见。

晋惠公的行为激怒了秦穆公。秦穆公率领军队攻打晋国,秦军势如破竹,一连打了三个大胜仗。

晋惠公派韩简去查探秦军虚实。韩简回来报告说:"秦军的人数比我们少,但个个斗志昂扬。这是因为当初您流亡在外,靠的是秦国的帮助;几年前,又是秦国帮助您回国为王;我国遇上饥荒时,还是秦国雪中送炭帮助我们渡过难关。而您对秦国的三次恩惠却不知报答,所以秦国才来攻打我们。"韩简垂头丧气地说,"现在,我们要跟自己的恩人交战,士兵们自然鼓不起勇气啊!"

# 重怒难任,陵人不详

重怒难任,陵人不详。

《僖公十五年》

重,加重、加深。任,承受。陵,欺侮、侵犯。详,同"祥"吉祥。

加深愤怒会使自己难以承受.欺侮别人会对自己不吉祥。

## 【名言典故】

本篇故事是上一篇的继续。晋惠公被秦国俘虏后,晋国的大夫们悲痛欲绝。他们披头散发,拆掉帐篷,一路跟随着晋惠公。秦穆公派使者去阻止他们:"你们不必这样悲伤,我不会做得太过分的。"晋国的大夫们听了,连忙三拜叩头说:"君王脚踩后土,头顶皇天,天地都听到了您的话,您说话可要算数啊!"

听说自己的弟弟晋惠公要被押到秦国来,秦穆公夫人穆姬非常难过,就领着儿女们登上高台,踩着铺好的柴草准备自焚。同时,她派人捧着丧服前去迎接秦穆公,说:"如果晋惠公被押回国都,那么我就自焚。请君王决定吧!"秦穆公没有办法,只好把晋惠公拘留在灵台。

秦国的大夫们纷纷请求把晋惠公带回国都。秦穆公说:"俘获了晋惠公,咱们本可以满载而归,但一回来就要发生丧事,这又有什么意思呢? 你们又能得到什么好处呢? 况且晋国的人用悲伤来感动我,用天地神灵来约束我。如果我不履行自己的诺言,就会加深他们对秦国的愤怒,违背对天地许下的誓言。加深晋国人的愤怒,我担当不起;违背天地也是不吉祥的。所以,一定要放晋君回国。"公子絷说:"不如杀了他,免得留下后患。"

"这样做不太妥当!"大夫子桑说,"依我看,晋国还没到灭亡的时候。如果我们杀了他们的国君,只会加深彼此的仇恨。加深愤怒会使自己难以承受,欺侮别人会对自己不吉祥。不如放晋惠公回去,把他的太子作为人质,就可以得到有利的讲和条件。"

于是,秦穆公决定跟晋国讲和。晋惠公派遣郤乞回到晋国,把秦国同意讲和的事情告诉了瑕吕饴甥。

十月,瑕吕饴甥来到王城会见秦穆公。秦穆公问:"现在晋国人认为晋君的前途如何?"

"有的人认为我们伤害了秦国,所以我们国君必死无疑。"瑕吕饴甥机敏地回答说,"而有的人却不这么认为,他们觉得秦国只是为了教训一下我们的国君,所以才抓了他。现在,我们国君已经伏罪,所以秦国肯定会释放他的。我想,秦国曾经有恩于晋国,如果现在又杀害我们的国君,就会使恩惠变成仇恨。秦国应该不会这么做吧?"

秦穆公担心激起晋人的愤怒,就顺着他的话说:"我既然决定跟你们议和,当然不会杀掉你们的国君。"

于是,秦国和晋国订立了盟约。

# 量力而动,其过鲜

量力而动,其过鲜矣。

《僖公二十年》

量,估量。动,行动。过,错误、祸害。鲜,少。
正确地估量自己的力量再采取行动,祸害就会减少。

## 【名言典故】

宋襄公帮助齐国的公子昭回国并当上国君后,自以为宋国国力强盛,可以干一番惊天动地的大事了,便邀请各国诸侯在宋国集会,希望各国能选举自己担任盟主,没想到却被楚成王给抓了起来。

宋襄公被释放回国后,发誓要报仇雪恨。公子目夷觉得宋襄公这种想法简直是自不量力,就劝宋襄公暂时放弃这种打算,结果被臭骂了一顿。目夷没有办法,只有仰天长叹:"国君打算以卵击石,肯定会受到惩罚的。"

宋襄公听说郑国一直积极支持楚国为盟主,就决定先讨伐国小力薄的郑国,出出胸中的恶气。目夷和公孙固等大臣们纷纷劝他说:"如果我们攻打郑国,楚国肯定会派兵来干涉。要是和楚国打起来,我们哪里是楚国的对手?"宋襄公却一本正经地说:"楚国虽然强大,但打仗并不是全靠武力,还要讲仁义。我们完全可以凭仁义取胜!"

鲁僖公二十二年(公元前638年),宋襄公不顾大臣们的反对,亲自带兵攻打郑国。不出目夷等人所料,楚成王在接到郑国的求救后,果然统领着大队人马杀向宋国。宋襄公一下子慌了手脚,赶紧带领着宋军日夜兼程赶回宋国。当宋军在泓水边扎好营盘时,楚国的兵马也赶到了对岸。公孙固对宋襄公说:"楚成王派兵来攻打宋国,目的只是为了救郑国。咱们现在已经从郑国撤军,他们的目的已经达到了。现在敌强我弱,不如趁早与楚国讲和。"

宋襄公哪里听得进去,他特意做了一面大旗,在上面绣上了"仁义"二字,准备用"仁义"来战胜楚国的刀枪。在做好充分的准备后,楚军开始向泓水对岸的宋军发起猛攻。目夷看到楚军准备渡河,急忙向宋襄公建议:"楚军兵多将广,我军人数太少。不如趁他们过河,集中兵力打他们个措手不及。"

宋襄公说:"办法倒是不错,可人家连河都没渡完就打人家,我们还算什么仁义之师啊?"目夷急得直跺脚,眼睁睁地看着楚军平安地渡过了河。

楚军在河岸上布阵时,目夷又劝宋襄公说:"楚军刚刚过河,还没来得及布好战阵,请大王抓住这最后的时机,立刻下令,发起冲锋!"宋襄公不但没有听取目夷的建议,反而把他教训了一顿。

楚军布好战阵后,立刻排山倒海般地猛攻过来。跟随宋襄公的护卫全部被楚军歼灭,宋襄公的大腿上也中了楚军一箭。在目夷和公孙固的保护下,宋襄公好不容易才突出重围。

宋襄公回国后,又气又恨,加上受了箭伤,不久就死了。他虽然有称霸的野心,但却自不量力,结果只能是导致自己的失败。

# 以欲从人则可

以欲从人则可,以人从欲鲜济。

《僖公二十年》

欲,欲望。从,服从。鲜,少有。济,有益(于成功)。

这句话是鲁国大夫臧文仲说的。他听说宋襄公为了称霸诸侯,一厢情愿地召集各国诸侯参加盟会,便说了这番话,意思是:使自己的欲望服从众人就可望取得成功,强迫众人来服从自己的欲望则少有成功。

## 【名言典故】

齐桓公去世后,公子无亏被立为国君,公子昭便跑到宋国来投奔宋襄公。

宋襄公是个志大才疏的人,当时宋国的实力也不强大,可是他却一直梦想着能取代齐桓公的地位,称霸诸侯。他认为公子昭前来求助自己是个可利用的机会,就收留了公子昭。随后,宋襄公又统领着几个小国的联军打进齐国,立公子昭为国君,即齐孝公。宋襄公自认为干了一件惊天动地的大事,已经有足够的威信来称霸诸侯了,便决定会盟各国诸侯,确立自己的盟主地位。

当时,楚国还比较强大,在各诸侯国中的威望也很高。宋襄公认为,只要楚国能参加盟会,他的威望就会大大提高。于是,宋襄公派使者去楚国拜见楚成王。邀请他到齐国的鹿上来参加会议,缔结盟约。楚成王对宋襄公的做法十分不满,但碍于情面还是勉强答应了。

鲁僖公二十一年(公元前639年)春季,宋、齐、楚三国国君相聚在鹿上。宋襄公一开始就以盟主的身份自居,自作主张地以三个国家的名义起草了一个通告,召集各国诸侯在宋国结盟,共同辅佐周天子王室,并把时间定在当年的秋季。尽管楚成王和齐孝公都在盟约上签了字,但对宋襄公这种盛气凌人的态度十分不满。楚庄王决定将计就计,在盟会上好好地教训教训宋襄公。

这年秋季,各国诸侯如约来到宋国参加盟会。宋襄公抢先发言,他说:"今天,各国诸侯欢聚一堂,是为了仿效齐桓公的做法,订立盟约,停止相互间的战争,以使天下太平,不知各位以为如何?"

楚成王说:"说得好!但不知这盟主由谁来担任呢?"

"这事好办。"宋襄公底气十足,"谁的爵位高就应该让谁当盟主。""那可不行!"楚成王"噌"地站起来,说:"楚国早就称王了,宋国虽说是公爵,但比王还低一等,所以盟主的这把交椅该由我来坐!"

楚成王话音刚落,一群楚国的士兵突然冲了进来,吓得各诸侯四散而逃。宋襄公万万没想到,楚成王会带着军队来参加盟会,所以没有做任何防备,结果被楚军抓住,押回了楚国。宋襄公一心想称霸,一厢情愿地召集各国诸侯参加盟会,却不知道根本没有人愿意遵从他的意愿,才落得如此下场。

# 怀安败名

怀与安,实败名。

《僖公二十三年》

怀与安,贪图享乐和安于现状。败名,败坏功名。

贪图享乐,安于现状,足以败坏一个人的功名。

## 【名言典故】

鲁僖公二十三年(公元前656年),晋国发生内乱,公子重耳被迫离开自己的国家,开始了长达十九年的流亡生涯。

起初,重耳逃到了自己的封地蒲城,晋国军队就到蒲城去讨伐他。重耳不愿意同父亲打仗,就逃到了狄国。在狄国,重耳娶了妻子,生了两个小孩,一家四口的小日子过得有滋有味。然而,这种平静的生活在十二年后就被打破了。重耳的兄弟夷吾当上了国君,他担心重耳会回国和他争夺王位,便派人到狄国去刺杀重耳。重耳听到风声后,慌慌张张地和他的随从一起逃离了狄国。

重耳听说齐桓公的宰相管仲去世了,便决定到齐国去为齐桓公效劳,同时也可以得到齐国的帮助和保护。齐桓公非常热情地接待了重耳,送给他一处大房子和二十辆马车,并为他娶了一个年轻美貌的妻子姜氏。重耳很快适应了齐国舒适的生活,决定在齐国长期居住下来。

一天,姜氏的一个女仆在一棵桑树上采桑叶,看见重耳的两个手下从远处走了过来,一边走还一边议论着什么。两人走到桑树下,就

麻布纹陶罐(春秋)

停了下来。女仆便悄悄地躲在树上偷听。原来,重耳的手下认为重耳不该满足于现在的

生活,应该到其他国家去寻找重新崛起的机会,便商量着要设法让重耳离开齐国。

女仆回去后,立刻把听到的话向重耳的妻子姜氏做了汇报。姜氏听了,觉得重耳的手下说得很有道理,便对重耳说:"你是不是打算离开齐国了?"

"你听谁说的?"重耳不解地问道,"我在齐国生活得好好的,为什么要离开?"

"好男儿志在四方!"姜氏深情地对重耳说,"安于现状,一味地贪恋享受,是不会有所作为的!我看你还是走吧!"

重耳舍不得姜氏,执意要留在齐国。姜氏没有办法,就与重耳的手下狐偃商量,用酒把重耳灌醉,然后把他抬上车,送出了齐国。

重耳离开齐国后,先后到了好几个国家,经历了许多屈辱和困苦,但他都坚强地挺了过来。后来,他终于在秦国的帮助下回到晋国,成了晋国的新国君。

# 莫贪天功

窃人之财,犹谓之盗,况贪天之功,以为己力乎?

《僖公二十四年》

犹,尚且。谓,称为。况,何况。

偷了别人的财物,尚且叫作盗贼,更何况是贪没上天的功劳,把它当成是自己的力量呢?成语"贪天之功"就是由此而来,指抹杀群众或领导的力量,把功劳归于自己。

## 【名言典故】

重耳在做晋国国君之前,曾经在国外流亡了十九年,尝遍了人世间的酸甜苦辣。在流亡期间,有许多人忠心耿耿地追随着他,为他出谋划策,最终辅佐他成就了一番事业。介子推就是其中之一。

当年,重耳为躲避晋惠公的追杀,从狄国仓皇出逃。在经过卫国时,重耳饥饿难当,连走路的力气都没有了。介子推看到重耳饿得快不行了,就想尽办法,救了他一命。重耳知道是介子推救了自己,非常感动。

重耳继承君位做了晋文公之后,做的第一件事就是赏赐那些陪伴他度过艰苦岁月的功臣。那些昔日跟随重耳逃亡的人都得到了高官厚禄或金银珠宝,唯独介子推没有受到任何奖赏。

按理说，介子推早该气得跺脚了。可是他却毫不介意，反而对那些邀功领赏的人不屑一顾。他说："晋献公有九个儿子，现在就只有国君一个人还在世。这是因为老天爷并不打算灭掉晋国，所以才为我们安排了一位称职的国君。国君能顺利渡过难关成就事业，这些都是老天爷的功劳。偷了别人的财物尚且叫作贼，这些人却把老天爷的功劳据为己有，这不是太荒谬了吗？"于是，介子推带着母亲隐居到了一座深山里。

过了好些日子，晋文公突然想起了介子推当年救自己一命的事情。他猛地一拍脑门，说："哎呀！我怎么把救命恩人介子推给忘了呢？我一定要找到他，重重地奖赏他！"

晋文公好不容易才打听到介子推隐居到了深山里，便立刻派人去寻找他。可是，晋文公派去的人在深山里找了好几天，连介子推的人影都没有看到。晋文公不甘心，便下令放火烧山。

晋文公知道介子推是个孝子，他认为大火烧起来后，介子推肯定会背着老母逃下山来。谁知，大火一连烧了几天几夜，把整座山都烧焦了，仍然没有发现介子推的踪影。大火熄灭后，士兵们才找到了介子推和他母亲的尸体。

晋文公后悔不已，下令把介子推母子安葬在山的侧面，并将这座山改名为介山，以此来纪念介子推这位重情谊、轻功名的贤士。

# 信，国之宝也

信，国之宝也，民之所庇也。

《僖公二十五年》

信，诚信，信誉。庇，庇护。

信用，是国家的宝贝，人民靠它来庇护。

## 【名言典故】

晋文公即位后不久，周王室发生了内乱。周襄王的弟弟王子带伙同狄国的军队攻占了周王室的都城，周襄王仓皇出逃到郑国后，向各诸侯国发出了派兵勤王的命令。

晋文公认为这是一次非常难得的机会，可以帮助自己实现称霸诸侯的梦想，便率兵东进，打败了狄军，活捉了作乱犯上的王子带。随后，晋文公又亲自护送周襄王返回京城。

为了答谢晋文公的救驾之功，周襄王在宫殿里举行了盛大的宴会，款待晋文公和晋国的有功将士，并把包括原城在内的四座城池封给了晋文公。

原城本来是周朝大臣原伯贯的封地，在内乱发生时，周襄王命令原伯贯率兵平乱，结果他不但没有制伏叛贼，反而成了俘虏。周襄王一怒之下，就把他的封地赏赐给了晋文公。原伯贯不甘心让出封地，就派人在城内散布谣言，说晋文公是杀人不眨眼的魔王，并鼓动城中的百姓不要归顺晋国。城中的百姓听信了谣言，发誓要不惜一切代价保卫原城。

当晋军来到城下时，发现城门紧闭，百姓们手持锄头、棍棒站在城墙上，准备与晋军拼个鱼死网破。晋文公召集大臣们商量如何破城。有武将向晋文公建议："区区几个百姓算得了什么？我愿率一路兵马攻打，保证在一天之内拿下原城！"

"百姓们听信了原伯贯的谣言，认为我们是强盗之师。如果我们现在强攻原城，不正好中了原伯贯的奸计吗？"大臣赵衰说，"现在要占领原城，只能用信义去赢得老百姓的信任！"

晋文公向赵衰投去了赞许的目光。他立刻下达命令：军士们带三天的口粮包围原城，但是只围不攻。三日内百姓不开城门，就立刻退兵。到了第三天，百姓们还是没有打开城门，晋文公便下令撤兵。这时，有个间谍从城里跑出来向晋文公报告："城里的百姓已经坚持不下去了，只要再多围上两三天，百姓们肯定会投降。"

"我既然命令只等三日，时间一到自当离去。"晋文公坚定地说，"信用是国家的宝贝，百姓们靠它来庇护。如果失信于民，那我又用什么来保护百姓呢？再围几天肯定可以拿下原城，但为了得到原城而失去信用，这样做只会得不偿失！"第四天黎明，晋文公率领大队人马离城回国。原城的百姓听说晋文公宁可放弃原城也不失信于民，终于相信了晋军是一支纪律严明的军队，便打开城门，归顺了晋文公。

# 师直为壮

师直为壮，曲为老。

*《僖公二十八年》*

师，军队。直，理由正当。壮，壮盛，有力量。曲，与"直"相对，引申为不正当、不合理。老，与"壮"相对，即没有力量。

出兵有正当的理由,那么军队的士气就很旺盛。相反,如果无理出兵,士气就衰弱。

## 【名言典故】

楚国和它的盟国一起围攻宋国,宋国便派使者向晋文公求救。晋文公曾经在楚国避难,楚成王在他最窘迫的时候帮助过他,所以他不愿意同楚国打仗。可是,宋国又是晋国的盟国,如果不去相救,两国的友谊就会断绝。因此,晋文公感到十分为难。

后来,晋文公想到了一个两全齐美的办法:一方面让宋国送礼给齐、秦两国,请他们去要求楚国退兵;另一方面,派兵去攻打楚国的盟友曹国和卫国,并把两国的土地分给宋国。

晋国击败曹、卫两国后,楚成王不愿意与晋国发生正面冲突,就准备从宋国退兵。楚国大将子玉坚决反对撤兵,并派部将去向楚成王请战。楚成王给了子玉少量的部队,勉强同意了他的要求。子玉派部将去对晋文公说:"只要晋国让曹、卫两国复国,楚国就从宋国撤军。"

晋国大将狐偃听了非常生气,便对晋文公说:"子玉太无礼了!他们还没有打下宋国,倒让我们去恢复两个已经灭亡的国家。天下有这样的事情吗?"

晋国的将领先轸却认为,子玉的提议可以使曹、卫、宋三国安定下来,如果晋国不答应就是无礼。按照他的建议,晋文公下令扣押楚国的使者,又暗地里答应曹、卫两国复国,让他们立刻宣布和楚国断交。子玉没想到晋国会来这一手。他恼羞成怒,不顾楚成王的命令,率领大军直奔晋军营前挑战。晋国大将先轸等人看到楚军漫山遍野地冲杀过来,立即命令军队准备迎战。而晋文公却下令让晋军连连后撤。

晋军将领对此十分不满,纷纷要求与子玉决战。狐偃对他们说:"两国交兵,理直就气壮,理亏就气衰。当年,主公在楚国避难时说过,一旦晋、楚两国打起仗来,晋军要退避三舍(一舍等于三十里)。现在楚军刚到就去迎战,我们就理亏了。如果晋军节节后退,楚兵还要进犯,那就是他们输理了。"晋文公命令军队一连后退了九十里,但楚军仍然追上来,向晋文公下了战书。晋文公经过周密的部署后,这才下令增添兵器,与楚军决战。

决战开始了。狂妄自大的楚军根本不把晋军放在眼里,结果中了晋军的埋伏。晋军两面夹击,打得楚军手忙脚乱,毫无还手之力。如果不是晋文公感念当年楚王的恩惠,吩咐追兵不要穷追猛打,楚军早就全军覆没了。

# 不以一眚掩大德

不以一眚掩大德。

*《僖公三十三年》*

以,因为。眚,过失、错误。掩,抹杀、掩盖。

不能因为一次过失而掩盖一个人的全部优点。

## 【名言典故】

晋文公死后,秦穆公一心想做中原的霸主,便不顾蹇叔的劝告,派兵攻打与晋国同姓的郑国。

消息传来,晋国上下十分震惊。刚刚继承王位的晋襄公立刻调集兵力,身着黑色的丧服出征,在崤山打败秦军,活捉了孟明视等三位秦国大将。

晋襄公的母亲是秦穆公的女儿,当她听说秦国打了败仗,秦国的三员大将也被晋国俘获后,非常担心晋、秦两国的仇怨会越结越深,就去请晋襄公放了这几人。

孟明视等人回到秦国,秦穆公早已身着丧服在城外等候。孟明视等人跪下向秦穆公请罪。秦穆公赶紧把他们扶起来,泪流满面地说:"我没有听蹇叔他们的话,害得你们吃败仗,受侮辱。这些都是我的过失,你们有什么罪呢?再说,我也不能因为一次失败就抹杀你们的全部功劳啊!"

从此以后,秦穆公更加信任孟明视等将领,要求他们努力训练军队,等待时机再与晋军决战。孟明视等人对秦穆公的宽宏大量和关怀十分感激,誓死效忠于秦穆公。

后来,孟明视要求秦穆公发兵去报崤山之仇,秦穆公答应了。由于晋国作了充分的准备,这一次秦军又打了败仗。虽然这次不像上次在崤山时败得那么惨,但孟明视却更加惭愧。当他无地自容地去向秦穆公请罪时,秦穆公非但没有怪罪他,还勉励他不要灰心,并让他继续统率军队。

这次失败后,孟明视变得成熟多了。两年之后,孟明视再次率领军队渡过黄河去攻打晋国。临行前,他发誓:"要是这次再打不了胜仗,我决不活着回来!"

秦军浩浩荡荡,东渡黄河。过河后,孟明视下令将渡河的船只全部烧掉,并对将士们说:"现在,咱们已经没有退路了!只有背水一战,才有生路!"在孟明视的带领下,秦军士气高涨,所向披靡。晋军闻风丧胆,龟缩在城里不敢出来应战。

秦穆公见晋国屈服了,就率领军队转到崤山,掩埋了三年前在这里阵亡的将士的骨骸,并隆重地祭祀了三天才回国。

秦国打败了中原霸主晋国,声威大震。后来,秦国又先后灭掉了十余个小国,很多部族也争先恐后地归顺秦国,尊秦国为霸主。

# 死而不义非勇也

勇则害上,不登于明堂。死而不义,非勇也。共用之谓勇。

《文公二年》

勇,勇敢、英勇。上,上面的人。明堂,帝王会见诸侯、进行祭祀活动的场所,"不登于明堂"可理解为不能被人民祭祀、怀念。义,道义。

如果因为勇敢而谋害上面的人,死后就不能进入明堂。失去了性命,但是不合乎道义,就不能称为英勇。为国家所用才能称为英勇。

## 【名言典故】

狼瞫,是春秋时期晋国的一名武将。和中国历史上的众多武将相比,狼瞫的官职不算高,战功也不算卓著,但他的名字和他的故事却被载入史册,流传至今。

在崤山之战中,晋国战胜了秦国。晋军把俘获的秦军捆绑起来,押着去见晋襄公。晋襄公派车右(一种官职)莱驹去杀死这些俘虏。当莱驹拿着戈一步步走近战俘时,俘虏中有人突然冲着他大喊一声。莱驹被这突如其来的情况吓了一大跳,重重地跌坐在地上,戈也摔到一边去了。一旁的狼瞫见状,立刻冲出人群,拾起戈砍了俘虏的头,然后一把抓起地上的莱驹,追上了晋襄公的战车。晋襄公觉得狼瞫很勇猛,就让他做了车右。

两年后的春天,秦国大将孟明视再次率领大军攻打晋国。在箕城一战中,大将先轸撤去了狼瞫的车右职务,这让狼瞫非常不满。他的朋友也替他打抱不平,就故意刺激他说:"军人领不到作战命令,这简直是一种耻辱,你不如死了算了!"

狼瞫说:"我还没有找到死的地方呢。"

朋友说:"国君认为你很骁勇,所以任命你为车右。现在,先轸却因为嫉妒你,撤了你的职。干脆我们起兵造反,杀了先轸!"

狼瞫看了朋友一眼,说:"那可不行!《周志》上有一句话:'如果因为勇敢而谋害上面的人,死后就不能进入明堂。死得不合乎道义就不能称为英勇,只有为国家而死才能称为英勇。'我凭借勇敢得到了车右的职务,现在先轸觉得我不勇敢而罢免了我,这些都是合理的。但我到底勇敢不勇敢,我会证明给他们看。你就等着瞧吧!"

后来,晋、秦两国在彭衙交战。狼瞫向中军主将先且提出请求,希望他能让自己先率领部下突袭秦军。先且同意后,狼瞫带着部下冲入秦军,左砍右杀,消灭了不少敌人。晋军大部队跟着冲杀上去,把秦军打得大败,而狼瞫却战死在战场上。

战斗结束后,晋襄公为了表彰狼瞫的忠勇,给他追封了爵位。人们也纷纷称赞他说:"狼瞫受到委屈而发怒,但他不为发泄怒气而作乱,反而把怒气用在了为国杀敌上,他真的可以算得上是君子了!"

# 彼骄我怒,而后可克

彼骄我怒,而后可克。

《文公十六年》

彼,他们,指敌人。怒,气势很盛。克,攻克、战胜。敌人骄傲、松懈,而我们气势正盛,然后就可以战胜他们了。

## 【名言典故】

鲁文公十六年(公元前611年),楚国发生了百年不遇的大饥荒,原本臣服于楚国的庸国人乘机率领各蛮人(南方的民族)部落背叛了楚国。

楚国内忧外患,形势非常危急。于是,有人向楚庄王建议,暂时搬迁到险峻的阪高去。一位大臣说:"这样做解决不了问题。既然我们能去阪高,敌人就不会追到阪高去攻打我们吗?依我看,不如先攻打庸国。这次,其他几个小国来侵犯我国,只不过是觉得我国发生了饥荒,想趁火打劫罢了。只要我们一出兵,他们肯定会吓得撤兵回去。"

于是,楚庄王决定出兵攻打庸国,那几个小国一看形势不妙,立刻撤兵回去了。

楚军从庐地出发后,到达了楚国和庸国的边界。楚庄王派庐戢梨进攻庸国,没想到庐戢梨打到庸国的方城后,遭到庸国人的伏击,他的手下也被庸国人俘虏了。

三天后,庐戢梨的手下从庸国逃了回来,把自己在庸国看到的情况向楚庄王作了汇报。他说："庸国军队人数众多，还有很多蛮人和他们聚集在一起。现在看来，我们的兵力远远不够。不如再调大军来援助，同时动用国君的直属部队，会合后再进攻他们。"师叔摇了摇头，说："这个办法不行。现在庸国人的气势正盛，与他们硬拼肯定会吃败仗的。所以，我们暂时只能以这些部队与他们再战，每次都假装失败，以助长他们的骄傲情绪。这样一来，敌军因打了胜仗而骄傲轻敌，我军因一再受挫而奋发雪耻，我军必然取胜。"

楚庄王听从了师叔的建议，派出士兵与庸国人交战，七次交手都战败逃走。起初，庸国人还要乘胜追赶楚军，可到了后来，他们看到楚军这么不禁打，就懒得再追击楚军了。庸国人觉得楚军简直不堪一击，于是就不再设防了。

楚军节节后退，一直退到了临品，与楚庄王的主力部队会师。经过一番准备，楚军趁庸军骄傲松懈的时机，兵分两路夹攻庸国。秦军和巴军也增援楚国，和楚军一起作战。蛮人们见楚军来势汹汹，纷纷向楚军投降。骄傲自大的庸国人既没有设防，又没有外援，很快就被楚国灭掉了。

# 过而能改，善莫大焉

人谁无过？过而能改，善莫大焉。

《宣公二年》

哪个人能没有过错呢？犯了错误能及时改正，就是了不起的事情。

## 【名言典故】

晋灵公是一个荒淫暴虐的君王。

他喜欢玩弹弓，常常在花园里用弹弓射树上的小鸟。一天，他觉得用弹弓打鸟儿实在没什么意思，索性登上高台，用弹弓偷偷地弹射过路的人。看到行人们为躲避弹丸慌乱逃窜的样子，晋灵公哈哈大笑。从此，他就喜欢上了用弹弓弹射行人的游戏。不少路人因为躲避不及被弹丸打伤，晋灵公不但不觉得内疚，反倒觉得十分有趣。

有一次，厨师给晋灵公炖的熊掌没有炖烂，他一怒之下就把厨师给杀了，然后让宫女们把尸体装在一个筐子里，抬到外面去扔掉。

当宫女们抬着筐子从大殿经过时，大臣赵盾和士季正好路过。赵盾一眼就看见了露在筐子外面的人手，他惊讶地问："这是怎么回事？"宫女把经过讲了。赵盾听了非常生气，对士李说："国君视人命如同儿戏，如此下去，怎么得了？我们必须去阻止他！"

士季伸手拦住赵盾，说："如果我们去进谏而国君不听，把我们都杀了，那就没有人能接着进谏了。还是让我先去，如果国君不听，您再接着去进谏。"士季刚走到门口，晋灵公就发现了他。

晋灵公知道士季要来进谏，心里很不高兴，就故意装作没有看见他。士季走到大殿的屋檐下，晋灵公才抬头看了他一眼。不等士季开口说话，晋灵公就很不耐烦地说："我已经知道自己做错了，今后会改正的。"

士季跪下向晋灵公磕了个头，说："哪个人能不犯错误呢？如果犯了错误能够及时改正，就是非常了不起的事情了！不过，凡事要有个好的开头并不难，但要坚持下去却很不容易，所以真正能弥补过失的人是非常少的。您如果能始终坚持向善，不但是我们臣子的福气，国家也就有了保障。只要您能够弥补自己的过失，您就是一位好国君，您的君位也就稳固了。"

遗憾的是，晋灵公只是在口头上答应士季要改正自己的过失，却并没有落实到行动上。后来，赵盾又多次冒死进谏，晋灵公不但毫无悔改之心，反而觉得赵盾多嘴，便多次派人去暗杀赵盾。

晋灵公的执迷不悟终于给自己带来了灾难。鲁宣公二年（公元前607年）的九月，晋国将军赵穿因不满晋灵公的昏庸无道，在桃园杀死了晋灵公，为晋国人民除掉了一害。

# 鞭长莫及

虽鞭之长，不及马腹。

《宣公十五年》

及。到达。

即使鞭子再长，也不该打到马肚子，指力量不能用在不应该用的地方。现在，成语"鞭长莫及"常用来比喻相隔太远，力量达不到。

**【名言典故】**

楚庄王为了实现霸业，决定要吞并弱小的宋国和郑国。为了给入侵宋、郑两国寻找借口，楚庄王派申舟出访齐国。

从楚国出发到齐国去,宋国是必经之路。按照当时诸侯国之间的外交惯例,楚国应该事先向宋国借路才行。可是,楚庄王却特意嘱咐申舟:"你只管从宋国过去,不用通知他们!"

申舟心里非常明白,楚庄王故意不向宋国借路,其用意就是要挑起事端,寻找发兵攻宋的借口。在这样的情形下,自己前往宋国必死无疑。申舟没有办法,只好把自己的儿子托付给楚庄王,然后就出发了。

不出申舟所料,他经过宋国时因没有借路,而被宋国人抓了起来。宋国的执政大臣华元对宋文公说:"楚国使者经过我国却不事先通知我们一声,简直就是把我国当作它们的属地了。如果不杀申舟,就等于承认我国已经灭亡,成了楚国的属地。我们决不能任由楚国欺侮!为了维护宋国的独立和尊严,干脆杀了楚国的使者。他们如果以此为借口发兵攻宋,大不了也是亡国。我们宁愿血洒疆场,也决不屈辱而死!"说完,华元就把申舟杀了,并且做好了迎击楚国的准备。

申舟被杀的消息令楚庄王兴奋不已,因为他终于找到了一个极好的借口。他连鞋子都顾不上穿,宝剑也没有挂上,便立刻下令发兵攻打宋国,为申舟报仇。

楚军包围宋国后,宋国立即派人到晋国去告急求援。晋景公本打算派兵前往宋国相助,但是大夫伯宗却认为现在不应该得罪强大的楚国。他对晋景公说:"俗话说得好:鞭子再长,也不该打到马的肚子上。晋国虽然强盛,但现在上天正在保佑楚国,我们哪里管得着楚国的事儿呢?不如暂不出兵,等楚国的国势衰退以后再说吧!"

晋景公听从了伯宗的建议,暂时取消了派兵救宋的计划。同时,晋文公派大夫解扬到宋国去告诉宋君,晋国的部队已经出发,不久就会到达宋国,鼓励他们要顽强地同楚军作战,等待救援。就这样,晋军虽没有向宋国提供任何实际的援助,但受到鼓舞的宋军士气大增,给予入侵者坚决的回击,有效地挫败了楚军的锐气。

# 尔虞我诈

我无尔诈,尔无我虞。

《宣公十五年》

尔,你。诈,欺骗。虞,猜测、防备。

我不欺骗你,你也不猜疑我,指互相信任。成语"尔虞我诈",比喻互相猜疑,互相欺骗。

**【名言典故】**

楚庄王率兵入侵宋国后,晋景公决定暂时按兵不动,同时派解扬到宋国去告诉宋君,晋国的军队已经出发,请他们一定要坚守城池,等待援军。解扬在去宋国的途中经过郑国时,被郑国人抓了起来。郑国为了讨好楚国,就把解扬献给了楚国。

解扬被五花大绑地押上了大殿。楚庄王立即走过来,替他松了绑。接着,楚庄王又命人抬出一大箱金银珠宝放在解扬的面前,对解扬说:"你只要听从我的指挥,这些宝贝就送给你了!"

解扬不知楚庄王葫芦里卖的是什么药,就问:"不知大王想要我做什么呢?"

"非常简单。"楚庄王的脸上露出一丝奸笑,"你见到宋君后,只需把晋景公的话反过来说就可以了。"

"你是想让我告诉宋国,晋国不会来救他们了,让他们弃城投降?"

"对!"楚庄王点了点头说,"怎么样,这件事不难办吧?"

"我奉命出使宋国,您却要我背弃自己的使命。"解扬轻蔑地笑了笑说,"您该不是在白日做梦吧?"

楚庄王勃然大怒,说:"你可要想好了!只要按我的意思去说,就可以享受荣华富贵,否则的话,哼……"说着,楚庄王做了一个杀头的动作。

在楚庄王的威逼利诱下,解扬假装答应了他的要求。

楚庄王让解扬登上楼车,叫他对宋人喊话。解扬趁机大声传达了晋景公要宋人坚守待援的命令。这下可把楚庄王惹火了,他派人对解扬说:"你既然已经答应了我,为什么又违背诺言?现在,我要杀死你,可这并不是我不讲信用,而是你先违背诺言。所以,你必须接受你该受的刑罚!"

解扬回答说:"我奉命出使宋国,您却想用钱财来收买我,让我对自己的国君不忠心,难道这也是诚信的表现吗?我之所以答应您,只不过是为了完成我的使命。如果为了完成使命而牺牲,那也是我的福分。"楚庄王听了这番话,非常欣赏解扬的人品,就把他放了。

楚军围攻宋国长达九个月都没有取胜,士气逐渐低落。楚庄王有意撤兵,但又觉得就这样撤兵有损自己和楚国的尊严。正在楚庄王左右为难的时候,申叔建议:在宋国城外盖房子，留下一些军士做出长期围困宋国的架势，其他人马则悄悄撤回楚国。楚庄王觉得这是个好主意，就命令立刻照办。宋国人果真以为楚国打算这样长期围困下去，就派人向楚国请求议和，楚庄王便顺水推舟地答应了。

于是，宋、楚两国签订了"我无尔诈，尔无我虞"盟约，发誓从此相互信任，和平共处，决不互相猜疑、欺骗。

# 仁信忠敏

不背本，仁也。不忘旧，信也。无私，忠也。尊君，敏也。

《成公九年》

仁，仁爱。信，诚信。忠，忠诚。

不背弃根本，是仁；不忘记故旧，是信；没有私心，是忠；尊崇君王，是敏。

## 【名言典故】

鲁成公七年(公元前584年)，楚国大将子重率兵攻打郑国。随后，郑国在其他诸侯国的援助下，把楚军团团包围，俘虏了随军出征的钟仪。郑国把钟仪囚禁起来，并献给了晋国。

钟仪被晋国人关进了一间阴暗潮湿的军用仓库里。尽管和许多跳蚤、臭虫、老鼠生活在一起，吃着难吃的囚饭，但钟仪丝毫没有畏惧。他每天起床后，就穿上楚国的衣服，戴上楚国的帽子，面向楚国的方向坐下，在心中默默地为楚国祈祷。

两年后的一天，晋景公到这个仓库来视察，无意中看到被关了两年的钟仪。晋景公指着钟仪，问："这个头戴南方帽子的囚犯是谁啊？"

负责管理仓库的官员回答说："这是两年前郑国人献来的楚囚。"

晋景公对这个被关押了两年仍然戴着自己国家帽子的人十分好奇，很想了解一下这个长期戴着楚国帽子的怪人。于是，晋景公下令把钟仪放出来，并立即召见他。

晋景公问钟仪："你的祖辈是做什么的？"

钟仪很有礼貌地向晋景公叩拜行礼，回答说："是乐官。"

"哦，那你会弹琴吗？"

"当然会。"钟仪说，"小人祖辈都从事这一职业，我怎么敢从事其他职业呢？"

晋景公令人把琴抬上来,让钟仪弹奏。钟仪整理好衣服,端端正正地坐好后,演奏了一支楚国的曲子。

晋景公又问:"你觉得你们的国君楚共王是个怎样的人啊?"

钟仪面露难色,说:"这个不是我们做臣子的能知道的事情。"

晋景公再三追问,钟仪就回答说:"当国君还是太子的时候,他每天早晚都要去向老师请教。其他的,我就不清楚了。"

晋景公回去后就把这些事告诉了大夫范文子。范文子感慨地说:"这个楚囚是个君子啊!尽管他身在晋国的囚室,但他始终不背弃祖先,不忘记故国,没有私心,尊敬君王,是仁、信、忠、敏的杰出代表啊!以仁对待事物,以信作为守则,把忠贯穿始终,凭敏办理事情,这样的人无论做什么事情都能够成功。大王何不放他回去,让他为晋、楚两国和好起一些作用呢?"

晋景公听从了范文子的建议,释放了钟仪,并让他回国后替晋国讲和。在钟仪的努力下,楚共王派出使者前往晋国,缔结了和约。

# 侵官,冒也

侵官,冒也;失官,慢也;离局,奸也。

《成公十六年》

侵,侵犯。官,职权、职责。冒,冒犯。失,丢失、丢弃。慢,轻慢、怠慢。局,岗位。

侵犯别人的职权,是对别人的冒犯;丢弃自己的职责,则是渎职;擅自离开自己的岗位,是蔑视纪律。

## 【名言典故】

鲁成公十六年(公元前575年),郑国背叛晋国归附了楚国,因此遭到晋国的攻打。郑国向楚国求援,于是,晋、楚两国之间的第三次大战就爆发了。

晋、楚两国的军队在鄢陵相遇了。五月底的这一天,楚军一大早就向晋军逼近,并在离晋军大营不远的地方摆开阵势,准备攻打晋军大营。

大敌当前,晋厉公决定亲自率兵迎战。他任命大夫栾书为中军主将,并亲自率领晋军与楚军决战。

战斗开始了,晋、楚两军的将士呐喊着中向对方。刹那间,只见漫山遍野旌旗摇荡,战鼓声、呐喊声和搏杀声惊天动地,不绝于耳。

突然,晋厉公的战车陷入了一个泥坑里,任凭战马怎么用力,战车仍然一动不动。

栾书看到形势危急,顾不上指挥军队作战,赶紧跳下自己的战车,跑过来对晋厉公说:"大王,楚军就要杀过来了,您快上我的战车吧!"

"栾书,你干什么?"担任护卫的栾针看到自己的父亲丢下部队跑来照顾晋厉公,气得大喊大叫,"快回到你的位置上去!"

栾书没有搭理栾针,准备搀扶晋厉公换乘自己的战车。栾针气坏了,他跳下战车,一把推开栾书,冲他吼道:"大王把中军主将的重任交给你,你怎么可以自作主张,擅离职守?"

栾书反驳道:"我这样做是为了保护大王,难道也错了吗?"

"保护大王是我的职责,没你什么事!"栾针说,"侵犯别人的职权,这是对别人的冒犯;丢弃自己的职责,这是玩忽职守;离开自己的工作岗位,这是藐视纪律。你这样做已经犯了三条罪名,还不快走!"

听了栾针的话,栾书赶紧回到自己的战车上,继续指挥军队与楚军作战。栾针则跳下泥坑,用力掀起车轮,总算帮助驾车人把战车从泥坑中拖了出来。

鄢陵之战,晋国将士各司其职,团结协作,英勇奋战,最终取得了这场战斗的胜利。

# 称仇不谄

称其仇,不为谄;立其子,不为比;举其偏,不为党。

《襄公三年》

谄,谄媚、讨好。比,偏袒、偏爱。偏,副职、下属。党,勾结。

称赞自己的仇人,不是讨好仇人;推荐自己的儿子,不是偏爱亲人;举荐自己的下属,不是结党营私。

## 【名言典故】

鲁襄公三年(公元前570年),晋国大夫祁奚年事已高,便向晋悼公请求告老还乡。晋悼公问:"你退休后,有谁可以接替你来担任中军尉这一职务呢?"

祁奚不假思索地说："解狐可以。""解狐？他不是你的仇人吗？"晋悼公不解地问。

"我和解狐确实有仇。但您问的是国家大事，我推荐的是可以胜任中军尉这一职务的人才，这和谁是我的仇人有什么关系呢？"祁奚说。听了祁奚的话，晋悼公对他这种"举贤不避仇"的做法非常敬佩，便准备按照祁奚的建议，任命解狐为中军尉。

解狐听说祁奚在晋悼公面前推荐自己做中军尉，非常高兴。一天，解狐在上朝的时候见到了祁奚，就非常不好意思地走过去，准备跟他打招呼。谁知，祁奚一看到解狐，立刻把脸转到一边，径直走了过去，没有搭理他。

有人问祁奚："你既然在国君面前举荐他，为什么又不理他呢？""我举荐他并不等于我原谅了他。"祁奚淡淡地说，"国君是问我谁可以担任中军尉这一职务，我为国家推荐了他，但这跟我和他有仇是两码事。"晋悼公任命解狐为中军尉的命令还没来得及颁布，解狐就病死了。晋悼公便再次召见祁奚，想听听他的意见。祁奚回答说："除了解狐，祁午也可以担任中军尉。"对于祁奚的这一建议，晋悼公仍然感到十分不解。他问祁奚："祁午是你的儿子，你难道就不避一下嫌吗？"

祁奚说："祁午聪明好学，忠于职守，他有这个能力。我是为国荐才，这和他是谁的儿子没有关系。"

正在这个时候，有人前来报告，说中军尉的副手羊舌职去世了。晋悼公便问祁奚："谁可以接替羊舌职的职位？"祁奚回答说："羊舌职的儿子羊舌赤就可以。"

晋悼公认为祁奚能够知人善任，便听取了他的建议，让祁午做了中军尉，让羊舌赤辅佐他。

祁奚称赞自己的仇人，不是为了讨好仇人；推荐自己的儿子，不是因为偏爱亲人；举荐下属的儿子，不是为了拉拢下级，结党营私。他这种大公无私、为国选贤的精神对后人产生了深远的影响，受到了后人的赞颂。

## 事君不避难

事君不避难，有罪不逃刑。

《襄公三年》

事，侍奉。避，避开。难，危难。逃，逃避。刑，处罚、刑罚。
侍奉君王要做到不躲避危难，有了过失也绝不逃避刑罚。

## 【名言典故】

鲁襄公三年(公元前570年),为了与楚国争夺霸权,晋悼公在鸡泽会盟诸侯,想借此炫耀自己的地位和实力。

在行军过程中,晋悼公的弟弟扬干自恃身份特殊,不遵法纪,他的战车越位,扰乱了军队的秩序。

为了严明军纪和维护国家的尊严,负责检查军纪的中军司马魏绛立刻下令召集各将领开会。魏绛当众宣布:"扬干故意违抗军令,按军法应该立刻处斩。但看在大王的面子上,可免其一死。但他的车御(驾车的人)罪责难逃,立刻拖出去斩首,以示军威!"

扬干哪里见过这样的阵势,吓得浑身直哆嗦,赶紧驾车离开了军营。

事后,有人对魏绛说:"扬干是国君的弟弟,你杀死他的车御,就是不给国君面子,小心遭来横祸。"

魏绛听了,大义凛然地说:"我奉命检查军纪,就必须忠于职守,严格执法。为了整肃军纪,我早已将自己的生死置之度外。如果因此遭到国君的惩处,我也心甘情愿。"

果然,扬干离开军营后,立刻跑去找晋悼公,把魏绛如何当众羞辱自己,还处死了自己的车御的事添油加醋地说了一遍。晋悼公听了非常恼怒,认为魏绛的做法不但侮辱了扬干,也损害了自己的声望,便决定杀了魏绛。

晋悼公召见魏绛的上司——中军尉羊舌赤,生气地说:"你是怎么管理下属的?会盟各国诸侯本来是件很光荣的事情。现在,扬干的车御却被魏绛处死了。你说,还有什么比这更侮辱人的呢?魏绛害得我脸上无光,你必须处死他,不得有误!"

羊舌赤对这件事的前因后果非常清楚,他认为魏绛的做法并没有错,但看到晋悼公火冒三丈的样子,只好委婉地说:"魏绛对您忠心耿耿,绝不会有二心。他侍奉君王能够不躲避危难,有了过失也绝不会逃避刑罚。您放心,他处理完军中的事务后,肯定会来向您解释事情的原委。"

正在这时,魏绛求见。他把事先写好的一封信交给了晋悼公的侍者,请他呈给晋悼公。他在信中写道:"军人服从军令叫作威武,在军队里做事的人宁死也不触犯军纪就是恭敬。假如君王的军队不威武,办事的人不恭敬,那就是天大的罪过。在诸侯会盟这样重要的场合,出了扬干这样的事情,如果不执行军法,后果将不堪设想。对扬干的车御行刑,也是迫不得已。但我事先没有训导好军队,深知罪责难逃,愿以死谢过。"呈书以后,魏绛抽出宝剑就要自杀，幸亏被众人及时拦住。

晋悼公读了魏绛的信后深受感动。他担心魏绛真的会自杀，连鞋也没顾上穿，就光着脚跑了出来，诚恳地向魏绛道了歉。

# 我德则睦

我德则睦，否则携贰。

《襄公四年》

睦，和睦、亲近。携贰，有二心、离心。

如果我们有德行，其他国家就会亲近我们；否则的话，他们就会有二心，就会背离我们。

## 【名言典故】

魏绛不畏权贵，处死了扬干的车御后，晋悼公觉得他治军有方，有很强的管理能力，便提拔他担任新军副帅。不久之后，魏绛又做了一件足以让他名垂青史的事情——"和戎"。

戎，是当时中原地区的华夏族对散居在西北地区的游牧民族的统称。戎人虽然比较分散，但非常强悍，时常与中原各国交战。进入春秋以后，戎人与晋国的关系也时好时坏，其中就有一个叫无终国的国家。

有一天，无终国的国君派使者来到晋国，通过魏绛向晋悼公进献虎豹的皮革，代表西部戎人向晋国求和。这对晋国来说，无疑是个保持周边地区安宁以巩固发展自己的大好机会。

但晋悼公却不这么认为。他召集大臣们商量此事，说："戎人野蛮成性，贪得无厌，而且六亲不认，不如趁此机会攻打他们。"

魏绛认真分析了对戎动武在政治上和道义上会产生的不良后果，觉得晋悼公的看法不太妥当。他说："去年，我们在鸡泽与其他诸侯举行了会盟，陈国刚刚归附我们。他们得知无终国向我们求和，肯定会密切关注我们的行动。如果我们对无终国以礼相待，以德安抚，那么他们就有了安全感，就会更加亲近我们。如果我们对无终国动武的话，他们就会起二心，就会背离我们。要是楚国刚好又在这时派兵攻打陈国，我们就会无力相救，这就等于是放弃了陈国。中原的其他国家看到这种情况，必然也会背离我们的。动用武力得到一个小小的无终国，却失去了中原各国的拥护，这值得吗？请大王三思！"

"如此说来，就没有比'和戎'更好的办法了吗？"晋悼公犹豫不决。

接着，魏绛向晋悼公分析了"和戎"的五大好处："第一，戎人逐水草而居，重财物而轻土地，我们可以用货物换取他们的土地，这样就扩充了疆土；第二，如果我们和戎族和平共处，边境一带就可免除战祸，老百姓就可以安居乐业；第三，一旦戎人服从晋国，周边的邻国必然会受到震动，诸侯就会更加服从我们；第四，用德行安抚戎人，将士们就不必艰苦征战，可以避免生命财产的无谓损失；第五，只有用道德和法度，才能使远的国家前来归顺，使近的国家安心。"

听魏绛这么一说，晋悼公非常高兴，立刻派遣魏绛跟各部落的戎人签订了和平协议。此后，晋国和戎人部落和睦相处，亲如兄弟，晋国也因此威名远扬。

# 举不失选，官不易方

类能而使之，举不失选，官不易方。

《襄公九年》

类能，区别人的能力。举，推举人才。官，任命官员。易，改变。方，方法、原则。

区别人的能力而使用他们，推举人才得当，任命官员不改变用人的原则。

**【名言典故】**

自古以来，人才都是国家发展经济、提高综合国力的重要力量。任何一个成功的统治者总是千方百计地去寻觅人才，重用人才，依靠人才的力量帮助自己成就一番事业。公元前655年，就发生了一件秦穆公用五张羊皮换人才的故事。

当时，晋国派兵灭掉了虞国，俘虏了虞国大夫百里奚。晋献公听说百里奚是一个难得的人才，就想重用他。谁知，百里奚宁死也不愿为晋国效力。晋献公一怒之下，就把百里奚发配去做了奴隶。

后来，秦穆公派公子絷到晋国去代自己求婚，希望能和晋国通好。晋献公把大女儿许配给了秦穆公，还送了一些奴仆作为陪嫁，其中有个奴仆就是百里奚。

在被送往秦国的途中，百里奚偷偷地逃走了。当时，秦国有个大将叫公孙枝，是从晋国来投奔秦国的武士。他听说逃跑的奴仆是百里奚，就赶紧向秦穆公报告："启禀大王，这个百里奚是个了不起的贤才，如果能为我国所用，一定能帮助大王成就霸业。但是，如果他被其他国家所用，后果就不堪设想了。"

秦穆公听了，立刻派人四处打听百里奚的下落。功夫不负有心人，不久，派出去的人回来向秦穆公报告，百里奚逃到了楚国的边境线上，被楚兵当奸细抓了起来。百里奚说自己是虞国人，国家灭亡了，只好出来逃难。楚兵见他是个六七十岁的老头子，样子也很老实，就把他留下来看牛。由于他把牛养得又肥又壮，所以楚国的君主楚成王就叫他到南海去放马。

"太好了！"秦穆公兴奋地说，"快，准备一份厚礼给楚成王送去，把百里奚赎回来！"

"大王，这可万万使不得！"公孙枝说，"楚成王不知道百里奚的才能，所以才让他去养马。您用这么贵重的礼物去赎他回来，不就等于告诉楚成王百里奚是个难得的人才吗？这样的话，楚王还肯放他走吗？"

"那你说该怎么办？"秦穆公问。

公孙枝说："您只能按照普通奴隶的价钱把他赎回来。"

秦穆公听从了公孙枝的建议，派使者带着五张上等的公羊皮去见楚成王，说："我们有个奴隶叫百里奚，他在运往我国的途中逃跑了，现在躲在贵国，请让我们把他赎回去治罪。"楚成王想都没想，就把百里奚交给了秦国使者。

回到秦国后，秦穆公亲自为百里奚解去囚装，并封他为大夫。百里奚非常感动，不但同意了在秦国为官，还向秦穆公推荐了几位治理国家的人才。秦穆公针对百里奚推荐的这些人才的特点，分别委以重任。

秦穆公在百里奚等人的辅佐下，励精图治，把秦国治理得更加强盛。秦穆公用五张羊皮换人才的故事也成为千古佳话，流传至今。

# 众怒难犯

众怒难犯，专欲难成。合二难以安国，危之道也。

《襄公十年》

犯，触犯、冒犯。专欲，独揽大权的欲望。

群众的愤怒不可触犯，独揽大权的欲望难以实现。把这两件难办的事合在一起来安定国家,这是非常危险的办法。

【名言典故】

郑国大夫尉止和掌握朝政大权的子驷素来不和。

鲁襄公十年(公元前 563 年),晋国率领诸侯联军攻打郑国。大敌当前,子驷却故意减少了尉止的兵车。当尉止获得胜利并且俘虏了敌人的时候,子驷又以尉止的兵车太多、不合理制为由,阻止他向郑国国君进献俘虏,使尉止不能获取战功,得到嘉奖。

不仅如此,子驷还利用手中的权力,重用了自己的亲戚子国、子耳和子孔等人,并借划分田间沟渠界限的机会,侵占了司氏、堵氏、侯氏和子师氏四大家族的田地。

子驷的行为激起了这些人的愤怒。于是,尉止便与失去土地的四大家族联合起来,发动了叛乱。他们打进宫廷,劫持了郑国的国君,杀死了子驷、子国和子耳等人。子孔因为事先听到风声,提前做了准备,才幸免于难。

叛乱发生后,子国的儿子子产临危不乱,与子孔一起镇定自若地指挥军队镇压叛乱的歹徒,终于平定了叛乱,杀死了尉止等叛乱分子。

此后,子孔执掌郑国朝政。为了独揽大权,他制作盟书,规定官员各守其位,一切都听从他的命令。不料,子孔的这一决定引起了很多大夫和将领的不满。子孔为了维护自己的权威,准备杀掉他们。

子产听说了这件事,就赶紧去劝子孔烧掉盟书,但子孔不同意。他说:"制作盟书是为了安定国家,大伙儿一发怒就烧了它,这不是变成众人当政了吗?这样一来,还怎么治理国家呢?"

"大伙儿的愤怒不能冒犯,独揽大权的欲望难于实现,想把这两件难办的事合在一起来安定国家,这是危险的。"子产说,"不如烧掉盟书来安定大伙儿。这样,您得到了需要的东西,大家也能够安定,不也是很好吗?要知道,独揽大权的愿望是根本无法实现的,冒犯了大家必然会发生祸乱。请您一定要考虑到大夫们的情绪,听从他们的意见啊!"

子孔听从了子产的劝告,当众烧掉了盟书,这才使大臣们安定下来。

# 居安思危

居安思危。思则有备,有备无患。

《襄公十一年》

安,平安、安乐。思,考虑、想到。危,危险、危难。患,灾难、祸患。

虽然处在安乐的环境里,也要预先想到可能出现的危险。考虑到了可能出现的危险,就可以提前有所防备。有了防备,就可以避免灾祸的发生。

## 【名言典故】

春秋中期,晋国和楚国为争夺霸主地位,发生过三次重大的战役。这三次战役,双方势均力敌,各有胜负。后来,由于两国的国内形势都发生了变化,双方就再没有发生过大规模的战争。

郑国一直是晋、楚两国争夺的焦点。鲁襄公十一年(公元前562年),晋国和楚国为了争夺郑国,再次交战。在这场战斗中,晋国以压倒性的优势战胜了楚国。郑国国君派人给晋悼公送去了大批礼物,表示愿意永远归顺晋国。

晋悼公凯旋回国后,决定要好好嘉奖为自己出谋划策、劳苦功高的魏绛。晋悼公兴高采烈地对魏绛说:"是你建议我和戎人讲和,使我免去了后顾之忧,安定了中原各国。这八年来,我九次召集各国诸侯开会,让晋国威名远扬!所以,我要请你分享这些郑国送来的礼物!"说完,就下令把郑国献来的十六名歌女和高级乐器赏一半给魏绛。

谁知,魏绛却婉言谢绝了晋悼公的赏赐。他说:"同戎人和好,这是我们国家的福分。八年之中九次召集诸侯,这是您的威望,也是所有大臣们的辛劳。我有什么贡献呢?"

"你就不要再谦让了!"晋悼公乐呵呵地说,"当初如果不是你的告诫,我肯定没有办法对付那些戎人,又怎么可能取得今天的辉煌成就呢?"

看到晋悼公一脸陶醉的样子,魏绛说:"如果大王真要赏赐我,我倒是希望大王能再一次听取我的建议。"

"哦,你有什么建议,快快请讲!"

"我希望大王在享受胜利的快乐时,能考虑到国家的长远发展,考虑到国家今后可能出现的危难。"魏绛说,"书上说'居安思危',意思是处在安定的环境里要考虑到可能出现的危险和困难,有所考虑才会有所准备,有所准备才可以防止祸患。现在,大王的霸业确实呈现出盛极一时的大好局面。但是,谁能保证楚国不会再兴兵来犯,郑国不会再次背叛我国呢?所以,我斗胆劝勉大王,希望大王能做到居安思危。"

听了魏绛的话,晋悼公陷入了沉思。

# 不贪为宝

我以不贪为宝,尔以玉为宝。若以与我,皆丧宝也,不若人有其宝。

《襄公十五年》

贪,贪婪,这里指受贿。尔,你。丧,丧失、失去。不若,不如。

我把不贪婪当作宝物,你把玉石当作宝物。如果你把你的宝玉给了我,我们就都失去了最宝贵的东西,还不如各自保管好自己的宝物。

## 【名言典故】

宋国有个人得到了一块非常奇特的石头,经过宝石专家的鉴定,这是一块价值连城的宝玉!

这个宋国人惊喜之余,不免开始担忧:这么贵重的玉石放在身边,要是被别人偷走了,不是很可惜吗?如果因此招来杀身之祸,那就更不划算了。他想来想去,决定把这块宝玉献给关心百姓疾苦的好官——子罕。

第二天一大早,这个宋国人悄悄地起了床,带着宝玉到京城去见大夫子罕。

这个宋国人向子罕说明了来意,并献上宝玉,满以为子罕会很高兴地收下宝玉。谁知,子罕却板着面孔,严肃地说:"你的好意我心领了,但这块玉石我不能收!"

"小人请玉石专家鉴定过,这确实是一块非常难得的宝玉,所以才敢带来献给大人。"献玉人以为子罕是怀疑这块玉石的真假才拒绝接受,就一再向子罕解释,"小人一直想找个机会表达自己对大人的爱戴,正巧这次得到宝玉,所以……"

"好了!"子罕打断了他的话,说,"不管你怎么说,我都不会收下这块宝玉。因为我如果收下它,你和我都会失去自己的宝物。"

献玉人听了这话,真是丈二和尚摸不着头脑。他想,我献玉给您,您怎么还会失去宝物呢?

看着献玉人疑惑不解的样子，子罕笑了。他拍着献玉人的肩膀说："每个人都有自己的宝物。我历来把清廉做官、不贪污受贿作为宝物，而你是把玉石当作宝物。你想啊，如果你把这块玉给了我，你失去了宝玉这个宝物，而我也失去了清廉这个宝物。所以，你还是把玉石拿回去吧。这样，你我双方就还都拥有各自的宝物。"

听子罕说了这一番道理，献玉人更加钦佩子罕的为人，便决定无论如何也要把这块宝玉献给子罕。献玉人灵机一动，立刻跪下向子罕叩头，说："大人啊，小人跟您说实话吧。自从小人得了这块宝玉，整天提心吊胆，生怕会因这块玉招来杀身之祸，所以才把它拿来献给您！现在您让我拿回去，恐怕我还没走回家，就被人杀死了！所以，请大人一定收下这块玉石，使我免于一死吧！"

子罕想了想，便暂时收下了宝玉。后来，子罕专门请人把那块玉打磨雕琢出来，然后叫人拿到市场上去卖掉，把钱全部交给了那位献玉人。

"子罕辞玉"的故事不胫而走，他的高尚情操深深打动了后人。后来，人们就用"子罕辞玉""不贪为宝"来形容清正廉洁的高尚品质。

# 立德、立功、立言

"大上有立德，其次有立功，其次有立言"，虽久不废，此之谓不朽。

《襄公二十四年》

大，同"太"。大上，最高。立德，树立德行，指提高道德修养，成为人民的楷模。立功，建功立业，指为人民做好事。立言，树立言论，指著书立说。

### 【名言典故】

范宣子出生于晋国名臣大将之家，从小就受到了良好的家庭熏陶，具有较高的治国才能，再加上先辈们都是为晋国立下过卓著功勋的大功臣，所以范宣子从政的道路一帆风顺。早在晋悼公时期，他就担任了晋国重要的官职，为晋悼公恢复霸业做出了重大贡献。

然而，在范宣子执掌国家大权期间，他为了个人的权位和利益，残酷地镇压与自己有矛盾的人，滥杀无辜。晋国的大臣们害怕范宣子的残暴，都敢怒不敢言。这样一来，他集国家大权于一身，呼风唤雨，得意非凡。

鲁襄公二十四年(公元前549年),鲁国的大夫穆叔奉命到晋国去访问。范宣子接待了他,并与他交谈起来。

范宣子想借机在穆叔面前炫耀一下范氏家族的辉煌成就,就得意扬扬地问穆叔:"古人有句话叫'死而不朽',你知道它说的是什么吗?"

穆叔觉得很纳闷,搞不清楚范宣子怎么会莫名其妙地提出这么一个问题。他想了想,实在猜不出范宣子的用意,不敢贸然回答。

范宣子见穆叔答不上来,就趾高气扬地说:"过去,我的祖先都是辅佐君王的重臣,现在主持中原盟会的仍然是我们范氏。所谓'死而不朽',恐怕说的就是这个吧!"

听他这样一说,穆叔恍然大悟。原来,范宣子是在炫耀自己显赫的家世。穆叔不以为然地说:"据我所知,你说的这种情况只不过是世世代代享受国家的俸禄,所以只能叫世禄,而不是不朽。"

自己一直引以为荣的"不朽",现在却被说成了"世禄",这让范宣子很不高兴,但碍于情面,又不好发作。范宣子装出一副很虚心的样子,反问穆叔:"那么,什么才叫不朽呢?"

"鲁国有一位大夫叫臧文仲。尽管他已经去世很久了,但他的言论并没有因此而被人们废弃,这个就可以叫作'不朽'。"穆叔清了清嗓子,不紧不慢地说,"我听说,人生的最高境界是树立德行,其次是建功立业,再其次是著书立说。即使人死了很久,他的德行、功劳和言论都不会被人民忘记,这就可以称为'不朽'了。至于从祖先那里继承来的荣华富贵,很难配得上叫'不朽'!"

范宣子听了,羞得面红耳赤,一句话也说不上来了。


# 言之无文,行而不远

言之无文,行而不远。

《襄公二十五年》

言。语言、说话。文,文采。

语言没有文采,就不能流传久远。

**【名言典故】**

春秋时,各诸侯国为争夺霸权,不仅在战场上血腥战斗,而且在外交上也进行着尖锐的斗争,因此涌现出许多能言善辩的外交家。子产就是他们中的杰出代表。

鲁襄公二十五年(公元前548年),郑国打败了入侵的陈国,并占领了陈国都城,俘虏了陈国国君。由于当时郑国已经归顺于晋国,所以大军凯旋后,郑国大夫子产赶紧带上从陈国缴获的战利品,去向晋国报告战胜陈国的功绩。

不料,晋国的大夫士庄子却阴阳怪气地说:"陈国做错了什么,你们为什么要兴师动众地去讨伐人家?"

子产听出士庄子这句话的弦外之音,是在指责郑国不该攻打陈国。于是,子产说:"陈国是我们周朝的后代,到今天还在依靠周朝。陈国的几位君王,都是在我国的帮助下才当上君王的。陈国发生内乱的时候,陈国国君流亡到国外,也是我国把他送回家的。我国对陈国世代有恩。这些,您都是知道的吧?"

"那又怎么样?"士庄子以为郑国没有讨伐陈国的依据,就得意地说,"难道就因为你们曾有恩于陈国,就可以随意攻打别人吗?"

"我国国君施恩不图回报,但陈国却恩将仇报,依仗楚国的势力侵犯我国!"子产振振有词地说,"去年,我国曾向贵国提出攻打陈国的请求,但是没得到批准。现在,陈国却来攻打我国,还在我国境内恣意妄为,填我水井,砍我树木,害我百姓!我国被迫惩罚了他们。"

"哼,陈国比郑国小得多,你们这不是以大欺小吗?"士庄子不肯善罢甘休,想继续挑郑国的毛病。

没想到,他的话遭到子产的一顿明嘲暗讽:"先王曾经命令我们,只要有罪过,不管国家大小,我们都可以去讨伐。话又说回来,从前天子的土地方圆一千里,诸侯的土地方圆一百里,而现在有些诸侯国的土地已经方圆几千里了。你说,如果没有侵占小国,他们的土地怎么会这么广大呢?"

尽管士庄子心里非常清楚,子产说的"有些国家"就是指晋国,可又无法反驳,气得吹胡子瞪眼干着急。

就这样,子产凭借自己充满智慧的外交语言,为郑国赢得了这次外交战争。孔子对子产给予了高度评价,他说:"语言是用来表达内心意愿的,而文采是用来传达言语的。

如果说话没有文采，即使肩负了使命也很难完成。郑国打败了陈国，而作为盟主的晋国却无法阻拦。如果不是子产善于言辞，郑国就不可能平安无事。"

# 赏不僭而刑不滥

善为国者，赏不僭而刑不滥。

《襄公二十六年》

善，善于。为国者，治理国家的人。僭，超越本分，过分。刑，刑罚。滥，过度、没有节制。

善于治理国家的人，不会没有节制地给予赏赐，也不会过度地使用刑罚。

## 【名言典故】

楚国的伍参与蔡国太师子朝交情很深厚，他们的下一代伍举和声子也从小就是好朋友。

有一年，伍举受人陷害，被迫逃到了郑国。当他从郑国出发准备到晋国去时，在郑国都城的郊外碰到了正要出使晋国的声子。听完伍举的不幸遭遇后，声子安慰他说："你放心地走吧，我一定设法让你回到楚国！"

不久，声子从晋国归来后又去了楚国。楚国大臣子木热情地接待了他。子木先向声子询问了一些关于晋国的事情，又问："你觉得晋国的大夫和楚国的大夫比，谁更贤明？"

声子觉得这是个好机会，他决定劝说楚国同意伍举回国。声子说："晋国的卿（古代诸侯国中，在国君之下设有卿、大夫、士三级官职）不如楚国，但他们的大夫却很贤明，都是做卿的人才。就像晋国使用的木料和皮革全都来自楚国一样，楚国培养出的大量人才，现在都在为晋国服务。"

子木觉得很奇怪，说"难道晋国没有同族和姻亲当大夫吗？"

"有啊。"声子回答说，"但是晋国也使用了很多来自楚国的人才。我听说过，善于治理国家的人，不过分赏赐，也不滥用刑罚。赏赐太过分，就怕赏赐到坏人头上；滥用刑罚，就怕惩罚了好人。假如不幸出现了偏差，宁愿赏赐过头，也不要滥用刑罚。"

"你的意思是楚国滥用了刑罚？"子木有些不服气。

"是啊！楚国滥用刑罚，导致大量人才逃亡到国外，成为别国的主要谋士，危害楚国!"声子说,"你看,当年楚国和晋国交战,在晋国溃不成军的时候,就是来自楚国的析公把楚军轻浮急躁、容易动摇的弱点告诉了晋国国君,并建议他趁夜偷袭楚军,最后晋国才反败为胜的。"接着,声子又举了几个例子来证明自己的这一观点。

子木听了,心悦诚服地说:"你说得很对啊!"

声子看到时机已经成熟,就趁热打铁说:"还有比这更严重的。伍举的岳父获罪后逃亡,国君和大夫们却说是伍举让他走的,害得伍举被迫逃到国外。伍举天天盼着楚王能赦免他,但是楚王却丝毫不把他放在心上。现在,晋国人正准备重用伍举。你想,假如伍举真的帮助晋国来危害楚国,难道不会成为祸患吗?"

子木觉得此事非同小可,就赶紧去向楚王汇报。楚王终于意识到了自己滥用刑罚的错误,就派人到晋国去请伍举回来。

# 君不失其信

君失其信,而国无刑,不亦难乎?

《襄公二十七年》

君,国君。信,信用、诚信。无刑,没有正常的刑罚。

国君失去了信用,国家就没有了正常的刑罚,(要想治理好国家)不就很难了吗?

## 【名言典故】

鲁襄公十四年(公元前 559 年),卫国发生兵变,残暴的卫献公被大夫孙文子驱逐出国。

十二年后,一直流亡在外的卫献公对跟随他流亡的弟弟子献说:"我流亡在外已经十二年了,请你一定设法帮助我回国复位。"子献非常清楚卫献公的为人,所以不愿意帮助他。卫献公就请他们的母亲去劝说子献。子献没有办法,只好答应了。

子献按照卫献公的吩咐,去拜访卫国大夫宁喜。子献说明来意后,宁喜显得有些犹豫。子献就对他说:"国君让我转告您,只要您能帮助他回国复位,就让您主持国政。"

宁喜把卫献公的意思告诉了亲信右宰谷,右宰谷坚决不同意,说:"国君在外流亡了十二年,暴虐的性格却丝毫没有改变。如果我们帮助他回国复位,那我们的死期也就快到了!"

可是，宁喜仗着有子献的支持，一意孤行，发兵攻打卫国的都城，并且杀掉执政的卫殇公，迎接卫献公回国复位。

卫献公回国后，按照事先的承诺，让宁喜主持朝政。可是没过多久，卫献公就对宁喜独揽大权十分担忧，生怕有一天会危害到自己，就一心想除掉宁喜。大夫公孙免余看出了卫献公的心事，就对他说："宁喜掌握了国家大权，臣担心他有朝一日会危害国君，所以请国君杀掉他。"

卫献公装出一副很为难的样子，说："不行啊，如果没有他的帮助，我就没有今天。我既然答应了让他主持朝政，又怎么能反悔呢？况且，如果事情败露，我就会被天下人唾骂！"

公孙免余说："这件事情交给我来办，您就装作什么都不知道好了！"

卫献公高兴地同意了。

这年夏天，公孙免余杀死了宁喜和右宰谷，还把他们的尸体抬到朝廷上，向其他大臣示威。

子献万万没有想到，国家会闹到如此地步。他痛心疾首地说："当初驱逐我的孙文子逃亡了，迎接我回来的宁喜却被杀死了。赏罚如此没有章法，又怎么能奖励好人和惩戒恶人呢？国君失去了信用，国家就没有了正常的刑罚，怎么可能治理好国家呢！"

心灰意冷的子献离开了卫国，发誓不再返回卫国。从此以后，子献隐居在晋国，一直到死都没有再出来做官。

# 忠善以损怨

我闻忠善以损怨，不闻作威以防怨。

《襄公三十一年》

闻，听说。忠善，尽力做善事。损，减少。怨，怨恨。作威，摆出威风。

我听说尽力做善事可以减少怨恨，没听说过依仗权势可以防止怨恨。

## 【名言典故】

春秋时期，郑国都城的乡间有一个公共场所乡校，人们经常来这里聚会游玩，议论国家政治，品评政府官员。

有人把乡校里发生的事情向郑国大夫然明汇报了。然明听了，非常担心百姓这样议论朝政不利于国家稳定，就打算拆毁乡校。

然明找到子产，满脸怒气地说："老百姓到乡校去，不学有益的东西，反而对国家的政治说长道短。我建议干脆把乡校拆了，看他们还到哪里去嚼舌根。"

子产不以为然地说："既然老百姓喜欢到乡校去，为什么要把乡校拆掉呢？人们干完活到乡校里聚一聚，议论一下施政措施的好坏，这也没什么大不了的嘛。他们想议论，就让他们议论去吧！"

"可是，他们中虽然也有人说了一些称赞朝廷的好话，但更多的人是在指责国君、批评大臣。"然明的情绪有些激动，"如果他们的话流传开来，肯定会对国家产生不良影响。"

子产端了一杯茶递给然明，让他先坐下。子产平静地说："你说，在我们治理国家的过程中，能不能保证百分之百地不出差错，百分之百地不做有损于百姓利益的事情？"

"这个……"然明想了想说，"我们可以尽力避免出差错，但不能保证百分之百的正确。"

"假如我们有了错误，是将错就错呢，还是知错就改？"子产接着问道。

"当然是知错就改！"

"假如我们没有发现自己的错误，而老百姓却发现了，你说，老百姓是该给我们指出错误呢，还是把他们的不满全部憋在肚子里？"

听到这里，然明终于明白了子产这番话的用意，他有些不好意思地说："当然是指出我们的错误更好。"

青铜豆（春秋）

子产接着说："老百姓在乡校议论我们执政的好坏是件好事。他们认为是对的，我们就坚持做下去；他们讨厌的，我们就可以改掉它。可以说，他们是教我们如何执政的老师。而且，我只听说过忠诚善良地对待别人可以减少怨恨，还从没听说过依仗权势可以防止怨恨。毁掉乡校是一件轻而易举的事情，但是要想阻止人们的议论，就没那么容易了。就像治理暴涨的河水一样，你越是想把它堵得严实些，河堤就越容易裂开大口子。洪水泛滥，伤害的人就多了。倒不如提前打开一个小口子，疏导河水慢慢地流过去。所以，还是听一听人民的议论更好，可以把它当作我们治理国家的良药。"

然明听了,赞叹道:"您确实是可以成就大事的人。只要您坚持这样做下去,整个郑国就有依靠了!"

# 陵人卑上,弗能久矣

无礼而好陵人,怙富而卑其上,弗能久矣。

《昭公元年》

陵,凌驾、欺凌。怙,依仗。卑,轻视、轻慢。弗能,不能。

没有礼仪而喜欢凌驾于他人之上,依仗着富有而轻视他的上级,这样的人是不能长久的。

## 【名言典故】

郑国大夫子皙为人粗暴蛮横,经常为了一点小事就对别人拳脚相加,大打出手。自从他为了专权打死了执政大夫伯有后,大家对他更是又恨又怕。

有一天,子皙无意中看到大夫子南的未婚妻很漂亮,就想霸占为妻。他不但派人强行送去聘礼,还身穿皮甲去见子南,企图杀死他。子南哪里受得了这样的侮辱,就拿起戈和他打了起来。子皙被子南打伤后,居然恶人先告状,四处散布谣言,说自己好心到子南家去拜访,反而被子南用戈打伤了。由于当时没有其他人在场,所以郑国的大夫们在处理这件事时非常为难。大夫子产明知此事是子皙挑起的事端,但他考虑到子皙为人残暴,郑国的局势又很混乱,如果没有抓住真凭实据就治子皙的罪,肯定会把局势搞得更糟。所以,子产对众人说:"是非曲直现在谁也说不清楚,我看就让地位更低的子南来承担责任吧!"子产以子南蔑视王法,在国都里动用武器为由,下令把子南囚禁起来,放逐国外。人们觉得子产这样做有失公允,纷纷替子南打抱不平。

子皙的胡作非为没有得到应有的惩罚,于是更加目空一切。他召集了六位大夫,在公孙段家里结盟,还以国君的名义让负责记录历史的官员把这次事件记录下来,企图名垂青史。尽管子产对子皙的做法十分不满,但因为时机还不成熟,就暂时容忍了他。

鲁昭公元年(公元前 541 年),子产和子羽奉命到晋国去探望生病的晋平公,晋国大夫叔向就向子羽谈起了这件事。子羽把当时的情况告诉了叔向,说:"子产这么做也是形势所逼,迫不得已。"

叔向问:"那你觉得子晳还能这样耀武扬威多久呢?""他活不了多久了!"子羽说,"没有礼仪而喜欢凌驾于他人之上,依仗着自己很富有而轻视上级,他离灭亡的日子不远了!"

第二年秋天,子晳蓄谋作乱,他的族人和其他大夫都想杀掉他,为民除害。正在边境的子产接到报告,立刻快马加鞭赶回国都。子产派人把子晳抓了起来,逐一列举了他的罪状。子产说:"你有三大罪状,一是专政夺权,打死伯有;二是夺人妻室;三是假借国君的名义。这三条都是死罪,你还不赶快自尽谢罪,难道非要等我来处死你吗?"

子晳吓得腿脚发软,不停地磕头求饶,但遭到子产的严词拒绝。

就这样,子产高瞻远瞩,后发制人,终于除掉了子晳这个祸害,维护了国家的权威。

## 爱之如父母,归之如流水

其爱之如父母,而归之如流水,欲无获民,将焉辟之?

《昭公三年》

归,归附。获民,获得人民的拥护。辟,同"避",避开。

爱护人民,就像父母爱护子女一样,而百姓也会像流水一样归附他。即使没有想过要得到百姓的拥护,又哪里避得开呢?

### 【名言典故】

鲁昭公三年(公元前539年),晋国国君晋平公的宠妾去世后,齐景公派晏子送一个齐国的女子到晋国去跟晋平公订婚。

订婚之后,晋平公设宴款待晏子,晋国大夫叔向陪同他一起参加宴饮。宴会上,齐国的使臣和晋国的官员们频频举杯,向晋平公表示祝贺,只有晏子和叔向坐在一起,交谈着国运兴衰的大事。

叔向问晏子:"现在齐国的政局怎么样了?"

"唉,一言难尽啊!"晏子叹了口气,回答说,"我们的国君抛弃了百姓,使百姓都归附到了陈桓子门下。齐国已经快完啦!"

"哦,这是怎么回事呢?"叔向又问。

晏子回答说："陈桓子家有两种量器，一种是国家的标准量器，另一种是加大了四分之一的量器。他们在借粮食给老百姓的时候，就用自家的大量器，在老百姓来归还粮食的时候，却用公家的小量器。这样一来，借出去的多，收回来的少，实际上是赠送给老百姓一部分粮食。此外，他们把山上的木材运到市场上去卖，价格却不比山里高，把海产品运来卖，价格也不比海边高。当百姓有了痛苦疾病，还要派人去安抚。陈氏爱护人民，就像父母爱护子女一样，所以百姓也像流水一样拥戴他、归附他。即使他没有想过要得到百姓的拥护，可又哪里避得开呢？"

"那你们的国君又是怎么做的呢？"

"假如把老百姓的劳动成果分为三份的话，国君至少占有了两份，老百姓只剩下一份来维持生活。所以，尽管百姓们日夜辛勤劳作，却还过着忍饥挨冻的生活，而国君聚敛了太多的财物，堆在仓库里已经腐烂生虫了。"晏子气愤地说，"我们国君性情粗暴，滥用刑罚，动不动就要砍去犯人的脚。现在，在齐国国都的各个市场上，出现了假腿供不应求而鞋子卖不出去的怪现象。"

叔向无可奈何地摇了摇头，轻声地对晏子说："我国的情况也好不到哪里去啊！国君只知道驱使人民，剥削百姓，道路上饿死的人随处可见，而国君家的财物却多得装不下。现在，百姓听到国君的命令，就像逃避仇敌一样。这样下去，国家能够长久吗？"

说完，叔向端起酒杯对晏子说："算了，不说了。来，我敬你一杯！"

两位忧国忧民的忠臣把杯中酒一饮而尽，不约而同地流下了热泪。

# 君子不犯非礼

君子不犯非礼，小人不犯不祥。

《昭公三年》

礼，礼制、礼法。祥，吉祥。

君子不做不符合礼制的事情，小人不做不吉祥的事情。

## 【名言典故】

晏子是我国春秋时期杰出的政治家、思想家和外交家。他不仅学识渊博，而且关心百姓疾苦，敢于批评国君的错误，是齐景公的主要助手。

尽管晏子位高权重,但他仍然过着十分俭朴的生活。晏子的家在一个农贸市场附近。市场外低湿狭窄,尘土飞扬;市场内人声鼎沸,喧闹嘈杂。这样的环境很不适合居住。

齐景公实在看不下去了,就想给晏子换一套房子。他对晏子说:"爱卿啊,你劳苦功高,却住着这么差劲的房子,简直有失齐国的体面。我决定给你换套大房子,怎么样?"

晏子婉言谢绝了齐景公的好意。他说:"这样的房子对我来说已经够奢侈了,怎么敢再换大房子呢?再说,住在市场附近,我买东西也很方便啊!"

"这么说,你经常到市场去买东西?"齐景公笑了笑,说,"那你倒是说说看,市场上什么东西贵,什么东西便宜啊?"

当时,齐景公滥用酷刑,动不动就要砍去犯人的腿脚,所以到市场上买假腿的人多,买鞋子的人少。晏子决定趁这个机会规劝齐景公,就说:"市场上的假腿很贵,鞋子却卖不出去。"

齐景公见晏子不同意换新房,还借机劝说自己不要滥用酷刑,于是对晏子的人品更加钦佩,下决心要为晏子盖一套宽大的好房子。过了不久,齐景公不仅下令减轻了刑罚,还趁晏子出使晋国的机会,迁走了晏子的邻居,为他建造了一处大房子。

晏子从晋国回来,看到了宽敞明亮的新房。他非常生气,立刻去找齐景公。晏子说:"我的祖先选择在这里居住,是因为他们曾经占卜过,与这里的邻居住在一起会很吉利。现在,我的房子虽然扩大了,却违背了祖先的占卜,这样会不吉祥的。况且,国君为了给我修建新房,将那些无辜的邻居赶走了,他们该有多伤心啊!国君这样做,显然不合礼法。君子不做不符合礼法的事情,小人不做不吉祥的事情。这是祖辈传下来的规矩,我怎么敢违抗呢?所以,请大王允许我拆掉新房,请回被迁走的邻居们!"

在晏子的再三恳求下,齐景公终于同意了晏子的要求。晏子找人拆掉了新房,用拆下来的材料修复了邻居们的住房,并派人去把他们请回来居住。

## 苟利社稷,死生以之

苟利社稷,死生以之。

《昭公四年》

苟,假如、如果。利,有利于。社稷,指国家。以,由、随。

如果有利于国家(就去做),不管是生是死都由它去。

**【名言典故】**

子产是春秋时期著名的政治家和思想家。他在担任郑国国卿后,大胆推行了一系列改革,完善了治理国家的规章制度。经过一段时间的努力,终于把郑国治理得井然有序,受到了百姓们的拥护和爱戴。

然而,改革的道路并不是一帆风顺的。在推行改革的初期,由于人们不理解,子产曾被大家误解,遭到了人们的强烈反对,甚至遭到了诽谤。

在子产推行的改革中,有一条就是要鼓励忠诚简朴,惩处荒淫奢侈。大夫丰卷祭祀祖先需要祭品,请子产同意他打猎获取祭品,遭到了子产的断然拒绝。丰卷觉得子产是小题大做,故意跟自己过不去,就立即召集士兵要攻打子产。大臣子皮知道这件事后,就率兵把丰卷赶出了郑国。子产不但没有落井下石,反而向子皮求情,让丰卷重新回到了郑国。后来,丰卷终于明白了子产不允许他打猎的良苦用心,对子产的宽宏大量也非常感激。

为了增加国家的收入,子产在原有基础上增加了税收。这样一来,老百姓的负担就加重了。大家对子产的这种做法非常不满,于是就有人诽谤他,说他的父亲就是因为剥削百姓才被打死的,现在子产也像他父亲一样,是个毒蝎心肠的人,在国内为所欲为。有人还编了一首谩骂子产的歌谣,四处传唱。

郑国大夫子宽把老百姓的这些话告诉了子产,劝他放弃改革。子产淡淡地一笑,大度地说:"老百姓承受的负担确实比以前重些,他们发发牢骚是可以理解的。但是,只要是对国家有利的事情,我就一定要坚定不移地做下去。为了国家的利益,生死都无关紧要,还怕别人说闲话吗?"

几年以后,子产的改革取得了一定的成效,老百姓的生活越来越好。人们尝到了改革带来的甜头,终于明白子产推行改革是为了给老百姓谋取福利,纷纷称赞子产是一位关心百姓疾苦的好官。

# 民知所适,事无不济

好恶不愆,民知所适,事无不济。

《昭公十五年》

好,喜好。恶,讨厌、厌恶。愆,过分。适,归宿,指行动的方向。济,成功。

喜好和厌恶都不过分,百姓知道了行动的方向,事情就没有不成功的。

**【名言典故】**

鲁昭公十五年(公元前 527 年),晋国派荀吴带兵攻打鼓国。

这一天,有个鼓国人悄悄来到晋军大营,对荀吴说:"晋军兵强马壮,鼓国肯定不是晋军的对手。只要您保证我的族人和财产的安全,我就率领城里的人叛变,打开城门迎接晋军入城。"

荀吴看了他一眼,轻蔑地说:"你走吧,我自有办法攻破鼓国,不需要你的帮助!"

鼓国人走了以后,荀吴的部下不解地问:"不动用军队就能得到这座城池,这样的好事为什么不干?"

"我以前听大夫叔向说过,喜好和厌恶都不过分,百姓知道了行动的方向,事情就没有不成功的。"荀吴语重心长地对他们说,"你们想啊,假如有人带着我们的城池投敌叛变,我们肯定会十分厌恶这种人。当别人带着城池来投降的时候,为什么我们偏偏喜欢他们这样做呢?假如我们奖赏了献城投降的人,不就是在奖赏我们最厌恶的人吗?如果不给予奖励,又会失信于天下,今后又怎么取信于别人呢?"

部下们觉得荀吴说得很有道理,可不知道他准备怎么破城,就问:"那我们现在该怎么办呢?"

"这个嘛,很简单!如果我们可以取胜就进攻,不能取胜就退兵。"荀吴说,"我们不能为了得到一座城池就接近奸邪的小人,否则就会得不偿失!"

荀吴派人把有人准备献城投降的事情通知鼓国,并让他们抓紧时间加固城池。鼓国人立刻把那个人抓起来处死了,然后又认真地检查了城墙,进行加固维修。

晋军包围鼓国三个月后,鼓国人坚持不下去了,就派人向荀吴请求投降。荀吴把鼓国的使者仔细打量了一番,就拒绝了鼓国的请降,说:"从你们的气色看,你们最近还能吃上饭菜,完全可以再支撑一段时间嘛!"

部下们听他这么一说,觉得有些莫名其妙,就问:"我们在这里驻扎了三个月,就是为了得到这座城池,你为什么不答应他们呢?"

荀吴严肃地说:"获取一座城池事小,让百姓懂得道义事大。现在,鼓国人还没到支撑不下去的时候,如果同意他们投降,他们就会懈怠,一旦以后遇到紧急情况,他们就会投降。而且,如果这么轻松地得到城池,我们的士兵也会懈怠。如果为了获取城池而使大家懈怠,得到这城又有什么用呢? 现在,我们要做的就是,既要得到这座城池,又要让百姓们懂得道义之所在,肯拼命为国家出力,难道这不是最好的结果吗?"

最后,鼓国人粮尽力竭,实在支持不下去了,荀吴才率领军队攻下鼓国。

## 小国忘守则危

小国忘守则危,况有灾乎? 国之不可小,有备故也。

《昭公十八年》

守,守备、防御。小,轻视。备,防备。故,缘故。

小国忘记防御就会有危险,何况是在灾害发生的时候呢? 国家不被他国所轻视,就是因为加强了防备的缘故。

### 【名言典故】

鲁昭公十八年(公元前 524 年),郑国发生了百年不遇的火灾。火灾发生后,子产立即组织民众抢险自救。他派出官员对百姓被烧毁的房屋进行登记,宣布减免灾民的赋税,并发给他们木料让他们重建家园。在安抚百姓的同时,子产命令官员们各司其职,加强戒备。然后,子产又添置武器,增派守城的士兵,要求他们随时准备迎接外敌的入侵。

子大叔对子产的做法感到非常担忧,就对子产说:"你这样做会给郑国带来危险的!要是晋国看到我们增加了守城的兵力,肯定会对我们起疑心。如果他们派兵来攻打我们,我国不是就危险了吗?"

子产平静地说:"我听说,小国忘记防御就会有危险,何况是在灾害发生的时候呢?国家不被他国所轻视,就是因为加强了防备的缘故。现在,我国正处在非常危急的关头,如果不加强防御,要是晋国乘虚而入,那才是最危险的。"

火灾过后，晋国的边防官果然对郑国的做法表示了不满。他们派人到郑国，盛气凌人地对郑国国君说："贵国发生了火灾，晋国的国君、大夫们非常担忧。他们寝食难安，遍祭名山大川，就是为了减轻郑国的灾难。可是，我们的士兵却发现，贵国的城墙上突然多出很多手执兵器的兵士！我国边境上的人感到很害怕，所以我们特意前来向您报告这件事。"

子产镇定地回答道："正如您所讲的那样，我国发生了火灾，让君王担心了。我国政事不太顺利，上天才降下灾难。所以，我们非常担心有邪恶的人乘机打我国的主意，再次加重我国的灾难。如果真是这样，不是让君王更加操心吗？所以，我们迫不得已才这么做。"

"是啊，我们也是迫不得已啊！"郑国的几位大夫赔着笑脸附和着。

"不过，好在现在郑国还没有灭亡，我们还有机会向晋王解释。"子产笑了笑，说，"既然我国已经奉贵国为盟主了，如果我们真的遭到敌国的攻击，我们还盼望投奔晋国呢，哪里还敢对晋国三心二意？"

晋国的使者哑口无言，只好回国去了。

就这样，子产在灾难降临的时候，临危不乱，加强国防，帮助郑国顺利地渡过了难关。

# 民弃其上，不亡何待

民弃其上，不亡何待？

《昭公二十三年》

弃，抛弃、唾弃。上，上面的人，指领导者、统治者。亡，灭亡。民众抛弃了他们的统治者，这样的国家能不灭亡吗？

## 【名言典故】

自古以来，百姓都是国家的基础。有了百姓的拥护和支持，国家就繁荣昌盛，如果遭到百姓的唾弃，国家就会衰败灭亡。下面这个故事，讲的就是卫懿公不关心百姓疾苦，以至于国破身亡的事情。

卫懿公非常喜欢鹤，对自己养的鹤更是娇宠无比。他残酷地剥削百姓，把搜刮来的钱财全部用来满足自己奢侈的生活。他为鹤修建了豪华的宫殿，让鹤乘坐装饰艳丽的马车，甚至还把自己喜欢的鹤封为鹤大夫、鹤将军，让鹤享受官员的待遇。每次外出，他总是让鹤乘坐在华丽的马车里,跟随自己出游。为他养鹤的人拿的俸禄比朝廷重臣的俸禄还高,鹤的生活待遇也高得离谱。而百姓们却住在破烂的茅草房子里,过着忍饥挨饿的生活,日子过得十分艰难。百姓们怨声载道,都骂卫懿公是个昏庸的暴君。

有大臣去劝告卫懿公,没想到却被警告说:"从今天起,谁敢再拿我的鹤来说事,我就杀了他!"于是,大臣们再也不敢在卫懿公面前提养鹤的事情了,只敢在背地里悄悄议论:"国君失去民心,亡国之日已经不远了!"

后来,狄(古代北方的民族)人入侵卫国,百姓纷纷逃窜。卫懿公这才慌了神,赶紧派人去把老百姓组织起来,发给他们盔甲和武器,让他们去抵抗入侵的狄人。没想到,他瞎折腾了半天,竟然没几个人响应。那些领到盔甲和武器的人也都不愿意去打仗。卫懿公冲着他们大骂:"国难当头,你们居然不愿为国出力!"

百姓们哈哈大笑,有人讥讽说:"你也不想想,你是怎样对待我们的?你不是有你的'鹤将军'吗?他们享受着高官俸禄,肯定愿意为你出力,你还是让它们去为你打仗吧!"在场的人听了,笑得更厉害了。

卫懿公气得面红耳赤,他一咬牙,说:"好,你们不去,我去!"

在安排好国内的事情后,卫懿公就带着临时召集起来的兵马出征了。没想到,随他出征的将士们也对他十分不满,打起仗来都不肯出力,一遇到危险就逃跑了。

这场战斗,卫懿公惨败,最终落得个国灭身亡的下场。

# 以礼为国

礼之可以为国也久矣。与天地并。

《昭公二十六年》

礼,礼仪、礼制。并,相同、相等。

用礼可以治理国家(的传统)已经很久了,和天地存在的时间相同。

**【名言典故】**

一天,齐景公在他的会客厅里召见晏子。谈话间,齐景公突然望着金碧辉煌的大厅发起呆来。晏子觉得很奇怪,就问:"您在想什么呢?"

"唉……"齐景公长长地叹了一口气,对晏子说:"你看,这房子多么漂亮啊!可是,等我死后,谁能成为它的新主人呢?"

"您的意思是?"晏子不明白齐景公怎么会突然冒出这么一个想法来。

"一个人的成败得失在于他的德行。"齐景公若有所思地说,"将来一定会是一个有德行的人来拥有它!"

晏子想了想,说:"照您这么说,我想恐怕会是陈桓子了。"

"什么?"齐景公大吃一惊,生气地说,"继承君位的应该是我的子孙啊,怎么会是陈桓子呢?"

"请君王先别着急!"晏子说,"陈桓子虽然没有什么大的德行,但他乐善好施,很得民心啊!在征收税收的时候,陈桓子用小的量器,但在给百姓施舍时,他就用大的量器。相比之下,国君向百姓征收的多,而他向百姓施舍的多,百姓自然就会拥护他了。现在,百姓们对陈桓子的恩惠非常感激,已经有人在为他唱赞歌了。如果您的后代稍有松懈,那您的天下不就会被陈氏取代吗?"齐景公听了晏子的话,非常担忧,就问晏子:"那你说说看,我该怎么办呢?"

晏子回答说:"只有'礼'可以阻止陈氏篡权的事情发生。只要用礼制来管理国家,家族的小恩小惠就无法跟国家的力量相比。这样的话,人们就会安居乐业,农夫继续耕作,商人继续经商,国家的官员不敢傲慢失职,更不敢贪污受贿,国家也就会稳定繁荣了。"

"你说得太好了!"齐景公高兴地说,"以前我在这方面做得不够,现在我知道了,用礼可以治理好国家。"

晏子看到自己的话产生了效果,就进一步劝告齐景公:"用'礼'可以治理好国家,这个道理几乎与天地存在的时间相同。只要用'礼'来治理国家,君王发布命令,臣子就会恭敬地执行;父亲慈爱地教育孩子,孩子就会孝顺;哥哥疼爱弟弟,弟弟尊敬哥哥;丈夫和蔼,妻子温柔……这些都是符合礼制的做法。"

齐景公听了,茅塞顿开,高兴地说:"好啊!从今天开始,我一定会按照'礼'来处理政事,管理国家。"

## 知者除谗以自安

知者除谗以自安也,今子爱谗以自危也。

《昭公二十七年》

知,"智"的通假字。知者,聪明的人。谗,奸邪的小人。子,你。

聪明的人铲除奸邪的人来使自己安定,现在你却喜欢奸邪的人来危害自己。

## 【名言典故】

郤宛是楚国的大臣。他为人正直、温和,楚国的人民都很爱戴他。鄢将师和费无极是两个奸佞的小人。他们勾结起来,密谋利用令尹(执掌军政大权的官员)子常偏听偏信的弱点,除掉郤宛。

这一天,费无极对子常说:"郤宛想请您到他家去喝酒,特意让我来问问您是否肯赏光?"

听说郤宛要请自己喝酒,子常高兴地说:"既然郤宛设宴相请,我怎么能不去呢?你告诉他,我一定准时过去!"

从子常家出来,费无极又赶到了郤宛家,说:"令尹过几天要到你家里来喝酒,你快准备准备吧!"

郤宛说:"令尹肯屈尊光临寒舍,这实在是我的荣耀。可是,我没有什么东西奉献给他,怎么办呢?"

费无极说:"令尹喜欢收藏各类铠甲和武器。你就把你的铠甲和武器拿出来,我帮你挑选几件。"

郤宛不知这是费无极的奸计,就把他领到兵器库里去挑选铠甲和兵器。费无极指着挑出来的铠甲和兵器说:"到时候你就把这些东西挂在门口,令尹来了,肯定会很感兴趣地观看,你就乘机献给他。"

等到举行宴席的那一天,费无极匆匆忙忙地跑到子常家,气喘吁吁地说:"我差点害了您啊!我得到情报,说郤宛为了自己掌握朝政,打算对您下毒手,把铠甲和武器都放在门口了。您千万不能去赴宴啊!"

子常大吃一惊,就派手下到郤宛那里去查探。不一会儿,手下人回来说,果然看到了有铠甲和武器在那里。子常火冒三丈,立刻召见鄢将师,把情况告诉了他。鄢将师出来后,就率人去攻打郤宛。郤宛听到消息后,意识到自己上了小人的当。可事到如今,他就是长一千张嘴也无法解释。

鄢将师放火烧了郤家,并把他的族人全部杀害了。郤宛遇害的消息激起了老百姓的愤怒,他们纷纷谴责子常听信谗言,害死忠臣。沈尹戌对子常说:"鄢将师、费无极专权祸国。而您听信了他们的谗言,纵容他们做坏事,已经招来了许多指责和怨恨。"

"那我该怎么办呢?"子常开始为自己的行为感到后悔和害怕。

"聪明的人铲除奸佞来使自己安定,现在您却喜欢奸佞的人来危害自己。"沈尹戍说,"您到现在还在任用这些奸佞小人,您也太糊涂了!"

听了沈尹戍的话,子常立刻下令处死鄢将师和费无极,这才平息了国人的愤怒。

# 人而无礼,胡不遄死

人而无礼,胡不遄死?

《定公十年》

礼,礼仪。胡,为什么。遄,快速。

做人不讲礼仪,为什么不快点死?

## 【名言典故】

春秋末年,中原盟主晋国逐渐衰败,诸侯各国对晋国的命令常常置若罔闻。为了挽救自己的盟主地位,晋国派大夫涉佗和成何前往卫国,与卫结盟。

按照当时的礼仪,各国诸侯订立盟约时必须举行"歃血为盟"的仪式。仪式的大致过程是:先割下牛耳取血,并将牛耳放在一个盘子上,由主盟国的君王或代表执盘,当时称为"执牛耳"。然后,主盟国的国君或代表率先将祭拜过天地神灵的牛血涂在自己的嘴上,称为"歃血"。最后,其他参与者也相继歃血,表示彼此之间有天地神灵作证,若有违约者,必将受到神灵的惩罚,最终将像牛一样死去。

在晋、卫两国的盟会上,涉佗和成何仗着晋国比卫国强大,所以表现得极其傲慢。当卫国人请他们中的一人来"执牛耳"时,成何对涉佗说:"'歃血为盟'是诸侯之间的仪式。区区一个卫国,只不过和我国的温地、原地差不多大,怎么能像诸侯一样看待?"

将要歃血的时候,涉佗突然推开卫灵公的手,牛血一直流到了卫灵公的手腕上。

卫灵公没想到涉佗胆敢这样羞辱自己,顿时火冒三丈。这时,卫国大夫王孙贾赶紧快步上前,大声呵斥涉佗:"结盟是用来申明礼仪的,你却对我们国君如此无礼!如果我们接受这个盟约,不就等于不奉行礼仪了吗?"

由于在盟会上受到了侮辱,卫灵公想背叛晋国,但又担心大夫们不同意。王孙贾就建议他住到郊外去。当有大夫问起时,他就把在盟会上被晋国人羞辱的事情告诉他们,并说："我让国家蒙受了耻辱，不配再做你们的国君。你们还是另外选一个继承人吧！"

大夫们说："我们国家弱小，所以才受人欺负。这是国家的祸患，不是您的过错啊！"

"不仅如此，晋国提出了非常苛刻的要求作为结盟的条件。"接着，卫灵公又把晋国人提出的无礼要求一一列举出来。

卫国的大夫们听后都义愤填膺，纷纷表示坚决拥护卫灵公，拒绝与晋国结盟。于是，卫国就与晋国断绝了来往。当晋国提出重新结盟的要求时，卫国断然拒绝了。

晋国人并不知道涉佗和成何在卫国的表现，所以对卫国的背叛感到十分不满，就派兵攻打卫国。由于卫国人团结一心，顽强抵抗，晋国攻打了几次都没有取得实质性的胜利。

晋国国君没有办法，就派使者去质问卫国为什么背叛晋国。卫灵公就把结盟仪式上的事情讲了一遍。为了与卫国重新结盟，晋国国君只好下令把涉佗处死了。成何看到形势不妙，赶紧逃亡到了燕国。

就这样，由于自己的无礼，涉佗不但破坏了晋、卫两国的友好关系，也搭上了自己的一条性命。

# 去疾莫如尽

树德莫如滋，去疾莫如尽。

《哀公元年》

树，树立。德，德行。莫如，不如。滋，滋养、滋长。尽，完、彻底。

树立德行不如不断培植（即越多越好），去除疾病不如清除干净（即越彻底越好）。

## 【名言典故】

吴王夫差率领大军在夫椒山大败越军，越王勾践被迫派人去向夫差求和。

吴国大夫伍子胥听说夫差打算答应越国讲和的请求，便赶紧前来求见。他对夫差说："我听说过这么一句话，'树立德行要不断培植，越多越好；但去除疾病就要连根拔掉，越彻底越好'。"

"这话怎么讲？"夫差觉得有些莫名其妙。

伍子胥向夫差行了个礼，说："请大王允许我讲一个故事。"

"你说吧！"夫差示意伍子胥坐下说话。

伍子胥说："古时候有个国家叫有过国，它的国君名字叫浇。浇灭掉了斟灌国后，又率兵攻打斟鄩国，杀死了夏朝的第五代君主相。当时，相的妻子已经怀孕了，她从城墙洞钻出去，逃回了她的娘家有仍国，在那里生下了儿子少康。

"少康长大后，在有仍国做了管理畜牧的官。他对浇充满了仇恨，同时也对浇保持着高度的警惕和戒备。当浇派人到有仍国来追杀少康时，少康早已逃到了有虞国。有虞国的国君把自己的两个女儿嫁给少康，给了他一块方圆十里的封地和五百民众。"

"那后来呢？"夫差对这个故事很感兴趣，催促伍子胥继续讲下去。

"后来，少康广施恩德，聚集人心，开始了他的复国计划。同时，他还收留夏朝的旧臣，给他们安排官职。经过周密的安排，少康终于灭掉了有过国等国家，复兴了夏朝。"伍子胥对夫差说，"现在的吴国不如当时的有过国强大，而越国却比少康强大得多。如果跟越国讲和，就给了他们喘息的机会，等到越国强大起来，吴国就危险了！"

"那你说该怎么办呢？"夫差问。

伍子胥说："吴、越两国土地相连，而且世代为仇。现在，我军大获全胜，只要乘胜追击就可以灭掉越国，这是天意啊！如果不趁现在灭掉越国，反而让它继续存在，这样就违背了天意，也助长了敌人的势力，将来恐怕后悔都来不及啊！"

可是，夫差听信了奸臣的谗言，对伍子胥的奉劝根本听不进去，执意要同越国讲和。

伍子胥绝望地说："如果越国用十年时间来养育人民、积蓄财富，再用十年时间来对人民进行教育和训练，二十年以后，吴国就会被越国毁坏成荒凉的沼泽地了！"

吴、越两国讲和后，越王勾践卧薪尝胆，果然在二十年后灭掉了吴国。

## 视民如伤国乃兴

国之兴也，视民如伤，是其福也；其亡也，以民为土芥，是其祸也。

《哀公元年》

兴，兴起。视，看待。伤，受伤。土芥，土和草。

国家的兴起，是因为看待百姓如同对待伤者，悉心照料而不加惊动，这是国家之福。国家的灭亡，是因为把百姓当成粪土草芥，任意践踏而不加珍惜，这是国家之祸。

鲁定公五年(公元前505年),吴国兴兵伐楚。吴王夫差派使者去见陈国的国君陈怀公,要求他出兵助战。陈国夹在吴、楚两国之间,既惹不起吴国,也不敢得罪楚国,这可难坏了陈怀公。

陈怀公没有办法,只好向国内的人们征求意见。陈怀公说:"现在吴国要求我国出兵帮助他们去攻打楚国,我想听听大家的意见。"

听陈怀公这么一说,人群一下子炸开了锅,大家各持己见,议论纷纷。

"这样吧,"陈怀公大声说,"赞成亲附楚国的站到右边,同意出兵帮助吴国的站到左边。"

陈国人便按照自己土地的位置分成了两拨。自己的土地临近楚国的就站在了右边,土地临近吴国的就站在了左边,那些没有土地的人就和自己的亲友站在一起。只有大夫逢滑站在两拨人的中间,一动不动。

"你站在中间是什么意思啊?"陈怀公不解地问。

逢滑走上前去,对陈怀公说:"臣听说,国家的兴起是由于有福,灭亡则是因为有祸。现在吴国还没有福,楚国也没有祸,所以我们既不能抛弃楚国,也不能跟从吴国。现在晋国是盟主,我们可以用归顺晋国作为借口辞谢吴国。"

陈怀公反问逢滑:"现在楚国被吴国打败,国君都逃离了家园,这不是祸是什么?"

"出现这种情况的国家太多了,谁能保证暂时的战败就一定不能再恢复国家? 小国尚且能恢复,更何况大国呢? 我听说,国家的兴起,是因为看待百姓如同对待伤者,悉心照料而不加惊动,这就是国家之福;国家的灭亡,是因为把百姓作为粪土草芥,毫不珍惜,这就是国家之祸。"逢滑继续说道,"楚国虽然战败,但它还没有让它的百姓去白白送死。而吴国却因为连年征战,战士的尸骨暴露于野外,多得像杂草。可见,它对老百姓没有什么德行。所以,吴国遭祸的时间也不会太久了。"

陈怀公认为逢滑说得很有道理,就接受了他的意见。后来,吴国果然被越国所灭,验证了逢滑的预言。

# 盈必毁，天之道

盈必毁，天之道。

《哀公十一年》

盈，满，指自满、满足。毁，毁灭、失败。天，上天。道，道理、规律。

骄傲自满的人必然会遭到毁灭，这是自然的规律。

### 【名言典故】

吴王夫差率领大军去攻打越国。越王勾践不顾大夫范蠡的劝告，坚持出兵迎战，结果被吴军打得落荒而逃，被围困在会稽山。

眼看越国就要在自己手上灭亡了，勾践懊悔不已。他对范蠡说："我没有听你的劝告，才落到这步田地。现在该怎么办呢？"

范蠡说："现在咱们只有求和这一条路可走了。"

"可吴军气势正盛，他们怎么可能会答应求和呢？"勾践有些心灰意冷。

"夫差骄傲自大，目空一切。"范蠡分析道，"现在，吴军大胜，只要我们做出诚心投降的姿态，他必然会放松警惕。如果再赠以美女消磨他的意志，我们就有机会重新打败他！"

于是，勾践派文种去向夫差求和。文种见到夫差后，不停地夸赞他是一个治国有方、善于用兵的国君。说勾践自知不是吴王的对手，特意派他来向吴王求和。

夫差被文种的这番话哄得有些忘乎所以，但由于伍子胥的坚决反对，夫差还是没有同意与越国讲和。

文种回去后，打听到吴国的伯嚭是个贪财好色的小人，就把一批美女和珍宝悄悄送给他，请他在夫差面前替越国讲好话。同时，又将能歌善舞的美女西施送给了夫差。经过伯嚭的一番劝说，吴王夫差不顾伍子胥的反对，答应了越国求和的请求，还同意勾践在服侍自己满三年后放他回国。

吴国大败越国，越王勾践留在吴国侍奉吴王，这令当时的吴国人感到非常骄傲。夫差更是自以为天下无敌，整天沉醉在舒适安逸的生活中。伍子胥对此非常担忧，他多次奉劝夫差：越国虽然暂时投降了，但他们并没有甘心于失败，一旦时机成熟就会反攻吴国,如果沉溺于胜利的喜悦而不思进取,吴国早晚会失败。

对于伍子胥的劝告,夫差根本听不进去。他认为伍子胥是杞人忧天,没事找事,所以对伍子胥越来越反感。后来,夫差听信了伯嚭的谗言,说伍子胥里通外国,就赐给他一把宝剑,让他自杀了。

伍子胥悲愤交加,绝望地说:"骄傲自满的人一定失败,这是自然规律。不出三年,吴国就会走向衰落,最终会遭到灭国之灾!"说完,他抽出宝剑自杀了。

正如伍子胥所预料的那样,勾践回到越国后,立志要报仇雪耻。他卧薪尝胆,不断努力,最终打败了吴国。

骄傲自满的吴王夫差,最终落得个自杀身亡的下场。

# 多陵人者皆不在

多陵人者皆不在,知伯其能久乎?

《哀公二十七年》

陵,欺压。不在,指不会有好结果。知伯,人名,晋国大夫。

经常欺压别人的人,都没有好的结果,知伯难道能够长久吗?

## 【名言典故】

春秋末年,郑国日渐衰弱,成为一个弱小的诸侯国,经常遭到其他诸侯国的侵略。

公元前468年,晋国大夫知伯率领大军进攻郑国。郑国君王抵挡不住晋军的进攻,于是派人到齐国去请求救援。齐国的君主担心知伯吞并郑国后变得更加强大,会对齐国构成威胁,就派大夫陈成子率军前去救援郑国。

陈成子率领军队日夜兼程,眼看就要抵达郑国的时候,一条大河拦住了大军的去路。由于天降大雨,河水猛涨,战马一看到滔滔的河水,吓得不停地嘶叫,士兵们也不敢冒险渡河。

郑国的向导着急了,他说:"晋国的兵马已经打到我们的屋檐下了,我国的君臣和人民还在眼巴巴地盼望着齐军。如果大军再不前进,郑国恐怕就要亡国啦!"

陈成子听了,立刻披上雨衣,挂着戈,走上山坡指挥军队过河。经过一番努力,齐军安全地渡过了大河,准备与晋军交战。

知伯得知齐军不顾危险，渡过了波涛汹涌的大河，心里有点害怕，便对手下说："攻打郑国的事情，我事前占卜过，但没有占卜过和齐国作战的事情。现在齐国已经冒险渡过了大河，看来是来者不善啊！我看，咱们不如先撤兵，等做好了准备，咱们再与他们决战！"

知伯一边下令撤军，一边派使者去齐军营地拜见陈成子，企图说服他撤兵。

使者对陈成子说："我们的统帅让我来告诉您，我国这次出兵，是为了调查陈国被灭亡的原因，是在为陈国报仇。您陈姓这一族是从陈国分支出来的，陈国现在已经灭亡了，而罪魁祸首就是郑国。我们统帅还让我问您：您是否为陈国的灭亡而感到忧愁呢？如果您认为陈国的灭亡是件好事，那我就无话可说了。"

陈成子知道这是知伯为入侵郑国编造出来的借口，所以十分生气。他义正词严地对晋国的使者说："经常欺压别人的人是绝不会有好下场的，像知伯这样的人难道能够长久吗？"说完，就把晋国的使者轰了出去。知伯见说服不了陈成子，又担心打不过齐军，只好暂时撤兵回国了。

四年后，知伯再次领兵包围郑国。他对大夫赵孟说："咱们强攻进去吧？"赵孟不同意，知伯就讥讽他说："你长得这么难看，又没有勇气，怎么也做了你们赵氏的继承人？"赵孟因此对知伯怀恨在心。

几年后，知伯逼迫另外两位晋国的大夫割让了大片领地给自己，又胁迫他们出兵攻打赵孟。赵孟派人冲出重围，说服了两位大夫倒戈，打败了知伯的军队。骄横的知伯被杀死了，他的土地也被赵孟他们瓜分。

"多陵人者皆不在"，陈成子当年的预言在十余年后得到了验证。

# 第七章 《春秋左传》故事

## 一、鲁隐公时期故事

### 郑伯克段于鄢

当初，郑武公娶了申国国君之女为妻，名叫武姜。武姜后来生下了庄公和共叔段。她生庄公时难产，婴儿的脚比头先出来，姜氏受到了惊吓，就给庄公取名为寤生，从此就一直很厌恶他。姜氏却很喜欢共叔段，并想立共叔段为太子，多次向武公请求，但武公都不答应。

庄公即位以后，姜氏替共叔段向庄公请封制这个地方。庄公说："制是个险要的城邑，从前虢叔就死在那里。除了制这个地方，其他地方就任您挑选吧。"姜氏又替公叔段请封京城，庄公答应了，就让共叔段住在那里。共叔段因此被称为京城太叔。

青铜龙柄虎翘刀（春秋）

郑大夫蔡仲说："凡是国都以外的城邑，城墙超过三百丈，就会成为国家的祸害。按照先王的制度，侯伯之国中，大城邑的城墙不超过国都城墙的三分之一，中等城邑的城墙不超过国都城墙的五分之一，小城邑的城墙不超过国都城墙的九分之一。现在京城已经超过了规定，跟先王的制度不合。将来您恐怕会无法控制啊。"

庄公说："姜氏要这样做，我哪能避开这场灾祸呢？"

蔡仲回答说："姜氏哪里会满足呢？不如早点给共叔段安排个地方，不要让他的势力发展。他的势力一旦蔓延开来，您就很难对付他了；蔓延的野草还很难除掉，更何况是您那处在尊荣地位的弟弟呢?"

庄公说:"他做多了不义之事,一定会自取灭亡,你就等着瞧吧。"

不久,太叔命令原来属于庄公的西部和北部的边境之地也同时臣属于自己。郑国大夫公子吕对郑庄公说:"一个国家不能有两个国君,您想怎么办呢? 如果您打算把国家拱手让给太叔,那就请您允许我去侍奉他;如果您不打算给他,那就请您除掉太叔,不要让百姓生出二心。"

庄公说:"用不着我动手,太叔他将会自取灭亡。"

接着,太叔进一步把这两属之地正式收为自己所有,把地盘扩张到了廪延一带。公子吕说:"现在可以攻打共叔段了。否则,土地扩大了,他就会得到民心。"

庄公说:"既然共叔段做的是不义之事,那就不能团结民心,土地占多了反而会垮台。"

鲁隐公元年,太叔修整城墙,聚集粮草,制造铠甲和兵器,准备步兵和兵车,准备要偷袭郑国的国都。武姜则打算作共叔段的内应,为他开启城门。庄公得知共叔段偷袭郑国国都的日期后,说:"可以动手了!"他命令公子吕率领两百辆兵车攻打京城。这时,京城的人都背叛了太叔,太叔只好逃奔到鄢地。庄公又到鄢地讨伐太叔,太叔逃到共国避难。

《春秋》经记载这件事说:"郑伯克段于鄢。"太叔不遵守弟弟应该遵守的礼仪,所以不称他为庄公之弟;兄弟争位,就像两国君王一样交战,所以叫作"克";称庄公为"郑伯",是讽刺他对弟弟有失教导;史官不说太叔"出奔",是因为史官有为难之处,如果说"出奔",似乎只是太叔有责任,其实庄公也是有责任的。

庄公因此把姜氏放逐到了城颍,并向她发誓:"不到黄泉,不再相见。"但不久庄公又后悔自己说了这句话。

郑国大夫颍考叔在颍谷镇守,听说这件事后,就借着进贡的机会来拜见庄公。庄公设宴赏赐他食物,颍考叔吃了其他食物,却把肉留了下来。庄公问他为什么这么做,颍考叔回答说:"我家有老母,我的食物她都吃过了,但是还没有吃过君王您的食物,请您准许我把这些肉留给她吃。"

庄公说:"你还有母亲可以给,我却没有啊。"

颍考叔说:"请问您这话是什么意思呢?"

庄公把事情的经过告诉了他,并表示自己很后悔。颍考叔回答说:"您不必忧愁! 如果在黄土下边挖条隧道,一直挖到可以看见泉水,然后您在隧道中跟您母亲相见,谁能说这不是'黄泉相见'呢?"

庄公听从了他的建议。庄公走进隧道时,口中朗诵着:"隧道的里边,也是很快乐的呀!"姜氏走出隧道时,口中朗诵着:"隧道的外面,也是很快乐呀!"从此两人恢复了以前的母子之情。

有君子评论说:"颍考叔很厚道孝顺,他很爱自己的母亲,而且把这种孝心扩展到了庄公身上。《诗经》说:'孝子的孝是无边无际的,要把这种孝心推广到其他人。'这句话说的大概就是这种情况吧。"

## 卫州吁之乱

卫庄公娶了齐国太子得臣的妹妹为妻,卫国人称她为庄姜。庄姜容貌美丽,但是没有生下儿子,卫国人为她写了《硕人》一诗。庄公又从陈国娶厉妫为妻,生下孝伯,但孝伯很小就死了;厉妫的妹妹戴妫生了桓公,庄姜便把桓公当作自己的儿子看待。

公子州吁是庄公宠姜的儿子,很受庄公宠爱,他喜欢武艺,庄公也不禁止,但庄姜很讨厌他。石碏劝告庄公:"我听说宠爱儿子,是要用道义来教导他,以免走上邪路。骄横、无礼、违法、放荡,是走上邪路的开始。这四种恶习的养成,是因为过度的宠爱和享受。如果您打算立州吁为太子,就请您好好教导他,否则放纵他养成恶习,会逐渐酿成祸害的。那种受宠却又能不骄横、骄横却又能忍受地位的降低、地位降低却又能不怨恨、怨恨却又能加以克制的人是很少的。地位卑贱的欺压地位尊贵的、年少的凌辱年长的、疏远的挑拨亲近的、新人离间旧人、弱小的欺侮强大的、淫乱破坏道义,这就是六逆。国君行事符合道义,臣子奉命行事,父亲慈爱,子女孝顺,兄长友爱,弟弟恭敬,这就是六顺。合弃六顺却仿效六逆,就会加速祸害的到来。作为国君,见到祸患把它送走还来不及,而现在您却要招惹它来,这恐怕不行吧?"庄公听不进去。

石碏的儿子石厚常常跟州吁来往,石碏加以禁止,但是石厚不听。后来卫桓公即位,石碏就告老辞官了。

鲁隐公四年春,州吁杀了卫桓公,自立为国君。当时鲁隐公正打算跟宋殇公会面,以重申过去订立的盟约。还没到约定的日子,卫国人就来报告说发生了叛乱。鲁隐公问大夫众仲:"卫国的州吁能成就大事吗?"

众仲回答说:"我只听说过用德行来获得民心,没有听说过靠作乱来治理国家的。靠作乱治理国家,就好像要把丝理顺,却用搅的办法一样。那州吁,依仗武力而且残忍暴虐。依仗武力不能得人心,残忍暴虐不能得亲信,众叛亲离,就难以成功了。武力就像大火一样,不加以控制,就会烧到自己。州吁杀了他的国君,虐待自己的百姓,不致力于修德养善,反而要靠作乱的方式夺取君位,一定避免不了祸乱。"

州吁终究不能获得民心,石厚向父亲石碏请教怎样才能使君位安定,石碏说:"州吁如果能朝见天子,那就能取得合法的地位。"

石厚又问:"怎样才能得到天子的接见呢?"

石碏说:"陈桓公现在很受天子宠信,陈国和卫国现在关系也很友好,如果去拜见陈桓公,让他代为请求,那就一定能够朝见天子。"

石厚跟着州吁到了陈国。石碏派人告诉陈桓公:"卫国地域狭小,老夫我也老了,难以有所作为。这两个人确实杀死了我们的国君,请贵国趁此机会设法对付他们。"陈国人便把州吁和石厚抓了起来,然后请卫国派人前去处置。九月,卫国派右宰相丑到陈国,在濮地杀了州吁,石碏派家臣羊肩到陈国杀了石厚。

有君子评论说:"石碏真是一位忠贞不贰的臣子啊。他憎恶州吁,因此连自己的儿子石厚也一起除掉。'大义灭亲',大概说的就是这种情况了。"

卫国人到邢国迎接公子晋,十二月卫宣公即位,州吁之乱终于结束。《春秋》经对此记作"卫人立晋",说明宣公即位是出于众人的意愿。

## 鲁隐公观鱼

鲁隐公五年春,隐公打算到棠地观看捕鱼。臧僖伯劝阻说:"如果一件物品不能用于讲习大事,一件器材不能用于制造礼器或兵器,那么君王就不应该去参观。因为君王要把百姓纳入法度和礼制的规范之中,所以讲习大事以端正法度叫作轨,选择材料制作重要器物叫作物,做事不合'轨'和'物'就叫作乱政。乱政多次出现,这就是国家衰败的原因。因此春蒐、夏苗、秋狝、冬狩,这四次巡狩,都是在农闲时期举行的。每三年要举行一次大的军事演习,振兴军队。

演习结束后,整治军队进入国都,祭告宗庙,饮酒庆贺;并清点军队俘获的战果,标明各种旗帜,分清高低贵贱,辨别上下等级,按年龄长幼排序,这就是讲习威仪。如果鸟类和野兽的肉,不用来放在庙堂上祭祀,鸟兽的皮革、牙齿、骨角、羽毛不用来制造兵器礼器,那么君王就不用去狩猎,这是古代早有的制度。至于那些山林河湖里的物产,虽然是制作各种器物的材料,但那都是下等人做的事情,是有关官吏的职责,根本不是君王应该顾及的事情。"

隐公辩解说："我不过是想去边境巡视一下罢了!"于是就前往棠地,去观看捕鱼了。僖伯推说自己有病,没有随他前去。《春秋》经对这件事这样记载:"公矢鱼于棠"(矢也就是陈,也就是陈设捕鱼用具,让渔夫们捕鱼供隐公欣赏娱乐)。这是指责隐公的行为不合乎礼法,何况还是到那么远的棠地去。

## 郑伯请成于陈

当初,卫国州吁纠集宋国等讨伐郑国时,郑庄公曾向陈桓公请求和平,但是陈桓公不答应。陈桓公的弟弟五父劝桓公说:"跟讲仁义的人亲近,与邻国和睦相处,这是治国的法宝。您还是答应郑国的要求吧。"

陈桓公说:"只有宋国、卫国才是我们真正要担心的,郑国能把我们怎么样?"终究没有答应。

鲁隐公六年的五月十二日,郑庄公率军入侵陈国,大获全胜,并俘获了很多人。

君子评论说:"善德不能失去,邪恶不能助长,这说的就是陈桓公吧。让邪恶滋长而又不思悔改,那么很快就会祸及自身。到那个时候,即使想挽救,也来不及了。《商书》中有这么一句话:'邪恶的蔓延,就好像是大火在原野上燃烧,根本不能够靠近,怎么还能去扑灭它呢?'古代史官周任说过:'治理国家的人对待邪恶,就像农民对待杂草一样,把它们努力铲除,堆积起来,使其发酵,用来使田地更加肥沃;并且要除掉它们的根基,不让它们繁殖。这样善德、善政才能发展起来。'"

## 郑人大败戎师

隐公九年冬,北方的戎人入侵郑国,郑庄公率军抵御,但又担心戎人的军队战斗力强而难以取胜,说:"他们徒步作战,我们乘战车作战,我很担心战车进退不便而被他们突袭。"

庄公的儿子突说:"可以派一些勇敢而不刚强的士兵去试探敌情,一跟他们接触就马上退走。君王您在退走的路上设下三处埋伏,等着敌兵的到来。戎兵轻敌而纪律松散,贪婪而互不团结,战胜的时候争夺战利品而不懂得谦让,战败的时候则只顾自己而不救援同伴。走在前面的人看到会有财物和俘虏,一定会加速前进;一旦前进遇到埋伏,一定会立即奔逃。走在后面的人不会加以援救，那么敌兵就没有后援了。这样我们就能取胜。"郑庄公听从了他的建议。

戎军的前哨部队遇到伏兵之后四散逃走，郑大夫祝聃率军乘胜追击，把戎军从中间切断，接着前后夹攻，将戎军全部歼灭了。戎军的后续部队拼命奔逃。就在十一月二十六日这天，郑国军队大败戎军。

## 滕侯薛侯争长

鲁隐公十一年春，滕侯、薛侯一起来朝见鲁隐公，争执起行礼的先后。薛侯说："我们薛国的祖先奚仲，是在夏代受封的，比滕国受封早。"滕侯说："我滕国的祖先，做过周天子的卜正。薛国都不是周的同姓国，我不能排在他后面。"

隐公派公子翚（羽父）向薛侯转达请求说："承蒙君王您和滕国君王一起来问候寡人。周朝有句俗语：'山上有树木，工匠就对木料加以度量整治；宾客有礼貌，主人就加以选择。'周王室的盟约制度规定，异姓要排在主人后面。寡人如果到薛国朝见，不敢跟与薛国同姓的任姓诸侯同列。君王您如果给寡人一个面子，那就希望您听从滕侯的请求（滕、鲁都是周王室的同姓诸侯）。"薛侯同意了，于是让滕侯先行礼。

## 郑伯伐许

鲁隐公十一年夏，隐公跟郑庄公在郲地会面，商议攻打许国之事。郑庄公打算攻打许国，于五月二十四日这天，在祖庙里举行了颁发兵器的仪式。大夫公孙阏跟颍考叔争夺兵车，颍考叔把车辕夹在腋下，拉起车就跑，公孙阏就提着戟追上去，一直追到大路还是没有赶上，公孙阏很恼火。七月，隐公会合齐僖公、郑庄公一起攻打许国。八月初一，三国军队迫近许国都城下，颍考叔拿着郑庄公的旗帜"蝥弧"抢先登上城墙，公孙阏从下面用箭射他，颍考叔就从城墙上摔了下来。瑕叔盈接着又举起"蝥弧"登上城墙，向四周挥动旗帜，大声呐喊："君王登上城墙了！"郑国军队跟着全部登上了城墙。

初三，军队进入许国都城，许庄公逃到了卫国。

齐僖公把许国让给鲁隐公，隐公推辞说："您说许国不向周王进贡，寡人才跟随您讨伐它。现在许国已经服罪，即使您有这样的好意，寡人也不敢接受。"于是把许国送给了郑庄公。郑庄公让许庄公的弟弟许叔住在许城东部，让许国大夫百里辅佐他，并对百里说："上天给许国降下灾祸，鬼神实在是对许国国君不满，而借寡人的手来惩罚他。寡人连一两个父老兄弟都不能相安，难道还敢把讨伐许国作为自己的功劳吗？寡人有一个弟弟，彼此不能和睦相处，以致他要四处寄食，寡人难道能长久占有许国吗？你要辅佐许叔安顿百姓，我打算派公孙获来帮助你。如果寡人能够善终，上天或许会按照礼法改变降祸于许国的惩罚，愿意让许庄公再回来治理许国。到了那个时候，如果我们郑国向你们许国有所请求，希望你们能像对待老亲戚那样，能够降心同意我们的请求。不要让其他国家钻了空子，跟我们郑国争夺这块土地。要不然，到那时我国的子孙或许忙于争战，自救还来不及，哪里还能替许国祭祀祖先呢？寡人让你留在这里，不仅仅是为了许国，也是想借此机会巩固我们郑国的边境。"

接着，郑庄公又让公孙获住在许城的西部，说："凡是你的器具财物，都不要放在许城。我去世之后，你马上离开这里。我的先祖桓公建立郑国，时间还不是很长，但是周王室已经日渐衰微，我们这些周朝的子孙互相攻打，一天天丢掉自己的功业。而许国是尧时四岳之首太岳伯夷的后代，上天既然已经厌弃了周朝，我们哪里还能跟许国争夺呢？"

君子认为："郑庄公在这件事上处理得很好，很合乎礼法。礼法是用来治理国家、安定社稷、使百姓尊卑有序、使后代受益的工具。当许国违背法度时就攻打它，当它服罪以后就宽恕它，衡量德行后处理事情，根据自己的力量来办事。看准了时机以后再采取行动，不连累后人，这可以说是懂得礼法的了。"

郑庄公让一百个人拿出一头公猪，让二十五个人拿出一只狗和一只鸡，用来诅咒射颖考叔的人。君子认为："郑庄公在这件事上，在使用政治权力和刑罚上都不得当。政治是用来治理百姓的，刑罚是用来纠正奸邪的。郑庄公让百姓出祭品，既不是仁德的措施；而且又失去了刑罚的威严。这是不走正道而走邪道，走邪道去诅咒，又会有什么益处呢？"

## 羽父弑隐公

鲁隐公时，公子翚（又称羽父）专权。隐公四年，以宋为首的诸侯讨伐郑国，宋公前来请求支援，隐公不肯。羽父请求率领军队参加，一再要求，最后隐公拗不过他，只好让他去了。为此，《春秋》上记载"翚帅师……"，批评羽父不遵从君主的意思。

当初，隐公父亲惠公的原配夫人没有儿子，惠公的小妾声子生了儿子息。后来惠公娶宋公的女儿为妻，生下儿子允。惠公立宋女为夫人，立允为太子。等惠公死了，因为允还年少,鲁国人一起让息摄政,是为隐公。

隐公十一年,羽父为了讨好隐公,就出主意让隐公杀掉允,想借机当上太宰。隐公说:"由于他还年幼,所以我才代他管理国事;现在他已经长大成人,我打算把国君的位子交付给他。我已经让人在菟裘建造房屋,打算在那里养老了。"羽父很害怕,反过来在允那里诬陷隐公,请求允杀掉隐公。隐公还是公子的时候,曾经在与郑国的狐壤之战中被俘虏,郑国人把他囚禁在尹氏那里。隐公送给尹氏很多财物,并且在尹氏家祭主钟巫的神位之前祈祷,然后和尹氏回到了鲁国,在鲁国立了钟巫的神位。十一月,隐公准备祭祀钟巫,在社圃斋戒,住在寪氏那里。十五日,羽父派刺客在寪氏家里杀死了隐公,然后拥戴允为国君,是为桓公。然后以弑杀国君的罪名攻打寪氏,寪氏家族有人因此受冤而死。

# 二、鲁桓公时期故事

## 宋华父督弑君

鲁隐公三年,宋穆公病重,召见了大司马孔父,把哥哥宣公的儿子与夷托付给他,说:"先君舍弃了儿子与夷,让我当国君,我不敢忘记先君的恩德。如果托大夫您的洪福,我能得以善终,在地下先君向我问起与夷,我要用什么话来回答他呢?请您侍奉与夷主持国家大事,那我即使死了也没有什么遗憾了。"

孔父回答说:"各位大臣可都是愿意侍奉您的儿子冯啊。"

穆公说:"不能这么做。先君认为我贤能,让我主持国家大事,如果合弃先君的贤德,坚持不让位,这就是辜负了先君的贤德之举,怎么能算贤德呢?发扬先君的美德,能不尽力而为吗?希望您不要废弃先君的功德。"

穆公送公子冯到郑国居住。八月,宋穆公去世了,与夷即位,也就是宋殇公。

君子评价说:"宋宣公可以算得上是了解人的了。他把王位传给穆公,但他的儿子也接着继承了王位,这大概是他的遗命合乎道义吧。《商颂》说:'殷王传授王位,兄终弟及,都合乎道义,因此他们得到了各种福禄。'这句话说的就是这种情况吧。"

再说公子冯出奔到郑国,郑国就想把冯送回宋国来,立冯为君。结果宋、郑两国因此结怨,互相攻伐。宋殇公在位十年,倒发生了十一次战争,百姓早已不能忍受战乱带来的痛苦,叫苦不迭。

当时孔父担任司马一职,华父督担任太宰一职。华父督在路上见到孔父的妻子,看着她过来又目送她离去,赞叹说:"漂亮而又冶艳!"他抓住百姓不堪战乱之苦的心理,就事先散布消息说:"宋国连年发生战争,这全都是掌握军权的司马的责任。"

鲁桓公二年春,华父督攻打孔氏,杀死了孔父,并把他的妻子占为己有。宋殇公因此大为生气,华父督很害怕,于是把殇公也杀了。然后从郑国迎回公子冯,立为庄公。

## 郑宋争衡

宋殇公即位的时候,公子冯逃到了郑国,郑国人曾打算送他回国夺位,郑宋两国因此结怨。

鲁隐公四年,卫国州吁之乱,州吁当上卫国国君以后,准备向郑国报复前代君主结下的冤仇,并以此来讨好各国诸侯,安定民心,于是他派人告诉宋殇公:"如果您攻打郑国,铲除您的祸害公子冯,我们就奉您为盟主,并且派兵和陈国、蔡国一起协从贵国。这是我们卫国的愿望。"宋殇公答应了。

此时,陈国、蔡国正好跟卫国交好,因此宋殇公、陈桓公、蔡国人、卫国人一起攻打郑国,包围了郑国国都的东门,五天之后才撤兵。

当年秋,诸侯联盟再次攻打郑国,打败了郑国的步兵,收割了那里的谷子就回国了。

次年四月,郑国的军队袭击卫国的牧场,报了去年东门一战的仇。卫国人率领南燕军队攻打郑国。郑国派祭足、原繁、泄驾率领三军从正面攻打卫国,派曼伯、子元带兵绕到敌人后面驻扎。南燕的军队畏惧正面的郑国三军,而不担心背后的奇兵。结果到了六月,曼伯和子元带领的奇兵打败了南燕的军队。君子评论说:"没有做好充足的准备,就不可以率军作战。"

秋,宋国人夺取了邾国的土地。邾国君主派人向郑国求救:"请您派兵攻打宋国,一雪前耻,我们会给您做向导。"

郑国带着周天子的军队跟邾国军队会合,一起攻打宋国,并且攻了宋国国都的外城,报了当年东门被围之仇。宋国君主派人到鲁国求援,隐公听说入侵军队已经进入了宋国国都的外城,打算派兵救援,问使者说:"敌军攻到什么地方了?"

使者回答:"还没有到达宋国的国都。"

隐公对使者的隐瞒很不高兴,于是决定不出兵了,向使者推辞说:"贵国君王请我一起体恤宋国的大难,现在我问你战争的情形,你却说'敌兵还没有攻到国都',那我们就没有必要去了。"

十二月,宋国军队攻打郑国,包围了长葛,以此报郑国军队攻人宋国都城外城的仇。第二年秋天,宋国军队攻取了长葛。

鲁隐公七年秋,宋国跟郑国讲和。七月十七日,宋、郑两国在宿地签订了盟约。

隐公八年春,齐僖公打算让宋国、卫国跟郑国讲和,已经确定了结盟的日期。宋殇公向卫宣公赠送了礼物,希望两人先会见。卫宣公答应了,因此两国国君在犬丘先进行了非正式的会见。

齐僖公的调解终于起了作用,让宋国、卫国跟郑国讲和了。秋天,他们在温地举行了盟会,在瓦屋签订了盟约,来消除东门之围的旧怨,这是合乎礼法的。

冬,齐僖公派使者向鲁国通报调解宋、卫、与郑三国关系并取得成功的消息。隐公派众仲回答说:"君王您使宋、卫、郑三国放弃了互相攻打报复的计划,使三国百姓安居乐业,这都是君王您的恩惠啊。我们君王听到这一消息,也十分感谢您的大德。"

可惜才过了不久,第二年秋天,宋殇公因为不去朝见周天子,郑庄公正担任周天子的左卿,就用周天子的名义讨伐宋殇公,带兵攻打宋国。鲁隐公五年,宋国被郑国攻入外城时,隐公没有派兵援救,宋国对此一直心怀怨恨,因此这次也就没有派人来报告。隐公很生气,就跟宋国断交了。

郑国趁机联合鲁国、齐国。鲁隐公十年二月二十五日,郑庄公、鲁隐公、齐僖公在鲁国的邓地结盟,并且约定了出兵攻打宋国的日期。五月,鲁公子翚率领军队首先跟齐僖公、郑庄公会合,一起攻打宋国。

六月初,鲁隐公在老桃会见了齐僖公、郑庄公。初七,鲁隐公带兵在菅地打败了宋国军队。十五日,郑国的军队占领了郜地,次日宣布将郜地归属于鲁国。二十五日,郑国的军队占领了防地,次日宣布将防地归属于鲁国。

君子称赞说:"郑庄公在这件事上做得可以说是十分公正了。他用天子的名义征讨不来朝见天子的国家,但自己又不贪图土地,而用来犒赏受天子封爵的鲁国国君,这是掌握了治理政事的根本了。"

七月初五,郑国军队进入鲁国。军队还在远郊驻扎的时候,宋国、卫国的军队袭击了郑国,蔡国军队跟在后面进攻戴地。八月初八,郑庄公率军包围了戴地。初九,郑军攻克戴地,并且俘获了三国的军队。宋军、卫军攻入郑国后,又让蔡国去攻打戴地,蔡国人很恼怒，因此三个国家没有团结合作，这才导致了这一战的失败。

九月，郑庄公率军攻入宋国。

鲁隐公十一年十月，郑庄公带着虢国的军队攻打宋国。十四日，把宋军打得大败，报了前一年宋军侵入郑国的仇。

宋国连年用兵，而且多次打了败仗，百姓不堪其苦，结果宋国就发生了内乱。鲁桓公二年，宋华父督作乱，杀死了宋殇公，然后从郑国迎回公子冯，立为国君，是为庄公。从郑国迎立公子冯，有向郑国表示亲善的意思，至此，郑、宋间的连年斗争也终于告一段落。

## 曲沃并晋

当初，晋穆侯的夫人姜氏在晋国讨伐条地的时候生了太子，起名为"仇"。仇的弟弟是在千亩之战的时候出生的，起名叫"成师"。

大夫师服对此评价说："太奇怪了！国君竟然这样给儿子起名字！名字表示道义，道义产生礼仪，礼仪体现政治，政治使百姓品行端正。因此，政治上取得成功了百姓才能服从，否则就会发生动乱。美好的姻缘叫作妃，不和睦的夫妻叫作仇，这是古代的名称。现在国君给太子起名叫仇，给太子的弟弟起名叫成师，这就预示要发生动乱了。做哥哥的，就算将来继承了君位，恐怕很快就会衰微下去了！"

果然，鲁惠公二十四年，晋国开始发生动乱。这时，晋文侯仇已去世，因此他的儿子晋昭侯即位后，把桓叔也就是成师封在曲沃，并让晋靖侯的孙子栾宾辅佐他。

师服对此发表评论："我曾听说国家的建立就像树木一样，要根基大而枝叶小，这样才能得以稳固。所以天子建立侯国分封给诸侯，诸侯建立采邑分封给卿，卿再设置侧室，大夫又设二宗官职，士则有其子弟为隶役。农民、工匠以及商人，又分别根据亲疏远近分出不同的等级。这样，百姓才会服从他们的上级，居于下位的人也就没有非分之想。现在晋国不过是周王室甸服内的诸侯，却又另外建立了侯国。既然这个国家的根基已经衰弱了，那么怎么还能长久呢？"

到了鲁惠公三十年，晋国的潘父杀了晋昭侯，准备迎接桓叔，但是没有成功。晋国人立了孝侯为国君。到了鲁惠公四十五年，桓叔的儿子曲沃庄伯攻打晋国都城翼城，杀死了孝侯。翼城人又立了孝侯的弟弟鄂侯为国君。

鲁隐公五年，晋鄂侯去世，曲沃庄伯趁机发兵攻打晋国，率领郑国和邢国的军队攻打翼地，周桓王也派大夫尹氏、武氏率兵帮助他。翼侯逃到了随地。

六月，曲沃庄伯背叛了周桓王。秋天，桓王命令虢公讨伐曲沃，并在翼地立晋鄂侯的儿子哀侯为晋国国君。

鲁桓公三年春，因为晋哀侯侵占了陉庭的土地，陉庭南部边境的人引领曲沃武公攻打晋国都城翼城。曲沃武公把军队驻扎在陉庭。韩万为武公驾车，梁弘担任车右，他们在汾水附近的低洼地带追赶晋哀侯。后来由于行进中驾车的马被道旁的树木挂住而不得不停下来。夜里，他们俘获了晋哀侯和栾共叔（栾宾之子）。

晋国人立哀侯的儿子小子为君，就是"小子侯"。曲沃武公则派韩万杀死了被俘的晋哀侯。

鲁桓公七年冬，曲沃武公把小子侯诱骗出来，将他杀了。次年春，曲沃武公攻灭翼城。冬，周桓王让虢仲在晋国立晋哀侯的弟弟缗为君。

到了鲁庄公十六年，曲沃武公攻灭晋侯缗，把得来的宝贝器物全部献给了周釐王。釐王就让曲沃武公做了晋国国君，列为诸侯。

## 周郑繻葛之战

郑国的武公和庄公先后担任周平王的卿士。鲁隐公三年，周平王不满意郑伯在朝中专权，就打算把政权分给虢公。郑庄公因此对平王表示了不满，平王为了弥合他们君臣的关系，就对他说："没有这回事。"

为此，周王室和郑国相互交换人质，王室把王子狐送到郑国做人质，郑国把公子忽送到王室做人质。平王去世以后，周王室打算把政权交给虢公。鲁隐公三年四月，郑国的祭足率领军队抢取了温地的麦子。秋天，又抢取了成周的谷子。从此周王室和郑国结下了仇恨。

有君子对此发表评论说："如果信任不是发自内心，那么就算有人质，也是无济于事的。如果能够彼此谅解才采取行动，并接受礼法的约束，即使没有人质，又有谁能够离间他们呢？假如有诚信之心，即使是沟溪、沼池之中的野草、浮萍、白蒿、蕴藻一类的野菜，筐、筥、锜、釜一类的器具，以及大大小小流动或不流动的水，都可以用来祭祀鬼神，进献王公，他们也不会嫌弃。更何况是君子缔结两国之间的信任，按照礼法行事，又何须什么人质呢？君不见，《诗经·国风》中有《采蘩》《采蘋》，《诗经·大雅》中有《行苇》《泂酌》，不是有那么多昭明忠信之道的诗篇吗？"

鲁隐公十一年，周桓王向郑国取了邬、刘、芴、邘四处的土地，却把在黄河北岸自己拿不走、原来属于周朝臣子苏忿生的十二处土地换给郑国。君子由此知道周桓王将要失去郑国了。按照儒家的恕道来行事，是道德的准则，礼法的常规。苏忿生反叛周王室，他的田地自己拿不走，就换给别人，那么别人不再听命于你，不也是合理的吗？

鲁桓公五年，周桓王剥夺了郑庄公在朝中的职位，郑庄公从此不再前去朝见。秋，周天子率领各国诸侯讨伐郑国，郑庄公率军抵抗。

周天子率领中军，魏公林父率领右军，蔡国和卫国的军队也隶属于右军，周公黑肩率领左军，陈国的军队也隶属于左军。郑国的子元建议用左军来抵挡蔡国和卫国的军队，用右军来对付陈国的军队。他说："陈国目前正处于动乱时期，百姓没有作战的斗志。如果我们首先攻击他们，他们一定会四散奔逃。桓王的军队就要去接应他们，也一定会发生混乱。蔡国和卫国的军队招架不住，也一定会竞相逃命。然后我们可以集中兵力对付桓王的中军，这样就可以一举取胜。"

郑庄公听从了他的建议，让曼伯担任右军的主帅，蔡仲担任左军的主帅，原繁、高渠弥则带领中军保护郑庄公，摆开了称之为"鱼丽"的阵势，也就是说，用二十五辆战车居前，用一百二十五辆战车随后，鱼贯而进，以弥补前面的空隙。

战斗在郑国的繻葛拉开了序幕。郑庄公对左右两军下令："一看到军旗挥动，你们就击鼓进攻！"郑国军队开始发起进攻，蔡、卫、陈三国的军队顿时四散奔逃，桓王的军队也因此乱了起来。郑国的军队从两边夹攻，桓王军队大败，祝聃射中了桓王的肩膀，但桓王还可以指挥军队作战。

祝聃请求继续追赶，庄公说："君子不希望逼人太甚，更何况是冒犯天子呢？倘若我们能挽救自己，使国家免于灭亡，那我也就满足了。"夜里，郑庄公派遣祭足前去慰问周桓王，同时问候他的左右随从。

## 楚武王伐随

鲁桓公六年，楚武王入侵随国，派薳章去随国进行和谈，自己在瑕地驻军等待谈判的结果。随国则派少师来主持和谈。

斗伯比对楚武王说："我国在汉水以东没能再扩张自己的国土，这完全是我们自己造成的。因为我们扩展军队，整顿装备，依靠武力凌驾于别国之上，他们因害怕而联合起来对付我们，所以我们就很难离间他们。在汉水以东的国家中，随国最大。如果随国狂妄自大，就一定会轻视小国。一旦小国疏远随国，就对楚国有利了。随国的少师这个人一向骄傲自大，请君王隐藏精锐的部队，让他看到疲弱的士兵，使他更加骄傲自满。"

熊率且比说："随国有季梁这样的贤臣，我们这样做有什么用呢？"

斗伯比说："这是为将来谋划，将来少师必定会得到随君的宠信，那时我们就可以实施这个计划了。"于是楚武王便故意把军容弄得乱七八糟，迎接少师的到来。

少师回去以后，请求追击楚军。随侯将要同意，季梁阻止说："上天正保佑楚国，楚国军队显得疲弱，恐怕是为了引诱我们吧！君王何必急于出兵呢？我听说小国之所以能够抵抗大国，是因为小国得道而大国失道。所谓道，就是对百姓忠实，对神灵虔诚。国君经常想到如何使百姓得到好处，这就是忠；祝史主持祭祀，祈祷时言词不虚妄，这就是信。现在百姓挨饿，而国君却一心满足私欲，祝史在神灵面前虚报功德，我不知道这样能不能够抵抗大国？"

随侯说："我祭祀用的牲口都没有杂色，而且都很肥壮，黍稷也都十分丰盛完备，为什么不能取信于神灵呢？"

季梁回答说："百姓是神灵的主人。因此，圣明的君主总是先使百姓衣食无忧，然后才致力于祭祀神灵。所以在进献牲口的时候就祷告说：'牲口又大又肥'，这是说百姓的财力普遍富足，他们的牲口肥大而且繁衍不息，没有生病也不瘦弱，而且品种齐全取之不尽。在进献黍稷的时候祷告说：'洁净的黍稷盛满了祭器'，这是说春、夏、秋三季没有灾害，百姓和睦，收成很好。在进献甜酒的时候祷告说：'美酒又好又清'，这是说他们上上下下都有美德而没有邪心。所谓祭品芳香远闻，就是说他们的德行高尚，没有邪念，与祭品的芳香相应。所以他们专心致力于农事，讲习五教，亲近自己的亲族，用这些行为来表示对神灵的虔诚。在这种情况下，百姓和睦而神灵也降福给他们，做任何事情都会成功。现在，百姓各有异心，神灵也没有主人，就君王您一个人祭品丰盛，又能求得什么福气呢？您先姑且修明政治，亲近兄弟国家，这样也许可以免于灾难。"随侯害怕了，于是修明政治，楚国也就没有攻打它。

到了鲁隐公八年，随国的少师受到了随侯的宠信。斗伯比对楚武王说："现在可以攻打随国了。我们的敌国内部有了矛盾，这个机会不能错过。"

夏天，楚武王在沈鹿会见诸侯。黄国、随国没有参加，楚武王便派章前去责备黄国，自己则亲自带兵讨伐随国，把军队驻扎在汉水和淮水之间。

季梁请求随侯向楚国表示服从，他说："我们向楚国表示服从，如果他们不接受，然后开战，就可以让我军愤怒，而使敌军懈怠。"

少师则对随侯说:"必须速战速决,否则将会失去打败楚军良机。"

于是随侯发兵抵抗,驾车从远处眺望楚国的军队,季梁说:"楚国人以左为尊,国君一定处在左军之中。我们不要和楚王正面作战,先去攻击他的右军。因为右军没有良将,一定能将他们击败。他们的偏师一败,其他人就会奔散。"

但是少师说:"不与楚王正面对阵,这就表示我们不是他的对手。"

随侯没有听从季梁的话,两军在速杞交战,随军大败,随侯也逃走了。楚国大夫斗丹俘获了随侯的战车和担任车右的少师。

秋天,随国提出与楚国讲和,楚武王不想同意,斗伯比说:"少师已经被我们抓获了,上天已经除掉了他们的祸患,随国还不一定能被我们战胜呢!"于是两国订立了盟约,然后楚军就回国了。

后来,楚武王创造了一种名叫"荆尸"的阵法,在军阵中编入戟队。鲁庄公四年三月,楚武王再一次伐随。将要斋戒祭祀祖先时,他到宫里告诉夫人邓曼:"我的心跳得很厉害。"

邓曼叹息说:"看来君王的福禄要到头了。满了就会动荡,这是自然的规律。前代君王大概已经预料到了,所以在面临作战、要发布重要命令时使您心跳不已。如果军队没有什么损失,只是君王在途中去世,也就是国家的福气了。"

楚武王终于率领军队出征,结果死在了橫树之下。令尹斗祁、莫敖屈重封锁了楚武王去世的消息,并开通道路,在水上架桥,让军队继续前进,最后在随国境外建造营垒,表示要决战到底。随国人害怕,要求讲和。莫敖代表楚武王到随国与随侯订立了盟约,并邀请随侯在汉水转弯处举行会谈,然后才撤兵回国。直到渡过汉水以后,才宣布楚武王去世的消息。

## 虞公贪得无厌

虞公的弟弟虞叔有块美玉,虞公向他索要,虞叔开始不肯进献,但不久就后悔了,心想:"周朝有句谚语:'人本来没有过错,不该受到惩罚;但怀里藏着块玉璧就是过错,结果受到了惩罚。'我哪里用得着这块美玉?难道是要用它来买祸的吗?"于是就把美玉献给了虞公。

虞公得了玉,又向虞叔索要宝剑。虞叔说:"这真是贪得无厌啊。他这样贪得无厌,迟早有一天会把脑筋动到我的性命上。"鲁桓公十年,虞叔攻打虞公,迫使虞公逃亡到共

## 楚斗廉败郧师

鲁桓公十一年,楚国的莫敖(楚官名,相当于司马)屈瑕打算和贰国、轸国结盟。郧国人把军队驻扎在蒲骚,打算和随国、绞国、州国、蓼国联合起来攻打楚国。屈瑕对此极为担心。斗廉说:"郧国人把军队驻扎在他们的郊区,一定会缺乏警戒之心,而且天天盼望四国军队的到来。如果您领兵驻扎在郊郢城,抵抗这四个国家的军队,我则率领精锐部队在夜里袭击郧国军队。郧国一心希望援兵到来,又依仗其城墙坚固,士兵不会有斗志。如果能够打败郧军,那么其他四国军队就一定会离散。"

屈瑕说:"为什么不向君王请求增兵呢?"

斗廉回答说:"军队要想获胜,关键在于上下团结一致,不在于人数多少。武王伐纣时双方实力悬殊,但是兵多的殷纣王却敌不过兵少的周武王,这也是您所知道的。把军队整顿一下就出兵吧,还要增什么兵呢?"

屈瑕说:"占卜一下怎么样?"

斗廉回答说:"占卜是在犹疑不决的时候,才用来帮助做决定。对这件事既然没有疑惑,那又占什么卜呢?"于是就率兵出战,在蒲骚打败了郧军,最后和贰、轸两国订立了盟约,然后才班师回国。

## 郑昭公奔卫

鲁桓公六年,北戎攻打齐国,齐国派人到郑国求援,郑国的太子忽率领军队救援齐国。六月,大败北戎军队,俘虏了戎军的两个主将大良和少良,并砍了三百个披盔带甲的士兵的脑袋,献给齐国。

当时,各诸侯国的大夫都在齐国防守边境。齐国人要向他们赠送食物,于是就让鲁国来决定赠送各国军队的先后顺序,鲁国把郑国排在了后面。郑国的太子忽因为自己作战有功,对此十分愤怒,因此也就有了鲁桓公十年郑、卫、齐三国和鲁国的郎之战。

郑太子忽刚到齐国时,齐僖公想把女儿文姜嫁给他,太子忽谢绝了。有人问他为什么,他说:"每个人都要有合适的配偶。齐国太强大,文姜不适合做我的配偶。《诗经》说:'依靠自己,才能多受福禄。'靠我自己就行了,还要依靠大国干什么呢?"

君子评论说："太子忽善于为自己谋划。"

等到太子忽打败了戎军以后，齐僖公见太子忽很能干，又请求把另一个女儿嫁给他，他又坚决地拒绝了。有人问他拒绝的原因，他说："这次来齐国就算没有使命，我尚且不敢娶妻。现在我因为国君的命令，率军解救齐国的危难，反而娶了妻子回去，这是利用战争为自己完婚。百姓将会怎么议论我呢？"于是就用郑庄公的名义谢绝了。

当时，祭仲曾劝说："您一定要娶齐僖公的女儿为妻。国君的宠妾很多，您如果没有强大的外援，恐怕难以继承君位。其他三个公子都有可能被立为国君。"但是忽不听。

鲁桓公十一年夏，郑庄公去世，祭仲立太子忽为国君，是为昭公。

当初，管理祭地的官员祭仲受郑庄公的宠信，庄公让他做卿。他为庄公迎娶了邓曼，邓曼生下忽。因此祭仲在庄公死后，就立忽为国君。宋国的大夫雍氏把女儿雍嫁给了郑庄公，雍生下了公子突。雍氏一向受人尊重，并得到宋庄公的宠信，所以雍氏就设法诱骗祭仲，把他抓了起来，并威胁他说："如果你不立公子突为国君，我就把你处死。"而且还抓了公子突，向他勒索财物。祭仲只好和宋国人订立了盟约，让厉公回国。九月十三日，郑昭公逃亡到了卫国。二十五日，公子突被立为郑国的国君，是为厉公。

## 楚屈瑕趾高

鲁桓公十二年，楚国发兵攻打绞国，把军队驻扎在绞国的南门。莫敖(楚官名，相当于司马)屈瑕说："绞国地方小而人又轻浮，人一旦轻浮躁动，那就一定会缺少谋略。我建议不要派军队保护随军的砍柴人，用他们来引诱绞人上钩。"

楚武王听从了他的建议。第一天，绞国人俘获了楚国的三十个砍柴人。第二天，绞国人争相出城，把楚国的砍柴人驱赶到山里。楚军在北门等待，并在山下设了埋伏，把绞军打得大败。楚人与绞人订立了城下之盟，然后就班师回国了。

在攻打绞国的战役中，楚国曾分兵渡过彭水。罗国打算趁机攻打他们，并派伯嘉前去侦查，伯嘉把楚军的人数仔仔细细数了三遍。

第二年春，屈瑕领兵讨伐罗国，斗伯比给他送行。回来后，斗伯比对他的驾车人说："屈瑕一定会失败。因为他走路时把脚趾抬得很高，心志也就浮躁了。"于是马上求见楚武王，说："一定要增派军队！"

但是楚武王拒绝了他的建议，并回宫告诉夫人邓曼。邓曼说："斗伯比的意思大概不是说人数要多，而是指君王要用信用来安抚百姓，用美德来教化百官，用刑罚来使屈瑕有所畏惧。屈瑕仗着蒲骚一战的胜利，以为这次仍然会获胜，一定会自以为是，轻视罗国。君王如果对他不加以督察，恐怕他会轻率行事而不加以防备呀！斗伯比的本意是请君王训诫大众并好好地督察他们，召集百官并用美德来勉励他们，见到屈瑕则告诉他上天对人们犯下的过错是不会宽容的。否则的话，斗伯比难道不知道楚国军队已经全部出发了吗？"于是楚王就派在楚国做官的赖国人前去追赶，但已经追不上了。

屈瑕在全军发布命令："谁敢进谏，谁就要受到处罚！"

军队到达鄢水，渡河时队伍混乱无序，过河后既没有整肃队伍，也没有布置防卫。到达罗国后，受到了罗国和卢戎两国军队的夹攻，结果楚军大败。屈瑕在荒谷上吊自杀，其他将领被囚禁在冶父，听候楚王处罚。楚武王说："这是我的罪过啊。"于是把将领们都赦免了。

## 卫宣姜之乱

当初，卫宣公和他的庶母夷姜私通，生下了急子，卫宣公把急子托付给了右公子。后来从齐国为急子娶妻，宣公看到新娘很美，就据为己有，人称宣姜。宣姜后来生下了两个儿子寿和朔，并把寿托付给了左公子。

后来夷姜上吊自杀，宣姜和公子朔在宣公面前诬陷急子。卫宣公便让急子出使齐国，并让刺客在莘地等候，打算杀死他。寿子把这件事告诉了急子，让他逃走。急子不同意，说："不听父亲的命令，儿子还有什么用呢？除非世界上有没有父亲的国家，我才可以逃到那里去。"

等到急子将要出行，寿子用酒把急子灌醉，把急子的旗子插在自己车上先去了，结果被刺客杀死。急子也随后赶到，看到寿子被杀，便对刺客说："你们要杀的是我，这个人有什么罪？请你们杀了我吧！"于是刺客又杀了急子。因此，左、右二公子都怨恨公子朔。

公子朔后来继位，就是卫惠公。鲁桓公十六年，也就是卫惠公四年的十一月，左公子泄和右公子职共同拥立公子黔牟为国君，卫惠公出奔。

卫惠公出奔到齐国，当时齐国开始强大，便号召鲁、宋、陈、蔡等诸侯一起讨伐卫国，想把惠公送回国去。七年后，也就是鲁庄公五年冬，齐、鲁、宋、陈、蔡联军一起攻打卫国。

次年正月，周王派子突率军前去救援卫国。

到了夏天，卫国还是战败了，卫惠公回国为君，把公子黔牟流放到成周，把大夫宁跪流放到秦国，并把左公子泄和右公子职处死，然后才就位。

君子认为二公子立黔牟为君是"考虑不周全"：要确保国君的地位稳固，必须先对本和末进行全面衡量，先考虑立他是否合乎道义，再看他本人是否能够扶持，见他合适然后才拥立。不合乎道义，就不要为他谋划；不能够扶持，就不要勉强拥立。所以《诗经》说："根壮枝茂，才能百世不衰。"

## 鲁文姜之乱

鲁桓公虽然娶了齐僖公的女儿姜氏，但鲁国和齐国一直因为纪国的问题而有矛盾。齐国想吞并纪国，但纪君娶的是鲁君的女儿，所以鲁国要保护纪国。鲁桓公十四年，齐僖公去世，他的儿子襄公继位，图谋纪国更急，鲁国也没有切实的办法。

鲁桓公十七年春，鲁桓公和齐襄公、纪侯在黄地结盟，主要就是为了调解齐国和纪国之间的矛盾，使他们和好。

但到了夏天，鲁国和齐国就因为疆界问题，在奚地发生了战争。当时齐国军队入侵鲁国边境，守卫边境的官吏前来报告。桓公对齐国却很有麻痹之意，说："对于边境上的事情，你要谨慎地防守自己这一边边境，加强戒备，并时刻防备发生意外。你姑且尽力防守，一旦发生了战事就迎战，又何必向我请示呢？"

次年春天，鲁桓公出行，和夫人文姜来到齐国。鲁大夫申繻感叹地说："女人有丈夫，男人有妻室，彼此之间界限谨严，不能互相侵犯，这就叫有礼。如果违反了这一点，必然坏事。"

桓公先和齐襄公在泺地会见，然后和文姜到齐国。齐襄公与文姜通奸，桓公谴责了文姜，文姜就把这件事告诉了齐襄公。

四月十日，齐襄公设宴招待桓公。酒后就让公子彭生扶桓公上车，后来桓公死在了车上。

鲁国人告诉齐国人说："我们国君因为害怕你们国君的威严，所以才没敢安居国内，去贵国重修旧好。但礼仪完成以后，我们国君却没有回国，又没有地方可以追究责任，这在诸侯中造成了恶劣的影响。希望你们把彭生杀了，以消除这种恶劣影响。"于是齐国人杀死了彭生。

桓公死后，庄公继位。次年三月，夫人文姜逃亡到了齐国。桓公在齐国被杀，文姜负有直接责任，于是庄公跟她断绝了母子关系。

# 郑国的衰落

鲁桓公十一年，宋国人要挟祭仲拥立郑厉公，逼走昭公，还向郑国索要贿赂，两国因此结怨。第二年，鲁桓公想让宋国与郑国讲和。秋天，桓公和宋庄公在句渎之丘结盟。因为并不知道宋国是否真想跟郑国和好，所以又在虚地举行了会见。冬天，双方再一次在龟地会见。由于宋庄公拒绝跟郑国讲和，因此桓公便和郑厉公在武父订立了盟约，然后率兵攻打宋国，在宋国国境内发生战斗。这是为了讨伐宋国不讲信用。

君子评论说："要是事后不讲信用，那么即使结了盟也是没有用的啊。《诗经》说：'君子屡屡结盟，就会导致动乱的增加。'这是因为不履行盟约，不讲信用。"

鲁桓公十三年，郑国因为无法忍受宋国屡次索要贿赂，所以联合纪、鲁、齐的军队，与宋、卫、燕的联军作战。

鲁桓公十四年冬，宋国人率领诸侯的军队进攻郑国，这是为了报复桓公十二年郑国和鲁国攻打宋国的那次战争。宋军焚烧了郑国都城的渠门，进入都城，一直攻到了城中大街，并且攻打东郊，夺取了牛首一地，还把郑国太庙里的椽子拿回去做了宋国城门的椽子。

郑国这次败仗之后，第二年内部又发生了变乱。祭仲因为拥立有功，专权独断，郑厉公对此非常担心，于是就派祭仲的女婿雍纠设法杀死他。雍纠打算在郊外宴请祭仲，趁机除掉他。雍纠的妻子雍姬得知此事后，问她母亲："父亲和丈夫哪一个更亲近呢？"她母亲说："女子出嫁之前，任何人都可以选择作为她的丈夫，但是父亲却只有一个，两者怎么能够相比呢？"于是雍姬就告诉祭仲："雍纠不在家里却在郊外宴请您，我怀疑其中有诈，所以告诉您，请您小心。"祭仲就先动手杀死了雍纠，并把他的尸体抛在周室之池示众。

郑厉公急忙用车载了雍纠的尸体逃出郑国，并说："遇事和女人商量，他真是死得活该。"祭仲又迎回昭公，让他复位。

当年，郑庄公打算让高渠弥做卿，昭公因为厌恶他，便坚决劝阻，庄公没有同意。昭公即位后，高渠弥害怕昭公会杀掉自己，就在鲁桓公十七年的十月二十二日，杀了昭公，然后立公子亹为国君。

君子称赞昭公了解他所厌恶的人。公子达说："看来高渠弥恐怕要被杀掉啊！因为他对昭公的报复也太过分了。"

齐襄公听说这件事，便想替郑国讨伐贼子，借此长自己的大国威风。次年秋天，齐襄公率领军队驻扎在首止，让郑君前去会见。子亹只好去了，让高渠弥做他的助手。七月三日，齐国人杀了子亹，并把高渠弥五马分尸。

祭仲到陈国迎回昭公的另一个弟弟子仪，将他立为国君。首止这次会见，由于祭仲事先了解了情况，所以就托病没有前往。有人说："祭仲有先见之明，所以能免于灾祸。"祭仲也不知道谦虚，说："确实是这样啊。"

# 三、鲁庄公时期故事

## 楚子灭邓

鲁庄公六年，楚文王攻打申国，路过邓国。邓祁侯说："他是我的外甥。"于是把他留住，盛情款待。

邓祁侯的另外三个外甥——骓甥、聃甥、养甥请求杀掉楚文王，邓祁侯不答应。他们三个人说："将来灭亡邓国的，必定是这个人。如果不早做打算，您将来后悔就来不及了。希望您能尽早下手杀掉他！如果要动手，现在正是好机会！"邓祁侯说："如果这样做，人们将会唾弃我，不吃我祭祀剩下的东西了！"三甥说："如果您不听从我们三个人的意见，将来邓国被楚国灭掉，连社稷的神灵都得不到祭祀了，您还到哪里去拿祭祀剩下的食物呢？"

邓祁侯最终还是没有听从他们的建议。果然，楚文王从申国返回时，攻打了邓国。鲁庄公十六年，楚国再次攻打邓国，终于将它灭亡了。

## 齐连管之乱

齐襄公让连称、管至父两位大夫戍守葵丘。七月瓜熟的时候，他们动身前往葵丘，齐襄公对他们说："到明年瓜熟的时候，我就派人去替换你们。"但一年戍期已满，齐襄公关于替换的命令还没有下来。连称和管至父请求派人来代替，但是齐襄公没有同意，因此连称和管至父两人就策划叛乱。

齐僖公的同母之弟叫夷仲年，生了个儿子叫公孙无知。公孙无知深受齐僖公的宠爱，他穿的衣服和所享受的待遇都同齐僖公的嫡子一样。齐襄公即位以后，削减了公孙无知的待遇,连称和管至父两人就打算依靠他来发动叛乱。

连称有个堂妹在齐襄公的后宫为妾,但是不受齐襄公的宠爱,连称就让她前去窥伺襄公的行动,以便寻找机会下手。公孙无知对她说:"如果这件事取得成功,我就封你为夫人。"

鲁庄公八年十二月,齐襄公去姑棼游玩,就在贝丘打猎,突然看到一头大野猪,随从说:"这是公子彭生啊。"

齐襄公发怒,说:"彭生还敢在我面前出现?"于是就用箭射它。野猪像人一样站起来,大声吼叫。齐襄公害怕,从车上掉了下来,摔伤了脚,还掉了鞋。

出游归来以后,他责令一位叫费的侍从前去找鞋。费没有找到鞋子,齐襄公就鞭打他,直打到身上流血。费跑了出去,在宫门口遇到了叛乱的人,叛乱的人把费劫走并捆绑起来。费说:"我哪里会反抗你们!"并解开衣服让叛乱者看他背上的伤痕,叛乱者才相信他。

费表示愿意和叛乱者一起行动,请求先进宫去。他进去后,先把齐襄公隐藏起来,然后出来和叛乱者搏斗,结果死在了宫门里。侍人石之纷如也死在了台阶下。叛乱者进入宫里,在床上杀了假冒齐襄公的孟阳,说:"这个人不是国君,样子不像。"后来在门下看到齐襄公的脚,于是就把他杀了,然后立公孙无知为国君。

当初,齐襄公即位之后,行事没有一定的准则。齐大夫鲍叔牙说:"国君让百姓松弛放纵,祸乱将要发生了。"于是就侍奉齐僖公的庶子公子小白逃亡到莒国。叛乱发生以后,齐国大夫管仲和召忽也侍奉齐僖公的儿子公子纠逃亡到了鲁国。

## 齐桓公用管仲

鲁庄公八年,齐国发生连称、管至父之乱,齐襄公被杀,公孙无知被立为国君。齐大夫鲍叔牙侍奉公子小白逃到莒国,管仲和召忽侍奉公子纠逃到鲁国。

公孙无知曾经虐待齐国大夫雍廪。到了鲁庄公九年春天,雍廪因为旧恨未释,就把公孙无知杀死了。结果,齐国没有了国君。

鲁庄公和齐国的大夫在蔇地结盟,并于夏天领兵进攻齐国,打算护送公子纠回国即位。此时,公子小白抢先从莒国回到了齐国即位,就是齐桓公。

秋天,鲁国军队和齐国军队在乾时交战,结果鲁军大败。庄公丢弃了自己的战车,转乘其他战车回国。秦子和梁子打着鲁庄公的旗帜躲在小道上,引诱齐军来追,以掩护庄公逃跑,结果两人都被齐军俘获了。

鲍叔率领军队代表齐桓公来到鲁国,说:"子纠是我们齐桓公的亲兄弟,请君王把他杀了。至于管仲、召忽,他们是我们的仇人,请允许我把他们带回齐国,我们要亲手杀掉他们才能甘心。"于是就在生窦这个地方杀死了子纠,召忽也为子纠自杀。

管仲请求把他囚禁起来送回齐国,鲍叔同意了。到了齐国堂阜,就给他松了绑。回国后,鲍叔向齐桓公报告说:"管仲的治国才能超过了高傒(齐国著名的上卿),您可以让他担任宰相。"齐桓公听从了,于是重用管仲,揭开了他称霸诸侯的序幕。

## 曹刿论战

鲁庄公十年春,齐国的军队攻打鲁国,鲁庄公准备迎战。这时曹刿请求接见。曹刿的同乡劝阻他说:"这事有当官的人去谋划,你又何必参与其中呢?"曹刿说:"这些当官的人都很浅陋,没有智谋,不能深谋远虑。"于是入宫进见鲁庄公。

他问庄公依靠什么来作战。庄公说:"暖和的衣服,和能吃饱的食物,我都不敢独自享受,一定分给别人。"

曹刿说:"小恩小惠没有遍及百姓,百姓是不会跟从您的。"

庄公说:"祭祀神灵用的牺口和玉帛,我都按照礼制来供应,不敢任意增加或减少,祝史的祷告也一定实话实说。"

曹刿答:"小诚小信没有遍及百姓,百姓是不会跟从您的。"

庄公又说:"对于大大小小各种案件,我虽然不能一一洞察,但必定都根据实际情况处理。"

曹刿说:"这才是为百姓尽心竭力的一种表现,您可以凭借这一点打仗。如果要打仗,请允许我跟随您前往。"

庄公和他同乘一辆战车,在长勺和齐国军队展开了战斗。一开始,庄公就打算擂鼓进攻。曹刿说:"现在还不行。"齐国人擂了三通战鼓后,曹刿才说:"可以击鼓了。"结果齐军大败。

这时,庄公准备乘胜追击齐军。曹刿说:"现在还不行。"他下车仔细察看了齐军兵车的痕迹,并登上车前横木,眺望了一下,然后才说:"可以追击了。"于是才开始追击齐军。

取得胜利之后,庄公问起战胜的原因。曹刿回答说:"作战,靠的就是勇气。

第一通战鼓使士气大振;到了第二通战鼓,士气就开始衰退了;第三通战鼓之后,士气就衰竭了。齐军的士气衰竭了，而我方士气正旺，因此我们才能战胜他们。齐国是个大国，他们的行动难以揣摩，我怕他们是假装撤退而布置埋伏。我看到他们兵车的辙痕已经散乱，望见他们的战旗已经倒下，确实是败退的样子，所以才让追赶齐军。"

## 宋桓公罪己

鲁庄公十年，鲁国军队在乘丘大败宋国军队。次年夏天，宋国为了报乘丘之战的仇而侵犯鲁国，鲁庄公率兵迎战。宋国军队还没有摆开阵势，鲁军就已经逼近了他们，结果在鄑地把宋军打败了。

宋国连续打了两个败仗，这年秋天，又遇上发大水，可谓雪上加霜。鲁庄公派使者前去宋国慰问，并且说："天降大雨，使庄稼受到危害，我们怎么能不来慰问呢？"

宋闵公自称"孤"，回答说："孤对上天不够敬重，所以上天降下了这场灾难，现在又让贵国国君替孤担忧，实在让孤担当不起啊。"

鲁大夫臧文仲评论说："看来宋国就要振兴了！禹、汤勇于自我责备，因此他们能够迅速兴起；桀、纣却归罪于别人，所以他们很快就灭亡了。而且，各国发生灾荒，国君称自己为孤，这也是合乎礼法的。说话诚惶诚恐，而且自我称谓又合乎礼法，他们大概就要兴盛起来了！"

不久，又传来消息说这是宋庄公的儿子公子御说的话，是他让闵公那样讲的，臧孙达评论说："公子御说这个人适合当国君，因为他有体恤百姓之心。"

第二年，宋南宫长万作乱，平定之后，公子御说被立为国君，是为桓公。桓公在位三十一年去世，他的儿子兹甫继位，就是一心想称霸诸侯的襄公。

## 宋南宫长万之乱

鲁庄公十年六月，齐国军队和宋国军队驻扎在郎地。鲁大夫公子偃对庄公说："宋军队伍零乱，军容不整，可以打败他们。宋军一败，齐军必定撤回，我请求您追击宋军。"但是庄公不同意。于是公子偃私自从雩门出城，把马蒙上老虎皮，先进攻宋军，庄公率军跟着进攻，在乘丘把宋军打得大败。不久之后，齐军就回国了。

在乘丘之战中，鲁庄公用"金仆姑"这种箭射中了宋国的大夫南宫长万，庄公的车右遄孙活捉了他。宋国人因为南宫长万是宋国的勇士，就请求鲁国把南宫长万释放回国。

后来宋闵公戏弄南宫长万说："开始的时候我很敬重你。现在,你成了鲁国的囚犯,我不能再敬重你了。"因此南宫长万对宋闵公怀恨在心。

鲁庄公十二年秋,南宫长万在蒙泽杀死了宋闵公。他出来后在宫门口遇到了大夫仇牧,反手一掌把他打死了。在东宫的西面遇到了太宰华督,又把他杀了。然后立了子游为君。其他公子都逃亡到了萧国,公子御说逃亡到了亳地。南宫牛和猛获率领军队包围了亳地。

十月,萧叔大心和宋戴公、武公、宣公、穆公、庄公的族人率领曹国军队讨伐南宫长万。在交战中杀死了南宫牛,在宋国都城杀死了子游,然后立公子御说为君,是为桓公。猛获逃亡到了卫国,南宫长万逃亡到了陈国,逃跑时他让母亲坐到车上,自己驾车,只用一天时间就到了陈国。

宋桓公向卫国请求归还猛获,卫君不打算归还,大夫石祁子说:"不可以拒绝啊。天下的邪恶是一样的,他在宋国作恶,却在我国受到庇护,我们庇护他又有什么益处呢?得到了一个人,却失去了一个国家;祖护了邪恶的人,却抛弃友好的邻邦,这不是一个好主意。"于是卫君就把猛获送还宋国。

宋桓公又向陈国请求归还南宫长万,并送上了财物。陈君让美女劝南宫长万喝酒,把他灌醉后,用犀牛皮包起来装上车运走。等送到宋国,南宫长万的手脚已经挣破牛皮露在外面了。宋国人把猛获和南宫长万这两个人都做成了肉酱。

## 郑厉公复位

鲁桓公十五年,郑厉公谋害祭仲失败,出奔蔡国。当年秋天,厉公依靠栎地的人杀死郑国守栎大夫檀伯,从此便居住在栎地。

鲁庄公十四年,郑厉公率领军队从栎地攻打郑国,到了大陵,俘虏了郑大夫傅瑕。傅瑕说:"您如果释放我,我就想办法让您回国复位。"于是郑厉公和他订立了盟约,然后放了他。当年六月二十日,傅瑕杀了郑子子仪和他的两个儿子,然后接厉公回国即位。

当初,在郑国都城的南门下,曾有两条蛇在一起争斗,一条在门里,一条在门外,结果门里的蛇被咬死了。过了六年之后,郑厉公回国即位。鲁庄公听说这件事之后,问申:"难道现在还有妖孽吗?"

申回答说:"一个人是否会遇到所恐惧的事物,是由他自己的气势决定的。妖孽是因人而生的。如果一个人没有罪过,那么妖孽是不会自己出现的。如果一个人违背了常理,妖孽就会产生,因此出现了妖孽。"

郑厉公回国后就杀了傅瑕。并派人对大夫原繁说:"傅瑕对国君怀有二心。对这种人,周朝制定了刑罚,现在已经根据刑罚将他惩处了。凡是帮助我回国而又没有二心的,我都答应给他们上大夫的官职,我希望能跟伯父您共同商议大事。而且,在我被迫出逃时,伯父没有把国内的情况告诉我;我从蔡国回到栎地以后,您也没主动亲近我,对此我感到非常遗憾。"

原繁回答说:"当年先君桓公命令我的祖先掌管宗庙。国家有君主,而自己的心却在国外,还有比这更严重的存有二心之人吗? 假如一个人主持了国家大事,那么国内的百姓,谁不是他的臣民呢? 臣民不应该怀有二心,这是上天的规定。子仪担任国君,已经有十四年了。现在策划请君王您回国即位的人,难道不是对国君怀有二心吗? 郑庄公的儿子还有八个在世,如果都效仿您,用官职爵位作为贿赂劝说别人背叛国君,而又可能成功的话,那君王您该怎么办呢? 您的命令我听到了。"于是就上吊死了。

郑厉公从栎地回到国都后,没有及时通知楚国。鲁庄公十六年秋天,楚国进攻郑国,打到了栎地。这是因为郑厉公对楚国不礼貌的缘故。

郑厉公开始处罚曾经参与雍纠之乱的那些人。九月,杀了公子阏,砍断了公子强鉏的双脚。君子替强鉏感到惋惜,说:"强鉏不能保护他的双脚。"

公父定叔逃亡到了卫国。三年后,郑厉公让他回国,说:"不能让共叔段在郑国没有后代。"还特意让他在十月份回国,假惺惺地说:"十月是个好月份,十可是个满数呢。"

## 蔡哀侯自取灭亡

鲁庄公十年,蔡哀侯从陈国娶了妻子,息侯也从陈国娶了妻子。当息侯的妻子息妫出嫁时,路过蔡国,蔡哀侯说:"这是我的小姨子啊。"于是就把她留下来,跟她见面,但是很没有礼貌。

息侯听说这件事以后,非常生气,便派人对楚文王说:"请您假装攻打我国,我向蔡国求救,引他们出来后,您可以乘机攻打蔡国。"楚文王答应了。九月,楚军在莘地打败了蔡军,并且把蔡哀侯献舞俘获回国。

蔡哀侯因为在莘地作战被俘的缘故,想报复息国,就在楚文王面前极力称赞息妫的美貌。鲁庄公十四年,楚文王到了息国,设宴招待息侯,乘机把他杀死,灭掉了息国。然后把息妫带回楚国,后来息妫生下了堵敖和成王。

息妫到了楚国以后，没有主动跟楚文王说过话，楚文王问她原因，她回答说："我作为一个女人，却侍奉了两个丈夫，既然不能去死，那又有什么话可说呢?"楚文王因为蔡哀侯才把息国灭了，于是又发兵攻打蔡国。七月，楚国军队攻入蔡国。

君子评论说："《商书》所说的'邪恶容易滋长，就好像大火燎原，接近它都不可能，哪里还能扑灭呢?'这说的恐怕就是蔡哀侯这样的情况吧!"

## 楚鬻拳爱君

当初，楚武王攻下权国，把权国划为楚国的一个县，派斗缗担任权地的县尹。后来斗缗占据权地反叛，于是楚国派兵包围了权地，杀了斗缗，并把权地的百姓迁到了那处(地名)，派阎敖担任那处的县尹。

等到楚文王即位，和巴国人一起攻打申国。但楚军让巴国军队受到惊吓，巴国人背叛楚国，攻打那处。占领那处后，接着又攻打楚国都城的城门。阎敖跳到涌水里逃跑，但还是被楚文王捉住杀了。不久阎敖的族人开始作乱。鲁庄公十八年冬，巴国人利用阎敖的族人攻打楚国。

次年春天，楚文王率领军队抵抗巴军，在津地被打得大败。楚文王率领军队回都城，但是主管城门的鬻拳不肯开门，逼得楚文王只好转而攻打黄国，在陵打败了黄国的军队，保全了楚国的声威。

楚军回国到达湫地时，楚文王生病了，并在六月十五日去世。鬻拳把楚文王安葬在夕室后，自己也自杀相殉，被葬在楚文王陵墓地下宫殿的前院里。

当初，鬻拳曾坚决劝谏楚文王不要出兵，楚文王不肯听从。鬻拳就拿起兵器迫使楚文王听从他的意见。事后鬻拳说："我用兵器使国君惧怕，没有比这更大的罪过了。"于是就自己砍断了双脚。后来楚人让他担任楚都城门的守卫一职，称他为太伯，并且让他的子孙后代也担任这个官职。

君子对此评论说："鬻拳可以说是真正爱护国君的了。因为劝谏国君的方法过当，所以就自己给自己施刑。受刑之后仍然没有忘记引导国君向好的方向发展。"

## 郑伯虢公纳惠王

当初，王姚受到周庄王的宠幸，生下了子颓。子颓受到庄王的宠爱，庄王让大夫芳国做他的老师。等到庄王的孙子惠王即位，把芳国的菜园占为己有，用来饲养山禽野兽。周大夫边伯的房屋离王宫很近，也被惠王强占了。另外，惠王还夺取了大夫子禽祝跪和詹父的田地，并收回了膳夫石速的俸禄。

鲁庄公十九年，芳国、边伯、石速、詹父、子禽祝跪就联合起来，通过苏岔生作乱反叛。秋天，这五位大夫侍奉子颓攻打惠王，但没有取得成功，便逃到了温地。苏岔生则侍奉子颓逃亡到卫国。卫国、燕国的军队为了帮助子颓，一起攻打周。冬天，子颓被立为周天子。

第二年春天，郑厉公想调解周惠王和子颓之间的纠纷，但没能成功。夏天，郑厉公护送周惠王回到了郑国，让惠王暂时住在栎地。秋天，周惠王和郑厉公进入邬地，接着进入成周，取得了成周的宝器，然后又回到栎地。

冬天，王子颓设宴招待五位大夫，并演奏了所有的音乐，并且一起跳舞。郑厉公听说后，去见虢公，说："据我所知，如果悲哀和欢乐

青铜朱雀鸟（春秋）

的时机掌握不当，那么灾祸一定会到来。现在王子颓欣赏歌舞而不知疲倦，这是把灾难当作欢乐啊。以前司寇按照律法处死犯人时，国君尚且要降低膳食的标准，撤除音乐，更何况是把灾难当作欢乐呢？篡夺王位，还有比这更大的灾难吗？面临灾难却忘记忧愁，那么忧愁就一定会到来。你为什么不帮助天子复位呢？"

虢公回答说："这正是我的愿望！"

鲁庄公二十一年春，郑厉公和虢公在弭地举行会谈。夏天，他们一起攻打王城。郑厉公护送周惠王，从圉门进入王城，虢公从北门进入王城。王子颓和五个大夫都被杀死了。

郑厉公在宫门西边的门楼设宴招待了周惠王，表演了各代的乐舞。周惠王把虎牢以东郑武公的旧地赏赐给他。原庄公说："郑厉公仿效别人做了坏事，恐怕要有灾祸。"五月，郑厉公去世。

周惠王巡视虢公所守卫的土地。虢公在玤地为惠王建造了行宫，于是惠王把酒泉一地赐给了他。郑厉公的儿子郑文公设宴招待周惠王的时候，惠王曾把王后的大带、镜子赐给了他。后来虢公请求赏赐器物，周惠王把酒爵赐给了他。因为酒爵是礼器，比大带、

镜子贵重，所以郑文公认为周惠王重虢轻郑，从此开始对周王怀恨在心。

## 陈公子敬仲

鲁庄公二十二年春，陈宣公想立宠姬的儿子为太子，就杀了他的太子御寇。御寇一向敬爱敬仲，敬仲担心祸及自身，就逃亡到了齐国。

齐桓公打算让敬仲做卿，敬仲推辞说：“像我这样旅居在外的人，如果能有幸得到您的宽恕，能在宽松仁厚的政治下，赦免我不熟习训导而获罪出奔，免于遭受罪责，解除我的负担，这就是您的大恩大惠了。我得到的已经很多，哪里还敢占据这样的高位，而招致百官的指责呢？因此我冒死向您解释我不能接受的原因。《诗经》说：‘贵人坐在高高的车上，用弓招引我前往，难我不想前去？只是害怕招来朋友的讥责。’”最后，齐桓公让他担任了工正一职，掌管百工之事。

敬仲在家摆下酒宴招待齐桓公，桓公很高兴。喝到天黑，桓公说：“点上灯火，我们继续喝。”敬仲辞谢说：“微臣请您喝酒，只占卜了白天，没有占卜晚上，所以我不敢把酒宴继续下去。”

君子对此评论说：“酒是用来举行各种礼仪的，喝酒不过度，这是义；招待国君饮酒，完成了礼仪，而又不让他过度沉溺于酒，这就是仁。”

当初，陈国大夫懿氏想把女儿嫁给敬仲，要占一下吉凶。懿氏的妻子占卜说：“很吉利啊。这可以说是‘凤凰相伴飞翔，鸣声彼此相和，清脆嘹亮’。我们妫氏的后代，将在齐国成长。第五代就会兴旺昌盛，官位与正卿并列。第八代以后，就没有能与他相比的了。”

敬仲小时候，有一位周王室的史官拿了《周易》去见他父亲陈厉公，厉公让他占卜，得到《观》卦，变而为《否》卦。史官解释说：“这就叫作‘作为使者观礼他国，利于做君主的贵宾’。这个人大概会拥有国家而代替陈吧？但这不是在这里实现，而是在其他国家实现；不是在这个人身上实现，而是由他的子孙来实现。”

“光，是从远方照耀过来的。《坤》卦是土，《巽》卦是风，《乾》卦是天（《观》卦坤下巽上，《否》卦坤下乾上）。《观》卦变成了《否》卦，就是风变为天，而在土上，也就是《艮》卦，就是山。有了山上的各种物产，又有天光的照耀，因此就能在土地上居住，所以说：‘作为使者观礼他国’。庭院中摆满了各种礼物，还进奉了美玉布帛，天上地上美好的东西全都具备了，所以说‘利于做君主的贵宾’。”

"就《观》卦而言,还得看别人的所作所为,所以说要到他的后代子孙才能兴旺昌盛!风是流动的,最后落到土地上,所以说他的昌盛是在别国而不是在本国。如果是在别国,那一定是在姜姓之国。姜是太岳的后代,山岳高大,足以与天相匹敌。但是两个强盛的事物不能同时存在。若是在陈国衰亡了,大概会在姜姓之国兴旺昌盛吧!"

果然,鲁昭公八年,楚国第一次灭陈,敬仲的后代陈无宇在齐国的势力开始壮大。鲁哀公十七年,楚国再一次灭陈,陈常就在齐国取得了政权。

## 晋灭群公子

晋国桓叔和庄伯的后代日渐强盛,对公族造成威胁,晋献公对此非常担忧。晋大夫士蒍向献公建议:"如果设法先把桓、庄家族中足智多谋的富子除掉,那么其他公子就容易对付了。"献公说:"这件事你试着去办吧。"于是士蒍就在各个公子面前散布有关富子的坏话,然后又和公子们一起策划,除掉了富子。这是鲁庄公二十三年的事。到了第二年,士蒍又和各位公子谋划,让他们杀了游氏的两个儿子,游氏的两个儿子也是桓、庄家族中的能人。然后士蒍告诉晋献公说:"可以了。用不了两年,您肯定就可以高枕无忧了。"

鲁庄公二十五年,士蒍又让公子们杀光了游氏族人,然后在聚地筑城,让公子们住在那里。冬天,晋献公率军包围聚城,把公子们全都杀掉了。次年春天,士蒍晋升为大司空。

## 楚令尹子元伐郑

楚国的令尹子元,是楚文王的弟弟,想勾引文王的夫人息妫,于是就在她的宫室旁边建造了馆舍,并在房内摇动大铃跳起了万舞。息妫听到后,哭着说:"过去先君让人跳这种舞,是用于军事演习的。现在令尹不把这种舞蹈用来对付仇敌,却用在了我这寡妇的旁边,难道不是很奇怪的吗?"仆人把这话告诉了子元,子元感叹说:"夫人还没有忘记袭击敌人,我却反而忘记了!"

鲁庄公二十八年秋,子元率领六百辆战车攻打郑国,攻入了郑国的城门桔柣门。子元、斗御强、斗梧、耿之不比率领军队先行,斗班、王孙游、王孙喜率领军队殿后。战车队从郑国外城的纯门进去,到了城外大路上的市场。却看到郑国人连内城的闸门都还没有放下，有士兵学着楚国的方言冲出来。子元说："郑国有人才啊。"没敢攻进去。各诸侯国派兵前来救援郑国，楚军就在夜里悄悄地撤退了。郑国人本来已打算逃往桐丘，侦察兵报告说："楚军的帐幕上面有乌鸦，他们已经撤走了。"于是郑国人才没有逃亡。

子元攻打郑国回来后，住在王宫里，企图继续勾引文王的夫人息妫。斗射师向他劝谏，子元就把他抓了起来，并给他戴上了镣铐。

鲁庄公三十年秋，楚国申县的县尹斗班杀死了子元。斗谷於菟继任令尹，他把自己的家财捐献出来，以缓解楚国面临的危难。这个斗谷於菟，就是楚国著名的贤臣，大名鼎鼎的令尹子文。

## 有神降于莘

鲁庄公三十二年的七月，据说有神灵下降，附在了虢国莘地的某个人身上。周惠王听说后，向内史过询问这件事："这是什么原因呢？"

内史过回答说："国家将要兴盛的时候，神灵就会降临，是为了考察这个国家的德行；国家将要灭亡的时候，神灵也会降临，是为了考察这个国家的恶行。因此，有的国家得到神灵而兴盛，有的国家则得到神灵而衰亡。虞、夏、商、周都有过这种情况。"

周惠王问："那该怎样对待神灵呢？"内史过回答说："根据礼制度规定，祭祀不同的神灵相应要用不同的物品。在神灵降临的那一天，依照规定，摆上相应的祭祀物品，举行祭祀仪式。"

周惠王听从了他的意见，于是内史过到莘地去祭祀神灵。当他听说虢公请求神灵赐给他土地，回来说："虢国一定要灭亡了。因为虢公性情暴虐，听命于神，却不顺从民心。"

神灵在莘地停留了六个月，虢公派遣祝应、宗区、史嚣前往祭祀。神灵答应赐给他疆土田地。史嚣说："看来虢国大概是要灭亡了。我听说如果一个国家将要兴盛，那国君肯定是听命于百姓；如果一个国家将要灭亡，那国君一定是听命于神灵。神灵聪明正直而一心依凭于人，不随便迁移，根据人的善恶来确定奖赏还是惩罚。虢国缺德事太多了，哪能得到什么土地呢？"

# 四、鲁闵公时期故事

## 狄人灭卫

鲁闵公二年十二月,狄人攻打卫国。卫懿公一向喜欢鹤,他养的鹤甚至能乘坐大夫身份之上的人才能乘坐的轩车。当卫国将要与狄人作战的时候,都城里受到武装的自由民都说:"让鹤去作战吧!鹤是享有禄位的,我们哪里能够去作战呢?"

卫懿公把佩玉赐给了大夫石祁子,把箭赐给了大夫宁庄子,派他们防守,说:"你们用这个帮助国家,怎样有利就怎样做。"并把绣衣给了夫人,说:"你听他们俩的!"

渠孔替卫懿公驾驶战车,子伯担任车右,黄夷为先锋,孔婴齐作掩护。卫军和狄军在荧泽交战,结果卫军大败,卫国因此而被灭。因为作战时卫懿公不肯收起自己的旗帜,使敌军有明确的攻击目标,所以败得很惨。

狄人囚禁了史官华龙滑和祈孔,并继续追赶卫国的遗民。华龙滑、祈孔跟狄人说:"我们是太史,掌管国家的祭祀。如果不先放我们回去祭告祖庙,那你们是得不到国都的。"于是狄人就先让他们回去。

他们到达国都后,告诉留守的人:"不能再待在这里了。"就在夜里与国都的人一起逃走了。狄军进入卫都后,又追了上去,在黄河边上打败了他们。

宋桓公与卫国有亲戚关系,卫国打了败仗,宋桓公就在黄河边上迎接逃亡的卫国遗民,让他们在夜里渡过黄河。卫国的遗民男女老少有七百三十人,加上共地、滕地的百姓一共有五千人。他们立戴公为国君,寄住在曹邑。

后来戴公去世,弟弟文公继位。齐桓公又带领诸侯修筑楚丘城,把卫国迁到那里。

卫文公穿着粗布衣服,戴着粗布帽子,鼓励种植有用的树木,教导百姓勤于农业,疏通商路,帮助百工,重视教化,劝勉求学,向百官传授法律制度,任用有才能之人。在卫文公当政的第一年,卫国只有三十辆战车;而到了卫文公当政的最后一年,他们已经拥有三百辆战车了。

# 鲁庆父之难

当初，鲁庄公建造了高台，从台上可以看到党氏家里。有一次他在台上看到党氏的女儿孟任，十分爱慕，就下去追她。孟任关上门不肯让他进去，庄公就许诺要给她夫人的名分，她才同意，并割破手臂，和庄公盟誓，后来生下公子般。

有一次，鲁国要举行雩祭，在大夫梁氏家里进行预演的时候，庄公的女公子也去观看。养马人荦从墙外跟她调戏逗趣，公子般生气了，让人鞭打荦。庄公说："对这个人光靠鞭打是没有用的，不如杀了他。荦的力气很大，能够把稷门的门扇举起来扔出去。"

鲁庄公三十二年，庄公生病，向弟弟叔牙询问有关继承人的问题。叔牙回答说："庆父（庄公的弟弟）很能干。"

庄公又向季友询问，季友回答说："我誓死侍奉您的儿子般。"

庄公说："刚才叔牙说'庆父可以继承'。"

于是季友就派人用国君的名义让叔牙在鲁大夫鍼巫家里等候，让鍼巫在酒里下了毒药，给叔牙喝下去。鍼巫对叔牙说："喝了这酒，您的后代子孙就可以在鲁国享有禄位；不喝的话，您还是要死的，而且您的后代子孙也休想得到禄位。"叔牙喝下了毒酒，回家途中走到逵泉就死了。鲁国把叔牙的儿子立为叔孙氏。

八月五日，庄公去世，公子般继位，住在党氏家里服丧。十月二日，庆父派养马人荦在党家刺杀了般。季友逃亡到了陈国。庄公的儿子开被立为鲁国国君，是为闵公。

次年八月，鲁闵公和齐桓公在落姑会盟，请求齐桓公帮助季友返回鲁国。齐桓公答应了，派人从陈国召回了季友，闵公留在郎地等候他。《春秋》经记载"季子来归"，对季友表示了赞许，因为当时庆父专权，政局动荡，季友不顾个人安危回到鲁国帮助处理国政，实属难能可贵。

冬天，齐国的仲孙湫到鲁国访问，对鲁国发生的祸难表示了慰问。他回国后，对齐桓公说："不除掉庆父，鲁国的祸难就没法结束。"

齐桓公问："怎样才能除掉他呢？"

仲孙湫回答："他不停地制造祸难，必将自取灭亡，君王您就等着瞧吧！"

齐桓公说："我们能不能趁此机会攻占鲁国呢？"

仲孙湫说："不可以。鲁国现在还秉承着周朝的礼仪。周朝的礼仪，是立国的根本。我听说：如果一个国家将要灭亡，那就像大树倒下一样，一定是躯干先动摇，然后枝叶才跟着倾倒。鲁国还没有合弃周礼，我们不能对它轻举妄动。君王还是应该尽力平定鲁国的祸难，并且亲近它。亲近讲究礼仪的国家，依靠厚重稳固的国家，离间内部涣散的国家，颠覆昏暗动乱的国家，这才是称霸天下的策略。"

鲁闵公二年，庆父又弑杀了闵公。当初，一名辅佐闵公的官员夺取了鲁大夫卜的田地，闵公年幼，没有加以禁止。八月二十四日，庆父就让卜在武闱杀死了闵公。但庆父也因此遭到都城人们的反对，只好出逃到莒国。

季友带着闵公的庶兄僖公跑到了邾国。等庆父逃亡莒国后，季友才再次回到鲁国，立僖公为国君。鲁国人用财物向莒国要求换取庆父，莒人就把庆父归还了鲁国。庆父到了密地，派公子鱼前去请求赦免，没有得到允许，公子鱼便哭着回去了。庆父听到哭声说："这是公子鱼的哭声啊！"于是上吊自杀了。

闵公是哀姜的妹妹叔姜的儿子，因此齐国人才立他为国君。庆父和哀姜私通，因此哀姜想立他为国君。闵公的被害，哀姜事先是知道的，因此事败之后她逃到了邾国。后来齐国人从邾国抓回了哀姜，并在夷地杀了她，然后把她的尸首归还给鲁国。僖公征得齐国同意后，安葬了哀姜。

# 五、鲁僖公时期故事

## 晋假道灭虢

鲁庄公二十七年，因为虢国军队屡次入侵晋国，晋献公就想讨伐虢国。士芬劝阻说："不行啊。虢公一向狂妄自大，如今与我们交战刚刚获胜，他一定会因骄傲自大而合弃他的百姓。等他失去了百姓的支持之后，我们再去攻打他，就算他要抵抗，那还有谁会支持他呢？礼、乐、慈、爱，这是发动战争所需要的准备。如果百姓都遇事谦让、和睦相处、爱护亲人、哀悼死者，这才能发动战争。如今虢国并不具备这些，却屡次发兵，百姓一定会厌恶战争。"

鲁闵公二年春，虢公在渭水流入黄河处打败了犬戎。虢大夫舟之侨说："没有德行却享受功禄，这是灾祸啊。灾祸就要到来了。"于是逃亡到了晋国。

到了鲁僖公二年，晋献公见虢公越来越不得人心，决心要攻打虢国。晋大夫荀息建议:用屈地生产的马匹和垂棘出产的美玉为贿赂,向虞国借路攻打虢国。晋献公说:"这两样东西可都是我的宝贝啊!"

荀息回答说:"如果能向虞国借了路,那么晋国一定能灭掉虞国。这些东西就好像暂时存放在外面的仓库里,到时候我们仍然可以取回来。"

献公说:"虞国有宫之奇在那里啊。"

荀息回答说:"宫之奇这个人一向懦弱,不会尽力劝谏。而且他从小就在宫中成长,和虞国国君一起长大,虞君跟他非常亲近。就算宫之奇进谏,虞君也不会听从的。"

于是献公就派荀息去虞国借路。荀息对虞君说:"以前冀国不讲道义,无故从颠轮入侵贵国,攻打鄍邑的三处城门。我国帮助贵国攻打冀国,使其受到打击,这也是为了给你们复仇,并不是为了我们自己。现在虢国也不讲道义,在晋国南部边境设置客舍,作为自己的堡垒,用来侵扰我国的南部边境。因此特地请求贵国能够借路给我们,让我们前往虢国兴师问罪。"

虞公就答应了,并且请求让自己先去攻打虢国。宫之奇向他劝谏,但是虞公不肯听取,随后就发兵攻打虢国。夏天,晋国的里克、荀息率领军队跟虞军会合,攻打虢国,占领了下阳。

当年秋,虢公在桑地打败了戎人。晋国的卜偃说:"虢国一定要灭亡了,被占领了下阳还不知道害怕,反而又出兵征战。这是上天夺走了它们的镜子,让他们看不到自己的丑恶,从而加重它们的病症啊!它必定会轻视晋国,而且不安抚百姓,估计连五年都撑不到了。"

鲁僖公五年秋,晋献公再次向虞国借路攻打虢国。宫之奇劝谏虞公说:"虢国是虞国外面的屏障。如果虢国灭亡了,那么虞国也必定跟着灭亡。晋国的野心不能鼓励,别国的军队不能轻忽。这样的事情做一次,就已经是很过分了,怎么还可以再有第二次呢?俗话说:'辅车相依,唇亡齿寒',这说的就是虢国和虞国的关系啊。"

虞公说:"晋国是我们的同宗之国,他们难道会害我们吗?"

宫之奇回答说:"太伯和虞仲都是周太王的儿子,太伯没有听从父命而和虞仲一起出走,所以他没有继承王位。虢仲、虢叔都是王季的儿子,曾做过周文王的卿士,有功于周王室,他们受封的纪录至今还保存在盟府里。现在晋国就要把虢国这样的同宗灭掉了,对我们虞国又有什么可爱惜的呢?再说,虞国还能比桓、庄之族更亲近吗?如果他们爱惜桓、庄一族,那么桓、庄一族有什么罪过呢,竟然成了晋国杀戮的对象?这还不是因为他们威胁到了晋献公吗？亲族之间由于权势的威胁，晋国尚且会加以杀害，何况是对我们虞国呢？"

虞公又说："我祭祀用的供品既丰盛又洁净，神灵一定保佑我的。"

宫之奇回答说："我听说，神灵并不亲近哪一个人，而是保佑有德行的人。因此《周书》中说：'上天没有私亲，只保佑有德之人。'又说：'黍稷并没有香气，只有光明的德行才有芳香。'又说：'人们进献的祭品是相同的，但是只有有德人的祭品，鬼神才会享用。'这样说来，如果国君没有德行，那么百姓就不会和睦，神灵也不会享用他的祭品。因为神灵所凭借的，只是德行。如果晋国拿下了虞国，然后又崇尚德行，进献祭品，难道神灵还会把它的东西吐出来吗？"

虞公不听劝告，答应了晋国使者的要求。宫之奇便率领他的家族离开了虞国。他说："虞国举行不了今年的腊祭了。虞国的灭亡就在这一次，晋国都不必再另外发兵了。"

十月十七日，晋献公率军包围了上阳。他问卜偃："我这次能成功吗？"

卜偃回答说："能够胜利。"

献公问："什么时候？"

卜偃说："有童谣说：'丙子之日天破晓，龙尾星宿不见了。士兵威武多雄壮，虢国旗帜夺到了。火星就像一只鹑，天策暗暗无光耀。鹑火居中军队到，吓得虢公要逃跑。'成功的日子大概在九月底十月初（晋历用夏正，与左传记载所用的鲁历周正不同）吧！这一天是丙子日的清晨，太阳在尾星之上，月亮在天策星之下，鹑火星处在太阳和月亮的中间，一定能在这个时间取得胜利。"

十二月一日（按晋历算，正好是十月初一），晋国灭掉了虢国，虢公丑逃亡到了周朝的京城。

晋国军队返回时，在虞国驻扎，乘机袭击虞国，将它灭了。晋军抓住了虞公和他的大夫井伯，后来井伯随着秦穆姬陪嫁到了秦国。晋国虽然灭了虞国，但仍然延续虞国的祭祀，而且还代虞国承担了对周王室的职责和贡赋。

## 晋骊姬之乱

晋献公从贾国娶了妻子，两人没有生下孩子。他和父亲的小妾齐姜通奸，生了秦穆夫人和太子申生。后来又从戎国娶了两个女子，大戎狐姬生下了公子重耳，小戎子生下了公子夷吾。后来晋国攻打骊戎，骊戎的男爵把女儿骊姬献给了晋献公。晋献公把骊姬带回国后,生下了奚齐,骊姬的妹妹生下了卓子。

骊姬很受晋献公宠爱。晋献公打算立骊姬为夫人,用龟甲占卜的结果是不吉利,而用蓍草占卜的结果却是吉利。献公说:"就按照用蓍草占卜的结果吧。"

占卜的人说:"用蓍草占卜的历史短,用龟甲占卜的历史长,不如按照历史长的办。而且用龟甲占卜得到的兆辞说:'专宠过度就会生出变故,将来会偷走您的公羊。香草臭草混放在一起,十年也去不掉臭味。'千万不能听从蓍草占卜的结果。"献公不听,还是立骊姬为夫人。

骊姬想立自己的儿子为太子,就给献公宠爱的臣子梁五和东关嬖五送了贿赂,让他们对献公说:"曲沃是君王宗庙所在之地,蒲地和北屈、南屈都是君王的边疆,这几个地方不能没有掌管者。如果宗庙所在之地无人掌管,则无以向百姓立威;边疆无人掌管,就会使相邻的戎狄产生侵犯之心。戎狄产生侵犯之心,百姓又轻视政令,这都是国家的隐患啊!如果让太子掌管曲沃,让重耳、夷吾分别掌管蒲地和二屈,那么就能够向百姓立威,使戎狄害怕,而且可以表彰君王您的功德。"

骊姬还让他们一起对献公说:"戎狄的疆土广大无边,如果这些土地能属于晋国,那么就可以在那里建立城邑。晋国开拓疆土,不也是很合适的吗?"

晋献公听了以后非常高兴。鲁庄公二十八年夏,他让太子住在曲沃,让重耳住在蒲城,让夷吾住在屈地。其他公子也都分别被派往边疆,只有骊姬和她妹妹的儿子仍住在国都绛城。梁五和东关嬖五这两个人,到最后还是和骊姬一起诬陷了在外的公子们,立了奚齐为太子。晋国人把这两个人叫作"二五耦"(古人两人共作称"耦",指二人朋比为奸)。

晋献公派士蒍为重耳、夷吾在蒲地和屈地筑城,士蒍不小心,把柴草混入了土中,使城墙筑得不坚固。夷吾把这件事告诉了献公,献公便派人责问士蒍。士蒍叩首,回答说:"臣听说:'没有丧事而悲哀,那么烦恼之事必然会随之而来;没有战患而筑城,那么反而会使国内的敌人得到保护。'保护仇敌的举措,建造时哪里还用得着认真?我本不愿去筑城,但身为此官,不服从命令就是对君不敬;然而如果把城墙建造得十分坚固,就是为将来的仇敌建造坚固城池,这对国家来说,又是不忠。丢弃了忠和敬,我还用什么来侍奉国君呢?《诗经》说:'心怀德行,国家就会安宁;使各位公子团结一心,就有了坚固的城地。'君王只要注重修养德行并团结各位公子,那还有什么样的城池能比得上呢?三年以后就会用兵,现在筑城哪里还用得着谨慎呢?"士蒍退出来后,自己又吟诗道:"狐皮袍子乱蓬蓬，一个国家有三公，我该选谁来跟从？"

　　鲁闵公元年，晋献公创建了上、下两军的军制，自己率领上军，让太子申生率领下军。士芳评论说："看来太子将要被废黜了。献公把宗庙所在之地分给他，又让他统率下军，居于卿的地位。如今就先让他位极人臣，以后还怎么立他为国君呢？他还不如早点逃走，不要等待灾难的到来。就像吴太伯那样，不是也可以吗？这样至少还能有一个好名声。而且俗话说：'如果心中没有瑕疵，那又何必担心无家可归呢？'上天如果保佑太子，就不要让他再待在晋国吧！"

　　第二年冬天，晋献公派太子申生攻打东山的皋落氏。大夫里克劝阻说："太子是掌管宗庙祭祀、社稷大祭和照看国君早晚饮食的人，因此叫作'冢子'。如果国君外出，那太子就要在国内留守；如果有人留守，那太子就跟随国君出行。太子随君出行叫抚军，在国内留守叫监国，这是古代的制度。至于率军作战，对各种方案做出决定，对军队发号施令等，这应该是国君和正卿所考虑的，并不是太子应该做的事情。统率大军，要能够当机立断，而太子领兵，如果遇事就向国君请示，那就会丧失威严；如果事事独断专行，那又是不孝。所以国君的嫡子不适合领兵作战。君王您违背了任用官吏的规则：太子领军会丧失威严，那又何必让太子领军呢？而且我听说皋落氏正准备迎战，君王您还是不要派太子出征吧！"

　　献公说："我有这么多儿子，还不知道将来要立谁为嗣君呢！"听了这话，里克什么也没说就退了下来。

　　里克拜见太子，太子说："我恐怕要被废黜了吧？"

　　里克回答说："君王让你住在曲沃，管理当地百姓，又让你掌管军队，熟悉军事，只是担心你不能完成任务，为什么会废黜你呢？而且做儿子的，应该担心自己不孝，而不应担心不能被立为嗣君。要努力完善自己，不要责备别人，这样就可以免于灾难。"

　　太子率军出征，献公让他穿上左右颜色不同的衣服，佩带青铜的玦。大夫狐突替他驾御战车，大夫先友担任车右；梁余子养替下军之将罕夷驾御战车，大夫先丹木担任车右；羊舌大夫担任军尉。先友说："你穿上跟国君服装颜色有一半相同的衣服，掌管着军事大权，成败在此一举了，你要努力啊！国君让你穿这样的衣服，可见并没有恶意；你兵权在握，可以远离灾祸。现在国君对你如此亲近，你又握有兵权，可以免去灾祸，还担心什么呢？"

　　狐突叹了口气说："时令，是事情的征兆；衣服，是身份的标志；佩饰，则犹如内心的旗帜。因此君王如果重视这件事,就应该选择在春夏时节发布命令;赐给衣服,其颜色应该是纯正单一的;想要让人忠诚于自己,就要让他佩带合乎礼仪规定的饰物。而现在到了年底才下令出征,这是要使事情不能顺利完成;赐给他杂色衣服,这是要疏远他;让他佩带青铜饰品,是要抛弃太子的忠心。通过衣服来疏远他,利用时令来阻碍他;杂色,意味着冷漠;冬天,意味着肃杀;青铜表示寒冷;玦佩表示决绝。这怎么能依靠呢? 就算心里想尽力而为,狄人能消灭干净吗?"

梁余子养说:"率领军队的人要在太庙中接受命令,在祭祀灶神之后接受祭肉,并且还要有规定的衣服。如今没有得到规定的衣服,却得到杂色衣服,国君命令的意图也就可想而知了。死了以后,还要落个不孝的罪名,还不如逃走啊。"

罕夷说:"杂色的衣服不合常规,青铜玦表示不再和好。这样的话,就算能活着回来,又有什么用呢? 看来国君有心要加害太子。"

先丹木说:"这样的杂色衣服,疯狂之人也是不肯穿的。国君说'把敌人消灭完了再回来'。敌人难道能消灭干净吗? 就算敌人都被消灭完了,国内也还有在国君面前说坏话的小人,不如趁早离开晋国。"

狐突想奉太子出逃,羊舌大夫说:"不行啊。违背父亲的命令就是不孝,放弃职守就是不忠。即使我们已经感觉到了国君冰冷的用心,也不能做出不忠不孝的事情。你还是为此而死吧!"

太子准备出战,狐突劝阻说:"不行。从前辛伯曾规劝周桓公:'宠妾与王后并列,宠臣与正卿并重,庶子与嫡子匹敌,大都和国都等同,这都是祸乱的根源。'周桓公没有听取,因此后来遭到了祸患。现在祸乱的根源已经形成,你还可能被立为嗣君吗? 与其危及自身出战招惹祸患,还不如退而尽孝,安抚百姓。"

为了立奚齐为太子,骊姬和中大夫定了一条毒计。鲁僖公四年冬,骊姬对太子申生说:"国君梦见了你母亲齐姜,你一定要尽快去祭祀她。"

申生到曲沃祭祀了母亲,然后把祭祀的酒肉带回,献给了献公。此时献公正好外出打猎,骊姬就把申生进献的酒肉放在宫里。六天后,献公回来,骊姬就先在酒肉里下了毒药,然后献上去。献公把酒泼在地上祭祀天地,地上的土立刻隆起一个小包;把肉给狗吃,狗很快就死了;给宦官吃,宦官也死掉了。骊姬哭着说:"这是太子想要谋害您啊。"于是申生逃到曲沃,献公杀了他的老师杜原款。

有人对申生说:"如果你为自己辩解,那国君一定会分清是非曲直的。"

申生说:"国君如果没有了骊姬,就会寝食不安。如果我辩解并且真相大白,那骊姬一定会获罪。国君已经老了,我不能让他不高兴。"

别人又问他:"那么你要逃走吗?"

申生说:"现在国君还没有查清我的罪过,如果背着这个弑父的恶名出逃,谁会接纳我呢?"十二月二十七日,申生在曲沃上吊自杀。

申生已死,骊姬又诬陷另外两个公子,说:"太子弑父的阴谋,他们都是知道的。"重耳被迫逃到蒲城,夷吾则逃到屈地。

次年春,晋献公派宦官披领兵攻打蒲城。重耳说:"父王的命令不能违抗。"于是下令:"谁违抗,谁就是我的敌人。"重耳跳出城墙逃跑,披追他,砍掉了他的袖口。最后重耳流亡到了狄国。

鲁僖公六年春,晋献公派贾华率军攻打屈地。夷吾守不住,和屈地人订立盟约以后便逃走了。他打算逃亡到狄人那里去,郤芮劝阻说:"你在公子重耳之后出逃,去的也是狄国,好像是事先商量好的,这就容易有同谋的嫌疑了。不如到梁国去,因为梁国紧靠秦国,且跟秦国关系又好,我们还可乘机向秦国求助。"于是夷吾就逃亡到梁国去了。

## 辕涛涂谮申侯

鲁僖公四年,齐桓公会同诸侯军队讨伐楚国。陈大夫辕涛涂对郑大夫申侯说:"如果诸侯的军队取道陈、郑之间,那我们两国一定会因为供给大军而十分困乏。如果让军队由东路返回去,向东夷炫耀一下武力,然后沿着淮河回国,也是很可行的。"

申侯说:"好。"

辕涛涂把这一想法告诉了齐桓公,桓公表示同意。但申侯进见桓公时,却说:"军队在外滞留时间太长了,士卒疲惫,斗志下降。如果往东走遇到敌人,恐怕难以取胜。如果取道陈、郑之间,由两国负责提供所用粮食和军鞋,则是比较可行的。"桓公听了非常高兴,便把虎牢一地赏赐给他,并把辕涛涂抓了起来。

是年秋天,齐国和江国、黄国联合攻打陈国,这是为了讨伐陈国辕涛涂对齐国不肯尽力。冬天,诸侯军队又一次攻打陈国,陈国认错,于是就让辕涛涂回到了陈国。

辕涛涂因为申侯在召陵出卖了自己,害得自己被齐桓公囚禁,心里非常怨恨。他故意怂恿申侯于桓公所赐的虎牢筑城,说:"把城墙建得漂亮一些,这样可以扩大你自己的名声,后代子孙也不会忘记你。我可以帮你请求。"于是就向诸侯请求,得到允许后在虎牢修筑了壮观的城墙。

等城墙建成，辕涛涂又去郑文公面前诬陷申侯："他将受赐之地的城墙建得那么壮观，肯定是打算叛乱。"申侯因此而得罪了郑文公。

鲁僖公六年夏，诸侯因为上一年齐桓公在首止举行会盟时，郑文公逃回郑国不参加盟誓，于是联军讨伐，包围了新密。后来楚国用了"围魏救赵"的办法，包围许国的国都，逼迫诸侯还师救许，放过了郑国。

但第二年春天，齐国军队卷土重来，又一次攻打郑国。这次郑国决定服软，就在夏天杀了申侯来向齐国解释。这其中便有辕涛涂诬陷的作用。

当初，申侯曾受到楚文王的宠信。文王去世前，把玉璧交给他，让他离去，并说："只有我才了解你。你一向贪求财货而不知满足。从我这里求取，我不会怪罪你。但后人将会向你索取大量财物，你肯定难免获罪。我死了，你务必迅速离开，但不要到小国去，他们是不会容纳你的。"安葬了文王后，申侯便逃亡到了郑国，后来又得到郑厉公的宠信。楚令尹子文听到他被害的消息后说："古人说过：'没有比国君更了解臣子的。'看来这句话是难以更改的呀！"

## 齐桓公称霸

齐桓公任用管仲，在管仲的辅佐下，国力得到了很大的增强。鲁庄公十三，齐桓公邀集宋、陈、蔡、邾等国的国君在北杏会盟，借口要平定宋国由于南宫长万作乱而引起的内乱。遂国的国君受到邀请却没有来，当年夏天，齐国出兵灭了遂国，并派兵镇守。

当时，鲁国连败齐国和宋国军队，本来很强盛，但因诸侯都归附齐国，邻近的遂国又被齐国所灭，也只好与齐国讲和。是年冬天，鲁庄公和齐桓公在柯地订立了盟约。

第二年春天，由于宋国违背了在北杏订立的盟约，齐、陈、曹等国联合发兵攻打宋国。齐国还请求周王室出兵。夏天，周王室的大夫单伯率领军队与诸侯会合。后来联军跟宋国讲和，然后各自回国了。自从郑庄公借王命征伐诸侯以来，这样的事还是第一次重新发生。

当年冬天，因为宋国重新归附，齐桓公与周大夫单伯、宋桓公、卫惠公、郑厉公在鄄地会盟。次年也就是鲁庄公十五年的春天，齐桓公、陈宣公、卫惠公、郑厉公再一次在鄄地会盟，《左传》认为齐国就是从这一年开始称霸诸侯的。

是年秋天，齐、宋、邾三国攻打一个小国郳，而郑国却趁机入侵宋国。于是，等到第二年的夏天,齐国、宋国、卫国又联合起来讨伐郑国。十二月,因为郑国降服,齐侯、鲁公、宋公、陈侯、卫侯、郑伯、许男、滑伯、滕子一起在幽地进行了会盟。

不久,郑国又不肯去朝见齐国。鲁庄公十七年春天,齐国就去把郑国的执政大臣郑詹抓了起来。然而到了夏天,遂国的遗民前来犒劳齐国驻军,齐国士兵喝得大醉,结果全部被杀。郑詹逃奔鲁国,而鲁国此时与莒相联系,大概也想背叛齐国,所以随后齐、宋、陈三次攻打鲁国西部边境。

此后苏忿生作乱,立子颓为周天子,王室动荡。郑庄公等帮助惠王复位,齐国落在了下风。幸好郑庄公去世,齐国趁机与鲁国互通姻好,把哀姜嫁给鲁庄公,收服了鲁国。

鲁庄公二十七年夏,陈国和郑国也已经向齐国顺服,齐桓公与鲁庄公、宋桓公、陈宣公、郑文公在幽地会盟,于是霸业大定。

是年冬,周天子派召伯廖赐封齐桓公为诸侯之长,并请他攻打卫国,因为卫国曾立子颓为天子。于是齐桓公在次年春天,奉了王命,大张旗鼓去讨伐卫国,打败了卫国的军队。齐桓公以王命责备了卫君的罪过,然后索要了贿赂就回来了。

此时山戎经常侵扰燕国,齐桓公就在鲁庄公三十年冬天发兵攻打山戎,获得大胜,一直打到孤竹国才回来。于是燕国从此也依附齐国,与齐国交好。

鲁闵公元年,狄人攻打邢国。管仲对齐桓公说:"戎狄之人就像豺狼一样,贪得无厌;中原各诸侯国之间要互相亲近,不能离弃;安逸享乐就像毒药一样,不能怀恋。《诗经》说:'难道我不想回去吗?只是害怕这告急文书啊。'这告急文书,就是告诉我们要同仇敌忾,患难与共。请君王答应邢国的要求,前去救援。"于是齐国出兵救援邢国。

第二年,狄人又攻打卫国,竟然把卫国灭了。卫国遗民立戴公为君,流亡到曹邑。齐桓公派公子无亏率领三百辆战车、三千名甲士守卫曹邑,并向戴公赠送了驾车的马匹、五套祭服、三百头牛、三百只羊、三百头猪、三百只鸡、三百只狗,还有制作门窗的材料;向夫人赠送了用鱼皮装饰的车子和三十匹上等锦缎。

鲁僖公元年,狄人攻打邢国攻得很急,各路诸侯纷纷率军救援邢国。邢军战败溃散,士兵纷纷逃往各诸侯军队。诸侯的军队赶走了狄军,把邢国的器物财货全都装到车上,让他们迁走,诸侯的军队没有私自取用任何器物。

夏天,齐桓公把邢国人迁到了夷仪。诸侯为邢国建造了都城,帮助他们尽快度过灾难。第二年,又修筑楚丘城,把卫国遗民迁到那里。邢国人迁居后,觉得就像回到了自己原来的国家;卫国人到了楚丘,也忘记了亡国之痛。

北方狄难未息,南方楚患又起。鲁僖公元年秋,楚国人因为郑国亲近齐国,于是发兵攻打郑国。八月,齐桓公与鲁公、宋公、郑伯、曹伯、邾人在柽地会盟,商量救援郑国的事。

鲁僖公二年秋,因为江国和黄国也向齐国归服了,齐桓公就邀集宋桓公、江国和黄国的国君在贯地会盟。次年秋天,他们又在阳谷举行会盟,谋划讨伐楚国的事。这时,齐桓公还特意去了趟鲁国,告知阳谷会盟的事,与鲁国重温旧好。

楚军攻打郑国,郑文公打算向楚国求和,大夫孔叔不同意讲和。他说:"齐国现在正在与诸侯谋划如何帮助我们,如果我们抛弃他们的恩德,那是不会有好结果的。"

鲁僖公四年春,齐桓公率领诸侯军队讨伐蔡国,把蔡军打得大败。于是诸侯顺道攻打楚国。楚成王派使者来到诸侯军中,说:"君王您住在北海,寡人我住在南海,彼此相距遥远,互不相干,就像发情的牛和马,相逐时奔跑虽然又快又远,但也不敢于跑到对方的边境中。不料君王您竟然来到我们的土地上,这是什么原因呢?"

管仲替桓公回答说:"从前召康公奉了周王的命令,曾对我们的先君太公说:'五等诸侯,九州方伯,如果有罪,你就可以代表天子进行讨伐,以辅佐周王室。'他还授予我们先君可以征伐的范围,东到大海,西至黄河,南到穆陵,北至无棣。现在你们应该进贡的苞茅没有按时送到,以致周王室在祭祀的时候,物品供应不上,无法滤酒请神。为此,我们国君特来向贵国问罪。另外,为什么当年周昭王南巡楚国,却没有能够回去,这也要请贵国解释。"

楚国使者回答说:"贡品没能及时进献,这是我们国君的罪过,我们怎么敢不供给呢?至于周昭王南巡未归的原因,您还是去问汉水边上的人吧!"诸侯的军队向前开进,驻扎在陉地。

夏天,楚成王派屈完抵御诸侯军队,诸侯军队后撤,驻扎在召陵。

齐桓公让诸侯大军摆成战阵,然后和屈完同乘一辆车,一起检阅军队。桓公说:"我们兴兵出征,难道是为了我自己吗?只不过是为了继承我们先君建立的友好关系罢了。你们楚国不妨也和我们建立友好关系,怎么样?"

屈完回答说:"承蒙君王惠临,为敝国的社稷求福。您又如此宽容地接纳我们国君,与敝国建立友好关系。这也正是我们国君的愿望啊!"

桓公说:"用这么多的军队作战,谁能抵挡得住呢?用这么多的军队去攻城,什么城攻不下呢?"

屈完回答说:"如果君王您用恩德来安抚诸侯,那谁敢不服从呢?但如果君王您依仗武力,那么我们楚国将以方城山作为城墙,以汉水作为护城河,跟你们决一死战。到那时候,君王您的军队虽然众多,但恐怕也没有用武之地啊。"最后,屈完得以与诸侯订立盟约,完成了使命。

这时,因为周惠王想废黜他的太子郑,另立少子带为太子,周室内部又发生动荡。鲁僖公五年夏,齐桓公与鲁僖公、宋桓公、陈宣公、卫文公、郑文公、许男、曹昭公在首止会盟,并会见了周太子郑,谋划如何使周王室安定一事。

秋天,诸侯在首止盟誓,但郑文公提前逃回了国,没有参加盟誓。

此前,周王曾派周公召见郑文公,对他说:"我希望你离开齐国而去追随楚国,并让晋国辅助你,这样可以使各国之间稍稍安定一些。"

郑文公正想跟齐国保持距离,得了周天子的命令,感到很高兴,但又怕因不朝见齐国而导致齐国的惩罚,因此打算逃回去而不参加盟誓。郑大夫孔叔想阻止他,说:"国君不能轻举妄动,一旦轻率行事就会失去同盟的援助;失去了同盟的援助,祸患就一定会降临。等到国家遇到困难时再去乞求结盟,那失去的东西就太多了。到时候,国君您一定会后悔这么做的。"但是郑文公不听,丢下军队只身逃回了郑国。

鲁僖公六年春,齐桓公因为郑文公逃避盟誓,于是联合诸侯攻打郑国,包围了新密,逼得郑国在农忙时节修筑新密的城墙。秋天,楚成王发兵攻打许国,包围了许国的都城。诸侯为了救援许国,只好放过郑国。郑国解围后,楚军也就回国了。

次年春天,齐国再次发兵攻打郑国。孔叔对郑文公说:"有这样一句谚语:'心志如果不坚强,还怕什么屈辱?'既不够坚强,又不能软弱,所以会导致灭亡。我国目前情况十分危急,请您向齐国屈服,从而挽救整个国家。"

文公说:"我知道他们来犯的原因,你姑且稍等一下。"

孔叔说:"情况紧急,就像早晨的露水等不到晚上一样,怎么还能等呢?"于是郑文公服软,杀了申侯向齐国解释。

秋天,齐桓公和鲁僖公、宋桓公、陈国的世子款、郑国的世子华在宁母会盟,谋划攻打郑国的事。管仲对齐桓公说:"我听说:'招抚存有二心的国家,要靠礼法;使偏远的国家归服,要靠德行。'只要不违背德行与礼法,那就没有人不归服于您的。"于是桓公就以礼对待诸侯,诸侯也甘心服从齐国,由齐国接受各诸侯进贡的物品,再进献给周天子。

郑文公派太子华前去参加盟会,听取命令。他对齐桓公说:"郑国的泄氏、孔氏、子人氏这三族,违背了您的命令,逃避盟誓而跟从楚国。如果您能除掉他们,那我国就可以与齐国和好。我让郑国像封内大臣那样侍奉齐国,对您来说也没有任何坏处。"

桓公打算答应他,但管仲说:"开始的时候,君王您凭借礼法和信义会合诸侯,现在却要以违背礼法和信义来结束,这恐怕不可以吧?父子不相违背称为礼法,按时完成君命叫作信义。如果违背了这两点,那么就再也没有比这更大的邪恶了。"

桓公说:"诸侯曾经攻打郑国,但是没能成功。现在他们国内不团结,如果利用这个机会,不也是可以的吗?"

管仲回答说:"君王您应该用德行来安抚郑国,并对其加以训诫。如果他们不接受,再率领诸侯去讨伐。他们挽救自己的危亡还来不及,难道会不害怕吗?但是您若带着他们的罪人去攻打,他们就有理了,还有什么可害怕的呢?再说会合诸侯的目的是尊崇德行,现在把诸侯召集起来,却要让子华这样的奸邪之人成为国君,那怎么向后人交代呢?再说,诸侯会见时,他们的德、刑、礼、义,每个国家都会记载下来。如果记下的是奉奸邪之人为国君那样的事,那么君王的盟约也就要被废弃了。如果事情做了,又不予以记载,就不能算是崇高的德行。君王您千万不要答应子华的要求,郑国一定会接受盟约的!子华身为太子,却求助大国来削弱他自己的国家,也一定难逃祸患。郑国有叔詹、堵叔、师叔这三位贤臣执政,一定还没有漏洞可钻吧?"

于是桓公拒绝了子华的请求,子华也因为这件事得罪了郑国人。冬天,郑文公派使者到齐国请求结盟。

闰十二月,周惠王死去。太子郑担心太叔带乘机发难,害怕自己不能被立为王,因此就暂时不发布惠王的死讯,把面临的危难报告给齐国。

鲁僖公八年春,齐桓公和周王室的人以及鲁僖公、宋桓公、卫文公、许僖公、曹共公、郑世子款在洮地会盟,商量如何解决王室纠纷。郑文公请求参加盟会,表示顺服。在诸侯的帮助下,太子郑的王位得以确立。太子郑即位,是为襄王,之后才举行了惠王的丧礼。

此时,齐桓公的霸业可以说达到了顶点。于是,鲁僖公九年的夏天,齐桓公与王室太宰周公、鲁僖公、宋襄公、卫文公、郑文公、许僖公、曹共公在葵丘会盟,导演了历史上有名的"葵丘之会"。

周天子派宰孔把祭肉赐给齐桓公,并对他说:"天子祭祀了文王、武王,派我把祭肉赐给伯舅。"桓公准备走下台阶拜谢,宰孔说:"请稍等,后面还有命令。天子让我说:'由于伯舅年事已高,加上有功劳,特加赐一级,不必下阶跪拜了。'"

桓公回答说："君威如天，近在咫尺，小白我怎么敢贪受天子的命令，而不下阶拜谢呢？如果我不下阶拜谢，恐怕将来要在下面栽跟头，让天子蒙受羞辱，我怎么敢不下阶拜谢呢？"于是走下台阶跪拜，然后又登上台阶，再次跪拜，接受了天子赏赐的祭肉。

秋天，齐桓公在葵丘和诸侯盟誓，他说："凡是我们一同结盟的国家，在盟约上签字之后，就要摒弃前嫌，重归于好。"

葵丘之会以后，直到鲁僖公十七年齐桓公去世，桓公虽然仍多次举行会盟，或是兴兵攻讨，但齐国的势力已开始中衰，再也没有恢复葵丘之会时的辉煌。

## 晋里丕之乱

齐桓公举行葵丘之会时，周天子的使者宰孔先行回国，在路上遇到了晋献公。他对献公说："您不必去参加盟会了。齐桓公不致力于修德，却忙于征伐，所以往北攻打山戎，向南讨伐楚国，又在西边举行了这次盟会，向东是否有所举动还不知道，不过向西进攻晋国是不可能的了。晋国很可能要有内乱发生了！作为君王，应该致力于安定国内的祸乱，而不应忙于参加盟会。"于是晋献公便回国了。

当年九月，晋献公去世。大夫里克、丕郑想迎立公子重耳为国君，于是就煽动申生、重耳、夷吾三位公子的党羽起来作乱。

当初，献公让荀息去辅助奚齐。献公生病后，召见荀息，说："我把奚齐这个弱小孤儿托付给你了，你将怎么办？"

荀息叩头回答说："我愿竭尽全力辅佐他，并对他忠贞不贰。如果能够成功，那是君王在天之灵的保佑；倘若不能成功，我愿以死效命。"

献公说："什么是忠贞？"

荀息回答说："凡是对国家有利的事，只要知道的就努力去做，这就是忠；送走先君侍奉新君，使双方都没有猜疑，这就是贞。"

等到里克准备杀掉奚齐时，他先告诉荀息说："三位公子的同党将要起来发难，秦国人和其他的晋国人都将帮助他们，你打算怎么办？"

荀息说："我打算为奚齐而死。"

里克说："死也没有用啊！"

荀息说："我早就跟先君说过，我不会改变承诺。哪里能既要实践自己的诺言，又要顾惜自己的生命呢？尽管我死也没有什么用，但是我又能躲到哪里去呢？再说，人人都想做得更好，谁不是这样呢？我不想背叛先君和奚齐，所以也不能劝说三位公子的同党，让他们背叛自己的主人。"

十月，献公还没安葬，里克就在守丧的茅屋中杀死了奚齐。荀息打算为奚齐而自杀，有人劝他说："你不如立奚齐的弟弟卓子为国君，并辅佐他。"于是荀息便立公子卓为国君，并安葬了献公。

十一月，里克又在朝廷上杀了公子卓，荀息便自杀了。

君子说："《诗经》说：'白玉的瑕疵，还可以磨掉；言语的失误，就难以挽回了。'荀息就是犯了这个失误啊。"

里克接连杀了奚齐和公子卓，晋国没有了国君。晋国的郤芮建议夷吾给秦国送上厚礼，请求秦国帮他回国继位，他对夷吾说："晋国已被别人所占有，我们用别人的土地进行贿赂，还有什么舍不得的呢？如果能回国，那就能得到百姓，土地有什么好可惜呢？"夷吾听从了他的意见。

齐大夫隰朋率领军队跟秦国军队会合，打算把夷吾送回晋国。秦穆公问郤芮："公子夷吾在国内能依靠谁？"

郤芮回答说："据我所知，公子夷吾没有党羽，如果有党羽，那就一定有仇敌。夷吾小时候不喜欢玩耍，即使跟别人争斗，也从不过分。直到长大，这点也没有改变。我只知道这些，其他就不了解了。"

穆公又问秦大夫公孙枝："夷吾能使晋国安定吗？"

公孙枝回答说："据我所知，只有行为合乎准则，才能使国家安定。《诗经》说：'不凭借知识智力，顺应上天的法则办事。'这说的是文王。又说：'只要不诬陷、不伤害，其他言行很少不能成为准则。'这就是说一个人应该没有喜好，也没有厌恶；既不猜忌，也不好胜。现在据我观察，夷吾的话里流露出猜忌和好胜的情绪，难以安定国家啊！"

穆公说："猜忌会招来怨恨，那又怎么能够胜利呢？这对我们有利啊。"

次年四月，周公忌父、周大夫王子党会合齐大夫隰朋，立夷吾为君，是为惠公。惠公杀了里克，把弑君之罪推给里克，以表示自己没有篡位之心。当惠公打算杀掉里克时，派人对里克说："如果没有你，那我就当不上国君。尽管如此，但你毕竟杀了两位国君和一位大夫。作为你的国君，难道不是很难做吗？"

里克回答说："如果不铲除奚齐和公子卓，您怎能登上君位？如果想给一个人加上罪名，难道还怕没有理由吗？我明白您的意思了。"说完拔剑自刎而死。

当时里克的同党丕郑正在秦国访问,因此侥幸逃过了这场祸难。丕郑此行的任务,是向秦国请求延期交付惠公以前答应的贿赂,并对此表示歉意。他对秦穆公说:"是吕甥、郤称、冀芮这三位大夫不同意付贿赂。如果您用贵重的礼品聘问他们,请他们三个人来秦国访问,我乘机赶走晋国国君,您再送重耳回晋国继位。没有不成功的。"

冬天,秦穆公派大夫泠至到晋国回拜丕郑的访问,同时向吕甥等三人表示问候,还邀请他们到秦国去访问。冀芮说:"给我们的礼物这么丰厚,又这么甜言蜜语,这肯定是在诱惑我们。"于是就杀了丕郑、祁举和七位大夫,都是里克、丕郑的党羽。

丕郑的儿子丕豹逃到了秦国。他对秦穆公说:"晋惠公夷吾背叛了曾帮助过他的秦国,却对里克、丕郑等人的小怨怀恨在心,滥杀无辜,百姓是不会拥护他的。如果我们讨伐他,肯定能把晋惠公驱逐出去。"

穆公倒不糊涂,说:"如果夷吾失去了百姓,又怎么能除掉大臣?如果晋国的百姓都像你一样躲避祸难,那由谁来驱逐你的国君呢?"

## 晋乞籴于秦

晋惠公回国继位后,对内,先借口杀了里克、丕郑等有势力的大臣;对外,又想赖掉要求秦国帮助他回国继位时,答应秦国的贿赂。结果,国内国外都对他不满意。

鲁僖公十三年冬,晋国连续两年粮食歉收,发生了饥荒,派人到秦国求购粮食。秦穆公问大夫子桑:"要卖给他们吗?"

子桑回答说:"过去我们曾帮助惠公回国即位,这次再帮助他们,如果得到惠公的报答,那么君王您也可以满意了。如果我们两次对他们施恩,却没有得到报答,那么晋国的百姓一定会离心离德。等百姓离心之后,我们再去攻打晋国,惠公失去民心,必然失败。"

穆公又问大夫百里:"卖给他们吗?"

百里回答说:"天灾是难免的,总会在各个国家交替发生。援救灾民,抚恤邻国,这是合乎道义的。按照道义办事,一定会有福禄降临。"

这时,丕郑的儿子丕豹正在秦国,就乘机劝说秦穆公伐晋,穆公说:"晋国的国君是不好,但晋国的百姓有什么罪?"于是向晋国输送粮食,从秦国首都雍城到晋国首都绛城,运粮的船只络绎不绝,人们称之为"泛舟之役"。

第二年冬天,秦国也发生了饥荒,秦穆公派人到晋国求购粮食,但晋惠公拒绝了。晋大夫庆郑说:"别人施惠却不报答,就会失去亲近自己的人;对别人的困难幸灾乐祸,就是不仁道;过分爱惜自己的东西,舍不得用来救灾,就会不吉祥;使邻国发怒,就是不合道义。这四种德行都违背了,那还依靠什么来守卫国家呢?"

晋大夫虢射说:"我们既然已经背弃了割让土地的诺言,那么给不给粮食还有什么关系呢? 就像皮都不存在了,毛还能附在哪里呢?"

庆郑说:"抛弃了信用,背叛了邻国,如果遇到祸患,那谁还会来救援我们呢? 不讲信用就会产生祸患,失去救援就必定会灭亡。就是这个道理啊。"

虢射说:"秦国对我国已经心怀怨恨,即使给了他们粮食,也未必能减轻他们的怨恨,反而增强了敌人的实力,还不如不给呢。"

庆郑说:"背弃恩德,幸灾乐祸,这是会被百姓唾弃的。亲近的人尚且会因此而仇视我们,更何况是对我们有怨恨的秦国呢?"晋惠公还是不采纳他的意见。

庆郑退朝下来,说:"国君将来一定会对这件事后悔的!"果然,鲁僖公十五年,秦穆公因为晋惠公不偿付答应割让的土地,以及秦国饥荒时封锁粮食而对晋国发动战争。结果,晋军在韩原大败,晋惠公被秦军捉住,费了好大劲求和,才被放回来。

这年晋国的粮食再次歉收,秦穆公仍然向他们赠送了粮食,并说:"我虽然怨恨晋国的国君,但却怜悯晋国的百姓。而且我听说当初晋国祖先唐叔受封的时候,箕子曾说:'晋国的后代一定能够发扬光大。'哪里能够对晋国存过分的野心,企图占领它呢? 我们姑且先在晋国树立一些恩德,等待将来有能力的人出现吧。"

## 秦晋韩原之战

晋国发生里克、丕郑之乱,公子夷吾在秦国的帮助下回国继位,是为惠公。晋惠公曾答应回国后会赏赐晋国的中大夫,但他即位后却背弃了这一诺言,还把中大夫里克、丕郑等人给杀了。他曾答应把黄河以西和以南的五座城市送给秦穆公,这些土地东到虢略镇,南到华山,另外还有黄河以内的解梁城,但是后来都赖掉不给了。所以不论国内还是国外都人心背离。

晋惠公即位的第二年,曾为前太子申生驾车的大夫狐突到陪都曲沃去,在那里遇到了申生的鬼魂。申生让他上来驾车,并告诉他:"夷吾(即晋惠公)太没有礼貌,我已向上帝请命,要求把晋国送给秦国,将来秦国会祭祀我的。"

狐突说:"我听说,神灵不会享用外族的祭品,百姓也不会祭祀外族的神灵,将来恐怕没有人祭祀您了吧? 况且百姓有什么罪过呢? 如果因为对夷吾的惩罚不当,而使无辜的晋国百姓遭受灭国之灾,还断绝了自己享用的祭祀,这恐怕不太妥当吧？您还是再好好考虑一下！"

申生说:"好。我将再次向上帝请命。七天之后,我会附在新城西部的一个巫师身上现身。"狐突不再反对,于是申生的鬼魂就不见了。

到了约定的那天,狐突准时前往,申生附身的巫师告诉他:"上帝已经允许我只惩罚有罪的人,夷吾将在韩地打败仗。"

鲁僖公十三年冬,晋国发生饥荒,向秦国请求援助,秦国给他们送去了粮食。第二年,秦国发生饥荒,向晋国求援,晋国却封锁国门拒绝了。于是秦穆公决定攻打晋国。

鲁僖公十五年夏,秦国将要进攻晋国,卜人徒父用蓍草占卦,得到吉利的结果,筮辞说:"渡黄河,公侯的兵车被毁。"

秦穆公不明白这样的卦辞为什么吉利,就向徒父询问。徒父回答说:"这卦是大吉大利啊！第三次打败晋国军队时,一定能抓获晋国国君。这是一个《蛊》卦,繇辞说:'公侯的军队三次被阻挡。驱逐了三次之后,就能俘获那只雄狐狸。'《蛊》卦变辞中所说的'狐蛊',一定就是指晋国国君。蛊的内卦为风,代表秦国;外卦为山,代表晋国。现在已经是秋天,我军是风,因此能吹落敌人树上的果实,并能获取敌人的木材,因此就可以战胜。果实落地,木材丢失,这不是失败又是什么呢？"

果然,晋军接连三次战败,撤退到了韩地。晋惠公对庆郑说:"敌人已深入我国了,该怎么办呢？"

庆郑回答说:"君王只能让他们深入了,还能怎么样？"

惠公听了很不高兴,大喝一声:"放肆！"

惠公挑选兵车的车右时,占卜的结果认为庆郑最合适,但是惠公对庆郑的直谏感到不满,所以没有让他担任车右,而让步扬驾驶兵车,让晋大夫家仆徒担任车右。驾车的马名叫"小驷",是郑国进献的。庆郑说:"古时作战,一定要用本国产的马驾车,因为它在本国的水土之上出生、成长,了解主人的心意,甘心受主人的调教,适应本国的道路环境,所以无论你怎么使用它,都没有不如意的。现在您却用外国出产的马匹驾车作战,等到它一害怕而失去常态,将会和主人的心意相违背。马一旦受到刺激,就会呼吸急促、失去节奏,血液循环过分加快,血管扩张沸腾,外表看起来很强壮,但内心却已虚怯无力了。到那时,您进退两难,连掉头都不能够了。您一定会后悔的。"但是惠公还是不接纳他的意见。

　　九月，晋惠公准备迎战秦军，派大夫韩简前去侦察秦军的情况。韩简回来说："秦军的数量比我们少，但是斗士却是我们的一倍。"

　　惠公问："为什么？"

　　韩简回答说："当年君王逃亡时曾依赖秦穆公的资助，回国即位也是受到他们厚爱的结果，我国遇到灾荒时又吃他们的粮食。秦国的这三次恩德，我们都没有报答，因此他们来讨伐我们。现在我们又准备出击秦军，因此我军懈怠而秦军振奋，实际上秦国的斗士比我们多不止一倍呢！"

　　惠公说："是啊，一个普通的人都不能让人轻慢，更何况是一个国家呢？"于是就派韩简去跟秦穆公约战，说："我没有什么能力，能够把军队集合起来，却没法解散他们。如果您不退兵，那我们只能作战到底了。"

　　秦穆公派公孙枝回答说："您还没有回到晋国时，我就替您担心；您回国后没有坐稳君位，我还是替您担忧。现在您既然已坐稳君位，我怎敢不接受您作战的命令呢？"

　　韩简回去后说："我如果能保住性命，只是被秦军俘虏，就算很幸运了。"

　　十四日，两军在韩地的原野交战。晋惠公的小驷马盘旋进退不听指挥，结果陷在泥泞里。惠公向庆郑呼救，庆郑说："你刚愎自用，不听臣子的忠告，又违背了占卜之人的预言，本来就是自找失败，又逃什么呢？"说完就走开了。

　　梁由靡给韩简驾驶战车，虢射担任车右，迎面遇到秦穆公的战车，正要准备俘获他。就在这时，庆郑自己没去救惠公，却招呼韩简去救，这一来就把擒获秦穆公的战机延误了。

　　秦军俘获了晋惠公，并把他带了回去。晋国的大夫们披头散发，露宿在野外，一直跟着秦军。秦穆公派人劝他们回去，说："你们这些人有什么好忧伤的？我之所以带着你们的君王往西走，只不过是去应验当年狐突遇到申生鬼魂的妖梦罢了，我哪里敢做得太过分呢？"

　　晋国的大夫们听了，三拜叩首说："您下踩大地，上戴苍天，苍天大地都听到了您的话。我们谨听吩咐。"

　　以前，太子申生有个姐姐嫁给秦穆公，人称秦穆姬。晋惠公回国时，秦穆姬曾把申生的妃子贾君托付给他照顾，并说："你要把逃亡在外的各位公子全都接回国去。"可是，惠公却和贾君发生了不正当的男女关系，又不接纳各位公子，因此穆姬对他很恼恨。

　　这时，秦穆姬听说晋惠公将被带回秦国，便领着太子罃、儿子弘和女儿简璧，登上高台,站在柴草之上准备自焚。她让人不戴帽子、身着丧服去迎接穆公,并告诉他:"上天降下灾祸,致使我们秦晋两国不是拿着玉帛相见,友善相处,而是发生了战争。如果您带着晋国国君早上进入我们国都,那么我晚上就自焚;如果晚上进入国都,那么我早上就自焚。请君王决断吧。"秦穆公只好把晋惠公安置在灵台。

秦大夫请求把惠公带回秦国的都城。穆公说:"这次捉住了晋君,我以为可以带着丰厚的俘获物回去了。谁知如今却将导致丧事,那俘获物再丰厚,又有什么用呢?对大夫们又有什么好处呢?况且晋国的大臣对他们的国君被俘,表示非常忧伤,其用意是希望我给予足够的重视,用天地之约来约束我。如果我不考虑他们的忧伤,就会加重他们对我的怨恨;如果我不履行自己的诺言,就是背叛了天地。怨恨太重会难以承当,背叛天地则不吉祥。总之,一定要放晋君回国。"

公子絷说:"不如杀了他,以免他继续与秦国为敌。"

子桑说:"如果让他回国,而把他的太子作为人质,我们一定能得到大为有利的条件。现在还不能让晋国灭亡,如果杀掉了它的国君,只能造成更大的祸患。而且史佚曾经说过:'不要成为祸乱之首,不要依靠他人的动乱谋取自己的利益,不要加重相互间的怨恨。'太重的怨恨让人无法承当,欺侮别人则很不吉祥。"于是秦国同意和晋国讲和。

晋惠公派郤乞回国通知瑕吕饴甥,并且召他前来。吕甥教郤乞这样说:"你要朝会各位大臣,以国君的名义赏赐他们,并且转告他们:'孤虽然是回来了,但已经使我们的国家蒙受了耻辱,你们还是用占卜的办法来决定如何辅佐太子吧。'"各位大臣听了之后都感动得哭了起来。晋国从此开始改变田制,用税收赏赐群臣。

吕甥抓住机会,自己站出来说:"国君不为自己出亡在外而忧虑,反而替我们这些群臣担忧。国君对我们的恩惠已经达到了极点,我们应该怎样报答国君呢?"

大家问:"我们能做些什么呢?"

吕甥说:"我们可以征收赋税,修整军备,以辅佐太子。诸侯听到我们虽然失去了国君,但很快就会立新君,并且群臣团结和睦,武备比以前更强。这样,同我们友好的国家就会勉励我们,而仇恨我们的国家就会害怕我们了!这样大概会有好处吧。"大家听了都很高兴。从此晋国改革兵制,扩大服兵役的范围。

当初,晋献公要把女儿秦穆姬嫁给秦国时,曾经占卜问过吉凶。得到的结果是《归妹》卦,变为《睽》卦。史苏预测说:"这不吉利啊。繇辞说:'男子杀羊,不见流血;女子捧筐,没有果实。对西边邻国的责备之言,无以应对,自认理亏。《归妹》变《睽》,也就是说得不到帮助啊。'《震》卦变成了《离》卦，也就等于《离》卦变成《震》卦。震卦代表雷，离卦代表火，雷、火都是晋国的象征，这预示着秦国会打败晋国。车厢和车轴相脱离，大火焚烧军旗，出兵很不利，在宗丘一定会打败仗。出嫁的少女与娘家极端乖离，敌人张弓要向我们袭击。侄子要跟着姑姑，六年之后又逃回晋国，抛弃在秦国的妻室。他逃回的第二年，会死在高粱的废墟上。"

等到惠公被抓到秦国时，惠公说："如果先君采纳了史苏占卜的结果，我就不会落到这个地步了！"

当时，韩简正在他身边服侍，他说："用龟甲占卜，可以通过裂纹兆象判断吉凶；用蓍草占卜，可以通过一定程序对蓍草进行分合，依据得到的数字得出卦象和爻词，推断吉凶。必须先有事物，才有表示事物的兆象，有了兆象以后事物才有种种演变，根据种种演变，才能归纳为一定的数字。先君做的坏事太多了，才造成了今天的结果。象、数只能预示这个结果，却不能改变结果。即使他听从了史苏的占卜，又能有什么好处呢？《诗经》说：'百姓遭受的大灾祸，并不是上天降下来的，而是由议论纷纷、背后憎恨造成的，主导者终究是人啊。'"

十月，吕甥拜见秦穆公，双方在王城订立了盟约。秦穆公问吕甥："晋国内部意见统一了吗？"

吕甥回答说："不统一。百姓们对失去了国君感到羞耻，对丧失了亲人感到悲伤。他们不怕多征税赋，整装待发，并且主张拥立太子圉为国君，发誓说：'一定要报仇，否则我们宁可去侍奉戎狄。'而君子们则爱戴他们的国君，但是也知道自己的罪过，他们也不惜多征税赋和进一步整修甲兵，等待与秦国的战争。他们说：'一定要报答秦国的恩德，即使死了也绝无二心。'因此两方的意见很不一致。"

穆公又问："晋国都城的人对国君的命运有什么看法呢？"

吕甥回答说："平民们感到忧虑，认为他不会被赦免；君子们则推己及人，认为他一定能回来。平民说：'秦国给我们施予了三次恩惠，我们都没有报答，他们哪里会让国君回来？'君子们则说：'我们已经知道自己的罪过了，秦国一定会放国君回来。当初我们国君背叛了秦国，秦国就把他擒住；如今我们国君已认错服罪，秦国就会释放他回国。这样，就没有比这更宽厚的德行，没有比这更威严的刑罚了。归服者感念他的德行，有二心者害怕受到他的刑罚！仅靠这一战役，秦国就称霸诸侯了！如果秦国放晋君回国后，却又不让他安于君位；废掉他，却又不尽快立新君，就会把恩德变为怨恨，秦国不会这么做的。'"

穆公说："这也正是我的想法。"于是就给惠公换了住处，迁入高级馆舍，并向他赠送了七头牛、羊、猪，让他享受诸侯级别的待遇。

惠公快要回国了，大夫蛾析对庆郑说："你为什么不逃走呢？"庆郑回答："是我使国君陷于失败之地，国君失败了，我不但不以身殉国，反而又要逃走，让国君不能惩罚我的罪过，这不是臣子应该做的。作为臣子，却不遵守应守的礼仪，就算我逃走了，哪个国君会容纳我呢？"十一月，晋惠公回国，杀了庆郑以后才进入国都。

## 齐五公子争立

齐桓公有三位夫人，分别是王姬、徐嬴、蔡姬，她们都没有生下儿子。

桓公喜好女色，有很多宠姬，宠姬中地位接近夫人的有六位：长卫姬，生了公子无亏（武孟）；少卫姬，生了公子元（后来的惠公）；郑姬，生了公子昭（后来的孝公）；葛嬴，生了公子潘（后来的昭公）；密姬，生了公子商人（后来的懿公）；宋华子，生了公子雍。桓公和管仲把公子昭托付给宋襄公，立他为太子。

齐国有个人叫雍巫，又叫易牙，烧得一手好菜，受到长卫姬的宠信；后来通过宦官貂向桓公进献了美味食物，又得到桓公的宠信。桓公答应雍巫立武孟为继承人。管仲去世后，公子昭之外的五位公子都希望被立为继承人。

鲁僖公十七年十月七日，齐桓公去世。雍巫进入宫内，和宦官貂依仗那些如夫人，杀死了许多官员，然后立公子无亏为国君。公子昭则逃亡到了宋国。

桓公病重的时候，五位公子各自树立党羽，争取被立为储君。桓公一死，他们互相攻

兽面纹剑佩（春秋）

打，宫中都没有管事的人了，没有人收敛桓公。桓公的尸体在床上躺了六十七日，尸虫一直爬到门外。直到十二月初八，齐国才向诸侯发出桓公去世的讣告，十四日夜里才收敛了桓公。

第二年春天，宋襄公见齐国有乱，就想趁机抢夺盟主的位子，于是联合曹、卫、邾，借口平乱攻打齐国。三月，齐国人害怕，把公子无亏杀了向诸侯解释。

宋襄公想把公子昭送回国继位，齐国人也想迎立公子昭，但因为剩下的四公子从中

作梗，事情没有成功，齐国只好与宋国开战。五月，宋军在甗地打败了齐国军队，于是送公子昭回国继位，然后才回去。公子昭即位，是为孝公。

## 宋襄公图霸

齐桓公死后，宋襄在甗之战中打败齐国军队，成功地把齐孝公送回齐国即位。于是，宋襄公就认为自己国势强盛，足以继齐桓公之后，成为一代霸主。

鲁僖公十九年春，宋襄公先把滕君婴齐抓了起来，杀鸡儆猴，给不服从宋国的诸侯做榜样。六月，宋襄公又邀集曹、邾等国在曹国南部会盟。因为鄫国的国君迟到，便让邾文公把他抓起来。又为了讨好东夷，使他们归附自己，宋襄公就让邾文公杀了鄫子，用他祭祀次睢的土地神。

司马子鱼（即宋公子目夷）说："古代祭祀时，马、牛、羊、猪、狗、鸡这六种牲畜不能相互替代混用，小的祭祀不用大牺牲，何况竟然敢用人来祭祀？祭祀是为人求福。人是神灵的主人；用人祭祀神灵，谁敢享用呢？当年齐桓公曾经挽救了鲁国、卫国、刑国这三个濒临灭亡的国家，从而使诸侯归附他。即使这样，义士还说他德行不够丰厚。如今宋襄公才举行了一次盟会，就已经残暴地对待了两个国家的君王，又用鄫子祭祀那些邪恶昏乱的鬼神，想以此来成就霸业，这不是很难吗？这样下去，襄公能够得到善终就是很幸运的了。"

秋天，因为曹国不肯顺服，宋襄公就发兵包围了曹国都城。子鱼对宋襄公说："从前文王听到崇国败德而去攻打他们，用兵攻打了三十天，也没有使崇国投降。于是文王就撤兵回去，修明教化，然后再去攻打崇国，结果崇国人没有决战就投降了。《诗经》说：'在妻子面前做出榜样，并推广到兄弟之间，以此来治理采邑和邦国。'现在您的德行恐怕还有所欠缺，如果以此来攻打别的国家，又能把它们怎么样呢？为什么不暂且反省一下自己的德行，等到德行没有欠缺时再去攻打？"

这个时候，除了卫、邾、许、滑等寥寥几国支持宋国，其他诸侯基本上都是站在宋国的对立立场上的。但宋襄公却不醒悟，不度德，不量力，一心想做霸主，乃至想立刻召集大的盟会。鲁大夫臧文仲过去因为见宋桓公勇于责备自己，曾经预言宋国将兴；此时，听说了宋襄公的事，评论道："让大家为了共同的目标而努力，是可以的；让大家为了自己一个人的目标而努力，就很少能成功了。"

鲁僖公二十一年春，宋襄公邀请齐孝公、楚成王在鹿上会盟。宋襄公要求楚国同意中原诸侯奉自己为盟主,楚成王答应了。子鱼评价说:"小国也想争做盟主,这是祸患啊!宋国恐怕快要灭亡了!能够晚一点失败就算很幸运了。"

秋天,楚成王、陈穆公、蔡庄公、郑文公、许僖公、曹共公在盂地与宋襄公会盟。子鱼说:"祸患就在这一次盟会中发生吧!君王的欲望太过分了,诸侯们怎么忍受得了呢?"

楚国在鹿上之会答应宋襄公的请求,其实只是做做表面功夫。宋襄公这次在盂地举行会盟,为了表示自己有信义,就没有带兵。结果,楚国人在会上把宋襄公抓了起来,并发兵攻打了宋国。

冬天,鲁僖公出面说情,在薄地举行了会盟。楚国释放了宋襄公。子鱼说:"祸难还没有结束,这还不足以警告国君啊。"

果然,宋襄公仍然没有接受教训,第二年夏天,就因为郑文公去楚国朝见,邀集卫、许、滕三国讨伐郑国。子鱼说:"看来我说的祸难,就要在这一次降临了吧。"

楚国为救援郑国而攻打宋国,宋襄公不听大司马公孙固的劝阻,打算迎战。冬天,楚、宋军队在泓水交战,宋军大败,战士死了很多,襄公的腿上也受了重伤。

次年春天,齐孝公也趁宋国大败,借口宋国不参加齐国主持的盟会,发兵攻打宋国,包围了宋国的缗邑。到了夏天,宋襄公因伤重去世,称霸的努力也就此草草收场。

## 宋楚泓之战

鲁僖公二十二年,一心称霸的宋襄公因郑伯去楚国朝见,而发兵攻打郑国。楚国为了救援郑国,就攻打宋国。宋襄公打算迎战,大司马公孙固劝阻说:"上天抛弃殷商后裔已经很久了(宋立国之君微子,是商纣王的哥哥)。您打算复兴它,这是违背天意,不可饶恕的啊。"但是宋襄公不听。

十一月初一,宋襄公领兵和楚军在泓水附近交战。宋军已经全都摆好了阵势,但楚军还没有全部渡过泓水。大司马对襄公说:"楚军人多,我军人少,趁现在楚军还没有全部过河,请君王下令攻击他们。"襄公说:"不行。"当楚军已全部渡过泓水,还没有摆开阵势时,司马又请求下令进攻,襄公还是说:"不行。"等楚军摆开了阵势后,宋军才发动攻击,结果宋军大败,襄公大腿受了伤,护卫襄公的亲兵全部被消灭了。

宋国人都责备宋襄公。襄公说:"君子不能再伤害已经受伤的人,也不能捉拿那些头发花白的人。古代行军作战,不在险隘的地方攻击敌人。我虽然是先朝殷商的后裔,但不能击鼓进攻还没有摆好阵势的敌人。"

子鱼说:"国君您还不懂得作战的要领啊。强大的敌人处于险隘地形而不能摆开阵势,这正是上天在帮助我们啊。我们乘机阻截并攻击他们,这不是很好吗?即使这样,我们还要担心不能取胜呢!况且现在那些强大的国家,都是我们的敌人。就算遇到的是老兵,能俘获的也要把他们抓过来,哪里要顾及他是不是头发花白呢?要让将士知道什么是耻辱,要教给他们怎样打仗,目的就是要多杀敌人。对那些受伤未死的敌兵,为什么不可以再次攻击呢?如果怜悯再次受到攻击的伤兵,那就不应该伤害他们;如果怜悯头发花白的老兵,那就应该向他们投降。凡是军队,都要选择有利的条件进行作战。用金鼓的声音来鼓舞士气、增强斗志。趁敌人处于行动不便的地方,利用这一有利条件进行攻击,这是完全可以的;趁敌军处于混乱状态、进退无序时,击鼓进军也是完全可以的。"

## 鲁僖公卑邾

鲁僖公二十一年冬,邾国人灭须句。须句国,与任国、宿国、颛臾国都是风姓,他们实际上掌管着大皞和济水之神的祭祀,并且服从中原各国。

须句是鲁僖公的母亲成风的娘家,所以须句子亡国之后,就来投靠鲁国。成风替须句子向僖公说:"尊崇对大皞和济水之神的祭祀,安抚弱小的国家,这是周朝的礼仪。蛮夷扰乱了中原,这是周朝的祸患。如果您能重新为须句建国,那就是尊崇大皞和济水之神的祭祀,就是修明礼仪、解除祸患啊。"

次年春天,鲁僖公率领军队攻打邾国,夺回了须句,让须句子回到了国内。

到了夏天,邾子因为鲁国帮助须句复国,于是出兵攻打了鲁国。鲁僖公看不起邾国,没有准备营垒工事就去迎战。减文仲说:"国家无所谓弱小,都不能够轻视。如果没有防御设施,即使我们人多,也不足以倚仗。《诗经》说:'心中战战兢兢,就像面临着深渊,就像踏在薄冰上。'又说:'做事要谨慎认真,上天就能明鉴一切,奉行天命不容易啊!'以先王的美德,尚且还有困难,还有畏惧,更何况是我们小国呢?君王不要认为邾国弱小,黄蜂、蝎子都有毒,何况是一个国家?"但僖公听不进去。

八月八日,僖公率军和邾军在升陉作战,结果鲁军大败。邾军缴获了僖公的头盔,并把它悬挂在邾国国都的城门上。

## 晋重耳之亡

当年,晋国的公子重耳受到骊姬的陷害,被迫出奔蒲城的时候,献公曾派军队到蒲城讨伐他。蒲城人想迎战,重耳不让,他说:"我依靠君父的命令,才享受到养生的俸禄,得到百姓的拥护。如果因为自己有了拥护者,便借此对君父加以抵抗,那就再没有比这更大的罪过了。我还是逃亡吧。"于是就逃到狄人那里去,跟随他的有狐偃、赵衰、颠颉、魏武子、司空季子。

狄人攻打廧咎如,俘获了当地国君的两个女儿叔隗、季隗,然后把她们送给公子重耳。重耳娶了季隗为妻,后来季隗生下了伯儵、叔刘。重耳把叔隗送给了赵衰,让赵衰娶她为妻,后来叔隗生下了赵盾。

重耳打算到齐国去,对季隗说:"你等我二十五年,到时如果我还不回来,那你就再嫁。"

季隗回答说:"我已经二十五岁了,如果再过二十五年,我就要进棺材了,怎么还能再嫁人?让我等着您吧。"重耳在狄人那里一共待了十二年,然后才离去。

重耳路过卫国,卫文公却不以礼相待。他们从五鹿出来向东走时,曾向一位农夫要饭,那人给了他一个土块。重耳非常愤怒,想要鞭打他,子犯说:"这土块是上天恩赐给你的啊!"于是重耳便叩头致谢,收下土块,并把它装到车上。

他到齐国后,齐桓公把女儿姜氏嫁给他为妻,并送给他八十匹马。重耳安于在齐国的生活,不想再四处奔波。随从的人都认为这样是不行的,准备离他而去,就聚在桑树下商量。当时正好有个养蚕的女奴在树上采摘桑叶,便把这件事告诉了姜氏。姜氏把这个婢女杀了,然后对重耳说:"您有称霸诸侯的远大志向,我已把偷听到的人杀了。"

重耳说:"没有这事啊!"

姜氏说:"您走吧!眷恋享受,安于现状,实在是很容易毁坏一个人的名声。"

重耳不肯走,于是姜氏就和子犯商量,把他灌醉后,将他送走。重耳酒醒后,非常生气,手里拿着戈,追赶子犯要刺他。

到了曹国,曹共公听说重耳的肋骨连成一片,就想看看他裸体的样子。他趁重耳沐浴时,走到重耳身边去偷看。曹大夫僖负羁的妻子说:"我看重耳的随从,一个个都能做国家的辅佐大臣。如果重耳能让他们辅助他,他就一定能回到晋国当上国君。他回国当上国君后,也一定能在诸侯中称霸。一旦称霸诸侯,如果他要惩罚对他无礼的国家,曹国便会首当其冲。你何不早点对重耳示好,表示你与曹共公的态度不同呢?"于是僖负羁就向重耳赠送了一盘熟食,并在熟食下面放了一块玉璧。重耳接受了食物,却把玉璧退了回去。

到了宋国，宋襄公向重耳赠送了八十匹马。

到了郑国，郑文公对重耳也没有以礼相待。郑大夫叔詹劝谏文公说："我听说上天赞助的人，没有人可以赶得上。重耳有三点是别人比不上的，或许是上天要立他为国君吧。君王还是应该对他以礼相待！一般来说，同姓结婚，他们的子孙就不能繁衍昌盛，重耳的母亲是戎族的狐姬，与父亲一样都是姬姓，但他却一直活到今天，这是第一点；他遭受祸难逃亡在外，而上天却不让晋国安定下来，大概是上天正在帮助他吧，这是第二点；狐偃、赵衰、贾佗这三个人才华出众，却都甘心追随他，这是第三点。晋国和郑国是同姓诸侯，他们的子弟往来经过郑国，本来就应该以礼相待，更何况是对上天所赞助的人呢？"郑文公没有听从。

重耳到了楚国，楚成王设酒宴款待他，并说："公子如果回到晋国，你用什么来报答我呢？"

重耳回答说："男女奴仆和玉帛，君王都已经有了；羽毛、皮毛、象牙、皮革，君王的土地上也出产这些。晋国的那些东西，都是君王所剩余的，我还能用什么来报答君王呢？"

楚成王说："尽管这样，你究竟打算用什么来报答我？"

重耳回答说："如果托君王的福，我能回到晋国。一旦晋楚两国交战，在中原相遇，为报答君王的恩德，我将把军队往后撤退九十里。如果这样还不能得到您停战的命令，那么就只能左手拿马鞭弓箭，右手持箭袋弓套，与君王交战了。"

子玉请求成王杀掉他，成王说："重耳志向远大而生活俭朴，言语有文采并且合乎礼仪。跟从他的人都态度严肃待人宽厚，效忠于他并能为他尽力。晋惠公没有亲近的人，国内外都讨厌他。我听说姬姓唐叔的后代，在诸侯中将最后衰亡。这恐怕是因为重耳将成为国君的缘故吧！上天将要使他振兴，那有谁能把他废掉呢？违背上天的旨意，一定会导致大灾难的降临。"于是成王就把他送到了秦国。

秦穆公送给重耳五个女子，其中包括曾嫁给晋太子圉的怀嬴。怀嬴手捧水盆，侍候重耳洗漱。重耳洗手之后，随手挥去手中的余水，而不是按照礼仪等怀嬴用布替他擦干。怀嬴生气了，说："秦、晋两国地位相当，你为什么轻视我呢？"重耳害怕，便脱去上衣，把自己绑起来，向怀嬴谢罪。

有一天，秦穆公设酒宴招待重耳，子犯说："我不如赵衰善于辞令，请让他跟从您出席酒宴吧。"

重耳在酒宴上吟诵了《河水》一诗，用河水归向大海，比喻自己周游列国，最后来到了秦国；穆公吟诵了《六月》一诗，讲到辅佐天子的事，以此勉励重耳称霸诸侯。赵衰说："请重耳拜谢君王。"于是重耳便走到台阶下拜谢、叩头，穆公走下一级台阶辞拜，赵衰说："君王以辅助天子的事教导重耳，重耳怎敢不向您拜谢呢？"

## 晋怀公无德

鲁僖公十五年的秦、晋韩原之战中，晋国大败，连晋惠公都被秦国抓了去。后来晋国求和，秦穆公放回惠公，但也收取了晋国在黄河以东的土地，在那儿设置官署，征收赋税。

鲁僖公十七年夏，晋惠公又把太子圉送到秦国做人质，秦国则把黄河以东的土地归还晋国，同时把女儿嬴氏嫁给了太子圉。

当初，晋惠公在梁国时，梁伯把女儿梁嬴嫁给了他。梁嬴怀孕后，过了十个月还没有生。梁国的大卜招父和他的儿子给她占卜，他儿子说："将要生下一男一女。"招父说："是啊，男的将来一定会做别人的臣仆，女的将要做别人的姬妾。"因此就把男孩取名为圉，把女孩取名为妾。等太子圉到秦国做人质时，妾也做了秦国的侍女。

太子圉不愿意做人质，在秦国待了五年就实在待不下去了，打算逃回晋国，他对妻子嬴氏说："我和你一起回晋国去吧？"

嬴氏说："您是晋国的太子，却屈居秦国。您想回国，不也是应该的吗？我们君王让婢子我服侍您洗脸梳头，好让您在秦国安心居住。我如果跟着您回晋国，那就是背弃了国君的命令。我不敢跟您走，也不敢对别人说。"于是太子圉就一个人逃回了晋国。

鲁僖公二十三年九月，晋惠公去世，太子圉继位，是为怀公。怀公即位后，就下令臣子不准再跟随逃亡在外的公子。又规定了一个期限，让那些跟随逃亡公子的臣子回国，到期不回来的，决不赦免。

这时，狐突的儿子狐毛和狐偃正跟随重耳流亡秦国，狐突不肯把儿子狐毛和狐偃召回晋国。当年冬天，怀公就把狐突抓了起来，对他说："如果你两个儿子回来了，我就赦免你。"狐突回答说："当儿子能够做官的时候，父亲就教他要忠诚不二，这是古代的规矩。当名字写在书简上，把礼品放在主子面前时，就表示要终身为主子效命。如果再有二心，就是背叛主子了。如今我儿子的名字放在重耳那里，已经有好几年了，如果我现在召他们回来，就是教他心怀二心。父亲教儿子心怀二心，那还用什么来侍奉国君呢？不滥用刑罚，就是君王的圣明，也是我的愿望。如果君王想滥用刑罚让自己满意，那么谁能没有罪过呢？我还是从命吧。"怀公于是把狐突杀了。

晋国的卜官偃听到这件事后，便推说有病不出家门。他说："《周书》上有这样一句话：'君主伟大圣明，臣民才能信服。'如果自己不圣明，却借杀人让自己满意，不是难以让臣民顺服吗？百姓看不到君主的德行，却只听到杀戮的事件，那么君王的后代还怎么能长享禄位呢？"

秦穆公本来就对晋怀公当年逃回晋国、抛下自己的女儿感到不满，此时又看到他在国内大失人心，于是派军队护送流亡的公子重耳回国。晋怀公派军队拒绝重耳入境。秦军在郇地打败晋军，然后狐偃和秦、晋两国的大夫订立了盟约。重耳接管了晋国军队，顺利回国即位，派人在高梁杀死了怀公。

## 晋文公登位

鲁僖公二十四年春，秦穆公派军队护送重耳回晋国。重耳到了黄河边，子犯给他一块玉璧，说："微臣车前马后为您服役，跟随您巡行于各地，得罪您的地方太多了。这一点连我自己都了解，何况是您本人呢？请允许我从此离开您吧。"

重耳说："我保证和舅父一条心，否则就请河神做主！"说着把玉璧扔到了河里。

渡过黄河后，他们包围令狐，进入桑泉，又占取了臼衰。二月四日，晋国的军队驻扎在庐柳，拒绝重耳进入晋国。秦穆公派公子絷率军进攻晋国军队，晋军后撤，驻扎在郇地。二月十一日，狐偃和秦国、晋国的大夫在郇地结盟。十二日，重耳接管了驻扎在郇地的晋国军队。十六日，重耳进入陪都曲沃。十七日，在晋武公的庙宇内朝见群臣。十八日，派人在高梁杀死了怀公。

重耳即位，是为晋文公。吕甥、郤芮害怕受到文公的迫害，打算在文公的宫室放火，乘机杀害他。宦官披求见文公，文公拒绝接见并派人责备他，说："蒲城那次战役，献公命令你一夜之后到达蒲城，你却立刻就到了。后来我跟随狄君在渭水边上打猎，你替惠公来追杀我，惠公令你三夜之后到达，但你第二夜就赶到了。虽然有国君的命令，但为什么你执行得那么快呢？被你砍断的那只袖子我还保存着，你还是快走开吧。"

宦官披回答说："我本以为你既然已经回国执政，就应该知道为君治国的道理了。如果您还不懂得什么是为君治国的道理，那么恐怕您还将会遇到灾难。执行国君的命令不应该有二心，这是自古以来的制度。为国君除去他所厌恶的人，自然要尽我最大的力量去做。那时我站在献公、惠公的立场上，不过把你看成与国君对立的蒲人、狄人一样，我心目中怎么能有你们的存在呢？现在您即位了，难道就没有像蒲、狄这样反对您的人了吗？当初齐桓公不追究管仲曾射中他衣钩，还让他担任相国。您如果没有忘记旧怨，那我自然会走开，又何劳您下令驱逐？如果您心胸狭隘，那么畏罪出奔的人会很多，哪里会只有我一个呢？"

文公听了，马上就改变主意接见他。宦官披便把吕甥、郤芮的阴谋告诉了文公。

三月，文公秘密出行，与秦穆公在秦国的王城相会，商量对策。三月三十日，晋国的宫室被烧。吕甥、郤芮没有找到文公，就来到了黄河边。秦穆公诱骗他们，然后把他们除掉。晋文公迎接夫人嬴氏回国，秦穆公向晋国赠送了三千名护卫，以充实文公的亲信部队。

当初，文公的童仆头须管理仓库。文公在外逃亡时，头须偷了仓库中的财物逃走，不过他把这些财物都用到争取让文公回国的活动上。等到文公回到国内，头须求见文公，但是文公借口说正在洗头，不想接见头须。头须对文公的仆人说："洗头时低着头，心的位置也就颠倒过来了；心颠倒过来，考虑问题也就会是非颠倒，难怪我得不到接见。留在国内的人，是替他在守卫国家；跟随他出逃的人，鞍前马后为他奔走服役。无论留守国内的人还是跟随他逃亡的人，都是为文公效力，为什么一定要认为留守国内的人有罪呢？一个国君如果仇视普通老百姓，那么害怕他的人就会有很多了。"仆人把这些话转告文公，文公立即接见了头须。

狄人把季隗送回晋国，请求把她的两个儿子留在狄国。

文公准备赏赐曾跟随他流亡的人。介之推从来不谈禄位的事，因此文公就没有给他禄位。介之推说："晋献公有九个儿子，现在只剩下文公一个人了。惠公、怀公都没有亲近的人，国内国外都厌弃他们。但上天不灭晋国，晋国就一定还会有君主。那么担任晋国国君、主持祭祀的人，除了文公之外还有谁呢？这是上天要立他为国君啊。而那些跟随他流亡的人却认为这是自己的功劳，这不是在骗人吗？偷窃别人的财物，尚且叫作盗；更何况偷了上天的功劳并占为己有呢？臣下把这种罪恶之事看作正义的行为，国君又对他们这种狡诈的行为给予赏赐，上下互相欺骗，很难与他们相处了。"

他母亲说："你为什么不去向国君请求封赏呢？如果像现在这样，就算死了你又能怨恨谁呢？"

介之推回答说："明知那些人的行为不对，还去效法他们，那么这罪过不是更加严重了吗？况且我已口出怨言，不再吃他的俸禄了。"

他母亲说："即使这样，也要让他知道你的用心啊！"

介之推回答说："言语,是人的文饰。我人都已经打算隐居了,哪里还用得着言语来文饰呢?如果我那么做,就是企求显达啊。"

他母亲说："你能隐居起来吗?那我就和你一起归隐吧。"

介之推就隐居了起来,直到去世。文公到处找他,始终没有找到,就把绵上封作介之推的祭田,并且说:"用这块祭田来记下我的过错,同时表彰好人。"

## 王子带乱周室

当初,周惠王想废黜太子郑,另立少子带为太子。鲁僖公七年,周惠王驾崩,太子郑担心太叔带乘机夺位,就暂时不发布惠王的死讯,而是先向诸侯霸主的齐桓公求助。次年春,齐桓公纠合诸侯在洮地会盟,商量解决王室纠纷。在诸侯的帮助下,太子郑终于即位,是为襄王。

鲁僖公十一年夏,在太叔带的勾结下,扬、拒、泉、皋、伊、洛六地戎人一起攻打京城。他们攻入王城后,纵火焚烧了东门。幸亏秦国、晋国的军队及时赶来勤王,在当年秋天让戎人和周天子讲和了。

次年,周襄王因为戎人进攻京城一事,发兵讨伐太叔带。太叔带逃亡到了齐国。

再下一年的春天,齐桓公派大夫仲孙湫到周王室聘问,同时让他向周襄王提一下太叔带的事,希望襄王同意召回太叔带。但直到聘问结束,仲孙湫都没有提起太叔带。回国后,他向桓公答复说:"现在时机还不到。天子的愤怒还没有和缓下来,恐怕还要等上十年吧!没有十年,天子是不会召他回去的。"

到了鲁僖公二十二年,周襄王的怒气终于渐渐平息了。周大夫富辰对他说:"请您把太叔召回来吧。《诗经》上说:'能与左右邻居和睦相处,这样的婚姻才能更加美好。'如果我们自己连兄弟之间都不能和睦相处,那还有什么资格埋怨诸侯不团结呢?"周天子听了非常高兴,于是就把太叔带从齐国召回了京师。

齐桓公死后,中原没有了霸主,形势一片混乱:诸侯之间互相攻伐,夷狄也乘机入侵。当初,郑国的属国滑国背叛郑国而去依附卫国,郑国起兵讨伐,攻入了滑国都城,滑国向郑国投降。但郑军回去以后,滑国就又投靠卫国了。

鲁僖公二十四年,郑国的公子士和泄堵俞弥率军攻打滑国。周襄王派周大夫伯服、游孙伯到郑国为滑国求情,劝郑国不要出兵。郑文公既怨恨周惠王过去在郑厉公帮助下恢复王位,回到成周后却不赐给厉公酒爵礼器而只赐给虢公,又怨恨周襄王袒护卫国和滑国，所以对周襄王的命令不理不睬，还把伯服和游孙伯扣留了下来。

周襄王大怒，准备带领狄人攻打郑国。富辰劝阻说："从前周公对管叔、蔡叔不能同心感到悲伤，因此把土地分封给各亲戚，让他们像藩篱屏障那样保护周王室。后来召穆公担心周朝德行衰微，因此就把宗族在成周集合，并写诗讽劝后人要兄弟和睦。郑是同姓国，在平王东迁、惠王返国这两件事上，郑国都给予了帮助，建立了功勋；而狄人则是奸诈邪恶的外族。如今周朝的德行本来就已经很衰败了，如果又要改变周公、召公的做法，顺从奸恶的人，联络狄人讨伐郑国，这恐怕不行吧！太叔带勾结狄人与襄王争夺王位引起的战乱之祸，百姓还没有忘记，君王却又要重新挑起祸端，您要废弃文王、武王的丰功伟业吗？"周襄王不肯听，仍派周大夫颓叔、桃子前去请求狄人出兵。

夏天，狄军攻打郑国，夺取了栎地。周襄王非常感激狄人，打算将狄君的女儿娶为王后。富辰劝阻说："不行啊。我听说：'受惠报恩的人已经厌倦了，但施恩图报的人却还是没有满足。'狄人本性贪婪，而您又进一步助长他们的欲望。狄人一定会成为我们的祸患。"襄王还是不听，娶来狄君的女儿隗氏。

太叔带与隗氏私通，襄王就废黜了隗氏。颓叔和桃子说："去狄人那里请兵，要求娶狄女为王后，使者是我们两个。现在狄后被废，狄人一定会怨恨我们。"于是就转而侍奉太叔带，招来狄军攻打成周。

周襄王的侍卫亲兵打算抵抗他们，周襄王却说："如果我们抵抗，杀了太叔，那先母惠后会怎么说我呢？我宁可让诸侯们来处理这个问题。"于是襄王就离开了京城，到了坎，后来京城的人又把他接了回去。

秋天，颓叔、桃子侍奉太叔带，又率领狄军攻打成周，大败周王室的军队，并俘获了周公忌父、原伯、毛伯、富辰。周襄王离开成周去了郑国，住在汜地。太叔带着隗氏住在温地（狄人所侵占的周地），俨然自立为王了。

## 晋文公勤王

鲁僖公二十四年，周室太叔带作乱，周襄王出奔到郑国的汜地。冬天，襄王派人前去鲁国通报发生的祸难，并说："我缺乏德行，得罪了先母宠爱的儿子带，以致如今躲避在郑国的汜地。特此告诉叔父。"

鲁大夫臧文仲回答说："天子在外逃亡，蒙受风尘，我们哪里还敢不奔向各国，告知天子的各位大臣呢？"

周襄王又派大夫简师父到晋国通报,派左鄢父到秦国通报。周王落难,诸侯们纷纷做出姿态想要勤王,连与周襄王有仇的郑文公都多礼起来,与郑大夫孔将鉏、石甲父、侯宣多一起到汜地探望天子的侍官,检查天子使用的器具,然后向天子汇报郑国的政事。

鲁僖公二十五年春,秦穆公领兵驻扎在黄河边上,准备护送周天子回朝。狐偃对晋文公说:"要得到诸侯的拥戴,没有比勤王更有效的办法了。这样不但能得到诸侯的信任,而且合乎大义。继承晋文侯的伟业(平王东迁时,晋文侯安定周室,曾经得到周平王赐命),在诸侯间显示信义、提高声誉,现在这正是良机啊。"

文公让卜官偃占卜,卜偃说:"很吉利。得到了黄帝在阪泉作战的征兆。"

文公说:"我哪里能与黄帝相提并论? 实在担当不起啊。"

卜偃回答说:"周朝的德行虽然已经衰微,但是周朝的礼制还没有改变。现在的周王,就是古代的帝。"

文公说:"再用蓍草占一下。"

卜偃再用蓍草占卦,结果得到《大有》卦,变而为《睽》卦。卜偃说:"也很吉利。得到'公侯收到天子设宴招待'这一卦,表明在打了胜仗以后,天子将设酒宴款待您。没有比这更吉利的了。而且这一卦,天变为水泽,承受太阳的照射,象征天子将破格迎接您,这不是很好吗?《大有》卦变成《睽》卦,又回到《大有》卦,说明天子就要回到他的居所。"

晋文公辞谢了秦军,让他们返还,只带领晋军顺黄河而下。三月十九日,晋军驻扎在阳樊,右军包围了温地,左军迎接周天子。四月初三,天子进入王城,在温地抓住了太叔,并在隰城将他杀了。

初四,晋文公朝见了周天子。周襄王设下盛宴,用甜酒招待他,并让他向自己敬酒。文公又向襄王请求,在他死后能用天子的隧葬之礼安葬,襄王没有答应,说:"这是天子的典章制度。如果还没有一个有德的新天子来代替周天子,却有两个天子并存,我想这也是叔父您所不喜欢的。"

周天子把阳樊、温地、原地、茅等地赐给了文公。阳樊人不肯服从晋国,晋军就包围了阳樊。阳樊人的首领苍葛大声喊道:"安抚中原各国只能使用德行,刑罚只能用来威逼四方夷狄。你们这样威胁我们,我们不敢降服。这里的人谁不是周天子的亲戚呢? 你们难道能俘虏他们吗?"于是晋文公就只取阳樊的城池土地,而把当地的百姓赶走了。

# 展喜犒齐师

鲁僖公二十六年春,齐国因为对鲁国和莒、卫在洮地和向地两次会盟感到不满,就出兵攻打了鲁国的西部边境。夏天,齐孝公又率军攻打鲁国的北部边境。卫国人因为与鲁国在洮地有过盟约,就出兵进攻齐国,以救援鲁国。

僖公派大夫展喜前去慰劳齐国军队,并先让他去向展禽请教如何措辞。齐孝公还没有进入鲁国境内,展喜就去迎接,说:"我们国君听说您要亲自光临我们鲁国,特派大臣来犒劳您的左右侍从。"

孝公说:"你们鲁国人害怕了吗?"

展喜回答说:"小人们害怕了,而君子们却不害怕。"

孝公说:"你们百姓家里空空荡荡,什么也没有,地里连青草都不长,凭什么不害怕呢?"

展喜回答说:"我们依仗先王的命令,所以不害怕。从前周公(鲁国先祖)、太公(齐国先祖)辅助周王室,一起协助成王。成王慰劳他们,并命令他们结盟,说:'世世代代、子子孙孙都不要互相侵犯。'这一盟约至今还藏在盟府里,由太史掌管着。齐桓公因此而纠合诸侯,调解他们之间的矛盾,弥补他们之间的裂痕,从而把他们从灾难中挽救出来。齐桓公这样做,正是发扬了太公辅佐周王室的职责啊。

"等到您即位,诸侯们都对您寄予了很大的希望。他们说:'他能继承桓公的伟业吧!'因此我国也就没有调集军队,防守边境。因为我们认为:'难道齐孝公即位刚刚九年,就丢弃王命,废弃职责了吗?这怎么能对得起先君呢?齐孝公一定不会这么做的。'我国的君子们就是依仗这种想法,不感到害怕。"齐孝公听了,便撤兵回国了。

# 城濮之战

鲁僖公二十四年,晋文公回国即位,第二年就立下勤王之功,紧接着又开始积极向外扩张。先是协助秦国去攻打邻近楚国的鄀国,当年冬天又去进攻原国。原国投降,晋文公把原伯贯迁到冀地,然后任命赵衰为原大夫。

当时,齐桓公的霸业早就荡然无存,诸侯国中势力最强大的是南方的楚国,差不多已蹂躏了整个中原,齐和宋都被楚国侵略,鲁、卫、郑、陈、蔡等国也都已投靠了楚国。如今,晋文公在北方崛起，这两个国家也将面临交锋。

宋国原先是服从楚国的，因为在晋文公流亡时曾对他友好相待，这时就背叛了楚国，而去亲近晋国。鲁僖公二十六年冬，楚国的令尹子玉、司马子西率军攻打宋国，包围了缗地。

第二年，楚成王打算对宋国发动更大的进攻，就先在秋天让子文和子玉对部队进行了操练演习。冬天，楚成王和诸侯联合发兵，包围了宋国国都。

宋国的公孙固到晋国告急。晋国的先轸说："我们报答宋襄公的赠马之恩，解救宋国的被围之难，在诸侯中树立威信，成就晋国的霸业，就在此一举了。"

狐偃说："楚国刚刚得到曹国的亲附，又刚刚与卫国缔结了婚姻。如果我们攻打曹、卫两国，楚国一定会前去援救，这样宋国、齐国都能免受楚国的威胁了。"

于是晋国在被庐举行了大规模的阅兵仪式，把左右两军改编成上、中、下三军，并商议推举谁做元帅。赵衰说："郤縠可以当元帅。我从他的多次谈话中，知道他喜好礼乐，崇尚《诗》《书》。《诗经》和《书经》，是道义的汇聚；礼和乐，则是德行的准则。德行、道义，是利益的根本。《夏书》说：'使用一个人才，就应该听取他的意见，把任务交给他，使他受到考验；如果他有了功绩，就要把车马服饰赏赐给他，作为酬劳。'君王您不妨让他试一试。"

于是晋文公就让郤縠率领中军，让郤溱辅佐他；委派狐偃率领上军，但狐偃把统帅的位置让给他哥哥狐毛，自己则担任副帅；又委派赵衰为卿，率领下军，但赵衰让给了栾枝和先轸，于是文公让栾枝统帅下军，让先轸担任辅佐。让荀林父为自己驾驭战车，魏犨担任车右。

当初，晋文公刚刚回到晋国，就开始训练百姓。两年之后，就想让他们打仗。子犯说："国家战乱多年，如今百姓还不明白道理，还不能安居乐业，不宜过早使用。"于是文公对外出兵勤王，安定了周襄王的王位；对内致力于为百姓谋求福利，百姓逐渐安居乐业。

文公又想让他们打仗，子犯说："目前百姓对您还不十分信任，也还不了解您这一切措施的用意，现在还不宜使用他们。"于是文公就在攻打原国时，以退兵三十里来向百姓表示诚信。从此，百姓在交易时不漫天要价，追求额外的利益，而是说话算数，明码实价。

文公说："现在可以用了吧？"

子犯说："百姓还不知道贵贱尊卑的礼仪，还没有生出恭敬之心，使用他们的时机还不成熟啊。"于是文公就举行了大规模的阅兵仪式，使百姓知道什么是礼仪，并开始设置

"执秩"一官,负责掌管爵禄秩位,对国家的官员进行调整安排,使他们各归其位,各负其责。

这样,百姓才听从命令,不再怀疑,然后再让他们打仗。结果,晋军的一次战役就使楚国撤走了驻扎在谷地的军队,并解除了宋国的包围。晋国只凭借一次战争,就称霸于诸侯,这都是晋文公注重教化的结果。

鲁僖公二十八年春,晋文公打算攻打曹国,便向卫国借路,卫国不同意。于是晋军就绕道从卫国南面渡河,袭击曹国,并且攻打卫国。正月初九,夺取了卫国的五鹿。

二月,晋国的郤縠去世,由先轸代替他率领中军,让胥臣代替先轸担任下军副帅。因为先轸有德行,所以才让他统率中军。

晋文公包围了曹国,攻打城门时,战死的人很多。曹国人把晋国士兵的尸体摆在城上,晋文公对此非常担忧,正好听到众人商量说"要把军队驻扎在曹国人的墓地上",于是下令军队迁往墓地驻扎。曹国人这才真的害怕了,把他们获得的晋人尸体装在棺材里运了出来。

晋军趁着曹国人害怕,开始猛攻城门。三月初八,晋军攻入了曹都。晋文公责问曹共公,为什么不任用僖负羁(僖负羁在晋文公流亡时曾厚待过他),却任用了三百多位大夫,并且说:"你要献上供状! 说明他们究竟有什么功劳能够享有禄位。"文公还下令不准闯入僖负羁的住宅,并赦免他的族人,以报答当年僖负羁馈赠食物和玉璧的恩情。

晋将魏犨、颠颉对此很气愤,说:"国君对我们这些曾有追随之劳的人,尚且不考虑报答,僖负羁那样的小恩惠有什么可报答的?"于是就放火烧了僖负羁的房子。

这时魏犨胸部受了伤,文公本来想杀了他,但又爱惜他的才干,便派人前去探问,同时观察病情。如果他伤势严重,就打算杀了他。魏犨用布裹住胸部,出来见使者,说:"托国君的福,你看我这不是很好吗?"说完就向前跳了三下,又向上跳了三下,表明自己受伤不重。于是晋文公就赦免了他,但杀了颠颉示众,又让舟之侨代替魏犨担任车右。

宋国派大夫门尹般到晋军中告急,希望晋军能够救援宋国。文公说:"宋国向我们求救,如果不理它们,就会断绝晋宋两国的友好关系。如果我们请求楚国退兵,楚国又不会答应。如果我们向楚国宣战,齐国和秦国又不会同意,我们该怎么办呢?"

先轸说:"让宋国先撇开我国,去给齐、秦两国送礼,借助他们向楚国请求退兵。我们扣押曹国国君,把曹国、卫国的土地赐给宋国。楚国跟曹、卫两国交好,肯定不会答应齐国、秦国的请求。这样,齐、秦两国一定会为得到了宋国的贿赂而高兴,对楚国不肯接受调解的顽固态度感到恼怒,他们还能不参战吗?"文公听了非常高兴,于是就扣押了曹共公,把曹、卫的田地给了宋国。

楚成王退到申地,把军队驻扎在那里,又让申叔离开谷地,让子玉离开宋国。并下令说:"不要追赶晋军!晋文公在外流亡了十九年,结果还是得到了晋国。一切艰难险阻,他都体验过了。民情的真伪虚实,也都了如指掌了。而且上天赐予他长寿,又帮他除掉了敌人。既然上天这样安排,我们哪里能够破坏呢?《军志》说:'适可而止。'又说:'知难而退。'又说:'有德之人不可抵挡。'这三句话都适用于晋国啊。"

子玉让伯棼请求作战,说:"我虽然不敢说一定能成功,但希望趁这个机会堵住那些挑拨是非的嘴。"成王听了以后很生气,给了他少许部队,只派隶属于西广、东宫和若敖氏的一百八十辆战车跟随他去作战。

子玉派大夫宛春对晋军说:"请恢复卫侯的君位,并把土地还给曹国,让他们重新封疆。这样我也会解除对宋国的包围。"

子犯说:"子玉真是太没有礼貌了!让我们的国君只得到解除宋围一桩好处,而他作为臣子复卫、封曹两项好处。这个有利的战机我们不要失去啊。"

先轸说:"你应该答应他!使别人的国家安定叫作礼。楚国一句话能就使三个国家得到安定,而我们一句话却要使三个国家灭亡。这样我们就无礼了,那还靠什么来作战呢?不同意楚国的请求,实际上就等于抛弃宋国。我们本来打算救援宋国,最后却抛弃它,那我们怎么向诸侯交代呢?楚国对三个国家都有恩惠,而这三个国家对我们都有怨恨,怨恨多了,我们将靠什么作战呢?不如暗中恢复卫侯的君位,还给曹国土地,从而离间他们和楚国的关系,同时扣留宛春,激怒楚国,等打起仗来再考虑下一步怎么办。"

晋文公听了非常高兴,于是就把宛春抓了起来,并把他囚禁在卫国,同时私下允诺恢复曹国的土地和卫侯的君位。于是曹、卫两国便宣布和楚国绝交。

子玉非常愤怒,率军追赶晋军,晋军向后撤退。晋军军官说:"作为晋国的国君,却躲避楚国的臣子,这真是一大耻辱。而且楚军出师已久,疲惫不堪,士气衰弱,我们为什么要向后撤退呢?"

子犯说:"领兵作战,关键在于是否拥有正义,军队理直则威武,理曲则疲弱,并不在于出师时间的长短。当年,我们国君如果没有楚国的恩惠,就不会有今天了。现在我军退避三舍(九十里),就是对楚国恩惠的报答。如果背弃了对方的恩德,违背了当初的诺言,并且还去保护他们的仇敌宋国,这样就是我们理曲而楚国理直了。楚军一向精神饱满,不能说他士气衰弱。如果我们撤退,楚军也回去,那我们也可以满足了。如果他们不回去,那么君王撤退,臣下进犯,理屈的一方就是他们了。"晋军向后撤退了九十里。楚军士兵想要停下不追,但子玉不同意。

四月初一,晋文公、宋成公、齐国的归父和崔夭、秦国的小子率领军队驻扎在城濮,楚军背靠险要的丘陵地带驻军扎营。晋文公担心不能战胜楚军,又听士兵们唱道:"休耕的田野里,肥田的草长得很茂盛,放弃耕种过的田地,考虑未耕种的田地。"文公知道士兵作战心切,心中又有些犹豫。

子犯说:"下决心打吧!取得胜利,就一定能得到诸侯的拥护,成为霸主。即使不胜,我们外有太行山为屏障,内有黄河作城河,肯定也没有什么害处。"

文公说:"对楚国当年的恩惠,该怎么对待?"

栾贞子说:"汉水以北的许多姬姓国家,都被楚国灭掉了。如果想着小恩小惠,却忘了同姓国家被灭亡的奇耻大辱,那不是因小失大吗?还是打吧。"

文公夜里做梦和楚成王搏斗,成王伏在文公身上,咀嚼他的脑袋。文公因此害怕,子犯却说:"这是吉兆。您仰面朝天,说明我们得到上天的帮助;成王覆面朝下,说明他已伏罪。成王用牙齿咀嚼,是刚;君王用脑髓承受,是柔。这象征着以柔克刚。看来我们很快就会使楚国顺服了。"

子玉派斗勃向晋文公请战,说:"我请求和您的军队交战,您可以靠着车前横木观看,我子玉可以陪您一起观战。"

文公派栾枝回答:"我明白你的意思了。楚王的恩惠我不敢忘记,所以我军撤退到这里。我本以为你已经退兵了,因为我作为国君都已经后退,而你作为臣下,难道还能与国君抗衡吗?既然不能得到你退兵的命令,那么就麻烦斗勃转告贵国将领:'准备好你们的战车,认真对待你们国君交给你们的任务。明天早晨再见。'"

晋军出动了七百辆战车,马身上的披甲、缰绳、辔头等饰物一应俱全。晋文公登上莘国旧城的废墟检阅军队,说:"士兵长幼之间相敬相爱,可以使用了。"于是就下令砍伐山上的树木,充实作战兵器。

四月初二,晋军在莘北(也就是城濮)摆开了阵势,胥臣担任下军的副帅,抵挡陈国和蔡国的军队。子玉率领若敖氏的一百八十辆战车居于中军,他说:"今日一定要灭亡晋国。"楚大夫子西统率左军,子右统率右军。

胥臣把虎皮蒙在马身上,首先进攻陈军和蔡军,结果陈、蔡两军四散奔逃。楚右军也随之溃散,狐毛率领上军,本来的目标是对抗楚左军,现在也另设前军两队,以打退楚右军窜逃过来的人。栾枝让战车拖着树枝,使路上的灰尘扬起来,假装逃跑,楚军果然追了上来。先轸、郤溱率领中军禁卫军拦腰攻击楚军,狐毛、狐偃率领上军对子西的左军左右夹攻,楚国的左军也溃散了。最后楚军大败,子玉因为及时收兵,才使他率领的若敖氏战车得以保全。

晋军士兵住在楚军的营房里,吃楚军留下的粮食,休整了三天,到了四月初六才凯旋回国。六月十六日,渡过了黄河。七月,整顿军容后的队伍,在凯歌声中进入了晋国。然后在太庙里进献活捉的俘虏、杀敌割下的左耳,并设酒宴庆功,奖赏有功人员,还召集诸侯参加盟会,准备讨伐对晋国怀有二心的国家。

在城濮之战中,晋国的中军走到沼泽地时遇到了大风,大风刮走了前军左边的红色大旗。祁瞒因此违犯了军令,职掌军法的司马就把他杀了,并向诸侯通报,然后让茅筏接替他的职务。胜利后的凯旋,舟之侨先行回国,让士会代理车右一职。于是在七月的庆贺中,又因舟之侨擅自先回国而把他杀了,并向全国通报。百姓见晋文公先后杀了有罪的颠颉、祁瞒和舟之侨三人,赏罚分明,因此而大为顺服。

当初,楚令尹子玉为自己制作了红色的玉马冠和玉马鞅,不过一直都没有使用。作战之前,他梦见黄河的河神对自己说:“你把玉马冠和玉马鞅送给我,我就保佑你打胜仗,把宋国孟诸的沼泽地送给你。”子玉舍不得,就没把玉马冠和玉马鞅献给河神。

子玉的儿子大心和楚大夫子西让荣黄去劝他,他也不听。荣黄说:“只要对国家有利,哪怕牺牲生命也是要去做的,更何况是牺牲美玉呢?美玉不过就像粪土一样,没有什么用处。如果能使军队得胜,那又有什么可惜的?”子玉仍然不听。

荣黄出来告诉大心和子西说:“不是神灵要让令尹失败,而是令尹不肯为百姓着想,不尽心于民事,这是自己要失败啊。”

子玉战败以后,楚成王派人对他说:“你如果回来,有何面目见申、息两地的父老呢(申、息子弟多跟从子玉战死)?”

子西和大心说:“子玉本打算自杀谢罪,是我们两人阻拦了他,对他说:‘君王要亲自处罚你。’”到了连谷,因为还没有接到楚成王赦免的命令,子玉就自杀了。

晋文公听说这件事后,喜悦之情溢于言表,说:“今后再也没有能同我作对的人了。吕臣接任了令尹,但是他没有大志,只知道守成,却不会为百姓着想。”

## 践土之会

鲁僖公二十八年四月,晋军在城濮大败楚军。二十七日,晋军到达郑国的衡雍。因为周襄王要亲自前来慰劳,所以晋军在践土为天子建造了一座行宫。

城濮之战前,郑文公亲自率领军队前往楚国,把军队交给楚国指挥。等到楚军失败,郑文公害怕了,便派大夫子人九去晋国求和,晋国的栾枝到郑国和郑文公商议结盟之事。五月初九,晋文公和郑文公先在衡雍缔结了盟约。

五月初十,周襄王已经到达,晋国把从楚国那里俘获的战利品献给天子,有四匹披甲的战马,一百辆战车,一千名步兵。天子让郑文公担任相礼一职,用周平王接待晋文侯的礼节来接待晋文公。

十二日,周襄王设宴招待晋文公,赐给晋文公甜酒,并允许他向自己敬酒。襄王让尹氏、王子虎和内史叔兴父用简策记下了天子的命令,任命晋文公担任诸侯的领袖,并赐给他大辂车、兵车等装备,还有一把红色的弓,一百支红色的箭,十把黑色的弓,一千支黑色的箭,一卣用黑黍和香草酿造的酒,三百名勇士。他们还对文公说:"天子让我们转达他对您的希望:'服从天子的命令,安抚四方诸侯,并为天子惩治邪恶。'"

晋文公再三辞谢,最后接受了策命,说:"重耳叩头再拜,我接受了天子赐予的伟大策命,并且一定会加以宣扬光大。"然后才捧着策命走出来。晋文公前后共觐见了天子三次。

五月二十六日,王子虎和诸侯在天子的庭院里订立了盟约。盟约说:"共同辅佐王室,不可互相残害!谁要违背盟约,神灵将会惩罚他,使他的军队覆灭,不能享有国家。世世代代,无论老幼,都要遵守盟约,否则也将受到惩罚。"

这次盟会是葵丘之会后第一次大的盟会。在这次盟会中,晋文公正式地成为中原的盟主。

## 宁武子盟宛濮

鲁僖公二十八年春天,晋文公将要攻打曹国,向卫国借道,卫国不同意。于是晋军就绕道进攻曹国,同时攻打卫国,攻占了卫国的五鹿。

二月,晋文公和齐昭公在敛盂会盟。卫成公也赶去请求结盟,但是晋国不同意。卫成公没办法，又想去投靠楚国，但国都的人都不愿意，就把成公驱逐出去以取悦晋国。卫成公离开了国都后，住在卫国的襄牛。

在接下去的城濮之战中，楚军大败。卫成公听说以后非常害怕，于是逃亡到了楚国，后来又到了陈国。他派大夫元咺辅佐摄政的叔武，元咺侍奉叔武去周王室接受践土之会的盟约。有人在卫成公面前诬陷元咺说："他立叔武为国君了。"当时元咺的儿子角正跟随成公，成公便派人杀了他。元咺并没有因此背弃成公当初的命令，仍然侍奉叔武回国摄政。

六月，晋文公恢复了卫成公的君位。卫大夫宁武子与卫成公在宛濮订立盟约，说："上天给卫国降下灾祸，使君臣不能和谐一致，以至于有国君被驱逐的忧患。如今上天又诱导我们心中的善念，让大家放弃成见追随国君。如果没有留在国内的人，那谁来看守卫国社稷呢？如果没有人跟随国君出行，那谁来保护国君及国君随身携带的财物呢？因为君臣不能和谐一致，所以才乞求在神灵面前宣誓，希望得到上天的保佑。从今天起，订立盟约以后，随国君出行在外的人不要炫耀功劳，留在国内的人也不用担心受罚。谁要是违背了这一盟约，就让灾祸降临到他身上，神灵和先君会对他严厉地惩罚，并加以诛杀。"国都的人听说了这一盟约，此后就不再有二心。

卫成公没到约定的日期，就提前赶回了卫国国都。宁武子在前面为成公开路，当时大夫长牂看守城门，以为他只是成公的使者，就和他同乘一车进城去了。看守城门的人已走，卫成公得以长驱直入，公子颛犬、华仲担任卫成公的前驱。这时叔武正准备洗头，听说国君回来了，非常高兴，手里握着头发就跑出来迎接，结果却被成公的前驱用箭射死。卫成公知道他没有罪，把头枕在叔武的大腿上大哭起来。颛犬逃跑出城，成公派人把他杀了。元咺则逃亡到了晋国。

是年冬，晋文公和鲁僖公、齐昭公、宋成公、荼庄公、郑文公、陈穆公、莒子、邾子、秦人在温地会盟。元咺来到温地，把卫成公冤杀叔武的事告诉晋文公，请求晋文公主持公道。晋文公主持了卫成公和元咺的辩论。宁武子作为卫成公的辅相，鍼庄子代表成公坐讼，士荣担任成公的辩护。结果卫成公败诉，于是晋国就杀了士荣，砍了庄子的脚，但认为宁武子很忠诚，就赦免了他。然后逮捕了卫成公，把他押送到京城，关闭在特殊囚室里，让宁武子负责给成公送衣物食品。元咺回到卫国后，把公子瑕立为国君。

鲁僖公三十年夏，晋文公派医生衍去毒死卫成公。宁武子用财物买通了医生衍，让他放少一点毒药，所以成公喝了毒酒后，没有死。鲁僖公又出面替卫成公求情，并向周天子和晋文公每人进献了十对玉。周天子表示答应,于是当年秋天就把卫成公给放了。

卫成公派人给周颛、冶廑送了一些财物,并说:"如果你们能接我回去做国君,我就让你们两位担任卿。"卫成公回到卫国复位后,要在太庙里祭祀先君,周颛、冶廑两人已经穿好了卿的礼服,准备进入太庙受封。周颛先进去,刚到了太庙的门口,突然发病而死。冶廑十分恐惧,赶紧辞去了卿的职务。

## 烛之武退秦师

鲁僖公三十年九月初十,晋文公因为当初自己流亡到郑国时,郑文公没有对他以礼相待,现在又亲近楚国,对晋国怀有二心,就联合秦穆公发兵包围郑国都城。晋国的军队驻扎在函陵,秦国的军队则驻扎在氾水南面。

郑大夫佚之狐对郑文公说:"国家正面临危亡啊!如果您派大夫烛之武去见秦国国君,他们的军队肯定会撤退。"郑文公听从了他的建议。

烛之武却推辞说:"我年轻力壮的时候尚且比不上别人。如今老了,什么也做不成了。"

郑文公说:"我没有能及早重用您,到现在形势危急时才来求您,这是我的过错。然而如果郑国灭亡了,对您也没有好处啊!"烛之武这才答应了郑文公的请求。

当天晚上,烛之武被人用绳子绑住身体,从城墙上放下去。他出了城,见到秦穆公,说:"秦晋两国军队包围郑国都城,郑国人已经知道郑国就要灭亡了。假如灭亡了郑国对您有好处,那就有劳您了。要越过邻国去占领别国一块土地,把它作为自己的边邑,您知道这是很难办到的。既然这样,您又何必为了增加邻国的地盘而灭掉郑国呢?邻国的地盘扩大了,实际上就等于您的地盘缩小了。假如您能放弃灭掉郑国,让它作为东边路上的主人,将来贵国的使者来往经过这里,郑国可以供应他们所缺乏的一切物品,这对您来说也没有什么害处。再说您曾对晋惠公施以恩惠,当时他许诺把晋国的焦地和瑕地送给您。但他早晨刚刚渡过黄河回国,晚上就立即修筑工事与秦国为敌,这您是知道的。晋国哪里会满足呢?等它向东扩张,把郑国的土地作为自己的边疆之后,就又要向西扩张了。到那时候,它不损害秦国的话,将到哪里去取得新地盘呢?攻打郑国这件事,对秦国有害却对晋国有利。希望君王认真考虑一下吧。"秦穆公听了很高兴,跟郑国人订立了盟约,然后派秦大夫杞子、逢孙、杨孙留在郑国戍守,自己则率领军队回国了。

子犯(即狐偃)请求攻打秦军,晋文公说:"不行。当初如果没有秦穆公的帮助,我就没有今天。曾经依靠别人的帮助，现在却去伤害人家，这是不仁；与自己的同盟国失和，这是不智；用对立来取代联合，这是不武。我们还是撤军吧。"于是也撤兵回去了。

## 秦晋殽之战

鲁僖公三十二年冬，晋文公去世，晋襄公继位。晋国人打算把文公埋葬在曲沃，出殡离开国都绛城的时候，人们听到棺材里传出牛叫一样的声音。于是卜偃让大夫们跪拜，他说："文公有大事发布：将会有西边的军队越过我国的边境，如果去攻打他们，一定能大获全胜。"

两年前，秦、晋联军保卫郑国都城。后来秦穆公听从烛之武的劝说，放弃攻打郑国，还留下大夫杞子、逢孙、杨孙替郑国戍守，结果晋文公也只好撤兵。这时，杞子就从郑国偷偷派人告诉秦穆公："郑国人让我掌管他们国都北门的钥匙。如果你们偷偷地派军队前来，就可以轻易地夺取郑国的都城了。"

秦穆公前去征求老臣蹇叔的意见。蹇叔说："兴师动众，长途跋涉，去袭击远方的国家，这是我从来没有听说过的事情。到达那儿时，我军士兵疲劳，气力衰竭，而远方的国家却早已有了防备，这样恐怕不行吧？况且我们军队的行动，郑国人一定会知道；如果我军辛苦奔波一场，却毫无所得，那么士兵一定会产生怨恨情绪。再说，千里行军，这事谁会不知道呢？"

但是秦穆公不肯听从他的劝告，他召见孟明、西乞、白乙三个人，派他们率领军队从东门外出发。蹇叔哭着为部队送行，说："孟明啊，我看着军队出去，却恐怕看不到军队回来了。"

穆公听了很生气，派人对蹇叔说："你知道什么？要是你只活到六七十岁，现在坟上的树都该有合抱那么粗了！"

蹇叔的儿子参加了这次出征，蹇叔哭着送他，说："晋国人肯定会在殽山一带截击我军。殽山有两个山头：南面的山头是夏朝天子皋的坟墓，北面的山头是周文王躲避过风雨的地方。你一定会死在这两山之间，到时候我只好到那里去收你的尸骨了！"

秦国军队向东进发。鲁僖公三十三年春，秦军经过周都城北门时，本来坐在驾车者两旁的战士都不戴头盔下车步行，向周天子表示尊敬；然后跳跃上车表示勇猛，有三百辆战车都是这样。当时周襄王的孙子王孙满年纪还小，看到这种情况，便对周襄王说："秦军轻佻无礼，一定会失败。举止轻浮，就一定会缺少谋略；不遵礼法，就一定会军纪不严。

到了险要之地却又军纪不严,再加上没有谋略,还能不失败吗?"

秦军到达滑国时,郑国的商人弦高正准备到京城去做生意。遇到秦军后,他先给秦军送了四张熟牛皮,又送去十二头牛,慰劳秦军。他对秦军将领说:"我们国君听说您将率领军队来到我国,特地派我前来犒劳贵国战士。我国虽不富有,但是愿意为您的部下提供服务。如果你们住下来,我们会为你们准备一天的日常物品;你们动身离开时,我们会为你们安排一个晚上的守卫。"同时,派人立即去郑国报信。

郑穆公派人去杞子等人居住的馆舍探听情况,发现他们已经捆好了行李,磨亮了兵器,喂饱了战马,准备行动了。于是派大夫皇武子去下逐客令,说:"你们在我国住得够久的了,现在我们的干肉、粮食和牲畜都快要被吃完了。听说你们要离开这里,郑国有一个猎场叫原圃,就像秦国有个具囿一样。请你们自己到那里去猎些麋鹿什么的,好减轻我们国家的负担,怎么样?"杞子等人听了这番话,知道他们的阴谋已经泄露。于是杞子逃亡到齐国,逢孙、杨孙则逃亡到了宋国。

孟明说:"郑国已经有防备,不可能偷袭他们了。如果强行攻打,又恐怕不能取胜;围困他们,我们又没有后援。我们还是现在就回去吧。"于是就把顺路的滑国给灭了,然后班师回国。

晋大夫先轸说:"秦穆公不听蹇叔的劝告,为了自己的贪欲而劳师动众,这是上天赐给我们的良机。上天的赐予不可以失去,远道而来的敌人不可以放纵。放走了敌人,就会产生祸患;违背了上天的意愿,就会招来灾祸。我们一定要攻打秦军。"

栾枝说:"我们还没有报答秦国的恩德,却要去攻打它的军队,我们这样该怎么向先君交代呢?"

先轸说:"秦国不哀悼我国的丧事,反而去攻打我们的同姓国家。秦国如此无礼,还有什么恩惠呢?据我所知,'放走敌人只在一日之间,祸患却将延续几代之久。'我们是为了子孙后代考虑才攻打秦国的,这总可以向死去的国君交代了吧!"

于是晋国就发布了作战的动员令,并立刻调遣了姜戎的军队参战。出征时,晋襄公把白丧服染成了黑色,穿在身上,晋大夫梁弘为他驾御战车,莱驹担任车右护卫。

四月十三日,晋军在崤山打败秦国军队,俘虏了孟明视、西乞术、白乙丙,并把他们带回晋国。接着,晋襄公又穿着黑色的丧服安葬文公。从此以后,晋国人办理丧事时,开始穿黑色的丧服。

晋文公的夫人文嬴,是秦穆公的女儿,她向襄公请求释放孟明等三位秦军将领,她说："都是这三个人挑拨是非,使得我们秦、晋两国的国君关系紧张。我们秦国的国君如果能抓到他们,就是吃了他们的肉也不能解恨,又何必有劳您去惩治他们呢?不如让他们回到秦国去受刑,满足我们秦国国君的愿望,怎么样?"晋襄公答应了她的请求。

后来先轸觐见襄公,问起秦国囚犯一事,襄公说:"夫人为他们求情,我已经把他们放走了。"

先轸十分恼怒,说:"将士们在战场上拼了性命,费了很大的力气才把他们抓获,而现在您听妇人一句话就把他们放了。这是在毁弃我军的战果,助长敌人的气焰,晋国距离亡国的时间不会太久了。"说完,不顾礼仪,当着襄公的面往地上吐了一口唾沫。

襄公这时才明白事情的严重,急忙派大夫阳处父去追赶。等追到黄河边,孟明他们已经在船上了。阳处父卸下左边的马,假托襄公的名义送给孟明,以掩饰自己此行的目的。孟明在船上叩头道谢,说:"承蒙君王开恩,没有用我们这些俘虏的血涂战鼓,让我们回国去受刑。

如果我们国君处死了我们,我们死了也值得。如果托君王的恩赐之福,我们的国君也赦免我们,那么三年之后,我们将前来答谢贵国君王的恩赐!"他的意思,是如果不死,那么三年后将前来报仇。

秦穆公穿着白色衣服,在郊外等候,面对被释放回国的孟明等人失声痛哭,说:"我不听蹇叔的劝告,让你们蒙受了羞辱,这是我的罪过啊。"因此没有革去孟明的职务,说:"这是我的过错,大夫有什么罪呢?再说我也不能因为一次过失,就抹杀他的汗马功劳啊!"

这时,狄人趁晋国操办文公的丧事,先是侵袭了齐国,接着又攻打晋国,一直攻到了箕地。八月二十二日,晋襄公率领军队在箕地打败了狄人,晋大夫郤缺俘获了白狄的首领。

先轸因为晋襄公放走孟明,在襄公面前吐了唾沫,此时自责说:"像我这样一个普通人,竟然在国君面前无礼,虽然国君没有制裁我,但我怎能不自己惩罚自己呢?"于是就在箕地的战斗中,脱下头盔冲进狄军,结果死在了那里。狄人把他的脑袋送了回去,他的面容就跟活着的时候一样。

## 臼季荐冀缺

晋大夫臼季(即胥臣)出使外国时,曾经经过冀地,看到冀缺在田里除草,他妻子给他送饭,两人以礼相待,相敬如宾。臼季便邀请冀缺一起回到都城,对晋文公说:"恭敬,是德行的集中表现。一个人能对他人恭敬，就一定拥有德行。德行能够用来治理百姓，请君王任用冀缺！据我所知，外出就像会见宾客一样的恭敬，办事就像参加祭祀一样的恭谨，这是仁爱的准则。"

晋文公刚刚登位时，冀缺的父亲冀芮（即郤芮，因封邑在冀，故改氏为冀）曾经想加害文公，所以文公说："他的父亲冀芮有罪，我还可以任用他吗？"

臼季回答说："从前舜为了罚罪而处死了鲧，后来选拔人才时却起用了鲧的儿子禹。管仲曾经用箭射齐桓公，是桓公的敌人，但是后来他却被桓公任用为相，并且成就了齐桓公的霸业。《尚书·康诰》说：'父亲不仁慈，儿子不孝顺，哥哥不友爱，弟弟不恭敬，父子兄弟的罪过，各由自己负责，彼此之间互不涉及。'《诗经》中说：'采葑菁，采萝卜，不要因为是根茎，就舍弃。'您根据他的长处任用就行了。"于是文公就让冀缺担任了下军的大夫。

文公死后，襄公在箕地打败狄人，凯旋归来。襄公用诸侯大臣中的最高规格，任命先且居统率中军；用次于先且居的规格，把大夫先茅的封地收回，赏赐给臼季，并对他说："举荐冀缺，是你的功劳。"又用仅次于臼季的规格，任命冀缺为卿，重新把冀地赏赐给他，只是因为五军统帅都已有人，所以没有让他担任军职。

## 阳处父诳子上

鲁僖公三十三年冬，晋大夫阳处父领兵侵袭蔡国，楚令尹子上率兵援救蔡国，楚军和晋军隔着泜水对峙。阳处父对此很是担忧，便想出一条计策，派人对子上说："我听说：'文士不抵触真理，武士不躲避敌人。'您如果想交战，那么我军后退三十里，让您渡过河摆好阵势，至于交战的时间全听您的安排。否则的话，那就请你们后退三十里，让我们渡过河去，摆开阵势。不然两军老是这样对峙，只会让士兵疲敝，钱财虚耗，对谁都没有好处。"说完，就套上战车，准备让楚军过河。

子上打算率军渡河，子玉之子大孙伯劝阻说："不行。晋国人不讲信用，如果在我们渡过一半时，他们就攻击我们，到时候后悔就来不及了。不如我们后退，让他们渡河过来。"

于是楚军向后撤退了三十里。谁想到，阳处父却在这时向部队宣布说："楚军逃跑了。"然后率军回国。楚军没办法，也只好回国了。

太子商臣在楚成王面前诬陷子上，说："子上接受了晋国的贿赂，因此才躲避晋军。

这是楚国的耻辱,再没有比这更大的罪过了。"于是成王便杀了子上。

# 六、鲁文公时期故事

## 楚商臣弑父

当初,楚成王打算立商臣为太子,就此事征求令尹子上的意见,子上说:"君王您现在还年轻,又有这么多宠妾。如果现在立商臣为太子,以后又想另立您宠爱的姬妾生的儿子,再废黜商臣时,可能就会引起内乱。以前楚国立太子,常常立年轻的,何况商臣这人,有着黄蜂一样的眼睛,豺狼一般的声音,是个残忍的人,不能立他为太子。"楚成王不听。

果然,鲁文公元年,楚成王又想废掉商臣,改立王子职为太子。商臣听说这件事,拿不定主意,就去问他的老师潘崇:"如何才能了解这件事的真伪呢?"

潘崇说:"您宴请成王的妹妹江芈,席间故意对她不尊重,激她说出真相。"

商臣采纳了潘崇的建议。果然,江芈在席上怒声大骂:"好啊,你这个卑贱的东西,难怪君王想废掉你,改立王子职为太子。"

商臣赶紧告诉潘崇:"确实有这样的事。"

潘崇问商臣:"您甘心做王子职的臣子吗?"

商臣说:"不甘心!"

潘崇又问:"你会不会离开楚国呢?"

商臣说:"不会。"

潘崇再问:"你敢不敢发动兵变弑杀君王?"

商臣答道:"敢。"

十月,商臣率领东宫守卫包围了成王宫殿。成王想拖延时间,因为熊掌很难做熟,就以此为借口,请求让他吃完熊掌再死,商臣没有答应。十八日,成王上吊自杀。楚国人给成王加谥号为"灵",成王虽死也不瞑目;把谥号改为"成",他才合上了眼睛。

商臣即位,是为穆王。因潘崇帮助夺位有功,商臣把自己做太子时居住的宫室以及宫室内的财物、奴仆全都赠送给潘崇,并封他做了太师,兼管宫中侍卫军。

当年,楚国范地的巫师矞似曾经对楚成王、子玉和子西预言说:"你们三个人将来都会暴死。"城濮之战楚军大败,楚成王责备统帅子玉刚愎自用,赐他自杀,后来想起这个预言,赶紧收回命令,派人去阻止子玉:"不要自杀!"可是为时已晚,子玉等待赦免的命令,久等不至,已经在连谷自杀了。如今,楚成王被商臣篡弑,也算是应验了鬻似的话。

再来看子西,城濮之战中他率领左军,战败后也跟着子玉自杀,但上吊的时候绳子断了,楚成王的使者又恰好赶到,才制止了他,成王还任命他为商公。但子西心里仍不安定,偷偷沿汉水顺流而下,又进入长江逆水而上,准备进入郢都作乱。这时楚成王正住在别宫渚宫,出来正好看见子西,子西非常害怕,就借口说:"当初我幸免一死,如今却又有人挑拨离间,诬陷我要逃走。现在我特地来请求司寇处死我!"楚成王没有介意,任命他为工尹。商臣弑成王后九年,他又和子家阴谋弑杀穆王。穆王听说后,就把子西和子家都给杀了。

## 狼瞫可谓君子

殽之战的时候,晋襄公由梁弘驾驭战车,莱驹担任车右。开战的第二天,晋襄公命令把秦国的几个俘虏绑起来,叫莱驹用戈砍杀他们。俘虏们大声喊叫,莱驹受到惊吓,手中的戈都掉在了地上。勇士狼瞫拿起掉在地上的戈杀死俘虏,抓起莱驹追上晋襄公的战车。襄公因此任命狼瞫为车右。

此后的狄晋箕之战中,先轸撤掉狼瞫的车右之职,任命狐鞫居担任车右。狼瞫很生气,朋友问他:"你为什么不去死呢?"

狼瞫说:"还没有找到死的地方。"

他的朋友说:"我可以替你杀掉先轸。"

狼瞫:"《周志》上说:'勇敢之人如果残害上级,就是有勇无谋,死后也不能进庙堂享受子孙祭祀。'不义而死,这不是真正的勇士,为国家捐躯方是勇士所为。因为我勇敢,所以才被任命为车右,又因为不勇敢所以被撤掉,这也是理所当然的事情。如果说先轸不了解我,可是他撤掉我又是正确的,那岂不说明他实际上是了解我的了。你就等着瞧吧。"

鲁文公二年,秦国为了报殽之战的仇,而攻打晋国,在彭衙交战。狼瞫在两军摆开阵势之后,率领部属猛烈追赶秦军,直到战死。晋军紧随其后,大败秦军。

君子评论道:"因为这件事,狼瞫可以配得上'君子'的称号。《诗经》说:'君子发怒,祸乱被阻。'又说:'文王震怒,整顿师旅。'愤怒但并不去作乱,反而在军中英勇作战,可以说是君子了。"

## 秦穆犹用孟明

鲁僖公三十三年秦晋殽之战中，秦军统帅孟明视等人被俘，后来又被晋襄公释放，得以回到秦国。秦国的大夫和左右侍从都对秦穆公说："殽之战失利，孟明罪不可恕，一定要处死他。"

秦穆公说："是我的责任啊。周朝芮良夫有诗：'大风自孔中吹，贪人都是败类。听到赞美开心应对，听到谏言假装酒醉，不知任用贤人，反而使我为非。'是贪婪害的，说的正是我啊。因为我的贪婪，致使孟明受到祸害，他又有什么罪过呢？"于是重新让孟明执政。

鲁文公二年春，秦国孟明视率军讨伐晋国，来报殽之战的仇。二月，晋襄公派军队抵抗，任命先且居为中军统帅，赵衰为副帅，王官无地驾驭战车，力大且武艺高强的狐鞫居担任车右。七日，晋军在秦地彭衙遭遇秦军，结果秦军大败。因为当初孟明被放回去时，曾说过三年后要来"拜赐"（报仇的委婉说法），所以晋国人讥笑秦军，称他们为"拜赐之师"。

彭衙之战再次失利，但秦穆公仍然重用孟明。孟明修明政事，让老百姓受到更多的恩惠。晋赵衰对大夫们说："秦军如果再来侵犯的话，我们一定要避开他们。因为畏惧对手，所以进一步修明其德行，这样的人是不可战胜的。《诗经》说：'怀念你的祖先，修养你的德行。'孟明知道这两句话，怀念祖先、修养德行而不懈怠，难道我们能够战胜他吗？"

兽面纹爵（春秋）

冬天，晋国的先且居、宋国的公子成、陈国的辕选、郑国的公子归生联合讨伐秦国，占领汪地，攻到彭衙然后撤退，以报彭衙之战时秦国入侵之仇。

鲁文公三年夏，秦穆公再次发兵讨伐晋国。渡过黄河之后，下令烧掉所有船只，表示要誓死决战。这次秦军终于报了一箭之仇，占领了王官，一直打到郊地。晋军不敢出城迎战，秦军于是从茅津渡过黄河，在崤山搜索秦军阵亡将士的遗骨，将他们埋葬后才返回秦国。从此以后秦国称霸西戎，这是因为秦穆公任用孟明的缘故。

君子因此知道："秦穆公为一国之君，选拔人才能够考虑周到、果断专一。所以孟明作为臣下，不会因为失败而懈怠气馁，能从失败中吸取教训，不断反思。推举孟明的子桑忠心耿耿，他不但了解人，还能推荐人。'在何处采蘋？池塘边、小洲上。又到哪儿去用它？用在公侯祭祀的场合'，秦穆公就是这样的人，人们因而能为其所用。'起早贪黑，锲而不舍，一心事，侍奉一人'，孟明就是这样的人。'把谋略留给子孙，使其得到安定和保护'，子桑就是这样的人。"

## 晋灵继立之乱

鲁文公六年八月十四日，晋襄公去世。太子夷皋还很小，晋国人因为战争还没有平息，就打算废掉太子，另立年纪大的国君。赵盾说："应该立公子雍，他性格好善而且年长，先君文公也很喜欢他。另外公子雍曾在秦国做过亚卿，与秦国关系密切，而秦国是我们晋国的老朋友。立好善的人，则君位稳固；侍奉年长的人，则名正言顺；立先君喜欢的人，则合乎孝道；与老朋友恢复友谊，则边境安定。我们打算立年长的人为国君，是以应付目前国家的困难为出发点考虑的，如果立公子雍同时还能收获君位稳固、名正言顺、合乎孝道、边境安定这四项好处，那么国家的困难就一定可以解决了。"

狐射姑说："依我看，不如立公子雍的弟弟公子乐。乐的母亲辰嬴受到怀公，文公两位国君的宠爱，如果立公子乐，老百姓必然会拥护他。"

赵盾说："辰嬴身份卑贱，在文公的诸位姬妾中，只排在第九位，她的儿子能有什么威望呢？别提她受到过两位国君的宠幸，是一位淫荡的妇人。公子乐身为先君文公的儿子，不能在大国谋求官职，却甘愿去那小小的陈国，可见他也是一个鄙陋之人。母亲淫荡，儿子鄙陋，哪还有什么威信可言？陈是一个小国，又远离我国，不能及时援助，乐的位子怎么能安定呢？公子雍的母亲杜祁因为晋襄公被立为太子，就让襄公的亲生母亲逼姞排在自己前面；因为晋的强敌狄国的缘故，就让嫁给文公的狄女季隗排在自己前面。在文公的诸位姬妾之中，她本来应该排在第二位，但她却辞让至第四位，可见杜祁有多么贤惠。因此，先君文公特别喜欢她的儿子公子雍，选派他去秦国做官，职位到了亚卿。秦国强大，离我国又近，足以成为雍的强援；母亲仁义，儿子受先君喜爱，足以威慑百姓。立公子雍为太子，难道有什么不妥吗？"于是派先蔑、士会前往秦国迎接公子雍。

与此同时，狐射姑也派人到陈国去迎接公子乐。赵盾心狠手辣，居然暗中派人到郫邑把公子乐杀掉了。狐射姑也没有办法，只好迁怒于阳处父。他对阳处父把他从中军统帅降为副帅一直怀恨在心，并且知道阳处父人缘不好，在晋国得不到别人的帮助，于是派续鞫居把阳处父给杀了。

当初，阳处父到卫国聘问，回来的路上经过宁邑，掌管当地馆舍的大夫宁嬴跟从他，但到了温山就回去了。宁嬴的妻子问他原因，宁嬴说："阳处父过于刚猛。《商书》说：'沉潜之性近乎柔顺，当以刚猛克之；高明之性近乎刚猛，当以柔顺克之。'阳处父是高明之性，又加上刚猛，恐怕会遭横祸而死。天尽管刚猛，仍然不会干扰四季寒暑的变化，刚猛之中尚且还有柔顺，更不用说人了。另外，阳处父只说不做，华而不实，一定会招致别人的怨恨。刚猛则容易得罪人，华而不实又容易遭到怨恨，这样他自身难保。我担心跟从他不会得到什么好处，反而会遭殃，所以我就离开他了。"后来阳处父果然惨遭杀身之祸。

十一月，晋国人追究阳处父，杀了续鞫居。狐射姑逃亡到狄，赵盾派臾骈把他的妻子儿女送到狄。

在夷地的阅兵式上，狐射姑曾经侮辱过臾骈，臾骈的部下打算杀尽狐射姑的族人来报复他。臾骈说："我不能这样做。我听说古书上有记载，说'对他人的恩惠或是仇怨，但求报在他本人，不求报在他后嗣'，所以，我对狐射姑的怨恨不能涉及他的族人，这是忠恕之道。而且赵盾对狐射姑非常尊重，我却利用他对我的宠信去报复自己的私怨，这恐怕不合适吧。利用别人的宠信，不是勇敢的行为；减轻自己的怨气，却增加了别人的仇恨，不是明智的行为；因为私人得失而损害国家利益，不是忠诚的行为。如果行事不顾及勇敢、明智、忠诚，又凭什么来侍奉赵盾呢？"于是臾骈遵照赵盾的命令，把狐射姑的妻儿以及他家的器用财货准备齐全，亲自率领部队护送到边境。

鲁文公七年夏，秦康公准备送公子雍回晋国，说："当年晋文公回国的时候，因为没有卫士护送，结果发生了吕外、郤芮之乱。"为防意外，康公给公子雍增派了很多步兵护卫，护送他回国。

这时，晋襄公的夫人穆嬴每天抱着太子到朝廷上哭闹："先君有什么罪，他的儿子又有什么罪？不立嫡嗣，反而要到其他国家迎立庶子，你们打算怎么安置这个太子？"

从朝廷出来后，她又抱着太子去找赵盾，叩头说："先君生前把这个孩子托付给您，对您说：'这个孩子今后如果能够成材，我就感谢你的大恩；如果不能成材，我就会怨恨你。'现在先君尽管已经去世，他的这些话还在耳边，可是您却把太子放在一边不管，这是为什么?"赵盾和诸位大夫都对此不胜其烦,另外还担心穆嬴这一派的势力,于是改立太子夷皋,是为灵公。

晋国发兵抵抗护送公子雍回国的秦国军队,让箕郑留守;赵盾亲自率领中军,先且居的儿子先克为副帅;荀林父担任上军的副帅;先蔑率领下军,由先都担任副帅。步招驾车,戎津任车右。晋军行军至堇阴时,赵盾说:"如果接受秦国护送来的公子雍,秦军就是我们的宾客;如果不接受公子雍,秦军就是我们的敌人。既然决定不接受公子雍,又行动迟缓,会让秦军以为我们好欺负,生出以武力强纳公子雍的念头。我们应该抢先一步,不让人产生那样的念头,是军事中的上策。追逐敌军,要向追逐败兵一样勇猛迅速,这是行之有效的战术。"于是激励将士,磨砺兵器,喂饱战马,让士兵在睡席上吃饱了饭,大军在夜里悄悄出动。

四月初一,晋军在令狐打败了秦军,并把秦军一直追赶到刳首。

第二天,先蔑因为当时迎立公子雍,出使秦国的正是自己,害怕因此获罪,就逃亡去了秦国。士会也因为同样的原因,跟着先蔑逃到了秦国。

当初,先蔑将要出使秦国迎接公子雍时,荀林父曾劝他说:"你的夫人和孩子还在国内,你却要到国外去迎接新君,这样肯定不行。你不如借口生病不要去。要不然,可能会大祸临头。派其他人代表你前往秦国就行了,你又何必亲自出马呢?我们曾为同事,我哪敢不尽心为你着想?"先蔑不听,荀林父又念了《大雅·板》的第三章再次劝他,他还是不听。

先蔑逃亡到秦国之后,荀林父把他的家人和财产送到秦国,并解释说:"这是因为我们曾经做过同事的缘故。"

士会在秦国待了三年,从来也不去拜见先蔑。他的随从问:"你能跟着他一起逃亡到秦国,却不和他在秦国见面,是为了什么?"士会说:"我是因为与先蔑一起迎接公子雍,获了同样的罪,所以才跟着他逃到秦国,而不是因为认为他做得对,所以跟着他逃亡。我为什么要去见他呢?"就这样,一直到鲁文公十三年回到晋国,士会一次也未拜见讨先蔑。

## 穆伯娶于莒

穆伯(即公孙敖,庆父之子)从莒国娶了一个名叫戴己的妻子,戴己生了文伯;她的妹妹声己生了惠叔。戴己死后,穆伯又想娶莒女为妻,就去莒国聘问,莒国人以"应当扶声己为正妻"为理由拒绝了他,穆伯于是在莒国替堂弟襄仲(即公子遂,鲁庄公的儿子)聘定了一位妻子。

　　鲁文公七年冬，徐国攻打莒国，莒国派人到鲁国请求结盟，希望得到鲁国的援助。穆伯到莒国参加盟会，准备顺便替襄仲把夫人给迎娶回去。但是当他来到鄢陵，登上城墙见到那位女子时，被她的美貌所吸引，便把她娶做了自己的妻子。为此，襄仲请求讨伐穆伯，鲁文公正要答应他，叔仲惠伯进谏说："我听说，'战争由国内而起称为乱，由国外而起称为寇。在国外作战，还能造成敌人的伤亡；如果内乱起来，伤亡的都是自家人。'现在大臣想作乱，国君您又不制止，恐怕会引起外敌的入侵，那样的话该怎么办呢？"文公采纳了惠伯的建议，阻止了襄仲。惠伯又从中调解，劝襄仲放弃那位莒国的女子，让穆伯把她送回莒国。最后，穆伯、襄仲二人又和好如初，恢复了兄弟友谊。

　　鲁文公八年，穆伯前往周王室吊唁周襄王的丧事，才走到半路就返回了，然后卷着吊丧用的礼物逃到莒国。看来他对莒国那位女子还是念念不忘，为了追求她竟然这样做。

　　穆伯为了追求己氏跑到莒国以后，鲁国人立他的儿子文伯为世子。穆伯在莒国又有两个儿子。鲁文公十四年，穆伯请求回到鲁国，文伯就替他向朝廷请求。襄仲提出禁止穆伯上朝参政的要求，因此穆伯回国后就没有外出过。三年之后，穆伯变卖所有家产再次去莒国。

　　文伯生病，请求说："我的儿子年纪还小，请立我的弟弟难吧。"鲁国人同意了文伯的请求。文伯死后，难继承家业。穆伯又想回到鲁国，并赠送重礼，请难帮他求情，得到了批准。穆伯准备回去时，九月份死在了齐国。莒国向鲁国报告了丧事，并请求送回鲁国安葬，但是没有得到批准。齐国有人为穆伯的事情出主意："鲁国是穆伯的亲族之国，只要把穆伯的棺材放在齐、鲁交界的堂阜，鲁国一定会派人来取走。"齐国人采纳了这个意见。鲁国卞邑的大夫向上报告了这件事，惠叔此时还在居丧期间，他容颜消瘦，站在朝廷上等待批准运回穆伯的棺材。最后，鲁国批准了他的请求，于是他就把穆伯的棺材运回鲁国安葬，齐国人也前来护送。

　　穆伯的葬礼，规格比照庆父，都以罪降格。声己不愿看见穆伯的棺材，只在灵堂帐幔外哭泣。襄仲因为穆伯夺他的妻子，本不打算去哭丧，惠伯劝他说："丧亡之事，是对亲人最后的安慰。尽管没有好的开始，但最后处理好这件事也是可以的。史佚说：'兄弟之间要尽力做到和睦。救济贫困、祝贺喜庆、吊问灾祸、祭祀恭敬、哀悼丧事，虽然表现为不同的情感，但都是为了使彼此之间的友爱持续，这是对待亲人的道理。'你不要不合乎大道理，对他人有什么可怨恨的呢？"襄仲听了很高兴，于是率领兄弟们前去哭丧。

过了几年，穆伯的两个儿子来到了鲁国，他们的侄子、文伯的儿子孟献子非常喜欢他们，都城的人都知道这件事情。有人向孟献子进谗言："这两人终有一天会杀了你。"孟献子把这话告诉了季文子。穆伯的两个儿子说："孟献子以喜欢我俩的名声传遍都城，我们却以要杀了他的名声传遍都城，这也太有悖于礼了吧？有悖于礼，还不如死了。"于是两人分别去了两个县邑，负责看守当地的城门，最后都在守城中战死。

## 楚穆王北略

鲁文公九年，楚国大夫范山见晋国灵公年幼，内部又屡屡发生变乱，就向楚穆王进谏说："现在晋国国君年幼，无意图谋霸业，我们可以趁机向北方扩张。"楚穆王采纳了范山的建议，从狼渊发兵攻打郑国，俘虏了郑国大夫公子坚、公子龙及乐耳，郑国人只好向楚国求和。当时，鲁国的襄仲会同晋国赵盾、宋国华耦、卫国孔达和许国的大夫一同救援郑国，但是没有赶上楚国的军队。

当年夏天，楚国因为陈国归顺晋国，于是就发兵攻打它，并占领了壶丘。秋天，楚国公子朱又从东夷攻打陈国，结果陈国打败了公子朱，并抓住了他。但是陈国害怕楚国报复，就主动和楚国讲和了。

鲁文公十年秋，楚穆王召集陈共公、郑穆公在息地会盟。到了冬天，楚、陈、郑三国和蔡庄公的联合军队驻扎在厥貉，准备攻打宋国。

宋国的司寇华御事说："楚国想迫使我国服从他们，我们为什么不先主动表现出服从呢？何必等到他们逼之后再服从？我们的实力确实无法与楚军抗衡，何必让无辜的老百姓遭罪？"于是就前去迎接楚穆王，慰问楚军并表示愿意听从他的命令。

宋国服从楚国后，就由宋昭公带领楚穆王去孟诸打猎。宋昭公负责包围圈的右边，郑穆公负责包围圈的左边，楚国期思邑的长官复遂为右司马，公子朱和楚大夫文之无畏担任左司马。清晨，楚穆王命令驾好马车，装好引火工具，但宋昭公没有执行，文之无畏在全军面前用鞭子抽打宋昭公的仆人，以示惩罚。

有人对文之无畏说："一国之君不可辱。"

文之无畏说："既然让我担任左司马，我就应该恪尽职守，无论是谁，一视同仁，国君也不能例外。《诗经》说：'硬的不怕，软的也不怕。''不能放纵诡诈的人，要让他有所收敛，防止他继续作恶。'说的也是不畏惧权势，我怎么能为了保全性命而轻忽职守呢？"二十多年后，文之无畏出使路过宋国，被宋人借故杀死。

厥貉会师的时候,麇国国君逃回了国内,不愿跟随楚国攻打宋国。于是第二年春天,楚穆王出兵讨伐麇国,楚将成大心在防渚打败了麇军。随后,楚将潘崇再次讨伐麇国,攻到了麇国的都城锡穴。

鲁文公十二年夏,楚穆王又因为舒国和宗国背叛,派军队把他们的国君捉了起来,还围困了巢县,可见当时楚国威势之盛。楚穆王于鲁文公十三年去世,儿子侣继位,是为庄王。楚庄王继续穆王的事业,振兴图霸,成为春秋时代的最后一位霸主。

## 秦晋河曲之战

鲁文公十二年,秦康公为报文公七年令狐之战的仇,打算攻打晋国,先派使者西乞术来鲁国聘问。襄仲不愿与秦国和好,不愿意接受西乞术带来的作为聘礼的玉器,辞谢说:"贵国国君没有忘记我们两国先君结下的友谊,派您光临敝国,安抚鲁国百姓,还带来如此贵重的礼物,我们国君怎么敢接受呢?"

西乞术说:"区区薄礼,何足挂齿,您不要太客气了。"

襄仲再三推辞,西乞术说:"敝国国君希望得到贵国先君周公和鲁公的保佑,并愿意从此以后侍奉贵国国君。因此,我国国君派我把这些薄礼献给贵国,作为两国结好的信物。我身负国君重托,前来贵国缔结两国友好关系,所以才敢献上这区区薄礼。"

襄仲说:"没有你这样的人才,哪能治理好国家? 秦国地处僻远但并不鄙陋,就是因为有你这样的君子啊。"于是襄仲收下了聘礼,并以厚礼回赠。

外交取得进展后,冬天,秦康公出兵攻打晋国,占领了羁马,晋国派兵抵抗,任命赵盾为中军统帅,荀林父为中军副帅;郤缺担任上军元帅,臾骈担任上军副帅;栾盾统帅下军,胥甲为副帅;由范无恤驾驭战车,在河曲一带摆开阵势,准备迎战秦军。

臾骈说:"秦军肯定坚持不了很长时间,我军应该修深沟、筑高垒,坚守阵地,等待敌军的进攻。"赵盾采纳了他的建议。

秦军准备发起攻击,康公征求士会的意见:"怎样才能让晋军出战?"

士会说:"赵盾新近提拔了他的手下担任上军副帅,这人名叫臾骈,我想一定是他出的主意,企图使我军疲惫。赵盾有一个堂兄弟,名叫赵穿,是晋襄公的女婿。赵穿深得赵盾宠爱,而年纪很轻,不懂得如何打仗,可是生性勇猛,非常狂妄,对臾骈出任上军副帅一直心怀不满。您不妨派轻锐之师,袭击赵穿所在的上军,然后迅速撤离,这样就能引诱晋军与我军交战了。"康公采纳了士会的谋略。交战前,康公把玉璧投入黄河,祈祷河神的保佑。

十二月初四,秦军袭击了晋军上军,赵穿率部下追赶,没有追上。赵穿回来后,大怒道:"我们带着干粮,穿着盔甲,就是为了与敌人作战。现在敌人打到我们跟前,我们却不出击,还等什么呢?"

军吏说:"等待更好的时机。"

赵穿说:"我不懂得什么谋略,反正我自己要去和秦军决一死战。"说完就带领部下冲出营垒。

赵盾见赵穿出击,说:"如果秦军抓住了赵穿,就是俘虏了我国的一个卿。秦军俘虏了我国的卿,就可以胜利回国了,而我又拿什么来回报国人呢?"于是让晋军全部出击,与秦军交战。结果不分胜败,两军分别撤退了。

秦国使者夜里来到晋军阵营下战书,说:"今天,我们双方都打得不痛快,请明天再战。"

臾骈说:"这个使者目光游移不定,声音失常,这是害怕我们的表现,说明秦军想要逃走。我们不如趁机把秦军逼到黄河边,一定能够打败它。"

晋军将要追击,胥甲、赵穿在军营门口阻挡,大声喊道:"死伤的将士还未安置,就又要出击,这太不人道了。未到约定的时间,就把对方往险要的地方逼,这不是勇敢的行为。"于是才没有追击,结果让秦军趁着夜色逃走了,回国途中又去侵扰晋国的其他地方,攻克了瑕邑。

## 魏寿余诱士会

在晋襄公死后,晋国的继立风波中,晋国的狐射姑和士会都流亡到了国外。晋国人担心秦国重用士会,于是鲁文公十三年夏,晋国的六卿就在诸浮举行了会谈。赵盾说:"士会在秦,狐射姑在狄国,随时都可能给晋国带来麻烦,大家想想该怎么办。"

荀林父说:"我们请狐射姑回来吧,他熟悉国外形势,而且他的父亲狐偃曾经为我国建立过功勋。"

郤缺说:"狐射姑曾经迎接公子乐,又杀害阳处父,罪大恶极。不如请士会回来,士会能屈能伸,知耻明义,虽然性格柔顺,而又不容冒犯,其才智足以重用,并且他也没有什么罪过。"

讨论的结果是迎接士会,于是就派魏寿余假装率领魏地的人背叛晋国,投靠秦国,好伺机劝士会回晋国。晋国抓了魏寿余的妻子儿女,又故意让魏寿余在夜间逃跑。魏寿余请求秦国接纳他,并向秦康公贡献了魏地,秦康公接纳了他。上朝时,魏寿余偷偷地踩了士会的脚,向他做出暗示。

秦军去接收魏地,驻扎在黄河以西,魏地在黄河以东。魏寿余故意向秦康公说:"请您派一名了解河东、能与魏人谈判的使者,与我一起先渡过黄河到魏地。"

秦康公就派士会去。士会已经明白魏寿余的暗示,就假意推辞说:"晋人就像老虎和豺狼,如果魏人违背了诺言,我一定会被他们杀死,我的妻子儿女也会被您杀死。这样的结果,对您并没有什么好处,到时您后悔也来不及了。"

秦康公说:"如果魏人违背诺言不让你回来,我就把你的妻子儿女送过去,决不食言,请河神作证。"

听到康公这样说,士会就动身了。临行时,大夫绕朝赠给士会一条马鞭,说:"你不要以为秦国人都是傻瓜,只是国君不采纳我的意见。"

士会渡过黄河后,魏人欢呼吵嚷着把他接回了城内,不再提归附秦国的事。秦康公也只好遵守诺言,派人把士会的妻子儿女送到魏地。士会的子孙也有留在秦国,没有跟他回到晋国的,他们就改氏为刘。

## 邾文公知天命

邾文公准备把都城迁到绎地,为此占卜吉凶。史官说:"迁都对百姓有利,对君王不利。"邾文公说:"对百姓有利,就是对我有利。上天生育了百姓,并为他们选择了国君,国君的职责就是为百姓谋取利益。百姓得益,自然也就有我的一份。"

他的左右官员劝他:"不迁都就可以长寿,您为什么还要迁都呢?"

邾文公说:"国君的使命在于为百姓谋福利,我个人生命的长短是由上天决定的。只要对老百姓有利,就迁都。没有什么事情会比有利于百姓更吉利了。"于是迁都到绎地。

鲁文公十三年五月,邾文公去世。君子评论说:"邾文公知天命。"

## 齐商人弑舍

鲁国国君之女子叔姬嫁给齐昭公,生了一个儿子名叫舍。子叔姬得不到昭公的宠爱,因此舍也就没有威信。公子商人(齐桓公之子)多次在都城内施舍钱财,还接纳了很多门客，花完了全部家产后，又向掌管公室财物的官员借贷，继续施舍来收买人心。

鲁文公十四年五月，齐昭公去世，公子舍继位。

七月，公子商人在一个晚上弑杀了国君舍，然后让自己的哥哥元出任国君。元说："你想做国君已经有很长时间了。我能够侍奉你为国君，安心做臣子；如果我接受让位，就会让你心中留下遗憾。还是饶了我，你自己做国君吧。"

齐国人最后立商人为君，是为懿公。公子元不服商人为君，所以始终不称他为"公"，而是称"那个人"。

鲁大夫襄仲派人向周王报告，请求以周天子的名义向齐国要求让子叔姬回国，说："儿子已经杀了，留着母亲有什么用？请把她送回鲁国治罪。"

冬天，周王派单伯出使齐国，替鲁国求情，放子叔姬回国。没想到弄巧成拙，齐国怨恨鲁国借周天子的威势压迫自己，就把单伯抓了起来，同时把子叔姬也抓了起来。

鲁国没办法，只好派季文子到晋国去，想通过晋国周旋，说服齐国释放单伯和子叔姬。齐国见晋国出面，就给了一个面子，答应了单伯的请求，先把单伯放了，让他去鲁国通报，然后在服从周王命令的名义下把子叔姬送回了鲁国。

齐懿公继位后，妄行无道。他屡次派兵侵犯鲁国的西部边境，随后又借口曹国曾经到鲁朝见而攻打曹国，攻入了曹国的外城。

季文子说："齐懿公恐怕会灾难临头，自己无礼却去侵犯有礼的国家，还借口说：'你为什么去鲁国朝见？'礼是来顺应上天的，是替天行道。你自己不遵守礼，反而借口别人遵守礼而去讨伐他，那就必然难免灾难。《诗经》说：'为什么不互相敬畏，因为不畏惧上天。'君子之所以不虐待幼小卑贱，是因为君子畏惧上天。《周颂》说：'畏惧上天的威严，才能保住国家的安定。'不畏惧上天，凭什么保卫自己的国家呢？依靠叛乱取得政权的国家，即使奉行礼仪来维持自己的政权，尚且害怕没有好的结果。更不用说齐懿公那样，又做了这么多无礼的事情，就更加难以善终了。"

鲁文公十六年春，鲁国想和齐国媾和，就商量在阳谷会谈。这时鲁文公患病不便出行，就派季文子到阳谷拜见齐懿公，请求结盟，懿公不答应，说："等鲁文公病好了以后再说罢。"后来鲁文公又派襄仲给齐懿公送了很多财礼，两国才结为盟国。

但到了次年夏天，齐国又来攻打鲁国的北部边境。鲁文公再次派襄仲出使，请求与齐国结盟。六月，两国在谷地结盟。

这年冬天，襄仲前往齐国拜谢谷地之盟。回去后，他向文公报告说："我听说齐国打算侵略我国。根据我的观察,这种说法毫无根据。齐国国君说话不循礼法,只图眼前利益。臧文仲有句话说:'民主偷,必死。'也就是说身为君主不循礼法,只顾眼前利益的话,他必然很快就会灭亡。"

鲁文公十八年春,齐懿公又要攻打鲁国,但才发布出兵的日期就病倒了。医生说:"等不到秋天,恐怕就会死了。"

鲁文公听说后,命人占卜,祈祷说:"希望等不到齐国出兵之日他就会死。"

惠伯将所卜之事告龟,卜官楚丘占卜后,说:"齐懿公等不到出兵的日子就会死,但不是死于疾病;鲁文公会死在齐懿公前面,因而听不到齐懿公的死讯。将占卜之事告龟的人也将会有灾祸。"果然,二月二十三日,鲁文公去世,惠伯也在随后的继立风波中被杀。

齐懿公还是公子的时候,与邴歜的父亲争夺田产,没有争到。等到他即位,仍然不忘旧仇,派人把邴歜父亲的尸骨从地下挖起来,砍去了双脚,又让邴歜给他驾驭马车。齐懿公又强行霸占阎职的妻子,还让阎职做车右。

五月,懿公在都城外的申池中游泳,邴歜和阎职在池水里洗澡。邴歜用马鞭抽打阎职,阎职大怒,邴歜说:"别人把你老婆夺走了,你也不生气,打你又有什么关系?"

阎职反唇相讥:"这也比不上那个被别人砍了自己死去的父亲的双脚却不敢生气的人。"

于是两人合谋把齐懿公杀了,把他的尸体藏在竹林里。然后二人若无其事地回到城里,到宗庙祭告祖先之后,便逃走了。齐国人立公子元为国君,是为惠公。

## 楚庄王灭庸

鲁文公十六年秋,楚国发生了大饥荒,戎人趁机侵略楚国的西南边境,一直攻到阜山。楚国调遣军队驻扎在大林,抵御戎人入侵。戎人又侵犯楚国东南边境,一直攻到阳丘,并攻打訾枝邑。

这时,楚国的附庸国"庸"也率领当地群蛮背叛了楚国,麇国人则率领各濮族部落在选地聚集,准备攻打楚国。因此,申、息两地的北城门不再开启,害怕中原诸侯趁机侵略楚国。

楚国人商量是否把都城迁往阪高。令尹苏贾反对,他说:"不能迁都。既然我们可以迁往阪高,敌人也可以追到阪高。我认为,与其迁都,不如攻打庸国。麇国和濮族人认为我国不能出兵,因而趁机入侵。如果我国出兵攻打庸国,他们一定会因害怕而撤兵。濮族人散居各地,到时会逃回各自的城邑,哪还会有时间来谋算别人?"于是,楚国出兵攻打庸国。十五天后,濮族人撤兵。

楚军由郢都出师讨伐庸国,到达庐地时,粮草用尽。从庐地起,楚军经过之处,当地开仓放粮,给军队提供粮草。楚国在句澨驻扎下来,然后派庐戢梨攻打庸国,到了庸国的方城。

庸人在方城击败了楚军,庐戢梨的部属子扬窗被俘。三天后,子扬窗逃了回来,说:"庸国人多,现在群蛮都聚集在那里,不如再多派军队,动员所有能够战斗的人,大军会合后再进攻。"

楚大夫师叔说:"不行。我们暂时先与他们小规模交战,让他们胜利并产生骄傲情绪。等到庸军骄傲,我军士气高涨之时,就能战胜他们了。先君就是用这种方法征服陉隰的。"

于是楚军和庸军再次交战,七次交锋都战败,而对方只有蛮族的几个部落认真追击楚军,庸国人认为楚军已经不堪一击了,于是放松了警惕,不再认真设防。

为了抓住战机会师歼敌,楚庄王乘坐驿站专用的传车,在临品与各路军队会合,然后兵分两路:子越从石溪出发,子贝从仞出发,夹击庸军。秦人、巴人的军队加入楚军的行列,群蛮被楚军的强大所震慑,也纷纷与楚国订立盟约。于是,楚军灭掉了庸国。

## 宋昭公被弑

鲁文公七年四月,宋成公去世。这个时候,公子成担任右师,公孙友担任左师,乐豫担任司马,鳞矔担任司徒,公子荡担任司城,华御事担任司寇。这六个人,是宋国的六卿。

宋国人立成公的少子杵臼为君,就是宋昭公。宋昭公还没正式即位,就打算杀掉公子们以绝后患。乐豫劝他说:"不能这样做。公族就好比公室的枝叶。如果去掉这些枝叶,那么公室就失去了庇护。连葛藤这样的植物尚且知道保护自己所附的树干及其根部,所以君子们经常以葛藤来比喻对王室的庇护,更不用说一国之君了!这正如谚语所说的'树荫遮蔽,却滥用斧子砍树木'。绝对不能这样做,还是请国君三思而后行!如果国君您用德行去亲近他们,他们就会成为您的左右亲信,谁还敢三心二意呢?如果这样,为什么还要杀他们?"

宋昭公不听,结果宋穆公、宋襄公的子孙率领族人攻打昭公,乱兵在宋公的宫室误杀了公孙固、公孙郑。六卿出面为公室讲和,乐豫还主动把司马的职位让给了昭公的弟弟公子卬。昭公即位后，安葬了在动乱中被杀的人。

宋昭公有个庶出的弟弟公子鲍，对待国人很讲究礼法。宋国发生饥荒时，公子鲍把自己的粮食全部拿出来施舍给老百姓。对于年龄超过七十岁的老人，除赠送粮食外，还根据不同的节令加送美味珍馐。他频繁出入六卿之门，对国内有才干之人没有不以礼相待的。在亲戚中，对桓公、襄公、成公的后代予以接济。公子鲍相貌俊美，光彩照人，宋襄公的夫人想和他私通，公子鲍不肯，襄公夫人转而帮助他施舍救济。宋昭公无道，都城人都愿意侍奉公子鲍，依附襄夫人。

司城荡去世时，他的儿子公孙寿推辞司城一职，而让自己的儿子荡意诸接替祖父。后来公孙寿对别人说："国君无道，司城这个职位经常接近国君，我担心今后国君的灾难可能会牵涉我。但是，如果不担任这个职务，族人就没有人保护了。如果由儿子替我担任这一职务，即使今后可能会失去儿子，却可以保护家族免受灾难。"

鲁文公十六年，宋襄公夫人打算安排宋昭公到孟诸打猎，然后乘机杀了他。宋昭公知道后，带上他的全部珠宝准备逃跑。司城荡意诸问昭公："您为什么不逃到其他诸侯那里去呢？"

宋昭公说："我连六卿和襄夫人都不能处好，又有哪一个诸侯愿意接纳我？况且我身为国君，如果逃到诸侯那里，却要做他们的臣民，还不如死了呢！"

宋昭公把所有的珠宝赏给身边的人，让他们逃走。襄夫人派人通知荡意诸，请他离开昭公。荡意诸说："身为臣子，在国君有难的时候却逃走不顾，还怎么侍奉今后的国君呢？"

十一月二十二日，宋昭公准备去孟诸狩猎，还未到孟诸，襄夫人就命令驻守甸地的军队把他杀了，荡意诸也为此事自杀。

宋昭公死后，公子鲍即位，是为宋文公。宋文公任命他的弟弟须为司城；当时，华耦继公子卬担任司马，等到华耦去世，宋文公就任命荡意诸的弟弟荡虺为司马。

鲁文公十七年春，晋国荀林父、卫国孔达、陈国公孙宁、郑国石楚讨伐宋国，声讨檄文说："为什么弑杀你们的国君？"后来，诸侯得知宋文公已经即位，而且新国君也颇受百姓爱戴，于是就撤兵了。

## 公子归生和晋郑

鲁文公十七年夏，晋灵公因为宋国发生弑君的事，在扈地召集诸侯会盟。晋灵公认为郑穆公亲附楚国,对晋国怀有二心,所以不愿意会见郑穆公。

郑国的公子归生就派使者到晋国,给赵盾送去一封信。信中说:"敝国国君即位三年时,曾经请蔡侯与他一起侍奉贵国国君。九月,蔡侯来到我国,由于当时侯宣多自恃拥立穆公有功,专横作乱,敝国国君因此未能与蔡侯一起到贵国朝见。十一月,平定侯宣多之乱后,敝国国君就和蔡侯一起去朝见贵国国君。(郑穆公)十二年六月,我国的公子归生辅佐太子夷,到楚国请求允许让陈侯一同去朝见贵国国君。十四年七月,敝国国君又到贵国朝见,从而解决了陈国归顺晋国的事情。十五年五月,陈国国君又从我国国都前往贵国朝见。去年正月,我国大夫烛之武去贵国,目的是使太子夷前往贵国朝见。同年八月,我国国君又前往贵国朝见。陈、蔡两国虽然紧邻楚国但却不敢依附楚国,这都是我国努力的结果。我国对贵国如此忠贞不贰,却又为何遭此不幸呢?穆公在位期间,朝见晋襄公一次,朝见晋灵公两次。太子夷和我国的各位大夫,往来不绝于晋国都城绛。一个小国家,能这样侍奉贵国,可以说没有哪个国家会这样了。现在贵国却指责我国,说:'你未能令我满足。'如果贵国对我国如此苛求,我国只有等待灭亡了。

"古人曾经说过'畏首畏尾,身其余几',又说'鹿死不择音'。小国侍奉大国,如果大国能够以德相待,那么小国便像畏首畏尾的人;如果不能以德相待,小国便会像鹿一样,要铤而走险,拼死挣扎,情急之下哪里还会"择音"呢?如今晋国对待郑国如此苛刻,毫无准则,郑国是知道自己将要灭亡了。如果真要那样的话,我们也只能尽全国之力,在儵地等候与晋国决一死战。就全听贵国执事的命令了。

"文公曾经在(郑文公)二年六月二十日,来齐国朝见。四年二月,为齐国攻打蔡国,并因此与楚国讲和,齐国对此亦不指责,能包容郑国处境之为难。我们处在晋、楚两个强国之间,不得不听从大国的命令,难道这是我国的罪过吗?大国如果不能体谅我国的处境,我们无处可以逃避,只有等待被讨伐的命令了。"

赵盾看完这封信,就派巩朔到郑国讲和,并派赵穿、公婿池到郑国作人质。当年十月,郑国也派太子夷和石楚到晋国作人质。晋国本来摆出盟主的架子,如今反因公子归生的一封信,不得不与郑国讲和。小国和大国交换人质,郑国在外交上也可以算是大获全胜了。

## 襄仲杀嫡立庶

鲁文公有两个妃子,长妃姜氏和次妃敬嬴,敬嬴生了宣公。敬嬴受到文公的宠爱,但她却私下里和襄仲私通。宣公年纪大一点的时候，敬嬴就把他托付给襄仲。

鲁文公十八年，文公去世，襄仲打算立宣公，惠伯不同意。襄仲请求齐惠公帮助他立宣公为国君，当时齐惠公也刚刚即位，正打算亲近鲁国，于是就同意了襄仲的请求。

十月，襄仲杀了太子恶以及他的同母弟弟公子视，立宣公为国君。襄仲以国君的命令召请惠伯，惠伯的总管公冉务人劝阻他说："你这一去凶多吉少，肯定会死。"

惠伯说："如果死于国君的命令，也是值得的。"

公冉务人说："果真是国君的命令，死了倒也罢了。如果不是国君的命令，为什么要听从呢？"惠伯不听。

惠伯进宫后，果然被襄仲杀死，埋在了马粪中，公冉务人护送惠伯的家人逃到了蔡国。不久，鲁国又立了惠伯的儿子为叔仲氏。

鲁文公的夫人姜氏要回到娘家齐国，再也不回来了。临行的时候，她哭着穿过集市，说："天啊！襄仲大逆不道，竟然杀了太子恶，立庶子为国君。"集市上的人也都跟着哭，因此鲁国后来就称她为"哀姜"。

# 七、鲁宣公时期故事

## 郑宋大棘之战

郑国靠着公子归生的努力，而与晋国达成了和议。鲁文公十七年，晋国因为宋国人弑君，就派荀林父率领诸侯联军讨伐，后来收了宋国的贿赂就罢手了。然后晋灵公召集诸侯在扈地会盟，准备为了鲁国攻打齐国，后来也是收了齐国的贿赂，就撤兵了。郑穆公说："晋国不守信用，不值得与之交往。"于是就去和楚国结盟。

鲁宣公二年春，郑公子归生接受楚国的命令，出兵讨伐宋国，宋国派华元、乐吕率军抵抗。二月，郑军与宋军在大棘交战，结果宋军失败，郑军活捉了华元，并获得了乐吕的尸体，又缴获兵车四百六十乘，抓获士兵二百五十人，斩首一百多人。

宋国大夫狂狡在与郑军作战时，郑国有个士兵掉进水井里，狂狡用戟柄把那个士兵从井里救出来，结果那个士兵反而把狂狡抓住了。君子对此评论说："违反作战纪律，不服从命令，狂狡被擒也是理所当然的。作战时表现刚毅果断，服从命令称为礼。能杀死敌人就是果断,能够做到果断就是刚毅。否则,就会受到处罚。"

在与郑国交战前,华元杀牛宰羊犒赏士兵,但是却没有邀请给他驾驭战车的羊斟。两军正在交战时,羊斟对华元说:"前几天犒赏士兵时,你做主。今天,由我做主。"于是驾驶战车冲入郑军军阵,宋军因此而失败。君子评论羊斟:"羊斟简直不是人,因为自己个人私怨,竟然牺牲国家和百姓的利益,还能有什么比这样更应该受到重罚呢?《诗经》所讲的'人之无良',说的就是羊斟这种丧尽天良的人,居然以残害百姓来发泄自己的私愤。"

宋国人用兵车一百辆和毛色有文彩的马四百匹来与郑国交换华元,刚把文马兵车送去一半的时候,华元跑了回来。他站在城门外,向守门人说明身份后就进入城内。华元进城后看见羊斟,说:"那天是不是你的马不听驾驭才闯入了敌人军阵?"

羊斟回答道:"并不是马的原因,而是人的原因。"说完就逃往鲁国。

宋国修筑城墙,由华元负责。在巡查筑城工地时,他听到筑城的人唱道:"瞪着大眼睛,腆着大肚子,丢盔弃甲逃回来。大胡子啊大胡子!丢盔弃甲后又来到工地巡查。"

华元让车右回答他们说:"有牛就有皮,犀牛野牛多的是,丢盔弃甲又有什么关系?"

筑城的人说:"即使制盔甲有牛皮,可是又到哪里去找红漆呢?"

华元听了,对自己的手下无奈地说:"我们还是离开这里吧,他们人多我们人少,我们说不过他们。"

## 赵盾弑其君

晋灵公荒淫无道,他的所作所为与一个国君的身份相违背。他横征暴敛,用得来的钱财装饰皇宫。他还经常从高台上拿弹弓打人,观看他们躲避弹丸,从中取乐。

有一次,一位厨师给晋灵公煮熊掌,但没有做熟,他就杀了厨师,把尸体藏在畚箕里,让宫女抬出去扔了。宫女抬着尸体经过朝廷,赵盾、士季看到一只手露在外面,便询问宫女,得知究竟,于是非常担心。他俩准备入宫进谏,士季对赵盾说:"如果我们同时去进谏,灵公不采纳,就没有办法可想了。你为正卿,地位最高,灵公如果不听从你的意见,其他人就不好说话,还是让我先入宫进谏,如果灵公不听,你再进去劝他。"

士季进了大门,按照礼仪,灵公本应该下台阶相迎,但灵公不愿听他劝谏,就故意装作没看见。士季进了庭院,灵公还是装作没看见。一直等士季来到台阶前,灵公才不得不抬头看他,说:"我知道自己错了,今后一定会改正。"

士季叩头说："人谁无过？只要有过能改，那就再好不过了。《诗经》里说：'无不有开始，很少能结束。'意思是说开始时大家都愿意做好事，但很少有人能坚持到底的。如果这样，那么能够改正错误的人就非常少了。您若能坚持到底，我们这些臣子以及我们的国家就有希望了。《诗经》里又说：'礼服上有破洞，贤臣仲山甫能为君王弥补。意思是贤臣能帮君王弥补过失。'您能够改正错误，就不至于荒废君王的职责了。"

但是晋灵公并没有听从士季的劝谏，仍然我行我素。赵盾为此多次劝谏，晋灵公很反感，暗中派刺客鉏麑刺杀赵盾。鉏麑一大早来到赵盾家，发现大门已经打开了，赵盾穿戴整齐，准备上朝，只是由于时间还早，赵盾就坐着闭目养神。见此情景，鉏麑退了出来，感叹说："国家有这么恭谨勤奋的人，百姓就有了依靠。刺杀百姓依靠的人，这是不忠；不执行国君的命令，这是不信。我无论怎么做都是不对的，不如一死了之。"于是头撞槐树而死。

鲁宣公二年九月，晋灵公设宴招待赵盾，暗中埋伏士兵，打算乘机杀死他。赵盾的车右提弥明知道了这件事，赶忙跑到宫殿，说："大臣侍奉国君饮宴，超过了三杯，就不合礼法了。"于是扶着赵盾退下。

灵公唆使一条狗来咬赵盾，提弥明与狗搏斗，把这条狗杀死了。赵盾说："不用人，却用狗，狗虽然凶猛，又有什么用呢？"这时埋伏的士兵也已发动，二人一边搏斗一边往外撤退，提弥明在这次冲突中战死。

当初，赵盾在首山打猎时，曾经在翳桑住宿，遇到一位叫灵辄的人。赵盾看灵辄饿得非常厉害，就过去询问。灵辄说："我已经三天没有吃东西了。"赵盾就拿出粮食给他吃。

灵辄吃了一半就不吃了，赵盾问他为什么，他说："我在外面给人做了三年奴仆，不知道母亲是否还活在世上，现在快到家了，请允许我把剩下的一半带给母亲吃。"赵盾让灵辄把食物都吃完，又另外为灵辄准备了一小筐食物和肉，放在袋子里让他带走。

后来，灵辄进宫做了晋灵公的卫士。在灵公要杀赵盾的紧要关头，灵辄倒戈相向，抵挡追来的士兵，帮助赵盾脱离了险境。赵盾问他为什么要这样做，他说："我就是那个在翳桑挨饿的人。"赵盾问他叫什么名字，他没有回答就退下逃走了。

二十六日，赵穿在桃园杀了晋灵公。赵盾正要逃亡，还没有离开晋国边境，听到这件事就回来了。晋国史官董狐记载说："赵盾弑其君。"并拿到朝廷上让别人看。

赵盾辩解说："不是这样的。"

史官反驳道："你身为晋国正卿，既然逃亡，却没有越过国境；回来后，又不去讨伐杀赵盾说："天啊！《诗经》里说：'我心存眷恋，反而给自己带来灾祸。'说的大概就是我吧。"

孔子后来这样评价："董狐真是古代的优秀史官，为了遵照写作历史的笔法，而不隐瞒赵盾的罪过。赵盾也真是古代的贤大夫，为服从写作历史的笔法而蒙受弑君的罪名。真是太可惜了，如果他当时走出国境，就可以免受这一罪名了。"

赵盾派赵穿去周王室迎接晋文公幼子公子黑臀，立他为国君，是为成公。十月三日，公子黑臀到曲沃武公庙朝祭。

丽姬之乱（鲁文公四年）后，晋国人发誓不准太子以外的公子们留在国内做官，从此以后晋国就没有了公族这一职位。晋成公即位以后，把这一职位授给了卿的嫡系子孙，并且分给他们田地；又把一些官职授给了卿的庶子，让他们担任余子之职；还让卿的庶子们担任公行之职。从此晋国开始出现了公族、余子、公行等职位。

赵盾的亲生母亲是狄人，他出生在狄地，若不是晋文公的女儿赵姬替他母子请求，他就回不了晋国。赵盾心里一直很感激赵姬，就请求让他的异母弟赵括担任公族，说："赵括是赵姬最宠爱的儿子。如果不是赵姬，我就是狄人了。"晋成公答应了他的请求。

冬天，赵盾把自己的职位让给了赵括，自己不以嫡子自居，甘愿以正卿的身份承担教导余子的责任，而让赵括作为公族大夫统领他的旧族。

## 楚庄王问鼎

鲁宣公三年春，楚庄王攻打居住在陆浑的戎人，军队到达洛水岸边，驻扎在周王室领土的边疆。周定王派大夫王孙满前去慰劳楚庄王，言谈之中，楚庄王竟然问起周室国宝重器"九鼎"的大小和轻重。

王孙满回答说："九鼎的轻重、大小，关键在于君主的德行，并不在于九鼎自身。君主德高则鼎重，鼎重则不可移动；失德则鼎轻，鼎轻则容易移动。从前，夏朝实行德政，把远方的各种物象绘制成图，命令九州的长官贡献青铜，然后用九州所献的青铜铸成九座鼎，以象征九州万物，并把描画的各种物象铸到九鼎上面，以便让老百姓知道什么是神，什么是奸恶。因此当百姓进入山林河川时，就不会遇到不利于自己的东西，也不会遇到各种妖魔鬼怪。因此，那个时候举国一心，都能承受上天的恩赐。

"等到夏桀执政时，他昏庸无道，被商朝推翻，于是九鼎就归于商朝。后来，商纣王也暴虐无道,九鼎又迁到周朝。如果德行美善光明,鼎即使很小,也是很重而不可移动的。如果昏庸暴虐,鼎虽然很大很重,也是很容易被人搬走的。上天保佑德行美善的人,但也有一定的期限。周成王把九鼎放在王城郏鼎,占卜的结果表明周朝可以传三十代,享国七百年,这都是上天的旨意。如今周朝的德行虽然日渐衰微,但是上天的旨意却还没有改变。因此,九鼎的大小、轻重,还不是可以问的。"

# 郑穆公刈兰而卒

当初,郑文公有个出身低贱的小妾,名叫燕姞,是南燕国的女子。一天夜里,她梦见上天派人送她一朵兰花,那人说:"我叫伯鯈,是你的祖先。如果你生了儿子,就取名为兰。因为兰花的香气全国第一,人们最喜欢佩戴兰花。"

后来郑文公见到燕姞时,送了她一朵兰花,然后与她同房。燕鯈对文公说:"我出身低贱,如果有幸能给您生个儿子,恐怕别人不肯相信,您能否以这朵兰花为信物?"文公答应了。后来燕姞生下了穆公,给他取名为"兰"。

文公奸污了他叔叔子仪的妃子陈妫,生下子华、子臧。后来,子臧因为获罪从郑国出逃,流亡在外。文公在南里设下圈套杀死了子华,然后派出刺客,在陈国、宋国交界的地方杀了子臧。后来,文公又从江国娶了一个妻子,生下公子士。公子士到楚国朝见楚王时,楚国人给他喝毒酒,公子士走到叶地就死了。文公又从苏地娶了一个妻子,生下两个儿子瑕和俞弥。俞弥早夭,而瑕不受文公喜欢,因此没有被立为太子。

文公把公子们送到其他国家,公子兰逃亡到晋国,跟从晋文公讨伐郑国。郑大夫石癸说:"我听说如果姬、姞两姓结为婚姻,他们的子孙后代一定会繁衍昌盛。姓姞的人会带来吉祥,周朝的先祖后稷的第一个妻子就姓姞。公子兰是姞姓的外甥。上天或许要帮助他,他一定会成为国君的,而且他的后代也一定会繁衍昌盛。既然如此,我们不如先把他接回国,并立为国君,既顺应天意,也能因此获得他的宠幸。"于是石癸就和孔将鉏、侯宣多迎立公子兰,并借此和晋国讲和。

公子兰即位,是为穆公。鲁宣公三年,郑穆公生病,说:"如果兰花死了,我也要死了。我是由兰花而生的。"这年冬天兰花被割的时候,郑穆公真的就去世了,在位共二十二年。

# 公子归生弑君

鲁宣公四年春,楚国献给郑灵公一只大鳖。当时公子宋和公子归生正要进宫,公子宋感觉自己的食指在跳动，于是给归生看，说："以往我遇到这种情况时，一定能够品尝到美味佳肴。"

他们走进宫殿时，看见厨师正在杀大鳖，于是相视而笑。郑灵公问他俩为什么笑，归生就把公子宋的食指能预感到有美味佳肴的事告诉了灵公。等到要把大鳖赐给大夫们吃的时候，宋灵公把公子宋召来，却偏不给他吃，想以此证明他的预感不正确。公子宋非常生气，硬是把手指伸进鼎锅，然后抽出来尝了尝就出去了。郑灵公也很生气，就想杀掉公子宋。

公子宋与归生商量，想要先发制人。公子归生说："对于很老的牲畜，人们尚且不忍心杀他，更何况是一国之君呢？"公子宋见劝不动归生，便反过来在灵公面前诬陷他。归生害怕，只好服从公子宋。

当年夏天，公子宋和公子归生杀了郑灵公。《春秋》这样记载："郑公子归生弑其君夷。"君子评论说："归生有不忍心杀老牲畜的仁心，却没有阻止或讨伐公子宋的武勇，还是成不了事的。"表示了对公子归生独自承担弑君恶名的遗憾。

郑国人打算立穆公的庶子子良为国君，子良推辞说："论贤能，则我还不够格；论长幼顺序，则公子坚比我年长。"于是就立公子坚为国君，是为襄公。

郑襄公打算把他所有的兄弟都驱逐出郑国，但留下子良一人。子良不同意襄公这样做，说："穆公的诸位公子都应当留下来，这是我一向的愿望。如果公子都要离开郑国，那么我也一样应当离开，为什么要单独留下我呢？"襄公于是改变了自己的想法，让公子们都做了大夫。

鲁宣公十年冬，公子归生去世。郑国人为了报复他弑杀灵公一事，剖开了子家的棺材，并且把他的族人赶出了郑国。郑灵公死时，一开始谥号为"幽"，这时郑国人又将他重新安葬，并把他的谥号改为"灵"。

## 楚灭若敖氏

若敖氏，是楚国先君若敖的后人。当初，若敖氏的人从邧国娶妻，生下斗伯比。父亲死后，斗伯比就跟随着母亲在邧国生活。后来，他和邧子的女儿私通，生下了子文。邧夫人让人把子文扔到沼泽里，有只老虎给他喂奶。邧子打猎时，看见老虎给子文喂奶，因为害怕就跑了回来。邧夫人告诉他，这是他的女儿与斗伯比私通生的孩子，于是邧子就让人收养了子文。楚国方言称喂奶为"谷"，称老虎为"於菟"，因此邧子就给子文起名为"斗谷於菟",还把他的女儿嫁给了斗伯比。这个斗谷於菟,就是后来大名鼎鼎的楚令尹子文。

子文有个弟弟,做到楚国的司马,名叫子良。子良有一个儿子,名叫椒,字子越。斗椒出生时,子文对子良说:"必须把这个孩子杀掉!你看,这个孩子的长相就像熊虎一样,发出的声音就像豺狼一般。如果不杀掉他,若敖氏的子孙一定会因他而被灭掉。谚语说:'狼子野心。'这孩子就是狼啊,难道你还想抚养他吗?"子良不同意,子文对此深感忧虑。

临死时,子文召集他的族人,说:"一旦斗椒执掌政权,你们就赶快逃走,否则就会灾祸临头。"又哭着说:"鬼魂也要吃饭,若敖氏很快就会子孙灭绝,祖先的鬼魂没有人祭祀,恐怕就要饿肚子了!"

鲁文公九年冬,楚国派斗椒去鲁国骋问。当时他带着礼物,所以态度相当傲慢。叔仲惠伯说:"若敖氏的宗族一定会断送在这个人手里。一个人如果以傲慢的态度对待他的先君,那么神灵绝对不会降福于他的。"

鲁宣公二年夏,晋赵盾在阴地会合诸侯的军队入侵郑国,要报大棘之战的仇。楚国派斗椒率兵支援郑国,把军队驻扎在郑国,等待晋军的到来。赵盾说:"斗椒的家族在楚国历来很强大,大概从今往后就要被灭亡了。我们姑且加速他们的灭亡吧。"于是就率军离开了郑国。

令尹子文去世后,他的儿子斗般做了令尹,斗椒则担任司马,芳贾做了工正。鲁宣公四年,芳贾向楚庄王诬告,杀掉了斗般,于是斗椒升作令尹,芳贾升作了司马。斗椒当上令尹后,又开始讨厌芳贾,于是聚集若敖氏的族人把芳贾囚禁在辕阳,然后杀了他。随后,斗椒来到烝野,准备攻打楚庄王。楚庄王要以文王、成王、穆王的子孙为人质与斗椒讲和,斗椒也不接受,庄王只好在漳澨陈兵以待。

七月九日,楚庄王与若敖氏在皋浒开战。斗椒用箭射庄王,箭矢的力量很大,穿过车辕,穿越鼓架,射到钲上。他又射一箭,穿过车辕,稍偏上,又穿过了车盖正中。楚庄王的士兵害怕,纷纷后退。楚庄王派人到军阵中巡视,说:"我国先君文王在打败息国时,获得了三枝利箭,被斗椒偷走了两枝。现在斗椒已经把这两支箭用完了。"于是擂鼓前进,一战而胜,灭了若敖氏。

令尹子文的孙子克黄担任箴尹,正出使齐国,返回途中经过宋国时,听到斗椒叛乱并被杀的消息。随从劝他说:"别回国了。"克黄说:"如果我违背了国君的命令,今后还有谁肯接纳我呢？国君，就相当于上天，难道还能够逃脱上天吗？"于是回到楚国，汇报了出访情况，然后让人把自己绑了起来，送到司法官那里请求发落。

楚庄王考虑到从前子文治理楚国的功绩，说："如果像子文这样的人没有了后代，又怎能规劝其他人为善呢？"于是就恢复了克黄的箴尹之职，并给他改名为"生"。

## 楚庄王县陈

鲁宣公十年，陈灵公、孔宁、仪行父在大夫夏征舒家里喝酒。灵公对仪行父说："征舒长得像你。"仪行父说："也很像你。"夏征舒的母亲很淫乱，所以他们拿这个开玩笑。夏征舒听了以后非常愤怒。灵公出来时，他从马房用箭射死了灵公，孔宁和仪行父也跑到了楚国。

次年冬天，楚庄王因为夏氏叛乱，于是发兵攻打陈国。庄王对陈国人说："你们不要害怕，我只是想讨伐夏征舒。"随后，楚庄王攻入陈国，杀掉夏征舒，在栗门外把夏征舒五马分尸，然后"县陈（把陈国设置为楚国的一个县）"。

楚大夫申叔时出使齐国，回国后，向楚庄王汇报完自己的出使情况，然后就退了下去。楚庄王派人指责申叔时，说："夏征舒大逆不道，弑其君，我带领诸侯前去讨伐他并把他给杀了，诸侯、县尹都向我表示祝贺，唯独你不祝贺，这是什么原因？"

申叔时回答说："我还可以申辩吗？"

庄王说："可以。"

申叔时于是说："夏征舒弑杀他的国君，罪大恶极。您去讨伐并且杀掉他，这也是应该做的事情。不过也有人说：'为走捷径，牵着牛从别人的田里走过，可是田的主人竟然把牛给夺走了。'牵自己的牛去践踏别人的田，固然有罪，可是如果因此而把牛夺走了，那么这种惩罚也太重了。诸侯各国都跟从楚国去攻打陈国，是以讨伐有罪之人为借口。现在楚国把陈国作为自己的一个县，这就是贪图陈国的财富了。以讨伐有罪为由召集诸侯，最后却以贪图财富告终，难道可以这样吗？"

楚庄王说："说得好，你这番道理我还没有听说过。那我就把陈国还给他们，可以吗？"

申叔时说："这就是我们这些小人所说的，'从别人怀里取走，再还给别人'啊！"于是楚庄王又重新封立陈国，从陈国的每一个乡村挑选一个人，带回楚国，建立一个夏州，以此夸耀伐陈的武功。

# 楚庄王围郑

楚庄王初立的时候，先是公子燮作乱，是有内忧；后来庸国等又趁楚国饥荒反叛，再有外患。而楚国也就在这内忧外患中强大起来了，楚庄王的野心越来越大，渐渐有了北略中原、称霸诸侯的想法。

郑国夹在晋国和楚国两大强国之间，地位极其尴尬。依附楚国，则会导致晋国不满，前来讨伐；若依附晋国，则楚国又会不满，就要发兵讨伐。

鲁宣公九年，楚庄王因为郑国依附晋国而出兵讨伐。晋国的郤缺率兵援救郑国，郑襄公在柳棼打败了楚军。郑国人欢欣鼓舞，只有子良（即公子去疾）一人担忧，他说："这次胜利不是好兆头，我国的灾难很快要降临了。"

鲁宣公十一年春，楚庄王讨伐郑国，攻打到栎地。子良说："晋、楚两国不修德行，却依靠武力来争雄，谁来攻打我们，我们就和谁亲近吧。晋、楚两国不讲信用，我们又何必讲信用呢？"于是郑国就归顺了楚国。

当年夏，楚庄王在辰陵召集陈成公、郑襄公举行会盟。郑国虽然与楚国会盟，但并不一心归顺楚国，到了冬天就又去请求侍奉晋国。

鲁宣公十二年春，楚庄王发兵讨伐郑国，包围了郑国的国都。一围围了十七天，郑国人占卜"求和"的吉凶，结果并不吉利，于是准备前往太祖之庙哭泣，并在每一条街巷排列战车，表示要与楚国决一死战。郑国人又占卜"决一死战"的吉凶，结果是吉利，于是都城的人都到太祖之庙哭泣，守城的将士们也都大声哭泣起来。看到这种情形，楚庄王下令撤军。

楚军一退，郑国人就赶紧修筑城墙。楚军退走后，很快又回来，再次包围了郑国都城。三个月后，楚军攻克了郑国都城。楚军从皇门入城，走在城内大道上，这时郑襄公上身裸露，牵着一只羊出来迎接楚庄王，说："我没有顺承天意侍奉您，致使您满怀怒气率军来到敝国，这是我的罪过。我怎敢再不侍奉您呢？任凭您把我俘虏并发配到江南海滨，把郑国的土地分给诸侯，让郑国的男女作为其他国家的臣妾，也都听您的吩咐。如果承蒙您念及我们从前的盟誓之好，并托周厉王、周宣王、郑桓公、郑武公等祖先的福而不让郑国灭亡，让敝国改而侍奉您，令郑国相当于楚国的一个县，是您的莫大恩惠，是我的心中愿望，只是又不敢对此有所奢望。我说的都是心里话，请君王考虑。"

庄王的左右随从说："不能答应他，打败一个国家就不能赦免它。"

但楚庄王说："郑国国君谦恭有礼，必然能够赢得百姓的信任，百姓也一定愿意听从他的调遣，这个国家还是很有希望的！"于是下令退兵三十里，并同意了郑国提出来的和谈请求，另外派大夫潘尪进城与郑国订盟，郑国则派子良到楚国当人质。

这次围城战役，实际上是郑国大夫石制作了内奸，楚军才得以攻克郑国都城的。石制打算把郑国一分为二，一半给楚国，一半给晋国，并立公子鱼臣为国君。七月二十九日，郑国人杀了公子鱼臣和石制。君子评论说："史佚所说的'不要趁人之乱以利己'，指的就是公子鱼臣和石制这样的人。《诗经》说：'天下动乱如此频繁，哪里才是适宜的归宿？'这就要归罪于那些趁机作乱的人啊！"

## 晋楚邲之战

鲁宣公十二年六月，晋国因为楚庄王围郑，发兵营救郑国。荀林父担任中军统帅，先縠为副帅；士会担任上军统帅，郤克为副帅；赵朔担任下军统帅，栾书为副帅；赵括、赵婴齐任中军大夫，巩朔、韩穿任上军大夫，荀首、赵同任下军大夫，韩厥任司马。

晋国军队到达黄河边时，听说郑国已经和楚国讲和。荀林父打算班师回国，他说："没有赶上解救郑国百姓的苦难，我们出兵还有什么用？楚军回国后如果再次发兵讨伐郑国，我们再来解救也不迟。"

士会说："好。我听说用兵之道贵在抓住战机，如果一个国家的德行、法制、政治、国事、典章、礼制长久不变，就没有什么国家可以与之匹敌，也不宜贸然向它进攻。楚国国君讨伐郑国，是因为郑国三心二意，又怜悯其低三下四；因为它三心二意所以讨伐，因为它低三下四于是宽恕，这样德行和法制就齐备了。讨伐叛逆，是法制；用怀柔的办法对付服罪的国家，是德行。所以楚国的法制和德行这两点都已树立起来了。

"去年，楚庄王因夏征舒弑杀陈灵公而发兵攻打陈国，杀了夏征舒，立灵公之子成公。今年楚国再次讨伐郑国，百姓没有感到疲劳，没有怨恨国君，这样政务措施就合乎规范了。当年楚武王创立的荆尸阵井然有序，农、工、商、贾百业兴旺，步卒、车兵也很和睦，兴国事时选择在不干扰正常事务的时节。

"孙叔敖担任令尹，斟酌选择政令法典。军队前进时，右军护卫主帅之兵车进退，左军负责寻找粮食草料和宿营物品，前军高举旄旗在前面开道以防一切意外变故，主帅位居中军制定作战策略，后军则以精兵押阵，各级军官依照指挥信号而行动，军中各种事务无须等待上级命令就已经准备就绪，这是能较好地把军事典章运用于实际的结果。

"楚国国君选拔人才的方法是：同姓中，选择关系亲近的人；异姓中，选择官宦世家的子弟。举荐时不会遗漏有德之人，赏赐时也不会遗漏有功劳之人。对年老者另有优待，对行旅之人也有施舍。君子和小人的服饰以标记和纹章加以区别，等级明确，不论尊贵卑贱都各有其位不得僭越，这样就不违背礼法了。

"楚国树立了德行，施行了法制，修明了政治，顺时办事，遵循典章，完善礼仪，我们凭借什么来和他们对抗呢？见机而进，知难而退，是治军的最佳策略；兼并弱小的国家，攻打昏昧的国家，是用兵的基本原则。我们可以整顿军队充实装备，还有不少弱小昏昧的国家可供我们攻打，何必一定要攻打楚国呢？商汤的左相仲虺曾经说过：'他国有乱亡之道，就可以进兵征取。'说的就是兼并弱小昏昧的国家。《诗经·周颂·酌》中说：'天子的军队多么辉煌，挥兵东征消灭昏昧之邦。'说的就是武王讨伐昏昧的商纣王。《诗经·周颂·武》中说：'武王功绩卓著，无与伦比。'说的是安抚弱小的诸侯，攻打昏昧的国家。这样做是功烈之所在，所以可以去做。"

先縠却反对说："不行。晋国之所以能称霸诸侯，靠的是军队强大，臣下尽力。现在眼看郑国被征服却不去救援，不能说是尽力；面对敌人而不去迎战，不能说是军队强大。如果晋国的霸主地位要从我们手中丧失，那我们生不如死。况且我们兴师动众来到这里，听说敌人强大就撤兵，这绝不是大丈夫所为。我受君王的命令担任中军副帅，只能去做大丈夫应该做的事情。退兵这种事只有你们能做到，我是绝对不会做的。"于是不听退兵的命令，率领自己的部下渡过黄河独自进军。

荀首说："先縠的这支部队要有危险了。《周易》里有这样的卦象，从《师》卦变为《临》卦，爻辞说：'军队出动要有法制号令，不这样则凶。'法制号令严明为善，不顺应指挥为凶；军队分散为弱，流水壅塞为泽。军队有法制号令，部下听从主帅的指挥，主帅指挥起来就像自己指挥自己一样，所以称作'律'。如果不能做到令行禁止，那么律就如同虚设。流水塞而为死水，死水容易枯竭，堵塞并且分散，这是凶象。水不流动称为'临'，不服从主帅，还有更严重的'临'吗？如果遭遇楚军，必败无疑。先縠肯定不会有好结果，即便他侥幸活着回来，也难免灾祸。"

韩厥对荀林父说："先縠仅仅率领中军偏师渡过黄河，如果他失败了，您的罪过可就大了。您作为最高统帅，军队不听从命令，是谁的罪过？失去了郑国，又损失了军队，这一罪过可就大了。不如进军，即使战败了，责任也应由大家来分担。与其让您一个人承担所有的责任，不如我们六个人共同承担，这样不是更好吗？"于是晋军渡过了黄河。

此时楚庄王挥师北上,正驻扎在郔地。孙叔敖担任中军统帅,楚庄王的兄弟公子婴齐担任左军统帅,子反率领右军。楚军本来打算前进到黄河,然后象征性地饮马之后就回国,如今却听说晋军已经渡过了黄河,楚庄王就打算班师回国,但其宠臣伍参却主张作战。令尹孙叔敖不同意,他说:"去年我们攻打陈国,今年又攻打郑国,不是没有战事。如果与晋国作战却不能取胜,即使是杀了你伍参,吃你的肉,恐怕也不足以向国人谢罪。"

伍参说:"如果此战能够取胜,说明你孙叔敖缺少谋略。如果不能取胜,我伍参将落入晋人手中,你们又怎么能够吃到我的肉呢?"

孙叔敖不管伍参的意见,回车向南,把军旗也掉过头来,准备带兵回国。伍参又劝楚庄王说:"晋国统帅荀林父任职时间短,晋军不听其指挥,其军令还不能畅通无阻。他的副帅先縠刚愎自用,残暴不仁,不愿听从他的命令。晋军的三军统帅,想要自己做主而不能够,想要听从命令又没有上司,底下将士不知该听从谁的指挥。如果我们与晋军作战,肯定会取得胜利。您作为一国之君,如果躲避晋国的臣子荀林父,怎么对得起国家呢?"楚庄王也对国君躲避臣子这件事感到不痛快,于是就命令孙叔敖调转车辕,继续向北进军,驻扎在管地,等待晋军。

晋军驻扎在敖、鄗两山之间。郑卿皇戌作为使者来到晋军营地,说:"郑国之所以屈从楚国,是为了保存国家,并非对晋国怀有二心。楚国军队多次胜利,一定会滋生骄傲情绪。另外,军队长期驻扎在一个地方,又没有防备,如果贵国出兵攻打他们,我们郑国的军队也会紧紧跟随在贵国军队后面,楚军必然失败。"

先縠说:"打败楚国,降服郑国,就在此一举。我们一定要同意他的请求。"

但是栾书反对,他说:"楚国自从打败庸国以来,楚庄王每天管理都城平民,并且训导全国百姓:百姓生活还很艰苦,战祸随时都会降临,警惕之心不可懈怠。在军队方面,每天都这样管理和告诫将士:我们不可能永远胜利,商纣王曾经百战百胜,但最终却没有好下场。除此以外,还用当年楚国先君若敖、蚡冒乘坐竹木编成的大车、穿着破旧的衣服,筚路蓝缕开辟山林的事迹来教导百姓和士兵,规诫他们说:'百姓的生计完全在于勤劳,只要勤劳就会受用无穷。'由此看来,不能说他们骄傲自满。先大夫子犯说过:'名正言顺地出师,就能理直气壮;名不正言不顺,则理曲气衰。'我们的行为不合德,又要与楚国结怨,我们理曲而楚国理直气壮,因此也就不能说楚军士气低落。楚王的亲兵分为左右两部,称为两广,每广有兵车三十乘。右广从鸡鸣时开始驾车守卫,直到中午,再由左广接替,一直到日落黄昏。楚王左右卫士则轮流值夜,以防意外。这不能说他们没有防备。

子良是郑国的杰出人才,潘尪又是素来受楚国人崇敬的大夫。楚国派潘尪前往郑国结盟,郑国让子良到楚国作人质,可见楚、郑两国关系是多么密切。郑国派人来劝我们出战,其真实目的是,如果我们战胜楚国,他们就来归服,一旦战败,他们就投奔楚国,这是在以我们的胜负来占卜其究竟应该归服谁啊。郑国的话不能听从。"

赵括、赵同说:"我们率部前来,目的就是寻找与敌人交战的机会。如果能够战胜敌人,使郑国归附,那么还等什么呢?一定要批准先縠的请求。"

荀首说:"赵同和赵括的想法,实际上是一条自取灭亡之道。"

赵朔说;"栾书的意见很好。照他的话去做,必能使晋国长盛不衰。"

楚国少宰来到晋军营地,说:"敝国国君自幼遭遇忧愁困苦,不擅辞令。听说以前楚国的两位先君成王和穆王,往来于由楚至郑的路上,目的是教导郑国,使之安邦定国,哪敢得罪晋国呢?希望晋军不要在此停留太久!"

士会回答说:"从前,周平王曾经命令我国先君晋文侯说:'你要和郑国共同辅佐周王室,不要背弃天子的命令!'如今郑国不遵循天子的命令,我国国君派我们几个来质问郑国,并非想与郑国作战,怎么敢屈尊你们的官吏来迎送呢?晋国愿意接受楚国所赐予的命令。"

先縠认为士会的回答是在讨好楚国,便派赵括去更正士会的话。赵括说:"刚才士会的话不够恰当。我们国君派我们几个前来,是要请你们楚国的军队离开郑国,他还说'不要躲避敌人'。我们这些臣子无法不执行这一命令!"

楚庄王派人向晋国求和,晋国人答应了,并且拟定了结盟的日期。楚国的许伯给楚臣乐伯驾车,摄叔为车右,想到晋军中挑战。

许伯说:"我听说向敌人挑战,就要驾驭战车迅速迫近敌营,然后就回来。"乐伯说:"我听说向敌人挑战,要在车左用利箭射击敌人,而且还要替御者执掌马缰,让御者下车,从容地把马匹排列整齐,然后整理好马脖子上的皮带,掉转车头回来。"

摄叔说:"我听说向敌人挑战,车右要攻入敌人阵营,杀死敌人割掉耳朵,并生擒俘虏而还。"这三个人都按照他们所听说的挑战方式做了一遍,然后返回。

晋国人同时从左右两翼夹击他们。乐伯左边射马,右边射人,使左右两边的晋国人不能前进。在他们只剩下一支箭时,有一只麋鹿跑在前面,乐伯用箭射中麋鹿的背部。此时晋国的鲍癸正在后面追赶,乐伯让摄叔把麋鹿献给他,说:"因为还不到时令,应当奉献的禽兽还没有出现,暂且献上这只麋鹿,请你拿去给随从们分享吧。"

鲍癸让部下停止追击，他说："他们的车左擅长射箭，车右擅长辞令，可见都是能人啊。"结果乐伯、许伯、摄叔三个人都安然归来，没有被俘虏。

晋国的魏锜想当公族大夫，但求官不成，为此非常不满，希望晋军失败，于是就请求单车挑战楚军，但未被批准。魏锜又请求出使楚军，得到了允许。他来到楚军营前，向楚军挑战后就返回了。楚军潘党追击他，来到荧泽时，魏锜看到六只麋鹿，就射死一只，掉过头来献给追赶他的潘党，说："你正在作战，恐怕没有猎人献给你新鲜野味。谨把这只麋鹿献给你的随从。"于是潘党下令不要再追赶魏锜。

赵穿的儿子赵旃请求当卿，却未被批准，并且对放走楚军前来挑战的人很恼火，于是请求领兵前去挑战，没有得到批准。又请求去召楚人来订立和约，得到了批准。于是他和魏锜都受命前去。上军副帅郤克说："这两个心怀不满的人离开了，如果我们不加以防备，肯定会失败。"

先縠说："郑国人劝我们出兵作战，我们没有听从；楚国人向我们求和，我们又不能与他们结好。行军打仗，情况多变，即使多加防备又有什么用？"

士会说："还是有所防备为好。如果他们两个激怒了楚国，楚军就会乘我们不备而前来袭击，这样我军很快就会被击败，不如防备一下。如果楚国没有恶意，到时候再解除战备，缔结盟约，对两国邦交也没有什么损害。如果楚军怀有恶意而来，我们有所防备，才不会失败。再说即使是诸侯会见，也不会撤除各自的守卫，就是要保持警惕之心。"先縠还是不同意。

士会派巩朔、韩穿率领士兵在敖山前面设下七处埋伏，因此后来上军没有遭到失败。赵婴齐派他的部下事先在黄河边准备了船只，因此战败以后能率先渡过黄河。

潘党赶走了魏锜后，赵旃又在夜色将临时来到楚军营地。他铺了块席子坐在营门外，派部下先进入楚营。楚庄王的战车每广三十乘，共有左右两广，早晨鸡叫时右广套车执勤，中午则卸车休息；左广中午接班，直到太阳落山才休息。许偃驾驭右广的指挥车，楚国著名的神射手养由基出任车右；彭名驾驭左广的指挥车，屈荡担任车右。楚庄王乘坐左广的指挥车追赶赵旃，赵旃扔下车子逃到树林中，屈荡下车和他搏斗，扯下了赵旃的甲裳。

这时，晋国人派出魏锜和赵旃后，又担心这两个人会触怒楚军，就派了一辆驻守用的兵车前来接他们。潘党远远看到飞扬的尘土，便派人驾车火速回报说："晋军来了！"楚国人也害怕楚庄王落入晋军手中，便出营列阵迎战。

孙叔敖说:"出击吧!宁可我们逼近敌人,不可让敌人逼近我们。《诗经》说:'十辆兵车,前面开道。'意思是要主动逼近敌人,抢占先机。古代《兵书》说:'先发制人,可以把敌人的勇气夺去。'"于是下令军队前进。于是乎,战车奔驰,士兵飞跑,掩袭晋军。

荀林父突然遭到攻击,不知所措,在军中击鼓下令,说:"先渡过黄河撤退者有赏。"因上军有船准备,所以没有发生争抢;中军、下军争相上船,先上船的人把攀住船舷的人的手指砍断,船里的断指多得可以捧起来。

晋军向黄河转移。士会统率的上军因为事先准备了伏兵,所以没有溃败。战前,楚庄王曾派唐狡和蔡鸠居告诉楚国的附庸唐国的惠侯说:"我无德而又贪心,遭遇像晋国这样强大的敌人,是我的罪过。如果楚国不能取胜,也是您的耻辱。因此想借助您的威灵,来帮助楚军战胜敌人。"此时便派潘党率领机动战车四十辆,跟随唐侯作为左边的方阵,追击晋军上军。

郤克的儿子郤锜问:"我们要抗击敌人吗?"

士会说:"楚军现在士气正旺,如果集中兵力对付我们,我军必然被消灭,不如收兵撤退。这样既分担其他统帅的罪名,又减少士兵们生命的危险,不是一举两得吗?"于是上军就作为晋军的殿军撤退,而且没有溃败。

楚庄王看见右广的指挥车,准备坐上去,屈荡阻止说:"君王开始作战时乘坐的是左广的指挥车,也应该乘坐左广的指挥车来结束这场战争。"从此以后,左广先执勤,日中以后由右广接替。

晋军有几辆兵车陷到泥坑里,阻碍了军队的前进,楚国人便教他们抽去兵车前面的横木。但走不了几步,马又盘旋不走了,楚国人又教他们拔掉大旗,扔掉车轭,战车轻了才得以脱身。但晋国士兵非但不感激,还回过头来讥讽楚国人说:"我们不像你们那样,经常逃跑,很有经验。"

赵旃用他的两匹好马帮助哥哥和叔父驾车逃跑,用别的劣马套车回来,遇到敌人不能逃脱,只好扔下战车逃入树林。此时晋臣逢大夫正和他的两个儿子驾着战车,逢大夫告诉儿子们不要回头看,但他们还是回了头,看见了赵旃,说:"赵旃那老头在后面呢!"逢大夫很是生气,命令他两个儿子下车,指着路边的树说:"我会在这里替你们收尸。"然后把扶手上的绳子递给赵旃,让赵旃上车,赵旃因此得以逃脱。第二天,逢大夫前往那棵树下收尸,果然看见他两个儿子的尸体叠压在一起。

楚国的熊负羁俘虏了荀首的儿子,荀首率领部属回过头来反攻楚军,魏锜驾驭战车,下军的士兵多数都跟着他反攻楚军。荀首每次射箭，抽出箭来，如果是利箭，就放在魏锜的箭袋里。魏锜生气地问他："你不是急着救儿子，而是贪爱好箭。董泽的蒲柳可做成无数的好箭，你能用得完吗？"

荀首说："不用别人的儿子来交换，怎么能得到我的儿子？我不可以随便射箭，我是挑出好箭择人而射。"结果射中楚国连尹襄老，并把他的尸体装到车上。接着又射中了楚庄王之子谷臣，并把他囚禁起来。最后带着襄老的尸体和公子谷臣回到晋国。

天色已暗的时候，楚军在邲地驻扎。晋国剩下的士兵已经溃不成军，连夜渡过黄河，渡河的声音响了一夜。

次日，楚军的辎重到达邲地，随后军队驻扎在衡雍。潘党问："您为什么不把晋军士兵的尸体收拾起来修筑武军、京观？"所谓武军或者京观，就是把敌军的士兵尸体聚集起来，埋一个大土堆，然后树立木牌，在上面写上这次的事迹，以此来炫耀自己的武功。

楚庄王回答说："这你就不懂了。从字义上理解，止戈二字合起来为'武'，意思是制止战争。周武王消灭商朝后，曾作《周颂》说：'把兵器收藏起来，把弓箭装进箭袋。我求有美德之人治理人民，并将此求贤之意颁布宇内，所以能够保有天下。'后来又写了《诗经·周颂·武》这首诗，最后一章说：'把你的功绩巩固下来。'《武》的第三章说：'武王发扬文王之德政，使之推演天下，前往伐纣，以求得天下安定。'《武》的第六章说：'万邦安定，常有丰年。'所谓武功，就是用来清除残暴、消灭战争、保有天下、巩固功业、安定百姓、调和众人、积聚财富的，武王具备这种德行，因而其后代子孙能够记住他的显赫功业。现在，我让楚、晋两国士兵的尸骨暴露荒野，这是残暴不仁；夸耀武力以威慑诸侯，战争不能因此而停止；既没有消除残暴，又没有停止战争，怎能保有天下？再说晋国仍然存在，怎么能够巩固功业？违背百姓意愿的事情还很多，百姓怎么能够安定？缺少德行而勉强和诸侯争霸，怎么能调和众人？乘人之危为自己谋利，以别国的动乱求得自己的安定，还要把它当作自己的光荣，怎么能够增加财富？武功有上述七项德行，而我却一项也不具备，又凭什么来向子孙昭示？我只在这里为楚国的先君建造一座神庙，向祖宗报告战胜的消息就可以了，这一胜利还不能算是我的功业。古代圣明的君王出兵攻打不尊敬王命的国家，杀死罪魁祸首而封成大坟丘，这才建造京观以警戒历代罪恶之徒。可是现在尚不能确定晋国的罪恶在何处，而晋国的百姓都忠心耿耿，为君命而死，又怎么能建造京观呢？"于是楚庄王就在黄河岸边祭祀了河神，修建了先君的神庙，向祖宗报告胜利后就班师回国了。

秋天,晋国军队回国,荀林父以败军之罪请求国君把自己处死,晋景公打算批准。士贞子劝谏说:"不可以。从前晋楚城濮之战,晋军战胜后修整了三天,在楚军军营里悠闲地享用楚军丢弃的粮食,而晋文公还面带忧虑,左右近臣问他:'有了喜事却面带忧愁,难道等遇到忧事时反倒面露喜色吗?'文公说:'只要楚国的令尹子玉还没有死,我的忧愁就不会结束。被围困的野兽尚且要挣扎一下,何况一国之相呢?'等到楚国把子玉杀死了,文公这才喜形于色,说:'这下再没有人可以跟我做对了!'这等于是晋国再一次取得胜利,楚国又一次遭到失败。从那以后,楚国历经成王、穆王两代都未能强盛起来。今天也许是上天要严厉警告晋国一次,使我国吃了败仗。但如果我们再杀了荀林父,不等于楚国又战胜我们一次吗?那么晋国岂不是也要从此一蹶不振了?荀林父侍奉国君,进则想着如何尽忠,退则想着怎样弥补自己的过失,他是捍卫国家社稷的重臣,怎么能杀了他呢?他这次失败,就如同日食月食,无损于日月的光辉。"于是晋景公就让荀林父继续担任中军统帅之职。

## 申叔展打隐语

鲁宣公十二年冬,楚庄王刚刚在邲之战中打败了晋国,紧接着就发兵攻打宋国的属国萧,宋国的华椒领着蔡军前来援救。萧国人囚禁了楚国熊相氏的后代熊相宜僚和公子丙,楚庄王说:"不要杀他们,我马上退兵。"但萧国人仍然把他们杀了,楚庄王对此非常愤怒,于是包围了萧国都城。

楚国申县县尹巫臣对楚庄王说:"军中士兵正在挨冻。"楚庄王亲自巡视三军,抚着士兵的背勉励他们,三军将士都如同披上丝绵般备感温暖,围城也围得更紧了。

萧国大夫还无社与楚大夫申叔展有旧交,这时就让楚国大夫司马卯把申叔展喊出来,想让他救自己。申叔展不便明说,就打隐语,问:"你有酒曲吗?"

还无社答:"没有。"

又问:"有山鞠穷吗?"

还是答:"没有。"

山鞠穷是一种草药,和酒曲一样,都是用来祛湿的。申叔展的意思,是让还无社躲到潮湿的地洞里去,所以问他有没有祛湿的东西。但是还无社还是不明白,申叔展又问:"黄河的鱼喝多了水拉肚子怎么办?"

这是当时的一句常用语,还无社终于明白了,说:"把它放到枯井里,就可以治好它。"

申叔展说:"那么你用茅草结成带子,放在井边作为标记;听到井上有人哭,就是我来了。"第二天,萧军崩溃,申叔展寻找枯井,看到有一个枯井,旁边放着一条茅草结成的带子,他就大哭起来,于是把还无社救了上来。

## 清丘之盟

鲁宣公十二年,楚军在邲之战中大败晋军,随后楚庄王又发兵攻下了宋国的属国萧,郑、许诸国都归附了楚国。在这样的形势下,晋国的原縠、宋国的华椒、卫国的孔达以及曹国国君在清丘举行盟会,盟誓说:"周济有困难的,讨伐有二心的。"

年底,宋国为了自己与晋国、卫国、曹国在清丘结盟的缘故而讨伐陈国,因为陈国归附了楚国。卫国人前去营救陈国,孔达说:"我国先君卫成公曾和陈共公有旧好,所以我们卫国要去救援陈国。如果晋国因此而攻打我国,我愿为此而死。"

次年夏天,楚庄王发兵攻打宋国。君子对这些事评论道:"清丘之盟,只有宋国可以免于被指责。"因为清丘之盟有"周济困难,讨伐二心"的誓言,只有宋国照办。卫国不帮助宋国讨伐陈国,反而援救陈国,违背了"讨伐二心"的誓言;楚国讨伐宋国,晋国不去援救宋国,违背了"周济困难"的誓言。

晋国根据清丘之盟,就救援陈国一事对卫国予以谴责。晋国使者到了卫国,不肯离去,说:"如果你们找不到罪魁祸首加以惩罚,我们就要发兵攻打卫国。"

孔达说:"如果对国家社稷有利,请求以我的罪名来解说,罪是由我引起的。我是卫国的执政,面对晋国的问罪,还能把责任推给谁呢?我甘愿为此而死。"

鲁宣公十四年春,卫国大夫孔达上吊自杀,卫国人以此向晋国解说,因而免于被晋国讨伐。卫国通告诸侯说:"敝国国君有一位不好的大臣孔达,在敝国和大国之间制造矛盾,现在他已经认罪。谨此通告。"但卫国人认为孔达辅佐卫成公复国有功,就把公室的女子嫁给孔达的儿子为妻,并让他的儿子继承了他的官位。

## 楚庄王称霸

鲁宣公十四年夏,晋景公因为在去年的邲之战中郑国帮助了楚国,于是发兵讨伐郑国。晋国向诸侯通报讨伐郑国的事,但只是检阅一下军队就回国了。这是荀林父的谋略,他说:"我军向郑国展示严整的军容,好让郑国自己衡量后,来归顺我们。"果然,郑国人害怕了,派子张到楚国代替子良作人质,以子良有让国的美德为理由,召他回国。郑襄公又前往楚国,谋划如何对付晋国。

楚庄王想联合齐国对抗晋国,就派大夫申舟(即文之无畏)到齐国聘问,途中要经过宋国。楚庄王说:"不必向宋国请求借道,直接过去就是。"同时又派公子冯到晋国聘问,也不向郑国借道。

鲁文公十年时,宋昭公引导楚王在孟诸打猎,申舟因为宋昭公违命而鞭挞他的仆人,因而得罪了宋国。此时,申舟便对楚庄王说:"郑国人通情达理,可宋国人不明事理。出使晋国的使者不向郑国借道,不会受到郑国的伤害,而我必然会被宋国人杀害。"

楚庄王说:"如果宋国人杀了你,我就发兵攻打他们。"申舟将儿子申犀托付给楚庄王后就出发了。

申舟到了宋国,宋国人果然把他抓了起来。宋卿华元说:"经过我国,却又不请求借道,这是把我国当成了他们境内的县邑了。把我国当成县邑,与认为我国已经灭亡了有什么两样?杀了楚国的使者,楚国必然会讨伐我们,讨伐我们也不过就是亡国,无论怎样,都免不了亡国的命运。"于是就杀了申舟。

楚庄王听到这个消息,一挥袖子站了起来,向外走去,侍者追到前庭才送上鞋子,追到寝门之外才送上佩剑,追到王宫外的集市才让楚庄王坐上车子。

九月,楚庄王发兵攻打宋国。

次年春,宋国人派大夫乐婴齐到晋国告急,晋景公准备派兵援救,大夫伯宗劝阻说:"不行,古人有句话说:'马鞭虽长,也打不到马腹。'也就是说势力再大,也有达不到的地方。宋国与晋国之间隔着黄河、太行山,路途遥远,险阻重重,是晋国势力所不能达到的地方。如今上天正保佑楚国,我们还不能与它争强。晋国即使再强大,又怎么能违背天意呢?俗话说'高下在心',意思是说处理事务,有高有低,灵活掌握,要靠心来度量裁决。江河湖泊总会容纳一些污物,山林草莽总要隐藏一些蛇虫,美玉隐有瑕疵,国君忍辱负重,也是上天之道。您还是等待一下吧!"晋景公于是停止了出兵。

晋国派大夫解扬前往宋国,劝告他们不要投降楚国,并让他对宋国人说:"晋国军队已经全部出发,并且马上就要到了。"可是在解扬路过郑国时,郑国人把他抓住交给了楚国。

楚庄王送了解扬很多钱财,让他讲出与其使命意思相反的话,也就是要他告诉宋国,晋国不会派兵前来援救。解扬不同意,楚庄王劝说了三次,他才答应。于是让解扬登上楼车,向宋国人喊话,但解扬却趁机将晋景公要求宋国坚守勿降,晋国救兵将至的话告诉了宋国人。

楚庄王准备杀掉解扬,派人告诉他:"你既然已经答应了我,却又食言,这是为什么?不是我不讲信用,而是你自己背弃了诺言。快去接受对你的惩罚吧!"

解扬回答说:"我听说,国君制订命令是义,臣子完成使命是信。用臣子的信去奉行国君的义,才有利于国家利益。谋划不违背国家利益,以此保卫江山社稷,这才是百姓的主人。如果要行义,就不能对敌我双方都守信;如果要守信,就不能执行敌我双方的命令。君王您贿赂我,就说明您不明白信无二用的道理。我接受国君的命令出使,宁死也不能背弃君命,又怎么能被一点点贿赂收买呢?我之所以答应您,是为了完成我国国君交付的使命。虽死而能够完成君命,这也是我的福分。国君有了守信的臣子,臣子为了完成使命而死,还有什么更值得追求的呢?"楚庄王听了这番话,就放他回国了。

五月,楚军准备离开宋国。申舟的儿子申犀跪在楚庄王马前叩头说:"父亲是宁死也不愿意废弃君王命令的,但君王现在却说话不算数了。"庄王无言以对。

此时,申叔时正为楚庄王驾车,他说:"在此建造营户,让种田人都回来,这样宋国人必然会俯首听命。"庄王采纳了这一建议。

宋国人果然害怕了,派华元在夜间来到楚军营地,径直走到子反床前,把他喊醒,说:"我国国君特地派我来,把我们的困难告诉你。他让我说:'现在都城内的人们都在交换儿子吃,把尸骨当柴烧。但即使如此,我们宁可国家灭亡,也不能接受贵国提出的城下之盟。但只要贵国军队后撤三十里,我们宋国就一切听从你们调遣。一

子反也有些害怕,就和他私下订立了盟约,并报告了楚庄王。于是楚军后退三十里,宋国也终于服从了楚国,派华元到楚国作人质。两国盟誓说:"从今以后,我不欺骗你,你也不欺骗我。"

这时,中原诸侯中,鲁、宋、郑、陈等国都已归附楚国,楚庄王的霸业可以说就此确立了。

## 狄人的衰亡

狄人散处在中原各诸侯国之间,有自己的部族和文化。狄人主要分赤狄、白狄、长狄,其中赤狄最强,白狄、长狄都服从赤狄。狄人强大时,常常侵略邻近的诸侯国,对它们产生很大的威胁,甚至危及国家的存亡。

鲁文公十一年,长狄侵犯齐国,随后又入侵鲁国。鲁文公命令叔孙得臣迎战,战前进行了占卜,结果很吉利,于是就让侯叔夏为叔孙得臣驾驭战车,绵房甥担任车右,富父终甥担任驷乘(战车一般坐三人,这里则坐四个人,第四人为驷乘)。十月初三,鲁军在咸地打败了狄军,并俘获了长狄的酋长侨如。富父终甥用戈刺侨如的咽喉,把他杀了,把他的头埋在鲁国外城子驹之门的下面。长狄就此灭亡。

鲁宣公八年,白狄与晋国讲和。十一年,晋大夫冀缺向白狄各部表示友好,而这些白狄部落也都怨恨赤狄的役使,于是就打算归附晋国。当年秋,晋国和这些白狄在狄地攒函会盟,白狄顺服了晋国。

长狄、白狄不再对中原各国产生威胁,而赤狄仍然很强。早在鲁宣公六年秋,赤狄就攻打晋国,包围了怀以及邢丘。第二年,赤狄又侵略晋国,夺取了向阴一带的谷子。

赤狄包围怀和邢丘时,晋成公准备发兵讨伐,荀林父阻止了他,说:"让他继续为了征战而加重赋税徭役,让他恶贯满盈。到那时,再一举歼灭他。《周书》说'殪戎殷(灭了大国商)',就是类似的事情。"

晋国在邲之战中败给楚国后,晋大夫先縠害怕被追究责任,于是就勾引赤狄来攻打晋国。赤狄也欺负晋国新败,就在邲之战的次年,也即鲁宣公十三年的秋天,出兵攻打晋国,打到了清原。

是年冬,晋国人追究邲之战的失利与赤狄攻到清原的责任,归罪于先縠,把他杀了,还把他的族人也全部杀掉了。君子认为,"祸患的到来,是他自己招致的",说的大概就是先縠吧。

赤狄潞氏的国君潞子婴儿的夫人,是晋景公的姐姐。鲁宣公十五年,潞国执政大臣酆舒把她杀了,还弄坏了潞子的眼睛。晋景公准备攻打潞国,可是大夫们劝阻说:"不行。因为酆舒有三种超人的才艺,不如等他死后再说。"

大夫伯宗说:"一定要讨伐他,因为狄人有五大罪状,超人的技艺虽然多,又有什么用?不祭祖先,是第一罪;嗜酒过度,是第二罪;废弃贤人仲章并夺取黎国的土地,是第三罪;杀害我国景公的姐姐伯姬,是第四罪;伤其君主潞子婴儿的眼睛,是第五罪。酆舒依仗自己的才干而不修美德,这就更加重了他的罪过。将来他的后任也许会推行德政讲求仁义,以侍奉神灵,安定百姓,这样就会巩固其国家,到那时又怎么对付它呢?现在不讨伐有罪过的人,却说'等到以后再对付,以后会有理由讨伐',恐怕不行吧?依仗个人的才干,或是依仗人多势众,因而无所顾忌,是灭亡的道路。商纣王就是这样做的,所以灭亡了。天气与季节相违背则为灾害,物产与常规相违背则为妖怪,百姓背弃道德则为动乱,动乱一旦发生,则灾害和妖怪也会随之出现。因此在文字上,把"正"字倒写,便成了"乏"字(指先秦文字的写法,与现在的情况不同)。上述这些现象,狄人那里都出现了。"

晋景公听从了伯宗的建议。六月十八日,晋国的荀林父在曲梁打败了赤狄,然后灭掉潞国,还把潞子婴儿作为俘虏带了回来。酆舒逃往卫国,卫国人抓住他后送给了晋国,晋国人将他杀了。在这次战役中,晋国还抓住了过去长狄酋长侨如的弟弟焚如。

晋景公将狄人的奴隶一千户赏给荀林父,又把瓜衍县赏给了士贞子,并对士贞子说:"我得到狄人的土地,也是你的功劳。因为如果不是你的劝谏,我也就会失去荀林父了。"当初,荀林父作为中军统帅在邲之战战败,回来请罪,晋景公想把他杀了,多亏士贞子劝谏才没有杀。

鲁宣公十六年春,晋国的士会又率领军队灭了赤狄的甲氏、留吁、铎辰三个部落,然后向周王室献上俘虏的赤狄人。鲁成公三年秋,晋国的郤克又会同卫国孙良夫讨伐赤狄的残余,攻打廧咎如,廧咎如的狄人一触即溃,因为他们的领袖早已失去了民心。

## 晋郤克请伐齐

鲁宣公十七年春,晋景公派,郤克去齐国,召请齐顷公参加断道的诸侯盟会。齐顷公让他的母亲萧同叔子在帐幔后偷看郤克,郤克上台阶时,那妇人见他腿瘸,忍不住笑出声来。郤克大怒,从齐国宫殿出来后发誓说:"此仇不报,发誓今后再也不渡过黄河!"

郤克不等使命完成,就先行回国,留下栾京庐在齐国等候答复。他对栾京庐说:"如果办不好劝齐赴会的事情,就不要回国复命。"一回到晋国,郤克就请求攻打齐国。晋景公不同意,郤克便又请求带领自己的家族攻打齐国,也没有得到批准。

齐顷公派高固、晏弱、蔡朝、南郭偃参加盟会,到达敛盂的时候,高固知道赴会有危险,所以就逃了回去。

夏天,诸侯在晋国境内的断道会盟,目的是商量讨伐对晋国怀有二心的诸侯国,也就是那些与楚国结盟的国家。这次盟会没有让齐国人参与,晋国人在野王抓住了晏弱,在原地抓住了蔡朝,在温地抓住了南郭偃。

晋国大夫苗贲皇出使路过野王时见到晏弱,回国后对晋景公说:"晏弱有什么罪?从前诸侯侍奉我国先君时,都争先恐后,现在诸侯都说晋执政大臣不守信义,因此也就都有了二心。齐国国君因为担心得不到礼遇,所以才不亲自前来,而让四个大臣代替。齐君的左右近臣中有人劝阻说：'君王不亲自出使，晋国肯定会抓住我们的使者。'因此高固走到敛盂就逃回去了。晏弱、蔡朝、南郭偃三人说：'晋国如果弃绝齐晋两国的友好关系，就证明晋国无义，正义在齐，为了给本国争取正义我们宁愿赴死。'他们这是冒险而来啊！我们应该善待齐国这三位使者，以招抚要来晋国的人。如今我们不但不善待他们，反而扣留他们，恰恰证实了齐国劝阻者的猜测，不是犯了错误吗？犯了过错又不纠正，还要长期关押齐国的使者而不肯释放，让齐国后悔派使者前来会盟，齐国会因此背叛晋国，这对我们又有什么好处呢？这样一来，半路逃回去的高固有了辩解的借口，会使前来我国的人产生畏惧之心，这有什么用处呢？"于是晋景公下令放松对晏弱等人的看管，让他们逃走了。

士会见郤克一心报仇，感到担心，而且自己年事已老，就准备让出执政的官职。他把儿子士燮叫过来，对他说："士燮啊，我听说，喜怒能合乎礼法的人是非常少的，喜怒不合乎礼法的人则很多。《诗经》说：'君子如果发怒，祸乱大概很快会被遏制；君子如果高兴，祸乱大概很快会被遏制。'说明君子的喜怒，是为了消除祸乱的。不能以喜怒制止祸乱的人，必定滥用喜怒而助长祸乱。郤克也许希望阻止齐国的祸乱，如果不是这样，我就担心他会加剧齐国的祸乱。我准备告老辞官，以便让郤克满足心愿，这样也许可以使祸乱得以消除吧。希望你能谨慎恭敬地跟从晋国诸位大臣。"然后就告老辞官，让郤克接替他执掌晋国朝政。

郤克执政后，就鼓动晋景公讨伐齐国。鲁宣公十八年春，晋景公和卫国太子臧联合攻打齐国，攻到了阳谷。齐顷公只好服软，与晋景公在缯地会盟，派公子疆到晋国作人质，晋军才撤退回国。

## 公孙归父亡齐

公孙归父是因为父亲襄仲当年拥立鲁宣公，因而很受宣公的宠爱。鲁宣公十四年冬，公孙归父在谷地和齐顷公会盟，见到了晏婴的父亲晏桓子，晏桓子和他谈到了鲁国的事，他在鲁国受宠，所以就非常高兴。晏桓子告诉齐国的高固说："公孙归父恐怕会要逃亡吧！他太过沉溺于国君的宠爱了，沉溺于宠爱就会产生贪求心，有了贪求心就必然会去算计别人。他算计别人，别人同样会算计他。如果都城的人都来算计他，他怎么可能不逃跑呢？"

鲁宣公十八年，公孙归父想要铲除鲁桓公的后人，即仲孙、叔孙、季孙三家，以扩张公室的权力。他和宣公策划妥当后，就到晋国聘问，准备借助晋国人的力量铲除三桓，加强公室。

谁想到，当年冬天鲁宣公就去世了。季文子在朝廷上说："当年鲁文公死后，杀死太子而立庶子为国君，以致诸侯非难，使我国孤立无援的人，就是襄仲啊！"

臧文仲的儿子臧宣叔听到这话，非常生气，说："当时不治襄仲的罪，现在又说这样的话，他的后代有什么罪？如果你想把他铲除，我请求就由我来执行吧。"于是就把襄仲的家族东门氏驱逐出了鲁国。

公孙归父从晋国返回，走到笙地时，听到宣公去世和家族被逐的消息，便筑起一座祭坛，用布把它围住，设置好宣公的灵位，准备祭祀。途中，公孙归父请他的副手回国后代自己向国君复命，随后脱去左边的上衣，露出内衣，用麻绳束起头发，站在葬礼上自己应站的位置上痛哭，一连顿足三次才出来。然后就逃亡到了齐国。

# 八、鲁成公时期故事

## 齐晋鞌之战

鲁国总是受到齐国的侵略，一直很想报仇。鲁宣公十八年夏，宣公派使者到楚国请求支援，想和楚国联合攻打齐国。楚国本来已经答应了，正要出师，不巧楚庄王去世，所以就中止了。楚国不能出兵，鲁国又转而与晋国联结，想依靠晋国的军队讨伐齐国。

齐国怀恨鲁国，就去和楚国联合，打算一起伐鲁抗晋。次年（鲁成公元年），鲁国听说了齐国将要联合楚国共同进攻的消息，于是就在夏天由臧宣叔和晋景公在赤棘结盟。

冬天，臧宣叔命令筹备军费、修治城郭，完成防御守备的工作。他说："齐国和楚国结成友好，我国则新近与晋国订立盟约。一旦晋国和楚国争夺盟主，齐国的军队必然前来攻打我们。即使晋国会攻打齐国，但楚国必然会支援它，这实际上是齐、楚两国一起对付我们。预先考虑灾难而有所防备的话，灾难就能够消除。"

鲁成公二年春，齐顷公率军攻打鲁国北部边境，包围了龙这个地方。齐顷公的宠臣卢蒲就魁攻打城门，龙地的人把他抓住，囚禁了起来。齐顷公说："不要杀他，我跟你们结盟，不进入你们的边境。"龙地的人不听，把卢蒲就魁杀了，陈尸城上。齐顷公大怒，亲自击鼓,兵士们奋力登上城墙。经过三天时间,占领了龙地,接着向南进攻,一直到达巢丘。

卫穆公为了解救鲁国,派遣孙良夫、石稷、宁相、向禽将攻打齐国,与齐国的军队在齐卫两国的边境相遇。石稷想要回去,孙良夫说:"不可以。率领军队攻打别人,遇上敌人就回去,回去怎么向国君交代呢?如果确实知道自己不能与敌人交战,那就不如不出兵。现在既然和敌军相遇,不如一战!"

四月,孙良夫率军与齐国的军队在新筑交战,卫军战败。石稷对孙良夫说:"军队战败了,你如果不在这儿稍稍停留,挡住敌人进攻的话,全军可能就会因为惧怕而覆没。你失去了军队,要如何向君主复命?"

孙良夫等人都不回答,因为都不愿留下来拒敌。石稷又说:"你是国家的大臣,你牺牲了,是国家的耻辱。你带着军队撤退,我在这里留守。"同时,石稷通报全军,说来援的兵车很多,以鼓舞士气。齐国的军队遇到石稷阻击,这才停止了追赶,在鞫居驻扎下来。新筑大夫仲叔于奚救了孙良夫,孙良夫因此而幸免于难。

孙良夫从新筑回来,但没有进入都城,就直接到晋国去,向晋景公请求晋国出兵。这时,鲁国的臧宣叔也到晋国请求救兵。两人都走郤克的门路,因为郤克当时是晋国的执政,而且又受过齐顷公母亲萧同叔子的侮辱,与齐国有仇。晋景公答应派出七百辆战车,郤克说:"这只相当于城濮之战时我国所花的军费。当时,靠的是先君文公的英明和先大夫们的果断,所以才能够取得胜利。我和先大夫们相比,连做他们仆人的资格都没有。我请求君王发八百辆战车。"

晋景公答应了。于是由郤克率领中军,士燮辅佐上军,栾书率领下军,韩厥担任司马,前去救援鲁国和卫国。臧宣叔迎接晋军,同时当晋军的向导,为他们带路。鲁国的季孙行父率领军队和他们会合。

军队到达卫国境内时,韩厥要将一个人斩首,郤克急忙驾车赶去,打算营救那个人。等他赶到时,那个人已经被杀了。郤克马上下令将尸体在全军示众,并对他的御者说:"我这样做,是为了分担别人对韩厥的指责。"

晋、鲁联军在莘这个地方追上了得胜回国的齐军。六月十六日,双方军队在靡笄山下列阵。齐顷公派使者请战,说:"你带领你们国君的军队光临敝国,虽然敝国的军队不是很强,也请在明天早晨和贵军见一高下。"

郤克回答说:"晋国同鲁、卫两国是兄弟之国,他们告诉我们说:'齐国不分早晚都在敝邑的土地上发泄怨气。'我们的国君不忍心他们两国受此欺负,派臣等前来向大国请求稍微收敛一些，但是也不会让我军在贵国长久停留的。我们只有前进，没有后退，您既然有命，我们是不敢违背的。"于是接受了齐顷公的挑战。

齐顷公说："你答应决战，这正是我的愿望；如果你不允许的话，我们还是要在战场上相见的。"表示无论晋军是什么态度，齐军已经是打定主意一战了。

此时，齐国的高固闯入晋军，拿起石头砸向战车上的晋国士兵，并且将晋国士兵抓住，然后登上对方的战车。他还把桑树连根拔起，系在车上，回到齐营巡行说："需要勇气的人可以来买我剩下的勇气！"

十七日，双方大军在齐国的鞌地摆开阵势。邴夏为齐顷公驾车，逢丑父作他的车右。晋国的解张为郤克驾车，郑丘缓为车右。齐顷公说："我姑且消灭了这些人再吃早饭。"说完，没有给自己的马披甲就冲向晋军。

郤克被箭射伤，血流到鞋子上，但还是没有停止擂鼓，只是说："我受伤了！"

解张说："刚一开始接战，就有一支箭射穿了我的手和肘，我折断了露在外面的箭枝继续驾车，左边车轮被染成了黑红色。我哪里敢说受伤？你还是忍着点吧！"

郑丘缓说："从开始接战以后，一旦遇到危险，我就下去推车，你难道不知道吗？不过你确实是受伤了！"

解张说："军队的耳朵和眼睛，就在于我们车上的旗子和鼓，整个军队的前进和后退都要靠它们来指挥。这辆车子只要有一个人坐镇，战斗就可以胜利。怎么能为了一个人的痛苦而败坏国君的大事呢？身上穿着盔甲，手里拿着武器，本来就是去死的，痛苦还没有到死的程度，你还是尽力而为吧！"于是就用左手单手持辔，右手拿着鼓槌擂鼓。由于只用一只手控制马的缘故，战马开始不受控制，一直跑个不停，结果全军也跟着他向前冲锋。

齐国的军队大败。晋军追赶齐军，一直绕华不注山追了三圈。

韩厥前一天晚上梦见他的父亲子舆对自己说："明天不要站在战车的左右两侧。"因此韩厥从开始战斗就一直站在中间驾驭战车追赶齐顷公。邴夏对齐顷公说："快射那位驾车的人，看神态他是君子。"齐顷公说："既然认为他是君子，却要去射他，这不合乎礼法。"于是便射车左，车左死了，坠落车下；再射车右，车右也死了，倒在车里。

晋国大夫綦毋张损失了战车，他追上韩厥，对韩厥说："请允许我搭乘你的战车。"上车后，綦毋张准备站立在左边或右边，韩厥都用肘推他，让他站在身后。

韩厥弯下身子，去把车右的尸体放稳，逢丑父和齐顷公趁机互相调换了位置。在将要到达华泉的时候,两旁的马被树木挂住,战车停了下来。头几天,逢丑父睡在战车里,有一条毒蛇爬到他的身子下边,他用小臂去打蛇,结果小臂受了伤,但是他为了不影响参战而隐瞒了这件事。这时,他因为手臂有伤不能推车,所以被韩厥追上。

韩厥拿着马鞭走到齐顷公面前,拜了两拜,又跪下叩头,然后捧着酒杯和玉璧献上,说:"我们的国君派臣等为鲁、卫两国向您请求,对我们说:'不要让晋国军队进入齐国的领地。'臣下不幸,正好在军队里面服役,不能够逃脱责任,而且也怕自己的逃避会成为两位国君的耻辱。臣下勉强充当了一名战士,冒昧地以愚拙的才干,承担起因人手缺乏而不得不承担的责任。"意思是要俘虏齐顷公。

逢丑父这时冒充齐顷公,故意很不客气地命令齐顷公下车去华泉取水。这时,郑周父驾御副车赶来,载上齐顷公逃走,才使他免于被俘。

韩厥献上逢丑父,郤克打算杀他,逢丑父喊道:"到现在为止还没有代替国君受难的人,现在有一个在这里了,将要面临被杀死的命运吗?"

郤克说:"这个人不怕以自己的死来使国君免于祸难,我若杀了他,是不吉利的事情。若赦免了他,还可以勉励侍奉国君的人。"于是就赦免了逢丑父。

齐顷公逃脱以后,到处寻找逢丑父,在晋军中三次冲进去,又三次冲出来。每次出来的时候,齐军都簇拥着保护他。而当他进入晋国友军狄人的军队时,狄人的士兵也都抽出戈和盾来保护他。进入晋国友军卫国的军队时,卫军士兵对他也不加伤害。

齐顷公返回时经过徐关,看到守卫的士兵,就对他们说:"你们努力吧!齐军战败了!"

齐顷公车子的前驱驱赶行人,其中有一个女子,她问:"我们的国君免于祸难了吗?"前驱回答说:"幸免了。"又问:"锐司徒免于祸难了吗?"说:"幸免了。"她接着说:"如果国君和我的父亲都免于祸难了,还要怎么样呢?"说完就跑开了。齐顷公认为她很懂得礼仪,不久后得知她是辟司徒的妻子,于是就赐给辟司徒一块地方作为封地。

晋军一直在后追赶齐军,从丘舆进入齐国,攻打到马陉。

齐顷公派遣宾媚人拿着纪国的甗、玉磬,再加上齐国的土地,去贿赂郤克,并说:"如果晋国人还不同意讲和,那就随他们的便了。"

宾媚人送上贿赂,郤克不肯接受,说:"一定要让萧同叔子作人质,同时把齐国境内的田垄全部改为东西向。"晋国在齐国的西面,如果齐国的田垄都是东西向的,那么大路也会随之东西向,就会方便晋国进军,所以晋国把这当作谈判的一个条件。

宾媚人回答说："萧同叔子不是别人，是敝国国君的母亲。如果从对等地位来说，那也就是晋国国君的母亲。您向诸侯发布重大的命令，却说一定要让人家以母亲作人质来昭示信用，您又打算怎么对待周王的命令呢？而且这种做法本身就是用不孝来号令诸侯。《诗经》中说：'孝子的孝心没有穷尽，永远可以感染你的同类。'如果您用不孝来号令诸侯，这恐怕不符合道德的准则吧？先王对天下的土地划定疆界、分别地理，因地制宜，按照土地的情况来种植适宜生长的作物，以获取利益。所以《诗经》中才会说：'我划定疆界、分别地理，南北向或者东西向开辟田亩。'现在您让诸侯划定疆界、分别地理，反而只说什么'田垄全部东西向'，不顾地势是否适宜，只管自己兵车的方便，这恐怕不合先王的遗命吧？违反先王的遗命就是不符合道义，怎么能够担当盟主？"

"而且晋国恐怕的确是有过失吧？四王统一天下，靠的是树立德行并满足诸侯的共同要求；五霸领袖诸侯，凭的是以自己的勤劳来安抚诸侯，使大家唯天子的命令是从。现在您希望做诸侯的盟主，却是为了满足自己永远没有止境的贪欲。《诗经》中说：'政策的推行宽大而舒缓，各种利益都将积聚起来。'是您确实不够宽大，以致丢弃了各种利益，诸侯又有错误呢？"

"如果您不肯答应讲和，我们的国君就让我这个使臣这样交代：'您带领你们国君的军队光临我们的国家，我们的国家用微不足道的财富，来犒劳您的随从。因为害怕你们国君的威严，我们的军队打了败仗。如果您能赐福给齐国，不灭亡我们的国家，让我们和贵国继续保持过去的友好关系，那么先君所留下的破旧器物和土地，我们是不敢吝惜的。但是您如果不肯允许的话，我们就请求收集我们的残兵败将，背靠我们自己的城墙和您决一死战。如果我们国家有幸战胜，也依然会听从贵国的命令；如果不幸而再度战败，那就更不敢不服从贵国的命令了。'"

鲁国、卫国的人都劝郤克说："齐国已经开始怨恨我们了。他们在这次战役中死去的和溃散的，都是齐国国君的宗族亲戚。你如果不肯答应，他们必然会更加仇恨我们。如今，即使是你，还有什么可要求的？你得到了他们的国宝，我们也得到了土地，祸难又得以缓解，这荣耀也就够多的了。齐国和晋国都是由上天所保佑的，难道一定只会保佑晋国一国取胜吗？"

郤克答应了，回答说："臣等率领战车，目的就是为鲁、卫两国请命。如果有理由可以向我们的国君复命，这就是你们的恩惠了。我怎么敢不满足你们的请求呢？"

鲁国的大夫禽郑到军中去迎接鲁成公的归来。七月，晋国军队和齐国的宾媚人在爰娄订立了盟约,让齐国人把汶阳的土地归还给鲁国。鲁成公在上郓会见了晋军,赐给晋军的三军主帅郤克、士燮和栾书先路三命车服,另外司马、司空、舆帅、候正、亚旅等人也都赐给一命车服。

晋国军队回国,士燮最后才进入国都。他的父亲士会说:"你不知道我在盼望你早点回来吗?"士燮说:"出兵有了功劳,国都的人都高兴地迎接我们。如果先回来,一定会受到注意,这不是要代替主帅接受殊荣吗?所以我不敢先进国都。"士会说:"你这样谦让,我认为可以免于祸害了。"

郤克觐见晋景公,晋景公说:"这是你的功劳啊!"郤克回答说:"这是君王您的教导,以及将士们的功劳,我有什么功劳呢?"

士燮觐见晋景公,晋景公用同样的话慰劳他。士燮回答说:"都是靠听从荀庚的教导(荀庚是荀林父的儿子,此时担任上军统帅,但这次没有出征,所以上军由士燮代为指挥),以及郤克指挥的结果,我有什么功劳呢?"

栾书觐见,晋景公也一样慰劳他。栾书问答说:"这是上军的士燮指挥得好,我们下军的士兵又听从命令,我有什么功劳呢?"

晋景公派遣巩朔到成周去进献齐国的俘虏。周定王不肯接见,派单襄公辞谢,说:"蛮夷戎狄不遵奉周天子的命令,沉迷于酒色,败坏天子的制度,天子下令讨伐他,才有了进献俘虏的礼仪。天子亲自接受进献,表示对将士的慰劳,目的是用这种方式来惩罚不敬,奖励有功。如果是与天子同姓的兄弟国家,或是异姓的甥舅国家,因为破坏了天子的法度,天子下令讨伐他们取得胜利时,不过是派人来王室报告一下战争胜利的消息罢了,不应进献俘虏,来表示与诸侯的亲近,同时禁止奸恶。现在叔父能够成功,在齐国建立了功勋,没有派遣一个接受天子任命的卿来问候王室,而派遣巩朔这样没有在周王室中担任职务的人,又违背了先王的礼制。我虽然想接见巩朔,但是又不敢废弃过去的典章制度来羞辱叔父。齐国,和我们王室是甥舅关系,而且是姜太公的后代,叔父攻打它,难道是因为齐国放纵私欲而触怒了叔父,还是齐国已经无可劝谏不听教诲了呢?"巩朔不能回答。

周定王把接待巩朔的事情委任给三公,让他们按侯伯战胜敌国时,派大夫向天子告捷而应受的礼节对待巩朔,比接待卿的礼节低一级。周定王和巩朔一起饮宴,私下送给他财礼,并且让主持礼仪的人告诉他说:"这种接待不合乎礼制,不要载入史册。"

齐国与晋国讲和,又恢复了友好。第二年冬天,齐顷公到晋国朝见,将要举行授玉的礼仪时,郤克快步走进来,对齐顷公说:"您这一趟来访,是为了对上次贵国的妇人嗤笑小臣一事表示道歉的吧?我们的国君可不敢当呀!"

晋景公设宴招待齐顷公。宴会中,齐顷公一直盯着韩厥看。韩厥说:"君王认识我吗?"齐顷公说:"服饰变了。"韩厥登上台阶,举起酒爵说:"臣当初之所以拼死追赶君王,就是为了两位国君现在能在这里饮宴和好啊!"

这一年十二月的时候,晋国又恢复了六军军制。由于每军各有正、副帅一人,都是卿,这样一来就增加了六个卿的位置。于是把韩厥、赵括、巩朔、韩穿、荀骓、赵旃都提升为卿,以奖励他们在鞌之战中立下的功勋。

## 申公巫臣亡晋

楚国讨伐陈国夏征舒的时候(鲁宣公十一年),楚庄王想收夏姬(夏征舒的母亲)为妃,但是申公巫臣阻止了他,说:"不可以。您召集诸侯,是为了讨伐有罪之人;现在收纳夏姬,就表现出是贪恋她的美色了。贪恋美色叫作淫,淫则会受到重大的处罚。《周书》上说'宣扬道德,慎用刑罚',这是周文王之所以能创立周朝的根本原因。宣扬道德,就是要致力于尊崇道德;慎用刑罚,就是要致力于减少罪恶。如果联合诸侯的军队兴师动众,反而得到了重大的处罚,就是不谨慎了。君王您还是考虑一下吧!"楚庄王因此就没有收纳夏姬。

子反又想要娶夏姬,申公巫臣劝他说:"她是个不吉利的人。她使她的第一个丈夫子蛮早死,第二个丈夫御叔被杀,又使得陈灵公被害,夏征舒受诛,还使得孔宁、仪行父逃亡国外,陈国也因此而灭亡。为什么居然不吉利到了这个样子!人生在世实在很不容易,如果娶了夏姬,恐怕不得好死吧!天下多的是漂亮女人,为什么一定要娶她?"子反也就打消了念头。

楚庄王把夏姬送给了连尹襄老,结果连尹襄老在邲之战被杀,连尸首都找不到。连尹襄老的儿子黑要和夏姬私通。申公巫臣派人向夏姬示意说:"你回娘家,我就去娶你。"申公巫臣又派人从郑国召唤她说:"襄老的尸首可以得到,不过你一定要亲自来接。"

夏姬把这些话报告给楚庄王。楚庄王向申公巫臣询问,他回答说:"这话是靠得住的。知罃的父亲荀首,是晋成公的宠臣,又是荀林父的弟弟,最近做了晋军中军副帅,和郑国的皇戌关系又很好。荀首非常喜欢知罃这个儿子,他一定会通过郑国,以归还公子谷臣和襄老的遗体来要求交换知罃。郑国人对邲之战感到心有余悸,想要博得晋国的欢心，他们一定会答应。"楚庄王听了，就打发夏姬回去。

　　将要动身的时候，夏姬对送行的人说："不得到襄老的尸首，我就不回来了。"接着，申公巫臣便向郑国请求聘她为妻，郑襄公同意了。

　　楚庄王去世后，楚共王继位。鲁成公二年秋，共王打算发动阳桥战役（阳桥是鲁地，阳桥战役发生在当年稍晚的时候，是楚共王为救援齐国而发动的），派申公巫臣到齐国聘问，同时把出兵的日期告诉齐国。出发时，申公巫臣把家室财产全部带上。当时申叔跪跟着他的父亲申叔时将要到郢都去，路上碰到申公巫臣，他说："奇怪啊！这个人既有担负有三军之重而令人戒惧的使命，却又有桑中约会这样浪漫的喜事，他大概会带着妻子逃跑吧？"

　　果然，申公巫臣到了郑国，就派副使带上齐国回赠楚国的礼物回国，自己则带着夏姬逃走了。申公巫臣本打算逃到齐国，这时齐国又正好在鞌之战中惨败，申公巫臣说："我不住在打了败仗的国家。"于是就逃到晋国，并且靠着郤至（郤克的族侄）的关系在晋国做了官。晋国人让他做邢地的大夫。

　　子反请求送厚重的财礼给晋国，要求晋国对申公巫臣永不录用。但是楚共王说："别那样，虽然他为自己打算是错误的，但他为我的先君谋划则是忠诚的。忠诚，是国家赖以巩固的东西，它对国家的作用太大了。而且他如果能有利于晋国，即使送去重礼，晋国难道会同意我们的要求吗？如果对晋国没有好处，晋国自然就会抛弃他，又何必费力用厚礼来求晋国永不录用他呢？"

## 栾书从善如流

　　鲁成公六年秋，楚共王因为郑国依附晋国，而出兵讨伐郑国。冬天，晋国栾书率军救援郑国，与楚军在绕角相遇。楚军撤退，晋军就顺便去袭击蔡国。楚国的公子申、公子成带领申息地的军队救援蔡国，在桑隧抵御晋军。

　　赵同、赵括想要出战，向栾书请示。栾书开始打算答应，但是荀首、士燮、韩厥进谏说："不可以。我们前来救援郑国，楚军离开我们退走了，我们才到了这里。这实际上是把杀戮挪到别人的头上。杀戮无休无止，并且再次激怒楚军，这样的战斗肯定不能赢得胜利。即使能够战胜，也不能算是一件好事。我们整顿大军出国，仅仅打败楚国两个县的部队，有什么光彩可言呢？如果不能打败他们，那么我们受到的耻辱就更大了，还不如回去算了。"于是晋军就回国了。

当时,军官中想要作战的人很多。有人对栾书说:"圣人的愿望和大众相同,因而可以成事,您何不听从大众的意见呢?您是执政大臣,应该斟酌百姓的意见办事。在您的十一个辅佐者中,不想作战的仅仅是三个人而已,想要作战的人可以说是多数。《商书》说:'如果有三个人占卜,那就服从两个人的。'这是因为两个人是三个人中的多数的缘故。"

栾书说:"只有同样都是善的,才听从多数。有了善,大众就会跟从。现在有三位大臣持同一主张,也可以算是大众了。我依从他们,不也是可以的吗?"

鲁成公八年,栾书因为前年侵蔡无功而返,这次又率领军队攻打蔡国,接着又侵袭楚国,俘获了楚大夫申骊。两年前,楚军在绕角撤退的时候,晋国趁机侵袭沈国,俘虏了沈子揖初,这是栾书听从了荀首、士燮、韩厥等人意见的结果。君子评论说:"从善如流,就应该这样啊!"

## 申公巫臣使吴

鲁宣公十五年,楚国结束围宋之役,班师回国后,令尹子重请求得到申邑、吕邑的部分土地作为赏赐,楚庄王答应了。但是申公巫臣却反对说:"不行。这些土地是申、吕两地所赖以成为城邑的,我们从这里征发兵赋,以抵御北方。如果让私人占取了它们,这就等于没有申邑和吕邑了。晋国人和郑国人就一定会因此而扩张到汉水。"于是楚庄王就没有把这些土地给子重,子重因此而怨恨申公巫臣。

子反想娶夏姬时,申公巫臣阻止了他,后来却自己娶了夏姬逃去晋国,子反因此也很怨恨申公巫臣。

等楚共王即位后,子重、子反杀死了申公巫臣的族人子阎、子荡和清尹弗忌以及襄老的儿子黑要,并且瓜分了他们的家产。子重得到子阎的家产,让沈尹同王子罢瓜分了子荡的家产,子反得到了黑要和清尹弗忌的家产。

申公巫臣听说这个消息后,非常愤怒,就从晋国写信给子反、子重两人,说:"你们用邪恶贪婪侍奉国君,杀了很多无辜的人,我一定要让你们疲于奔命而死。"

申公巫臣请求出使吴国,晋景公同意了。吴王寿梦到了申公巫臣,非常高兴,于是申公巫臣就劝吴国和晋国通好,晋国派出三十辆战车到吴国,最后留下了十五辆。晋国还给吴国送去射手和驾驭战车的人,教吴国人乘坐战车打仗,教他们摆列战阵,教他们背叛楚国。申公巫臣又把他的儿子狐庸留在吴国,让他负责晋国在吴国的外交事务。

从这时开始,吴国开始攻打楚国,又攻打楚国的属国巢国和徐国。子重为了解救这些国家,四处奔波。鲁成公七年,晋国召集各诸侯国在马陵会盟的时候,吴国攻入楚国的州来,子重不得不从郑国赶去救援。就这样,子重、子反在一年之中七次奉命奔驰,以抵御吴国的入侵。那些原来从属于楚国的蛮夷,现在全被吴国占取了,吴国也因此开始强大起来,并得以和中原诸国交通往来。

## 晋景公诛赵氏

鲁成公五年春,赵同、赵括因为赵盾的弟弟赵婴与赵盾的儿媳妇赵庄姬私通,于是准备把赵婴放逐到齐国。赵婴对他们说:"有我在晋国,所以栾氏等人才不敢来作乱。如果把我放逐,两位兄长恐怕就有忧患了。而且人们都有所能,也有所不能,赦免我对你们又有什么坏处呢?"但是赵同、赵括不听。

赵婴梦见上天派来的神灵对自己说:"你如果祭祀我,我就将降福给你。"赵婴派人向士贞伯询问。士贞伯说:"不知道这是什么意思。"但是不久又私下告诉那个人说:"神灵只给仁爱的人降福,而给淫乱的人降祸;淫乱而没有受到惩罚,这就是有福了。如果他祭祀神灵,恐怕会被放逐吧?"赵婴不听,祭祀了那个神灵,结果第二天就被放逐到了齐国。

鲁成公八年,赵庄姬因为赵婴被放逐,就在晋景公面前诬陷说:"赵同、赵括将要作乱。"栾书和郤克则为她作证。六月,晋景公诛杀了赵同、赵括及其族人,把赵氏的土地赐给了祁奚。

赵朔和庄姬的儿子赵武跟随赵庄姬住在舅舅晋景公的宫殿里。韩厥对晋景公说:"以赵衰的功勋,赵盾的忠诚,结果都没有了继承他们爵位的后代,后世做好事的人恐怕都要害怕了。夏、商、周三代的王,都能够几百年保持天子的地位,他们中难道就没有邪恶之人吗?这是靠他们祖先的贤明,才得以免除祸害。《周书》说:'不敢欺侮鳏夫寡妇。'就是用这样的做法来宣扬道德。"于是晋景公就立赵武为赵氏继承人,并把赵氏的土地赐还给他。

## 钟仪南冠而絷

鲁成公七年秋,楚令尹子重率军攻打郑国,没想到反被郑军包围。郑国人抓住了楚将郧公钟仪,并把他献给了前来救援的晋景公。晋景公带着钟仪回国,把他囚禁在军用仓库里。

过了两年,有一次晋景公视察军用仓库,见到钟仪,问看管的人说:"那个戴着南方人的帽子被囚禁的人是谁?"官吏问答说:"是郑国人所献的楚国俘虏。"晋景公让人把他放出来,召见他,并且慰问他。

钟仪拜了两拜,跪下叩头。晋景公问他祖上做过什么官,他回答说:"是乐官。"

晋景公问:"你能够奏乐吗?"

钟仪回答说:"这是我的先人所掌管的职责,岂敢从事其他的事业呢?"晋景公下令把琴给他,钟仪为他弹奏南方的曲调。

晋景公问:"你们的君王怎么样?"

钟仪回答说:"这不是小人所能知道的。"

晋景公再三问他,他回答说:"当他做太子的时候,有师、保等专职老师侍奉着他,他每天早晨向令尹子重请教,每天晚上又向司马子反请教。别的我就不知道了。"

晋景公把这件事告诉了范文子,范文子说:"这个楚国的囚犯,是个君子啊!说话中举出先人的职官,这是不抛弃根本;奏乐奏家乡的曲调,这是不忘记故旧;举出楚君做太子时的事,这是表明他没有私心;直呼二卿的名字,这是尊重君王。不肯丢弃根本,这是仁;不忘记故旧,这是信;没有私心,这是忠;尊重君王,这是敏。用仁来处理事情,用信来保证它,用忠来成就它,用敏来推动它,哪怕是再大的事情,也必然能够成功。您何不放他回去,让他促成晋、楚之间的友好?"晋景公听从了范文子的话,对钟仪倍加礼遇,派他回去议和。

钟仪回去后,果然不辱使命。当年十二月,楚共王派公子辰到晋国来,回报钟仪的出使,向晋国请求恢复友好关系、缔结盟约。次年春天,晋景公又派大夫籴筏出使楚国,回报公子辰的访问,两国关系进一步融洽。

## 莒子不修城郭

鲁成公八年,晋景公派申公巫臣出使吴国,途经莒国,向莒子朱借道。申公巫臣和莒子站在护城河边,申公巫臣说:"城墙太破旧了。"

莒子说:"我国偏僻孤陋,处在蛮夷之地,谁会打我们的主意呢?"

申公巫臣说:"脑筋灵活,整天想着通过吞并小国来开辟疆土以利于社稷的人,哪个国家没有? 正因为如此,大国的领土才会增加啊。关键还得看小国,是提高了警惕呢,还是放任不管？勇敢的人尚且会紧闭内外门窗,何况一个国家？"

才到第二年的十一月,楚令尹子重就率军从陈国出发,前来攻打莒国,包围了渠丘。渠丘城墙破败,很快就被攻下了。众人溃散之后,逃亡到了莒城。初五,楚国的军队进入渠丘。

莒国人抓住了楚国的公子平。楚国人说:"不要杀他,我们释放你们的俘虏。"但莒子还是把公子平杀了。于是楚国的军队包围了莒城,莒城的城墙也很破败,到了十七日,莒城就被攻下了,莒人溃败,楚国的军队接着进入了郓城。这都是因为莒国没有设防的缘故。

君子评论说:"倚仗简陋的设施而不设防备,这是罪中的大罪。防备意外,这是善中的大善。莒国凭仗它的简陋设施,而不去修治城郭。短短十二天内,楚国攻克了它的三个城市,这是由于没有防备的缘故啊!《诗经》里说:'即使有了丝和麻,也不要丢掉菅和蒯;虽然有了美貌女,也不要丢掉黄脸婆。凡是君子,或缺此,或缺彼。'说的就是防备不可以有所松懈啊。"

## 晋景公病入膏肓

鲁成公曾前往晋国访问,晋景公会见鲁成公时,态度很不恭敬。鲁大夫季孙行父说:"晋景公将来肯定不能免于祸难。《诗经》里说:'要恭敬谨慎啊!上天光明普照,得到天命不容易啊!'晋景公是诸侯霸主,其命运决定于诸侯的向背,怎么能够不恭敬呢?"

鲁成公八年,晋景公诛杀了赵氏的族人。两年后景公生病,梦见一个大恶鬼,披散的长发拖到地上,捶胸跳跃,说:"你杀了我的子孙,是不义,我报仇的请求已经得到天帝的允许了!"然后毁掉宫门,又毁掉寝门,走了进来。晋景公感到害怕,躲进了内室,鬼又追来毁掉了内室的门。

晋景公醒来以后,召见桑田的巫人询问,巫人所说的情形和景公梦中所见一样。晋景公问:"怎么样?"巫人说:"君王吃不到新收的麦子了!"

晋景公病重,到秦国寻求好医生。秦桓公派了个名叫缓的医生去给晋景公治病。医生还没有到达,晋景公又梦见疾病化作两个小孩子,一个说:"他是个良医,恐怕会伤害我们。往哪儿逃好?"另一个说:"我们待在肓的上边,膏的下边,他能把我们怎么样?"

医缓到达,为景公诊病后说:"您的病已经不能治了。在肓的上边,膏的下边,艾灸不到,针够不着,药物的力量也到不了,不能治了。"

晋景公见缓诊断的结果与他所梦相同,说:"真是好医生啊!"于是馈赠丰厚的礼物,把他送回去了。

六月初六,晋景公想尝新麦,让甸人(负责农田的收获和时蔬野物的官)奉上新收的麦子,又让馈人(负责诸侯饮食的官)烹煮。做好后召见桑田巫人,把煮好的新麦饭给他看,以此证明他说景公吃不到新麦的预言是错的,然后杀了他。晋景公将要吃新麦饭的时候,肚子发胀去如厕,跌进粪坑就死了。有一个宦官早晨梦见背着晋景公登天,等到中午,他背着晋景公出厕所,大家于是用他作为殉葬。

## 宋华元合晋楚

晋、楚两大诸侯国为了争霸连年用兵,国力消耗巨大,百姓疲敝,都希望能够和平,好获得休养生息的机会。鲁成公九年时,晋景公曾用厚礼释放俘虏的楚国郧公钟仪,让他回去替两国修好。楚共王也想与晋国议和,听了钟仪的话,就派使者去晋国聘问,晋国也派使者回聘,晋、楚关系有所好转。

不久,晋景公患病去世。太子州蒲在景公病重时就已即位,是为厉公。此时,宋国的执政大臣华元和楚国的令尹子重关系很好,和晋国的栾书关系也很好,他听说楚国人和晋国人关系开始缓和,就想促成两国的和平。鲁成公十一年冬,华元到了楚国,又到了晋国,促成了晋、楚两国的友好关系。

由于华元的努力,鲁成公十二年五月,晋国的士燮与楚国的公子罢、许偃会盟。初四那天,他们在宋国的西门外盟誓,双方商定说:"以后晋、楚两国,不要互相攻伐,要同心同德,有灾难互相救济,有危机互相救援。如果有人危害楚国,那晋国就攻打它;对晋国,楚国也是这样。两国使者来往,道路无阻,并协力共商,征讨背叛的国家。谁要是违背了这个盟约,神灵就要将他诛杀,使他的军队覆没,不能保存住自己的国家。"

晋厉公又在琐泽与鲁成公、卫定公会盟,申明了与楚国的和议。郑成公也来到晋国听命,参与了琐泽的会盟。

两国订盟后,晋国又派郤至到楚国聘问,同时参与对盟约的监督。楚共王设宴招待他,子反作为相礼者,在地下室悬挂上乐器,打算演奏以助兴。郤至将要登堂时,听到下面击钟鸣乐,吃了一惊就退了出去。

子反说:"时间不早了,我们的国君等着呢,您还是进去吧!"

郤至说:"贵国国君没有忘记和我们先君的友好,恩惠施及我这个臣子,用隆重的礼仪来招待我，还加上金鼓乐器的演奏。如果上天赐福给我们，使我们两国的国君能够相见，那还能用什么更高规格的礼仪来代替这个呢？臣不敢入内。"

子反说："如果上天降福，我们的两国国君相见，也只能是用一支箭来相赠（意思是两国国君也只有在战争中才可能相见），哪里还用得着奏乐？我们的国君等着呢，您还是进去吧！"

郤至说："如果用一支箭来相赠，这是祸中的大祸，还有什么赐福可说？在天下大治的时候，诸侯在完成天子交付的使命的空隙，还要互相朝见，所以就有了这'享''宴'的礼仪，享礼用来教导恭敬节俭，宴礼用来表示慈爱恩惠。以恭敬节俭来推行礼仪，以慈爱恩惠来施展政事。政事用礼仪来完成，百姓因此得到休息；百官承受政事，白天朝见晚上就不再朝见，这就是公侯用来保护他们百姓的措施。所以《诗经》中说：'雄赳赳的武夫，也是公侯的护卫。'等到社会动乱的时候，诸侯贪婪，侵占的

饕餮云雷纹和田羊脂玉玉璧（春秋）

欲望已无所顾忌，为了争夺尺寸之地而驱使百姓以至于死亡，收罗他的武士，作为自己的心腹、股肱、爪牙。所以《诗经》中说：'雄赳赳的武夫，也是公侯的心腹。'天下有道，那么公侯就能做百姓的保护者，而控制他的心腹。动乱的时候就反过来。现在您说的话，是动乱时候说的道理，不能用来作为准则。然而您是主人，我岂敢不听从？"于是便进去了。

郤至把事情办完，回去将情况告诉范文子。范文子说："不懂礼法的国家，必然说话不算话，我们离死的日子不远了。"

冬天，楚国的公子罢到晋国聘问，同时监督晋国践行盟约的情况。十二月，晋厉公和楚国的公子罢在赤棘这个地方举行盟会。

然而和平是短暂的，才到鲁成公十五年，楚国就打算向北方侵略。子囊说："我们刚刚和晋国结盟，现在又背叛它，恐怕不行吧？"子反说："军情对我有利就要前进，有什么结盟不结盟的？"

这时候，申叔时已经告老回乡，住在采邑申地。听到子反的这番话，他说："子反必然不能免于祸难。信用是用来保持礼法的，礼法是用来保护生存的，信用、礼法都丢失了，

想要免于祸难,又能做到吗?"

当年夏,楚共王进攻郑国,攻到了暴隧这个地方;接着侵犯卫国,攻到了首止。郑国的子罕发兵报复楚国,占取了新石。晋国的栾书打算报复楚国,韩厥说:"不用,让他们自己加重罪过,老百姓迟早会背叛他们的。没有了百姓,谁去作战呢?"

## 吕相绝秦

鲁成公十一年,秦、晋两国为了两国的和平,准备在令狐这个地方会盟。晋厉公先到达,但是秦桓公却不肯渡过黄河,而是驻扎在河西的王城,派遣大夫史颗去河东与晋厉公会盟,然后晋国的郤犫又去河西和秦桓公会盟。士燮说:"这样的结盟有什么好处呢?本来斋戒结盟就是用来表示诚信的,约定地点会见,这是信用的起点。如果开始就不讲信用,难道还能说有诚心吗?"果然,秦桓公回去后就背弃了与晋国的和约。

鲁成公十三年四月初五,晋厉公派吕相(即魏锜之子魏相)出使,宣布与秦国断绝友好关系。他说:"过去我们晋献公和秦穆公友好,两国合力同心,用盟誓加以申明,再用婚姻加深这种关系。后来上天降祸晋国,让晋文公流亡到了齐国,晋惠公流亡到了秦国。晋献公不幸去世,秦穆公不忘记过去的友好情谊,使我们的晋惠公得以在晋国主持祭祀。但可惜的是,惠公不能完成更重大的功勋,发动了韩地的战役,他后来心中也很后悔。成就我们的文公,让他回国即位,这也全仗穆公的成全。

"文公亲自身披甲胄,跋涉山川,逾越艰难险阻,征服东方的诸侯,虞、夏、商、周的后代,都向秦国朝见,这也就报答了秦国过去的恩德了。郑国人侵犯君王的边境,我们文公率领诸侯与秦国一起包围郑国。秦国的大夫没有询问我们国君的意见,擅自和郑国订立了盟约。诸侯们憎恨这件事,打算和秦国拼命,文公害怕这样的结果,于是安抚诸侯,才使秦军得以安然返回,这也就是我国有功于秦国的地方了。

"文公不幸去世,你们穆公不但不肯前来吊唁,还蔑视我们故去的国君,以为我们襄公软弱,趁机进犯我们的殽地,断绝与我们的友好关系,攻打我们的城池,灭绝我们的滑国,离散我们的兄弟,扰乱我们同盟国之间的团结,企图颠覆我们的国家。我们的襄公虽然没有忘记你们国君昔日的勋劳,但更害怕国家的颠覆,这才有了殽地之战役。即使如此,我们仍然希望与穆公和解,可是穆公不听,反而靠拢楚国打我们的主意。老天保佑我们,楚成王丧命,穆公因此不能在我国得逞他的阴谋。

"秦穆公、晋襄公去世后,秦康公和晋灵公即位。康公是我们晋国的穆姬所生,但也想损害我们的公室,颠覆我们的国家,率领我国的坏人来动摇我们的边疆,所以我国才和你们国家发生了令狐之役(鲁文公七年)。但是康公还是不肯改悔,进入我国河曲,攻打我们的涑川,掠取我国王宫,羁灭我国的羁马,于是我们之间才有了河曲之役(鲁文公十二年)。你们东边的道路不通,那是由于秦康公同我们断绝了友好关系的缘故。

"等到君王您继承君位以后,我们的国君景公引领西望说:'大概要安抚我们了吧?'但君王您也不肯屈尊和我们结盟,反而趁我国受到狄人祸难的时候,进入我国河县,焚烧我国的箕地、郜地,抢夺我国的庄稼,骚扰我国的边境,我国因此进行了辅氏之战(鲁宣公十五年)。

"君王您也后悔战祸的蔓延,而想寄福于先君晋献公、秦穆公的旧好,派伯车来对我们景公说:'我要跟你同心同德、抛弃怨恨,重新修缮过去的情义,以追念先君的功勋。'盟誓还未完成,景公去世了,因此我们便和你们举行了令狐之会。但谁知您居心不良,背弃了盟约。白狄和君王您同在雍州境内,是君王您的仇人,然而是我们的姻亲。君王您前来命令说:'我跟你攻打狄人。'我们国君不敢顾惜婚姻之谊,畏惧君王您的威仪,就向官吏下达了攻打狄人的命令。但君王您却又生出了二心,告诉狄人说:'晋国将要攻打你们了。'对于君王您的作法,狄人表面上接受了,但内心十分厌恶,因此就告诉了我们。

"楚国人也很讨厌君王您的反复无常,也来告诉我们说:'秦国背弃了与你们在令狐的盟约,而来和我国结盟。他们对着皇天上帝、秦国的三位先公、楚国的三王发誓说:我们虽然和晋国有来往,但只不过唯利是图。我们楚王讨厌他们的反复无常,因此将它公布给众人,以惩戒言行不一的行为。'诸侯们都听到了这些话,因此痛心疾首,所以都来亲近我们国君。我们国君率领诸侯前来听取君王的命令,只是为了缔结友好。君王您如果肯顾念诸侯,怜悯我们,赐给我们盟约,那是我们国君的愿望,就会率领诸侯心平气和地退走,岂敢求取战乱?君王如果不肯施予大恩,我们国君没有本事,就不能够率领诸侯退走。谨把我们的想法全部披露给您的左右执事,请执事仔细权衡一下利害关系吧!"

两年前,秦桓公和晋厉公在令狐结盟后,又去召来狄人和楚人,想引导他们进攻晋国,诸侯因此与晋国亲近。这时,晋国的栾书率领中军,荀庚担任副帅;士燮率领上军,郤锜担任副帅;韩厥率领下军,荀䓨担任副帅;赵旃率领新军,郤至担任副帅;郤毅驾御战车,栾鍼担任车右。孟献子说:"晋国的将帅与士兵齐心协力,军队必然能建立大的功勋。"五月初四,晋军率领诸侯的军队和秦军在麻隧作战,秦军大败,晋军俘虏了秦国的成差和不更(秦爵位)女父。诸侯军队于是渡过泾水,到达侯丽然后回去了。

# 宋荡泽弱公室

鲁成公十五年六月,宋共公去世;八月,安葬了宋共公。这时的宋国,华元担任右师,鱼石担任左师,荡泽担任司马,华喜担任司徒,公孙师担任司城,向为人担任大司寇,鳞朱担任少司寇,向带担任太宰,鱼府担任少宰。荡泽打算削弱公室,就杀了应该继位的太子肥。

华元说:"我任职右师,国君和臣子的训导,都是右师所负责的。现在公室的地位低,却不能拨正它,我的罪过大了。不能尽到职责,怎么还敢以得到宠信为满足呢?"于是就逃亡到了晋国。

华元和华喜是宋戴公的后代,公孙师是宋庄公的后代,其他六个大臣鱼石、荡泽、向为人、鳞朱、向带、鱼府都是宋桓公的后代。鱼石打算劝阻华元出逃,但是鱼府说:"右师如果回来,必然要讨伐荡泽,这就将没有桓氏这一族了。"

鱼石说:"右师如果能够回来,即使允许他讨伐罪人,他也必定不敢。而且他屡建大功,都城的人都亲近他,如果不让他回来,反倒要担心桓氏一族被要都城的人消灭,使我们祖先的神灵得不到祭祀了。而且右师即使讨伐荡泽,估计也不会牵连到向戌(向戌是华元同党,担任左师,也是桓氏一族),桓氏一族虽然灭亡了,但是只要有桓氏的后人向戌在,必然也只是亡掉一部分而已。"

于是鱼石在黄河边上截住华元。华元请求讨伐荡泽,鱼石答应了,华元这才回来。华元派遣华喜、公孙师率领国都的人进攻荡氏,杀了荡泽。《春秋》记载说"宋杀其大夫山",说的就是荡泽背叛了自己的宗族。

鱼石、向为人、鳞朱、向带、鱼府都离开都城住在睢水旁边,华元派人劝阻他们,他们都不答应。

十月,华元又亲自去劝阻,他们还是不答应,华元就回来了。鱼府说:"如果我们现在还不听从,以后就真的不能进入国都了。我看华元眼睛转动很快而说话很急,一定是有别的想法。如果他不是真心接纳我们,现在就已经离开了。"于是鱼石、向为人、鳞朱、向带、鱼府登上土丘远望,看到华元坐车疾驰而去。这五个人驱车跟随华元,走到国都的时候,华元已经掘开睢水堤防,关闭城门登上城墙了。于是他们五人就逃亡到了楚国。华元委派向戌担任左师,老佐担任司马,乐裔担任司寇,以安定国内百姓。

# 晋楚鄢陵之战

鲁成公十六年春,楚共王从武城派公子成用汝阴的田地向郑国求和。郑国于是背叛了晋国,郑国的子驷(公子騑)跟从楚共王在武城订立了盟约。

夏天,晋厉公将要讨伐郑国,士燮说:"如果我们的愿望得到满足,诸侯都会背叛楚国,那么晋国的危机也可以得到缓解。如果听任郑国一个国家背叛,晋国的忧患也可能马上就要来了。"栾书也说:"决不能在我们执政的时候失去诸侯,一定要攻打郑国。"

于是晋厉公下令发兵,栾书率领中军,士燮担任副帅;郤锜率领上军,荀偃担任副帅;韩厥率领下军;郤至担任新军的副帅;荀罃留守国内。先派郤犨到卫国,然后又到了齐国,请求两国出兵支援。栾黡到鲁国请求援兵,孟献子说:"晋国一定可以获胜。"四月十二日,晋国军队出发。

郑国人听到晋国出兵,就派使者报告楚国,姚句耳也和使者一起前往。于是楚共王发兵救援郑国,由司马子反率领中军,令尹子重率领左军,右尹子辛率领右军。楚军路过申地时,子反进见申叔时,问:"这次作战的结果会是怎样?"

申叔时回答说:"德行、刑罚、和顺、道义、礼法、信用,这是战争的手段。德行用来施加恩惠,刑罚用来纠正邪恶,和顺用来侍奉神灵,道义用来确立利益,礼法用来适应时宜,信用用来守护事物。人民生活丰厚,德行就端正;一切举动有利于百姓,事情就合于法度;时令合适,万物就会有所成就;这样就能上下和睦,相处没有矛盾,任何需求都可以得到满足,各人都知道行动的准则。所以《诗经》中说:'安置我的百姓,无不合乎准则。'这样,神灵就会关照他,让他四时没有灾祸,老百姓生活富裕,齐心听从政令,莫不竭尽全力服从上面的命令,不惜牺牲性命来补充死去战士的空缺。这就是战争能够胜利的原因。现在楚国在内部抛弃了他的百姓,在外部断绝了他的友好;立下誓约却说话不算话,亵渎了神灵;违反时令发动战争,使百姓疲于奔命以求自己快意。人们不知道什么是信用,进退都会获罪。人们为他们的结局担忧,还有谁肯牺牲性命作战呢?您努力吧,我想我不会再看到您了。"

姚句耳先回到郑国。子驷向他了解情况,姚句耳回答说:"楚军行动迅速,但是经过险要的地方行列不整齐。行动太快考虑就会不周,军容不整队列就会散乱。考虑不周、队列散乱,还凭什么去作战?楚国恐怕要有灾难了。"

五月,晋军渡过黄河。听到楚军将要到达的消息,士燮想退兵回去,他说:"我们假装逃避楚军,这样就能缓和晋军的忧患。再说大会诸侯,不是我所能做到的,还是把它留给有能力的人去干吧。我们只要群臣和睦,以侍奉国君,这就足够了。"

但是栾书说:"不行。"

六月,晋、楚两军在鄢陵相遇。士燮不想作战,郤至说:"韩地之战(鲁僖公十五年),我们惠公不能胜利归来;箕地之战(鲁僖公三十三年),先轸牺牲,不能回国复命;邲地之战,荀林父战败,这都是我们晋国的耻辱。你也知道先君的这些战事,现在我们如果再逃避楚国,就更是增加了我们的耻辱。"

士燮辩解说:"我们的先君屡次作战都是有原因的。秦国、狄国、齐国、楚国都是强国,如果不尽自己的力量,我们子孙将会进一步被削弱。现在齐、楚、狄三强已经顺服,敌人只有一个楚国了。只有圣人才能做到既无外忧又无内患,我们都不是圣人,即便消除了外患,内忧也必然会随之而来。何不放过楚国,让它成为我们外部的威胁,而消除内忧的发生呢?"

五月三十日清晨,楚军逼近晋军摆开阵势,晋国的军官对此感到十分担心。范匄(即士燮之子士匄)急步上前,说:"请填井平灶,摆开阵势,放宽队列之间的距离。晋、楚谁胜谁败,都是上天决定的,我们只管尽力做好自己该做的事,担心什么呢?"他父亲士燮拿起戈追赶着打他,说:"国家的存亡完全在于天意,你这个小孩子知道什么?"

栾书说:"楚军轻佻,我们只要严阵以待,三天之后他们必定会撤军。趁他们撤退的时候追击,我们一定可以大获全胜。"

郤至说:"楚军有六个空子,不能失去这样的好机会。他们的两个卿子重和子反互相敌视;楚王的亲兵尽用旧家子弟;郑军列阵而军容不整;蛮人军队连阵势都未列;月末晦日不宜列阵作战,对方却不加忌讳;楚军士兵在阵中喧闹不安,阵势会合后本应肃静却更加喧闹。各军之间互相观望,毫无斗志。旧家子弟不一定是精兵强将,月末出兵又犯了大忌,我们一定可以打败他们。"

楚共王登上巢车,眺望晋国军队,子重让太宰伯州犁站在楚王身后。共王问:"晋国军队的兵车向左右两个方向奔驰,这是什么意思?"

伯州犁回答说:"这是在集合他们的军吏。"

共王又说:"都集合到中军了。"

伯州犁说:"这是在商量战略。"

共王说:"帐幕张开了。"

伯州犁说："这是在他们的先君面前祈祷和占卜。"

共王说："他们又把帐幕拆散了。"

伯州犁说："这是准备发布战令了。"

共王说："那里很喧闹，而且尘土飞扬。"

伯州犁说："这是在填井平灶，准备摆开阵势了。"

共王说："他们都上车了，可是将领和车右又拿着武器下车了。"

伯州犁说："这是要听取军令。"

共王问："就要开战了吗？"

伯州犁说："还不能知道。"

共王说："他们上了战车，但将领和车右又都下来了。"

伯州犁说："这是在做战斗前的祈祷。"

伯州犁把观察到的晋厉公军队的情况告诉了共王。此时晋军方面的苗贲皇站在晋厉公的旁边，也把楚王军队的情况告诉了晋厉公。晋厉公身边的人都说："楚国有伯州犁这样杰出的人才在那里，而且阵容强大，恐怕无人能挡。"

苗贲皇对晋厉公说："楚国的精兵，在于他们中军的王族而已。我请求把我们的精兵分开，去攻击他们的左右两军，并将三军集中攻击他们的中军，这样肯定能把他们打得大败。"

晋厉公让太史占筮，太史说："吉利。我们得到的是《复》卦，卦辞说：'南方的国家局促衰落，箭射它的国君，箭头射中他的眼睛。'国家局促衰落，国君受伤，不失败，还有什么呢？"晋厉公听从了建议，下令出战。

晋军前面有一片泥沼，于是都分左右绕开泥沼而行。步毅为厉公驾驭战车，栾鍼为车右。楚军则由彭名为楚共王驾战车，潘党担任车右。石首为郑成公驾战车，唐苟为车右。栾书、士燮带领他们的私族部队保护晋厉公前进。

晋厉公的战车陷进了泥沼，栾书本打算让晋厉公改乘自己的战车，但是他儿子栾鍼说："栾书您退下！您身负国家重任，哪能一个人专办一切事务呢？再说你侵犯别人的职权，这是冒犯；放弃自己的职责，这是怠慢；离开自己的部属，这是扰乱。有三个罪名在此，都是不能犯的。"说完栾鍼就举起晋厉公的战车，让他离开了泥沼。当时的礼制，在国君面前，臣子之间直呼对方的名字，所以栾鍼对他父亲说话也直呼其名。

在前一天，楚国潘尫的儿子潘党和神射手养由基把铠甲立着用箭射它，射穿了七层革甲,然后拿来给楚共王看,说:"君王有我们两个这样出色的臣子,在这里还有什么可担心的?"楚共王发怒说:"混账!如果明天早上作战,你们也这样射箭,将会因这种技艺而死!"

晋国的吕锜梦见自己射月亮,射中了,但自己退后掉进了泥坑。于是他让人占卜,占卜的人说:"姬姓为内姓,内为日;异姓为外姓,外为月;月亮,这一定是指楚王了。射中了他,自己又掉进泥里,你也一定会战死。"等到战斗开始,吕锜果然一箭射中了楚共王的眼睛。楚共王召来养由基,给他两支箭,让他射吕锜,结果养由基一箭就射中了他的脖子。吕锜立刻伏在弓套上死去,养由基拿着剩下的那一支箭回去向楚共王复命。

郤至三次碰到楚共王的亲兵,他见到楚共王,一定要下车,并脱下头盔,向前快步走过,以表示尊敬。楚共王派工尹襄送上一张弓去问候他,并说:"正当战事激烈的时候,有一位身穿浅红色熟牛皮军服的人,真是君子啊!刚才看见我后小步快走的样子,恐怕是受伤了吧?"

郤至见到客人,脱下头盔接受问候,说:"贵国君王的外臣我跟随我们国君参战,托君王您的福,我可以参与披甲的行列。因为身披盔甲,不能拜受您的问候。谨向君王报告我没有受伤,感谢君王惠赐给我的关心。由于战事的缘故,谨向使者肃拜,以表示我的敬意。"说完,三次向使者肃拜,然后才退走。

韩厥追赶郑成公时,他的御者杜溷罗说:"是否赶快追上去? 他们的御者屡屡回头,看追兵到哪儿了,注意力不在马上,可以赶得上。"韩厥说:"不能再一次羞辱郑成公了。"于是就下令停止了追赶。

郤至继续追赶郑成公,他的车右弗翰胡说:"另外派轻车从小道去截击,我从后面追上去,跳上他的战车把他俘虏过来。"郤至说:"伤害国君是要受刑罚的。"于是也停止了追赶。

石首对郑成公说:"从前卫懿公和狄人作战,由于不肯去掉他的旗子,所以才在荧泽被害。"于是把旗子放进弓袋里。唐苟对石首说:"你在国君旁边,战败之军更需保护国君。我地位不如你,你可以因保护国君而逃脱,那就请让我留下抵御追兵吧。"于是下车拒敌,最后战死。

楚军被逼到险阻的地方,叔山冉对养由基说:"虽然国君有令,但是为了国家,你一定要射箭。"养由基就射晋军,射了两箭,都射死了目标。叔山冉举起一个晋兵掷过去,掷中了晋军的战车,折断了车前的横木。晋军于是停止了追击。

栾鍼见到子重的旗帜，请求说："楚国人说那面旗是子重的旗帜，那旗下的人恐怕就是子重吧？过去臣出使到楚国，子重问起我晋国的勇武表现在那里，臣回答说：'喜好整齐，按部就班。'子重又问：'还有什么？'臣回答道：'喜好从容不迫。'现在两国交兵。不派遣使者往还，不能说是按部就班；临到事情就说话不算数，不能说是从容不迫。请求君王派人替我给子重敬酒。"

晋厉公答应了，派遣使者拿了一杯酒，到子重那里，说："我们国君缺少人手，要让栾鍼站在他身旁侍卫，所以栾鍼不能亲自前来犒劳你，而是派我代他送酒给您。"

子重说："栾鍼先生曾经跟我在楚国谈过话，一定是这个原因才给我送酒。他的记性很不错啊。"然后接过酒一饮而尽，遣回使者，又重新击鼓作战。从早晨开始作战，直至见到星星还没有结束。

子反命令军吏：视察伤情，补充徒兵车兵，修理盔甲武器，摆列战车马匹，鸡叫的时候吃饭，服从主帅的命令。晋国为此感到担心。苗贲皇通告全军说："检阅战车，补充士卒，喂好战马，磨快兵器，整顿军阵，排好队列，饱餐一顿，再次祷告，明天再战。"并且故意放松对楚国俘虏的看管，让他们逃走。

楚共王从逃回的俘虏那里听到这些情况，就召子反前来商量。但是子反的随从谷阳竖献酒给子反，子反喝醉了，不能进见楚共王，楚共王感叹说："这是上天要让楚国失败啊！我不能等死。"于是趁夜逃走了。

晋军进入楚国军队的营地，又照着当年城濮之战的老例，留在楚军军营吃楚军丢弃的粮食，修整了三天。士燮站在晋厉公的车马前面，说："楚君年幼，臣子们又没有能力，不然怎么会弄到这个结果？君王您要警惕啊！《周书》中说：'天命不会一成不变。'说的就是只有有德之人才可以享有大天命啊！"

楚军回国，路过瑕地时，楚共王派人对子反说："城濮之战的时候，先大夫子玉让楚军全军覆没，当时国君不在军中。这次我在军中，你没有责任，是我的罪过。"子反拜了两拜，然后叩头说："就算国君赐我一死，我也是死而不朽了。我的部下的确逃走了，这是我的过错。"子重派人对子反说："当初令军队战败的子玉是什么下场，想必你也听说过了。你何不为自己考虑一下。"子反说："即使没有子玉自杀一事，你让我去死，我也不敢苟活，而陷自己于不义之中啊。我让君王的军队遭到失败，哪里敢忘记以死来谢罪呢？"楚共王派人去阻止他，可是派去的人还没有赶到，他就自杀了。

## 鲁逐叔孙侨如

　　鲁成公十六年,晋国在鄢陵之战前,曾经派使者到卫、齐、鲁等国请求援兵。当时,鲁国大夫叔孙侨如和鲁成公的母亲穆姜私通,他想除掉与他并立的季孙、孟孙两家,占取他们的家财。因此,鲁成公将要率军前去支援晋军时,穆姜送他,让他驱逐季孙行父和孟献子,成公把晋国的事告诉她,说:"请等我回来再听取您的命令。"

　　谁知穆姜并不体谅,还发了怒,正好成公的庶弟公子偃、公子鉏快步从旁边走过,穆姜指着他们说:"你要是不同意,他们都可以当国君代替你。"成公听到后,就在坏隤略做停留,安排了对宫室的守卫,下令加强戒备,并让孟献子留守,然后才出行。结果去得晚了,没有赶上鄢陵的大战。

　　当年秋天,晋厉公在鄢陵大胜后,就召集鲁成公、齐灵公、卫献公、宋国的华元、邾国的国君在沙随会盟,商量攻打郑国的事情。叔孙侨如派人到晋厉公那儿告状说:"鄢陵之战的时候,鲁成公在坏隤等着,迟迟不肯离去,是在等待晋、楚两国胜败的结果啊。"当时郤犫统帅新军,同时兼做公族大夫,主持东方诸侯的事务。他从叔孙侨如那里拿了贿赂,于是在晋厉公那里诽谤鲁成公,晋厉公因此就不接见成公。

　　七月,鲁成公会合尹武公和各诸侯一起攻打郑国。将要出行时,穆姜又像上一次一样要求成公驱逐季孙行父和孟献子,成公又在宫中设置好防备以后才出行。

　　叔孙侨如派人告诉晋国的郤犫:"鲁国有季氏、孟氏,就好比晋国有栾氏、范氏一样,政令就是在他们那里制定的。现在他们商量说:'晋国的政令出自不同的家族,这是无法服从的。我们宁可侍奉齐国和楚国,哪怕亡国,也不跟从晋国了。'晋国如果要在鲁国行使自己的意志,就请在晋国留住季孙行父,杀了他,我在国内把留守的孟献子杀死,然后侍奉晋国,再不会三心二意了。鲁国没有三心二意,其他小国一定也会服从晋国。不这样的话,季孙行父回国后就必然背叛晋国。"

　　九月,晋国人在苕丘拘禁了季孙行父。鲁成公得以返回,在郓地停留,并派子叔声伯到晋国请求释放季孙行父。郤犫说:"如果你肯帮忙,让鲁国除掉孟献子,并听任我们留下季孙行父,那么我们对待您会比对鲁国的公室还亲。"子叔声伯有一个表妹嫁给了郤犫,所以郤犫拿这话来利诱他。

　　子叔声伯回答说:"叔孙侨如的情况,你一定也听说了。如果铲除孟献子和季孙行父,这是严重的抛弃鲁国、怪罪我们国君的行为。如果你们还不嫌弃鲁国,我们又得以托周公的福,让我们国君能够侍奉晋国国君,那么孟献子和季孙行父这两个人,就是鲁国的社稷之臣。早晨杀掉他们,鲁国晚上就会灭亡。鲁国的疆土,靠近晋国的仇敌齐国和楚国,如果鲁国灭亡,土地并入你们的敌国,那时还来得及补救吗?"

郤犫说:"我可以为你请求封邑。"

子叔声伯说:"我婴齐(婴齐是子叔声伯的名)是鲁国的小臣,岂敢依仗大国以求取丰厚的官禄?我奉我们国君的命令前来请求,如果能够得到所请求的,你给我的恩赐就够多的了,还能有什么其他的请求呢?"

士燮对栾书说:"季孙行父在鲁国辅助过两个国君,他的妾不穿丝绸,马不吃粟米,难道能不认为他是忠诚之人吗?相信奸邪小人,舍弃忠良,还怎么对付诸侯?子叔声伯接受国君的命令,而没有任何私念,为国家考虑而没有二心,为自己打算而不忘国君。如果拒绝他的请求,这是舍弃善人啊!你还是考虑一下吧!"于是晋国允许鲁国讲和,赦免了季孙行父。

十月,鲁国放逐了叔孙侨如,并且和大夫们举行了盟誓。叔孙侨如逃亡到齐国。十二月,季孙行父和郤犫在扈地结盟,回国后暗杀了公子偃,又把叔孙侨如的弟弟叔孙豹从齐国召回,立为叔孙氏的继承人。

叔孙侨如在齐国,齐灵公之母声孟子和叔孙侨如私通,让他位于世袭上卿高氏、国氏之间。叔孙侨如说:"我不能再次犯罪了。"于是就逃亡到了卫国,也位列各卿之间。

# 齐庆克之乱

齐大夫庆克与齐灵公的母亲声孟子私通,曾经穿着女人的衣服和女子一起坐车进入宫室的小门,结果被鲍牵(鲍叔牙的曾孙)看见。鲍牵告诉了国武子,国武子找来庆克训斥了一番。于是庆克躲在家里,很久不出门,他告诉声孟子说:"国武子责备了我。"声孟子十分恼火。

鲁成公十七年夏,国武子作为齐灵公的相礼,与灵公一起去参加诸侯会盟,高无咎和鲍牵留守都城。等到他们回来,快到都城时,城门关闭,并且检查过路的人。于是声孟子向灵公告状:"高、鲍二人不想让你进城,而准备立公子角为君,国武子也知道这一密谋。"

七月十三日,灵公下令砍掉鲍牵的双脚,将高无咎驱逐出齐国。高无咎逃到莒国,高无咎的儿子高弱领着高氏封邑卢地的人发动了叛乱。齐国人把鲍牵的弟弟鲍国从鲁国召回,立为大夫。

当初,鲍国离开鲍氏族人,来到鲁国当了施孝叔的家臣。施家用占卜来挑选总管,结果匡句须吉利。施家的总管应该有一百户人家的封邑,于是施氏就把封邑给了匡句须,让他当总管,可是匡句须却把总管的职位让给了鲍国,并且将封邑也给了他。施孝叔说:"占卜的结果是你最吉利啊!"匡句须说:"把这一地位让给忠良之士,还有比这更大的吉利吗?"果然,鲍国忠心耿耿辅佐施家,因此齐国人才把他召回去,立为鲍氏的继承人。

齐灵公委任崔杼当大夫,派庆克辅佐他,率领军队包围了卢地。当时国武子正跟随诸侯一起包围郑国,听说了国内的变故,就以齐国内部发生叛乱为理由请求回来。国武子回来后,率军来到了包围卢地的军队中,杀死了庆克,占据谷地发动叛乱。齐灵公被迫在徐关和他结盟,并恢复了他的官职。十二月,卢地投降。齐灵公派国武子的儿子国胜到晋国通告,然后让他留在清地待命。

第二年正月,齐灵公为了去年的事情,就派华免用戈把国武子杀死在内宫的前堂。正在宫中朝会的人大乱,很多人都逃到夫人的宫里。《春秋》记载说:"齐杀其大夫国佐。"这是因为国武子背弃君命,专权杀人,而且占据谷地叛乱的缘故。接着,齐灵公又让清地的人杀了国胜,国胜的弟弟国弱逃亡到鲁国,国佐的党徒王湫逃到莱地。于是让庆克的儿子庆封做了大夫,庆佐做了司寇。不久以后,齐灵公让国弱回国,让他做国氏的继承人。

## 晋人弑厉公

晋厉公非常奢侈,有很多宠信的大夫。他从鄢陵回来之后,想要把大夫们全都废了,另立他所宠信的人。胥童因为父亲胥克被郤缺废掉官位,而怨恨郤氏,此时有宠于厉公。郤锜夺走了夷阳五的土地,夷阳五此时也有宠于厉公。郤犨和长鱼矫争夺田地,把长鱼矫囚禁起来,和他的父母妻儿绑在一根车辕上,长鱼矫此时也成为晋厉公的亲信。

栾书怨恨郤至,因为他不听自己的主意,最后又打败了楚军,所以想要废掉他。鲁成公十七年冬,栾书让楚国的公子筏告诉晋厉公说:"这次战役,其实是郤至请我们国君来的。由于东方的诸侯军队没有到达,而且晋国的部队统帅也没有完全参战,他就说:'这次战役晋国一定会失败,我将趁机拥立孙周(即后来的晋悼公)来侍奉。'"

晋厉公把这话告诉了栾书。鄢陵之战中,楚共王曾派使者给郤至送弓,郤至接待了使者,栾书就借题发挥说:"恐怕有这回事。否则,难道他会不顾虑自己的安危,而接见敌军的使者吗?君王何不试试派他到成周,借机考察他一下呢?"于是厉公派郤至到成周聘问,因为孙周正在成周侍奉单襄公,栾书又安排孙周去接见他。厉公派人探查到这一消息,就相信了栾书的话,从此开始怨恨郤至。

晋厉公出外打猎,和女人一起先射猎喝酒,然后才让大夫射猎。郤至奉献上一头野猪,寺人孟张上来夺走野猪,郤至射死了他。厉公说:"郤至欺负我!"

晋厉公准备发难除去异己。胥童说:"一定要先除掉三郤。他们宗族大,招到的怨恨也多,去掉大的宗族,可以使公室不受威逼;讨伐遭受怨恨多的人,则容易成功。"厉公说:"对。"

郤氏听说这件事,郤锜想要攻打厉公,说:"即使我们死了,也要让国君也面临危险。"

郤至说:"一个人用以立身于世的,就是信、智、勇。守信就不能背叛国君,明智就不能残害百姓,勇敢就不能发动内乱。如果去掉了这三样品质,还会有谁亲近我?死都死了,还要增多怨恨,又有什么用?臣子实际上是属于国君的,那么国君杀了臣子,又能把国君怎么办?我如果有罪,现在死也已太晚了。如果国君杀害的是无罪的人,那么他将失掉百姓,他想要安定,能行吗?还是静候天命吧。我们接受了国君的俸禄,才能够聚集亲族。因为有了亲族,就和国君争执,还有比这更大的罪过吗?"

十二月二十六日,胥童、夷阳五率领甲士八百人打算进攻郤氏。长鱼矫请求不要兴师动众,晋厉公派清沸魋前去帮助他。长鱼矫和清沸魋抽出戈来,把两人的衣襟相连,假装成一副要打架争讼的样子。三郤在台榭上为他们两人调解,长鱼矫乘机抽出戈来杀了郤锜和郤犨。郤至说:"与其冤枉被杀,不如赶快逃走。"于是就快步逃跑了。长鱼矫追上他的车子,用戈杀死了他,然后将三郤陈尸朝廷示众。

胥童带领甲士在朝廷上劫持了栾书和荀偃。长鱼矫说:"不杀了这两个人,麻烦必定会牵涉到国君身上。"

晋厉公说:"一天之内把三个卿陈尸朝上,我不忍心再增加了。"

长鱼矫回答说:"国君您对别人不忍心,但别人对您却会忍心的。微臣听说祸乱发生在外面就是奸,发生在内部就是宄。用德行来对待奸,用刑罚来预防宄。不施教化就加以杀戮,不能叫作德行;臣子逼迫国君而不加讨伐,也不能叫作刑罚。德行和刑罚不树立,奸、宄就一起来了。微臣请求离开晋国。"于是逃亡到狄人那里。

晋厉公派人对栾书和荀偃说:"我这次主要是为了讨伐郤氏,郤氏现在已经伏罪,大夫不要把被胥童劫持的事当作耻辱,还是回到你们的职位上去吧!"

他们都再拜叩头说:"君王讨伐有罪的人,而赦免了臣的死罪,这是君王的恩惠。即使我们两个人死了,又岂敢忘记君王的恩德?"于是就都回去了。厉公委任胥童为卿。

晋厉公到宠臣匠丽氏那里游玩,栾书和荀偃乘机抓住了他。他们召唤士匄杀厉公,士匄推辞了;又让韩厥杀,韩厥也推辞了,说:"从前我在赵氏家里长大,后来孟姬诬陷赵氏,大夫们都攻打赵氏,只有我坚持不出兵。古人有话说:'杀老牛没人敢做主。'何况是国君呢?你们几位不能侍奉国君,又哪里用得到我呢?"

闰十二月二十九日,栾书、荀偃又杀了胥童。

次年正月初五,栾书和荀偃派程滑杀了晋厉公,将他葬在晋国旧都翼的东门之外,下葬时仅仅使用了一辆车子。然后就派荀罃、士鲂到成周迎接孙周回国,立他为国君,是为晋悼公,当时才十四岁。

晋国大夫都到清原迎接悼公,悼公说:"我开始的时候并没有想到这样的事,难道是上天的意思吗?然而人们要求有国君,是为了让他发布命令。如果立了以后又不听他的,还哪里用得着国君呢?你们几位立我为国君,在今天;不立我,也在今天。恭顺地听从国君,这是受神灵保佑的。"

大夫们回答说:"这是臣等的愿望,岂敢不唯命是听?"

十五日,悼公和群臣盟誓后才进入国都,住在伯子同家里。二十六日,在武官庙朝见众臣,并下令驱逐了不遵臣子之道的夷阳五等七个人。孙用还有一个哥哥,但是个白痴,不能辨别豆子和麦子,所以不能立为国君。

二月初一,晋悼公在朝廷举行即位大典,并开始任命百官,赐予百姓财物,免除百姓对国家的拖欠,照顾鳏夫和寡妇,起用被废黜和长居下位的贤臣,救济贫困,援助灾患,禁止邪恶,减少赋税,宽恕罪过,节约器用,选择农闲时役使农民,个人的欲望不和农时冲突。任命魏相、士鲂、魏颉、赵武为卿。任命荀家、荀会、栾黡、韩无忌为公族大夫,让他们教育卿的子弟恭敬、节俭、孝顺、友爱。任命士渥浊为太傅,让他修订范武子制定的法度。任命右行辛为司空,让他修订士蒍制定的法度。由弁纠驾驭战车,掌马之官也由他管辖,让他教育各个御者要懂得礼义。荀宾担任车右,所有的司士归他管理,让他教育勇敢的力士要及时效力。各军的主副帅都没有固定的御者,设立军尉以统摄这件事情。祁奚为中军尉,羊舌职辅佐他。任命魏绛为司马,张老为候奄。任命铎遏寇为上军尉,籍偃为上军司马,让他们教育步兵和车兵,做到和睦而听从命令。任命程郑为乘马御,六大马厩归他管辖,让他训练马匹听从指挥。凡是各部门的长官,都是深受百姓赞扬的人。被举拔的人不失职,做官的人不改变常规,授予的爵位不超出他们的德行,下级不欺凌上级,副职不逼迫正职,百姓没有指责的话。这就是晋国之所以再次称霸的原因。

## 彭城争夺

鲁成公十八年六月,郑成公进攻宋国,到达宋国都城的曹门外边。然后会合楚共王一起攻打宋国,占取了宋国的朝郏。楚国的子辛、郑国的皇辰攻打了城郜,攻占了幽丘,又一起打下了宋国的要邑彭城,把三年前逃亡楚国的鱼石、向为人、鳞朱、向带、鱼府五人送回安置在那里,又用三百辆战车帮助戍守,然后才回国。

宋国人担心楚国留下的三百辆战车。西鉏吾说:"担心什么?如果楚国人和我们同仇敌忾,向我们施加恩德,我们本来是会侍奉他们的,不敢有三心二意。现在楚国的欲望没有止境,即使把我国作为他们的边邑也还是不满足,不是与我们同仇敌忾、向我们施加恩德,而是收留我们讨厌的人,让他们辅助政事,等机会钻我们的空子,让他们也成为我们的祸害。现在他们尊崇诸侯的乱臣,而且给他们分封土地,阻塞各国之间的通道,使乱臣愉快而使服从他们的国家离心,荼毒诸侯而使吴国、晋国恐惧。楚国这样做,我们的利益反倒多了,并不会成为我们的忧患。再说我们侍奉晋国是为了什么?不就是能在这种时候出来帮助我们吗?晋国必然会救助我们的。"

七月,宋国的老佐、华喜带兵包围彭城,老佐战死在这次战役里。

十一月,楚今尹子重救援彭城,讨伐宋国,宋国的华元派人到晋国告急。当时韩厥在晋国执政,他对晋悼公说:"想要得到别人的拥护,一定要先为他们付出辛劳。我国成就霸业,安定天下,就要从救援宋国开始了。"于是晋悼公在台谷集合军队救援宋国,在靡角之谷和楚军相遇,楚军自动撤退回国。

晋悼公派士鲂前去鲁国请求出兵。鲁大夫之间互相商量,季孙行父问臧孙纥应该出多少兵,臧孙纥回答说:"上次攻打郑国,是荀䓨来请求出兵的,他是下军的副帅。现在士鲂也是下军的副帅,出兵的数目就像上次攻打郑国时一样多就可以了。侍奉大国,不要违背使者的爵位次序,而且要恭敬有礼,这才是合乎礼仪的。"季孙行父听从了。

十二月,晋悼公和鲁国的孟献子、宋平公、卫献公、邾子、齐国的崔杼在虚杅会盟,商量如何救援宋国。但是宋国人辞谢了诸侯的好意,只是请求出兵包围彭城。

鲁襄公元年春,晋国为首的诸侯联军包围了彭城。彭城向晋国投降,晋悼公把在彭城的五个宋国大夫带回了晋国,并把他们安置在瓠丘这个地方。

# 九、鲁襄公时期故事

## 祁奚举贤

鲁襄公三年,晋国的中军尉祁奚告老退休,晋悼公向他询问代替他的人选。祁奚称赞解狐,推荐他接替自己的位子,而解狐其实是祁奚的仇人。晋悼公正打算任命解狐时,没想到他却死了,于是又去问祁奚还有谁可以胜任。祁奚回答说:"我的儿子可以胜任。"刚好当时祁奚的副手羊舌职也死了,晋悼公又问:"谁又可以接替羊舌职呢?"祁奚回答说:"羊舌职的儿子可以胜任。"这样,晋悼公就任命祁奚的儿子祁午为中军尉,让羊舌职的儿子羊舌赤担任他的副职。

君子认为:"这样看来,祁奚确实是个能推举人才的人。称赞他的仇人,不是谄媚;安排他的儿子,不是营私;推举他的副手,也不是结党。《商书》说:'不偏私不结党,君王之道坦荡荡。'大概说的就是祁奚吧。解狐能被举荐,祁午能被重用,羊舌赤能有职位,设置了军尉一官,而成就了三件美事,这是因为祁奚能够推举贤人的缘故啊。唯独有德行的人,才能推举类似他的人。因此《诗经》中说:'正因为具有美德,推举的人才能和他相似。'祁奚就是这样的人。"

后来,在鲁襄公二十一年的栾氏之乱中,晋卿士匄听信谗言,逼走栾氏的栾盈,杀死了栾氏的党羽。叔向的弟弟羊舌虎是栾氏党羽,羊舌虎被杀,叔向也受牵连被抓。有人对叔向说:"你这次获罪,是因为不够聪明吧?"叔向说:"比起死去的和逃亡的又怎么样呢?《诗经》中说:'逍遥自在,姑且这样来度过一生。'这是多么聪明啊。"

乐王鲋去见叔向,对他说:"我为你去请求赦免吧。"叔向不回答。乐王鲋出去的时候,叔向也没有拜送。别人都责备他,叔向说:"一定要让祁奚为我讲情才行。"

叔向家的家臣总管听到后,对叔向说:"乐王鲋对国君说的话,没有不照办的,他想请求赦免您,您又不答应。这不是祁奚所能做到的,但您说一定要由他去办,这是为什么呢?"叔向说:"乐王鲋是个老奸巨猾的人,什么都顺从国君,怎么能办这样的事呢? 祁奚外举不弃仇,内举不避亲,难道独独会不管我吗?《诗经》说:'有正直的德行,四方的国家都会归顺他。'祁奚就是一个正直的人呀。"

晋平公向乐王鲋询问叔向的罪过。乐王鲋因为叔向不接受他的好意，心里恼火，于是回答说："他不抛弃自己的弟弟，很可能也是参与策划的人。"

祁奚此时已经告老归养了，听说这些情况后，就坐上驿车迅速赶到国都，去拜见士匄，说："《诗经》中说：'先王赐给我们的恩惠没有边际，子子孙孙永远保持它。'《书经》中说：'智慧的人有谋略有训诲，子孙才能得到安宁和保护。'说到谋划而少有过错，教育别人而不知疲倦，叔向都是具备的，他是国家的柱石，即使他的十代子孙有了过错，还要加以赦免，以此来勉励有能力的人。如今他自己一被牵连，晋国就要抛弃这样的社稷之臣，这不会使人困惑吗？过去鲧被诛戮，而他儿子大禹照样兴起；伊尹曾经放逐过太甲，后来又做了太甲的宰相，太甲始终没有怨恨的样子；管叔、蔡叔被诛戮，而他们的兄弟周公仍然能辅佐成王。为什么仅仅因为他的弟弟羊舌虎，而置国家的利益于不顾呢？你如果亲自做好事，谁敢不努力效法？又何必多杀人呢？"

士匄听了，非常高兴，就和祁奚共乘一辆车子，进见晋平公，请求赦免叔向。事后，祁奚没有去见叔向就回去了，叔向也不向祁奚报告自己得到赦免的情况就去上朝了。

## 魏绛善用刑

鲁襄公三年六月，晋悼公在鸡泽召集诸侯会盟。晋悼公的弟弟扬干的车子在曲梁扰乱了前往参加盟会的军队的行列，晋中军司马（主管军法）魏绛就杀了他的车夫。晋悼公听说后很恼火，对羊舌赤说："召集诸侯会盟是件荣耀的事，但是扬干却因此受到了侮辱；打狗还看主人面，还有什么样的侮辱比得上这个呢？一定要杀掉魏绛，不要办砸了。"羊舌赤回答说："魏绛没有二心，侍奉国君从来不避任何危难，有了罪过也不逃避刑罚，他自己恐怕就会来请罪的，何必劳动君王您下命令呢？"

话刚说完，魏绛就来了，把一封信交给仆人，然后便准备拔剑自杀。士鲂、张老赶紧上前劝阻了他。晋悼公打开他的信，信中写道："以前君王缺乏使唤的人，让臣下担任了司马的职务。臣听说：'军旅之人服从纪律叫作武，在军队服役宁死不违犯军纪叫作敬。'君王召集诸侯会盟，臣岂敢不执行军纪？君王的军队不服从纪律，是为不武；君王手下负责军纪的人若不敢执行刑罚，是为不敬。没有比这再大的罪过了。臣正是害怕犯下像不敬这样的死罪，所以才牵连了扬干，罪过是无可逃脱的。臣没有能够事先教导下属，以至于动用大斧杀死了扬干的车夫，臣的罪过很重，岂敢不服从惩罚而激怒君王？我请求把我交给司寇，让他把我处死。"

晋悼公看完信，来不及穿鞋，光着脚就从屋里出来，说："寡人的话，是出于对兄弟的爱护，你杀死了扬干的车夫是执行军法。寡人有弟弟，却没有能够好好教导他，让他触犯了军令，这是寡人的过错。你不要再加重寡人的过错了，这是我请求你的。"

晋悼公认为魏绛能够很好地运用刑罚来治理百姓，因此回国之后，便在太庙中设宴款待他，任命他为新军副帅。让张老做中军司马，士富接替张老担任候奄。

## 晋侯享叔孙豹

鲁襄公元年，晋国因为鲁襄公刚刚即位，所以派荀罃到鲁国聘问。鲁襄公四年夏，鲁大夫叔孙豹来到晋国，回报上次荀罃的聘问。

晋悼公设宴，用享礼招待他。先是用青铜乐器演奏了《肆夏》前三篇，叔孙豹并没有起身答拜。乐工又歌唱了《文王》前三篇，他还是没有答拜。直到歌唱《鹿鸣》前三篇（《鹿鸣》《四牡》《皇皇者华》）时，唱一篇他就起身答拜一次，答拜了三次。

韩厥派遣外交官子员去问他，说："你奉君王的命令光临敝国，敝国依照先君之礼用音乐来招待大夫。大夫舍弃前两次重要的演奏不拜，而为第三次不重要的演唱一拜再拜，请问这是什么礼仪呢？"

叔孙豹回答他说："《肆夏》是天子用来招待诸侯领袖的，使臣不敢听到。《文王》是两国国君相见时演奏的音乐，使臣不敢参与。《鹿鸣》是君王用来嘉奖寡君的，我岂敢不拜谢？《四牡》是君王用来慰劳使臣的，我岂敢不第二次拜谢？《皇皇者华》是君王教导使臣一定要向忠信的人求教，我听说向善人咨询就是咨，向亲戚咨询就是询，咨询有关礼仪的问题就是度，咨询有关政事的问题就是诹，咨询有关灾难的就是谋，使臣得到了这五善，岂敢不第三次拜谢？"

## 魏绛谏和戎

鲁襄公四年，北方戎族无终的国君嘉父见晋国强盛，便派遣使臣孟乐前往晋国，通过魏绛的关系向晋悼公献上了一些虎豹皮，请求晋国能够与戎人各个部落和好。晋悼公说："戎狄不亲近人，而且贪婪成性，不如攻打他们。"

魏绛说："各路诸侯刚刚归顺我们，陈国也是新近才与我们和好，现在还正在观察我们的表现呢。如果发现我们有德，他们就会亲近我们，否则的话，他们就会背叛我们。现在我们如果兴师动众去讨伐戎狄,而楚国又趁机攻打陈国的话,我们肯定不能及时救援他们,这实际上就等于抛弃了陈国,中原诸侯也必然因此而背弃我们。戎狄之人如同禽兽,如果因为征服戎狄而失掉中原的华夏各国,那恐怕是得不偿失吧?《夏训》有这样的话:'有穷氏后羿………

晋悼公不等他说完,就插话问道:"后羿怎么了?"

魏绛回答说:"以前夏朝刚刚衰败的时候,后羿自鉏地迁到了穷石,利用夏朝的百姓而取得夏朝的政权。后羿依仗他射箭的本领,不修政事,不致力于安抚百姓,而是沉溺于田猎之中,丢弃了武罗、伯因、熊髡、龙圉等贤能之人,却重用寒浞。寒浞是伯明氏的一个奸诈子弟,寒国的国君伯明抛弃了他,但是后羿却收留了他,相信他,并且还重用他,让他做自己的助手。寒浞在宫里对女人献媚,在宫外又大量散播钱财、愚弄百姓,并使后羿沉溺于田猎。后来寒浞又运用卑鄙无耻的手段夺取了国家的政权,国内国外都归顺他。到了这时候,后羿仍旧不思悔改,结果打猎回来后,就被他家里的人给杀了,并且煮熟了让羿的儿子吃。他的儿子不忍心吃,结果也被杀死在穷国的城门。后羿的臣子纷纷逃到了有鬲氏那里。寒浞和后羿的妻妾生了浇和豷,又依仗着他的阴险狡诈,对百姓不施德行,派遣浇出兵灭了斟灌和斟寻氏,并且让浇镇守过地,让豷镇守戈地。靡在有鬲氏那里收聚了斟灌和斟寻两个国家的遗民,率领他们消灭了寒浞。寒浞杀羿之后,又灭了夏帝相,夏朝因此中断,此时靡就立了相的儿子少康为夏帝。少康后来又在过地消灭了浇,少康的儿子后杼在戈地消灭了豷,有穷从此就灭亡了,这是失去了贤能之人的结果。

"以前,周朝的辛甲担任太史的时候,曾经下过一道命令,让百官每人都要对君王的过错进行劝谏。《虞人之箴》里说:'大禹所统治的辽阔土地,曾经划分为九州,开辟了无数的道路。百姓活着的时候有房屋居住,死后还有庙堂,野兽有丰茂的野草,有可以栖息的场所,人兽之间互不干扰。后羿身为一国之君,却贪恋田猎,不顾国家的安危,想到的只是飞禽走兽。田猎是不能够过度的,否则就会导致国家灭亡。虞人是掌管禽兽的官员,斗胆想通过君王的仆役转达这些话。'《虞人之箴》里这么说,我们难道不应该引以为戒吗?"此时晋悼公正沉迷于田猎,因此魏绛才讲了后羿的故事。

晋悼公说:"那么,难道就没有比与戎狄和好更合适的办法了吗?"

魏绛说:"与戎狄讲和有五方面的好处:戎狄是追逐水草而居的,因此他们看重财物而轻视土地,和好之后,我们可以把他们的土地买过来,这是第一点;不必再担心边疆受到骚扰,百姓也可以安居乐业,管理边疆农田的官吏也可以完成任务了,这是第二点;一且戎狄归顺了晋国,四周各国都会被惊动,诸侯也会因为我们的威望而慑服,这是第三点;如果以德行安抚了戎狄,就能免去将士们远征的痛苦,武器也不会有什么损失,这是第四点;吸取后羿亡国的教训,应该推行德政,使远方的国家都来朝拜我们,邻近的国家也能够安心,这是第五点。希望君王还是认真考虑一下吧!"

晋悼公听了非常高兴,就派遣魏绛去和戎狄讲和,并且开始致力于百姓的事务,打猎也开始遵从时令了。

后来,鲁襄公十一年,晋悼公终于降服了郑国,郑国献上乐师、乐器和歌女、舞女,晋悼公把其中的一半赐给了魏绛。他说:"是你让寡人同各戎狄部落讲和,并以此整顿中原的。八年以来,我们九次召集诸侯会盟,好像音乐一样,没有不和谐的地方。就请你和我一起来分享这其中的快乐吧。"

魏绛辞谢说:"同戎狄和好,这是国家的福气;八年之中九次与诸侯会盟,诸侯又没有变心,这是由于君王您的威望,也是由于其他几位大臣的辛劳,我又有什么功劳呢?不过我还希望您如今既安于这种快乐,又能够做到善始善终。《诗经》里说:'快乐的君子,镇抚天子的邦国;快乐的君子,福禄与他人共享。治理好附近的小国,使他们心甘情愿地服从。'乐是用来巩固德行的,用道义安置它,用礼教推行它,用信用守护它,用仁爱勉励它,然后才能用来镇抚邦国,同享福禄,怀柔远人,这才是所谓的快乐。《书经》上说:'居安思危!'想到了危险就要有所防备,有了防备就可以消除祸患。我谨以此来规劝君王。"

晋悼公说:"你的劝教我怎么敢不接受呢?如果没有你,我就不能正确对待戎狄,也不可能渡过黄河征服郑国。论功行赏,是国家的典章,藏在盟府中不能随便废除,你还是接受吧!"于是魏绛就接受了赏赐,从此得以在祭祀中使用金石之乐。

## 楚令尹侵陈

鲁襄公三年春,楚令尹子重率军攻打吴国,编组了一支经过严格挑选的军队,攻下了吴国的鸠兹,一直打到衡山。然后派邓廖率领穿组甲的车兵三百人、穿被练的步兵三千人入侵吴国。吴国军队从中拦击楚军,俘虏了邓廖,楚军只有八十名车兵和三百名步兵得以逃脱。

子重回国,因为楚军在这次战斗中俘获也很丰厚,所以设宴庆祝。三天后,吴国人攻打楚国,占领了驾。驾是楚国的上等城邑,此前被俘的邓廖也是楚国的杰出人物,所以君子认为:"子重在这次战役中,得到的不如失去的多。"楚国人因此责备子重,子重很不痛快,结果得心病死了。

子辛继任做了令尹。子辛为人贪鄙,向小国求索无度,小国都很怨恨。当年六月,晋悼公在鸡泽召集诸侯会盟,陈成公便派遣袁侨到鸡泽盟会上请求依附晋国。晋悼公便派遣和组父向诸侯通报了这件事。

楚共王见陈国背叛了楚国,就派司马公子何忌带兵攻打陈国。

第二年春天,楚国入侵陈国的军队驻扎在繁阳。晋国的韩厥非常担心这件事,在朝廷上说:"文王率领背叛商朝的国家去侍奉商纣王,这是因为他知道时机尚未成熟。现在我们却倒了过来,想要称霸可难啊!"

三月,陈成公去世。楚国正打算攻打陈国,听到陈国有丧事,就停止了这一行动,但是陈国仍旧不听从楚国的命令。鲁大夫臧孙纥听说后,说:"陈国不顺服楚国,一定会灭亡。大国讲究礼仪而不去攻打国丧期间的陈国,这样还不顺从,即使对于大国来说尚且可能会有灾祸,何况是陈国这样的小国呢?"

当年夏天,楚国的彭名率兵进攻陈国,就是因为陈国无礼的缘故。之后,楚国人又让邻近陈国的顿国,趁陈国不备时进攻陈国。

鲁襄公五年秋,楚国人质问陈国为什么要背叛,陈国人说:"这是因为贵国的令尹子辛向我们求索无度,永远得不到满足。"于是,楚国就把子辛处死了。《春秋》中说:"楚杀其大夫公子壬夫",这表明子辛确实是因为贪婪而被杀的。

君子认为:"楚共王在这个问题上处置得不妥当。《诗经》说:'大道平坦笔直,心中明察秋毫,如果没有好的主意,就集合贤良之人共同决定。'自己不讲信用,反而用杀人的办法来推卸责任,这恐怕是很难把国家治理好的。《夏书》说:'有了信用,才能成功。'"

楚国的子囊担任了令尹。晋国的士匄议论说:"我们就快要失去陈国了。楚国人在讨伐了具有二心的陈国之后,现在又立了子囊,必然会改变子辛的做法,而尽快去攻打陈国。陈国离楚国很近,百姓时刻都在担心恐惧,他们怎么会不归顺楚国呢?保存陈国,我们是心有余而力不足啊。大概得放弃它才可以吧。"

冬天,子囊讨伐陈国,晋悼公与鲁襄公、宋平公、卫献公、郑傅公、曹成公、齐国的世子光率领军队在城棣会盟,然后赶去救援陈国,诸侯派军队为陈国戍守。

鲁襄公七年冬,楚国的子囊又率军包围了陈国都城,晋悼公与鲁襄公、宋平公、陈哀公、卫献公、曹成公、莒子、邾子在郓地会合,然后一起去救援陈国。

陈国人对楚国的进攻忧心忡忡,就决定背叛晋国,转而投靠楚国,还想出了一条计策。陈国的执政大夫庆虎、庆寅对楚国人说："我们派君王的弟弟公子黄去贵国，你们把他抓起来。"楚国人便照他们说的那样做了。

于是庆虎、庆寅派人到郏地的盟会上报告陈哀公，说："楚国人逮住了公子黄。君王如果不回来，臣等不忍心社稷宗庙被楚国倾覆，恐怕群臣会产生别的想法。"陈哀公就以此为借口离开盟会，逃回了陈国。诸侯会盟本来是为了救陈国，如今陈哀公从会上逃回，救陈的事也就不了了之了。

## 晋楚争郑

郑国处于晋、楚两大强国之间，为了生存考虑，其立场一向是左右摇摆的。但后来因为依附楚国而引发了鄢陵之战（鲁成公十六年），大大得罪了晋国，又因为楚共王为救援郑国，而在鄢陵之战中失去了一只眼睛，让郑成公很是感激，所以在鄢陵之战后，郑成公开始向楚国一面倒，而对晋国采取强硬的态度了。

鄢陵之战后的第一个春天，郑国主动侵扰晋国，由子驷率军进攻了晋国的虚、滑两地。五月，郑国又派太子髡顽和侯獳到楚国作人质，楚国让公子成、公子寅率军帮郑国成守。

晋国因为受到郑国的入侵，晋厉公就纠合齐灵公、宋平公、卫献公、曹成公、邾人共同攻打郑国，鲁成公会合尹武公、单襄公前来助战。夏天，楚国则派令尹子重发兵救援，在首止驻扎军队，诸侯联军也只好撤回。冬天，晋国再次率领诸侯联军讨伐郑国，包围了郑国都城，楚公子申率军来救，驻扎在汝水边上，诸侯军队还是无奈返回。

鲁襄公元年五月，晋国的韩厥、荀偃率领诸侯联军攻打郑国，攻进了郑国都城的外城，在洧水边击败了郑国的步兵。这时，东部诸侯的军队驻扎在郑国的鄑，等待和晋国的军队会合。晋军又从郑国带领驻扎在鄑地的军队进攻楚国的焦、夷两地以及陈国，晋悼公、卫献公率军驻扎在戚地，作为后援。楚国和郑国则出兵攻打宋国，解除了郑国的围困。

次年夏天，郑成公患病。当时楚国对郑国要求颇多，郑国不堪重负，所以子驷请求转而服从晋国，以解除楚国带来的沉重负担。郑成公说："楚国的国君由于郑国的缘故，一只眼睛被箭射瞎，他遭受这样的灾祸不是为了别人，而是为了寡人啊！如果我背弃了他，就是抛弃了人家的功劳和自己的誓言，那么还会有谁来亲近我呢？能否使我免于成为忘恩负义的人，就靠你们几位了。"

七月，郑成公去世。当时郑国由子罕主持国家大事，子驷负责政务，子国担任司马负责军务。晋国军队进攻郑国时，诸位大夫们倾向于服从晋国，但是子驷说："成公的命令还不容改变。"

晋国的荀罃与鲁国的孟献子、宋国的华元、卫国的孙林父等人在戚地会盟，商量联合对付郑国的事。孟献子出主意说："请在虎牢筑城，以逼迫郑国屈服。"虎牢本是郑国西北边境的险要之地，此时已被晋国夺取，因而得以在那儿筑城。

荀罃说："好。在鄬地会盟时，您也听到齐国代表崔杼表示了对晋国的不满吧？现在他们果然不来了。滕国、薛国和小邾国的人也不来，都是因为齐国的缘故。我们国君所忧虑的，不仅仅是郑国啊。我准备向国君报告这一情况，请求齐国前来参加盟会。如果请求得到了允许，我们就告诉诸侯共同在虎牢筑城，那么这就是您的功劳了。如果请求得不到允许，战事就会在齐国发生。您的这一建议，是诸侯的福气，而不仅仅是我们国君的利益啊？"

冬天，诸侯再次在戚地会盟。齐国的崔杼和滕国、薛国、小邾国的大夫都参加了聚会，就是因为荀罃这一番话的缘故。于是诸侯在虎牢筑城，郑国人只好向晋国讲和。

鲁襄公七年冬，楚令尹子囊率军包围陈国都城。晋悼公召集诸侯在鄬地会盟，商量援救陈国的事。郑僖公做太子的时候，在鲁成公十六年和郑国的子罕一同去晋国，郑僖公对子罕不加礼遇。后来又和子丰同去楚国，对子丰也不加礼遇。郑僖公元年即鲁襄公三年的时候，去晋国朝见，子丰本打算向晋国申诉，想废了僖公，但是被子罕劝阻了。这次在鄬地会盟的时候，子驷担任相礼一职，僖公对他又不加礼遇。侍者向他劝谏，他不听；再次劝谏时，僖公就把侍者给杀了。于是，当他们回到郑国的鄵地后，子驷便派人在夜里害死了僖公，而用暴病致死为名向诸侯发了讣告。郑僖公之子简公被立为国君，当时只有五岁。

第二年，郑国的公子们因为僖公之死，计划谋杀子驷，但是子驷先下了手。四月十二日，子驷制造罪名，杀了子狐、子熙、子侯、子丁，孙击和孙恶逃亡到了卫国。

这时，郑国人又想去归附晋国，于是四月二十二日，子国、子耳率领军队攻打亲近楚国的蔡国，俘虏了蔡国的司马公子燮。郑国人都非常高兴，唯独子国的儿子子产例外，他说："小国没有文治而有武功，没有比这再大的祸患了。如果楚国人前来讨伐，能够不顺从他们吗？假如顺从了楚国，那么晋国的军队也必然会来到。晋、楚两国轮番攻打郑国的话，那么郑国从今以后至少四五年内不得安宁了。"

子国对他发怒说："你知道什么！国家有兴兵打仗的重大命令，而且有执政的卿在那里，你一个小孩子说这些话，不怕惹上杀身之祸吗？"

晋悼公因为郑国也已归服，霸业大定，于是在五月初七召集郑简公、鲁国的季武子、齐国人、宋国人、卫国人、邾国人在邢丘会盟。晋国公布了各个国家朝聘的财礼数目，让诸侯的大夫听取命令。郑简公虽然才六岁，但因为要在这次会上向晋国奉献讨蔡之战的战利品，所以也亲自到会听取命令。

冬天，楚令尹子囊攻打郑国，是为了讨伐郑国对蔡国的侵袭。子驷、子国、子耳希望服从楚国，但是子孔、子蟜、子展则打算等待晋国的救援。子驷说："《周诗》有这样的话：'等待黄河澄清，人的寿命能有几何？占卜次数如果太多，等于为自己结了网罗。'跟太多的人商量，意见就不能统一，百姓也就不能跟从，事情也会更加难以成功。现在百姓已经万分危急了，如果我们暂时顺从楚国，就可以缓解百姓的苦难。晋国军队来到时，我们再顺从他们。恭敬地准备财物布帛，等待到来的强国，这才是小国所应当做的。把牺牲玉帛准备好，放在晋、楚两边的边境上，强国到来就献上，以保护百姓。敌人不祸害百姓，百姓也免于疲敝，这不也是很好的办法吗？"

子展说："小国用以侍奉大国的，是信用。假如小国没有信用，那么战争和祸乱随时都可能会到来，而亡国也就不远了。我们曾经五次和晋国会盟，树立了信用，而现在却打算背弃它，即便楚国来救援我国，又能有什么用呢？让楚国亲近我们，我们不会有什么好结果，他们的目的是要把我国纳入他们疆界，我们决不能顺从他们。不如等待晋国军队的到来。晋国正逢贤明的国君，四军建制完备，八卿和睦相处，他们必然不会抛弃郑国的。楚国军队距离我们很远，粮食快要吃完了，一定会很快回去的，有什么可怕的呢？我听说：没有比信用更能够依靠的了。我们整治军备，加强防守，等待楚军疲惫，并依靠信用等待晋国军队的到来，不也是可以的吗？"

子驷说："《诗经》中说：'出主意的人太多，就很难有所决断。发言的人挤满了院子，那么谁敢承担过错呢？好比一边走路一边和别人商量，结果必然一无所得。'请顺从楚国，全部的责任都由我来承担。"子驷曾跟从郑伯到晋国朝见，结果没有受到晋侯礼遇，所以这时极力主张依附楚国。

于是郑国就与楚国讲和，并且派遣王子伯骈对晋国解释说："君王您曾经命令敝邑：'整治你们的战车，使你们的将士保持戒备，准备讨伐动乱。'蔡国的人不肯顺从，敝邑的人也就不敢贪图安宁，集中我国全部兵力讨伐蔡国，俘虏了蔡国的司马燮，并且奉献于邢丘的盟会上。现在楚国前来讨伐我们，说：'你们为什么要对蔡国用兵？'焚烧了我国郊外的城堡，进犯了我国的城郭。我国的百姓无论男女，都为了互相救助而顾不得休息。国家将要倾覆，却没有地方可以诉说。百姓或死或逃，不是父兄，就是子弟。人人哀愁悲痛，不知道在哪里可以得到保护。百姓们感觉已经到了山穷水尽、无路可走的地步，因此只好就接受了楚国的盟约。孤和几个臣下也不能禁止百姓的这一行为，但是又不敢不向贵国报告。"

荀罃派遣外交官子员回答说："贵国的君王受到楚国的讨伐，也不派一个使者来告诉我们国君，反而立刻屈服于楚国。这既然是贵国君王的愿望，谁还敢反对呢？我们君王准备率领诸侯和你们在贵国的城下相见。请贵国的君王考虑一下。"

鲁襄公九年十月，晋悼公会合鲁襄公、宋平公、卫献公、曹成公、莒子、邾子、滕子、薛伯、札孝公、小邾子、齐国的世子光一起攻打郑国。十一日，鲁国的季武子、齐国的崔杼、宋国的皇郧跟随荀罃、士匄进攻郑国都城的东门，卫国的北宫括、曹国人、邾国人则跟随荀偃、韩起一起进攻西门，滕国人、薛国人跟随栾黡、士鲂攻打北门，杞国人、郳国人跟随赵武、魏绛负责砍伐路边的栗树。十五日，诸侯联军驻扎在氾水河边。晋悼公对诸侯下令，说："修缮作战的器具，准备充足的干粮，送回老人和小孩，让有病的人住在虎牢，对无意之中犯错的人予以赦免，准备进攻郑国。"

郑国人非常害怕，就派人求和。荀偃说："先完成对郑国都城的包围，然后等待楚国前来救援，以求和楚军一战。不然的话，就不可能真正地讲和。"

荀罃说："还是答应他们的求和，先立誓结盟，然后再撤军，从而让楚国的军队去进攻郑国，使楚军疲敝。然后我们把军队分为三拨，加上诸侯联军的精锐，轮流与楚国军队作战。这样对我们来说，并不感到困乏，但是楚国军队绝对是受不了的。这种办法比等候和楚军作战要好。决一死战以图一时之快，这是不可取的，更大的任务还在后面，应该注意养精蓄锐。君子用智谋，小人用力气，这是先王的遗训。"于是诸侯都不想作战了，就同意与郑国讲和。十一月初十，双方在戏地缔结了盟约，这表明郑国已经顺从了。

将要举行盟誓的时候，郑国的六卿公子騑（即子驷）、公子发、公子嘉、公孙辄、公孙虿（即子蟜）、公孙舍之，以及大夫、卿之嫡子都跟随着郑简公来了。晋国的士弱把盟书放到牺牲上，宣布盟书内容："从今往后，如果郑国不对晋国唯命是从，或者怀有他意，就根据此盟约予以惩罚。"

子驷上前一步说："上天降祸给郑国，让我们处于两个大国之间。大国不但不给予我们友好,反而以武力相威胁,从而使我们的神灵得不到祭祀,百姓得不到好处,男女老少辛辛苦苦却仍然瘦弱不堪,而且没地方诉说。从今天盟誓之后,郑国如果不是只服从既讲究礼仪又强大得可以保护百姓者的话,或者是服从而又怀有二心的话,甘愿受到上天的惩罚!"

荀偃见子驷的话不符合晋国的利益,赶紧说:"需要再修改一下盟书!"

公孙舍之说:"我们已经当着神灵的面把盟辞宣读过了,如果这都能修改的话,那么就说明将来我们也可以背叛晋国了。"

荀罃对荀偃说:"我们的德行确实还不够,而要用盟约要挟别人,这样难道合乎礼仪吗?既然不合乎礼仪,又怎么能主持盟会呢?我们不如还是暂且结盟,退兵修养德行,修整军队,然后再来吧。最终一定能够得到郑国,又何必非要现在得到它呢?如果我们没有德行的话,就连百姓也会抛弃我们的,哪里仅仅是郑国呀?如果我们既有美好的德行,又能与人和睦相处的话,远方的诸侯也必将前来归附,又何必只盯着郑国呢?"于是诸侯盟誓之后就回国了。

晋国人在郑国那里没能满足愿望,终究心里不平衡,很快便又带着诸侯进攻郑国。十二月初五,诸侯联军攻打了郑国的东、南、西三个城门,一连攻打了五天。十二月二十日,军队在洧水渡口阴阪渡河,再次进攻郑国,在阴口驻扎之后才回去。子孔说:"晋军可以进攻了,他们长久在外,疲劳困乏,而且有回家的念头,一定可以打败他们。"但子展反对,说:"不可以。"

楚共公因为郑国与晋国结盟,也要讨伐郑国。子驷打算向楚国求和,子孔、子蟜说:"我们和晋国刚刚结盟,嘴里饮的血还没有干呢,现在就要背弃了,这怎么可以呢?"

子驷、子展说:"盟辞中本来就说'只服从强大的国家',现在楚国军队到来了,晋国又不来救援我们,那么楚国就变成强国了。盟誓的话,我们哪里敢违背呢?再说了,在逼迫之下签订的盟约是没有信用可言的,神灵也不会前来听取。只有诚信的盟会,神灵才会前来听取盟约。因为信用是言语的祥兆,是善良的根本,所以神灵才会降临。圣明的神灵不会理睬逼迫之下订立的盟约,背叛它也是可以的。"于是就和楚国讲和了。楚国的公子罢戎来到郑国的都城结盟,举行了结盟的仪式。

晋悼公回到国内以后,研究怎样才能使百姓得以休养生息。魏绛请求给予施舍,把储蓄的财物借贷给百姓,从悼公以下,只要有积蓄就都贡献出来。国家财货流通,也就没有贫困无告的人了;君王不禁止百姓谋利,也就没有贪婪犯禁的百姓了。在祭祀祈求的时候,用货币代替牛羊,宴请宾客的时候也只用一种牲畜,不再制造新的器物,车马的服装也以够用为原则,不再追求奢侈。这些措施执行了一年以后,国家便有了一定的礼节和法度。因此后来晋悼公三次出兵,楚国都没有能力抗衡。

## 晋灭偪阳

鲁襄公十年夏,因为宋国一向亲近晋国,晋国的荀偃、士匄就请求攻打偪阳,攻下后将它作为宋国贤臣向戌的封邑。荀罃说:"偪阳虽然是个小国,但城池却很坚固,就算我们攻了下来也显示不了勇敢,攻不下来则反而会被人讥笑。"但是荀偃等人却坚决请求。

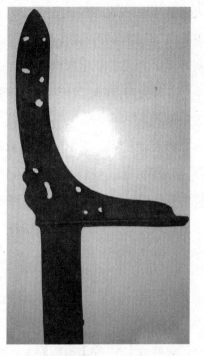

透雕龙纹雕像匕首(春秋)

于是在四月九日,晋国军队围攻偪阳,果然很久也不能攻克。这时鲁国孟孙氏的家臣秦堇父拉着一辆辎重车来到战场,偪阳人打开城门,诸侯的将士趁机进攻。突然内城的闸门放了下来,这时鲁国耶邑大夫叔梁纥用他的双手顶住了城门,才使攻进城内的士兵得以出来。

鲁国人狄虒弥把一个大车轮子立起来,蒙上甲皮作为大盾牌,左手拿着这个大盾牌,右手拔出戟,带领一队士兵冲锋陷阵。孟献子说:"这就是《诗经》中所说的'像老虎一样有力气'的人啊!"

偪阳的守城将领把布从城墙上放了下来。秦堇父拉着布登城,快到城垛的时候,守城的人就把布割断,秦堇父从上面摔落在地。城上的人又把布放了下来,秦堇父苏醒过来后就重新上去,这样反复了三次,一直到守城将领对他表示钦佩后才停止。后来秦堇父把断布当腰带缠着,在军中展示了三天。

诸侯的军队攻打偪阳已经很久了,荀偃、士匄向荀罃请示说:"就快要下雨了,恐怕到时候不能回去,请您下令退兵吧。"

荀罃听了非常恼怒,用机弩扔他们,机弩从他们两个人中间飞过。他说:"你们把攻偪阳、封向戌这两件事办成了再来跟我说话。以前我担心意见不一致而扰乱命令,所以才违心批准了你们的请求。你们既然已经让国君辛劳,发动了诸侯的军队,并且拉着老夫到了这里,现在你们不坚持进攻,却又想把罪过归在我的头上,回去后说:'就是他下令退兵的,不这样的话,也许就攻下来了。'我现在已经老了,还能再承担起这样的罪责吗?我告诉你们,限你们七天内攻下此城,否则就一定要你们的脑袋!"

五月初四,荀偃、士匄率领步兵攻打偪阳,亲身冒受箭和石块的攻击。初八,终于攻灭了偪阳。

晋人攻下偪阳后,打算把偪阳封给向戌。向戌却推辞说:"如果还承蒙君王安抚宋国,而用偪阳来使我们国君进一步扩大疆土,我们臣下也就安心了,还有什么能比得上这样的恩赐呢?如果君王赐给臣,那就是臣为了自己求封地而发动诸侯的军队,还有什么罪过比这更大呢?小臣冒死请求君王不要让我犯这样的罪过。"于是就把偪阳送给了宋平公。

## 王叔伯舆争政

鲁襄公十年,周王室的卿士王叔陈生和伯舆争夺政权,周灵王支持伯舆。王叔陈生发怒,就离开成周出逃。到达黄河边上时,周灵王派人叫他回去,并且杀了王叔陈生所厌恶的史狡来取悦于他。但是王叔陈生还是不愿意回去,就住在了黄河边上。

晋悼公派士匄去调解王室的纠纷,王叔陈生和伯舆相互指控。王叔陈生的总管和伯舆的大夫瑕禽分别代表两家在天子的朝廷上争讼,士匄听取他们的诉讼。王叔陈生的总管说:"伯舆这样蓬门小户出身的人,想要凌驾于王叔那样高贵的人之上,是目中无人的表现!"

瑕禽说:"从前周平王东迁,七姓人家跟随天子,伯舆的祖先就在其中。天子祭祀用的牺牲全部由他们来准备,天子信赖他们,并且宰杀了红牛盟誓,说:'让你们世世代代承袭卿位。'如果是蓬门小户,他们能够来到东方并且留下来吗?天子又怎么信赖他们呢?现在王叔控制朝权,辅佐天子,他处理政事贿赂公行,把执行法律的大权全都交给他的宠臣。官员们全都富得流油,那我们又怎能不变成蓬门小户?请大国考虑一下!如果下面的人都不能讲理,那什么是公正呢?"

士匄说:"天子所支持的,也就是我们国君所要支持的;天子所不支持的,也就是我们国君所不支持的。"于是就让王叔和伯舆对证,王叔拿不出他的证据来,于是便逃亡到了晋国。

# 盗杀郑大夫

鲁襄公十年六月，楚国的子囊、郑国的子耳攻打宋国，军队驻扎在訾毋。十四日，包围了宋国的都城，并且攻打它的北门桐门。

卫献公出兵救援宋国，军队驻扎在襄牛。郑国的子展说："一定要攻打卫国。不然的话，就是不亲附楚国的表现。我们现在已经得罪了晋国，如果再得罪了楚国的话，将来国家该怎么办呢？"

子骄说："国家已经很困顿了。"

子展说："得罪了这两个大国，将来一定会灭亡的。困顿难道不比灭亡好些吗？"大夫们都认为子展的话对。所以郑国的皇耳就率军攻打卫国，这是接受了楚国的命令。

卫国执政孙林父为追逐郑国的军队而占卜，把占卜的结果报告给卫献公的母亲定姜。定姜问繇辞是怎么说的，孙林父说："兆象犹如山陵，有人率军出征，丧失了他们的英雄。"

定姜说："出征而丧失英雄，这就说明对抵御的一方有利。大夫们考虑一下吧！"于是，卫国人就追逐郑国撤退的军队，孙蒯在犬丘俘虏了郑国的皇耳。

七月，楚国的子囊、郑国的子耳进攻鲁国的西部边境。回国的时候，又包围了宋国的县邑萧。八月十一日，攻克了萧地。九月，子耳又出兵进攻宋国北部的边境。

鲁大夫孟献子说："郑国恐怕要有灾祸了吧！军队出征太过频繁了。周王还经不起经常征战，更何况是郑国呢？如果有灾祸的话，恐怕会落在执政的那三位大夫身上！"

晋悼公会合诸侯再次攻打郑国。七月二十五日，诸侯联军在牛首驻扎。

当初，子骄和尉止发生过争执，现在将要抵御诸侯军队了，子骄就故意减少了尉止率领的兵车数目。尉止俘虏了敌人，子骄又要与他争夺功劳。子骄压制尉止说："你的战车太多了，不合乎礼制。"于是就不允许他进献俘虏。当初，子骄用兴修水利为借口，挖沟修埂，司氏、堵氏、侯氏、子师氏都因此而丧失了自己的田地。于是，尉氏就联合几个不得志的家族，一起发动了叛乱。

此时，郑国的政权由子骄执掌，子国担任司马，子耳担任司空，子孔担任司徒。十月十四日，尉止、司臣、侯晋、堵女父、子师仆率领叛乱分子进入宫中，一大早在西宫的朝廷上攻击执政者，杀了子骄、子国、子耳，并且劫持郑简公到了北宫。子孔由于事先知道了这件事，所以没有被害死。

《春秋》经记载："盗杀郑公子騑、公子发、公子辄。"是因为参与叛乱的都是士阶层的人，而没有卿大夫参与叛乱。

子驷的儿子子西听说发生了叛乱，没有安排警戒就来到了西宫。收敛了他父亲的尸骨，就去追赶叛乱分子。蟜乱分子进入北宫后，子西才回去分发皮甲，准备组织进攻。但是家臣和男女奴仆大多已经逃走，而且器物大多也已丢失。

子国的儿子子产听说有了叛乱，便迅速设置守门的警卫，配齐所有的官员，关闭府库，把贵重物品慎重地收藏好，完成了警戒，把士兵排成行列之后才出来，出动了十七辆兵车。他先收敛了他父亲的尸首，然后到北宫攻打叛乱分子。子娇率领国都的人们帮助他，最后杀了尉止、子师氏，将跟从的叛乱分子全部消灭，只有堵女父、司臣、尉翩、司齐逃亡到了宋国。

子孔掌握了国家政权，重新制作了盟书，规定官员各守其位，听取执政者的命令。大夫、各司官员、守门人都不肯顺从，于是子孔就准备把他们全部诛杀。子产劝阻他，并且请求他烧掉盟书。但是子孔不同意，说："制定盟书就是要用来安定国家，如果是因为大伙不同意就烧了它，这不就是等于大伙当政吗？国家岂不是就很难治理好了？"

子产说："众人的愤怒难以触犯，一个人的愿望难以达成，你要把这两件难办的事情合在一起做，想以此安定国家，这是很危险的办法。不如烧掉盟书来安定大伙，你得到了所需要的东西，大伙也能够安定，这不也是可以的吗？一己的愿望不能成功，触怒了大众就会发生祸乱，你可一定要听从我呀！"于是，子孔就在仓门之外烧掉了盟书，这样大伙才安定了下来。

## 晋人服郑

晋国的荀罃听从鲁国孟献子的建议，率领诸侯在要害之地虎牢筑城并留兵戍守，使郑国感到巨大的压力。鲁襄公十年，晋国军队又在虎牢附近的梧地和制地修筑小城屯兵，储存粮草和兵器，与虎牢大城相呼应，并且派士鲂和魏绛戍守。无奈之下，郑国便决定和晋国讲和。

楚国的子囊前来救援郑国。十一月的时候，诸侯军队绕过郑国都城往南移动，到达了阳陵，楚国军队仍旧不肯退去。荀罃想要退兵，说："如今我们避开楚军，楚国就必然会骄傲。他们一旦产生了骄傲的情绪，我们就可以和他们作战了。"

栾黡说："避开楚军，这就是晋国的耻辱。我们联合诸侯的结果，却只是增加了耻辱，这还不如一死！我准备单独率领军队进攻楚国。"于是诸侯联军向前推进。十六日,和楚国军队隔着颍水驻扎了下来。

郑国的子蟜说:"诸侯联军已经作了退兵的准备,一定不会和楚国的军队作战了。我们顺从了,他们要退兵;我们不顺从,他们也要退兵。他们如果退兵了,那么楚国必然要围攻我们。既然同样是要退兵,那么我们还不如归顺楚国,用这样的办法让楚国也退兵。"于是就在夜间渡过颍水,和楚国人缔结了盟约。

栾黡想要攻打郑国军队,荀罃不同意,说:"是因为我们不能抵御楚国的军队,又不能保护好郑国,郑国才这样做的。郑国有什么罪呢?我们还不如回去,这样可以增加郑国对楚国的怨恨。如果现在攻打郑国的军队,楚国必然会救援他们,如果作战而不能胜利,就会被诸侯笑话。既然胜负不能肯定,就不如知难而退。"二十四日,诸侯的军队撤退,顺路攻打了郑国的北部边境后就各自回国了,楚国人也退兵回国。

郑国西北与周王室相邻,南与蔡接壤,东邻宋,西南邻楚,诸侯若想称霸中原,首先就要争取郑国。这些年晋、楚争霸,争夺夹在他们之间的郑国,以郑国为战场,几乎年年都有战事,所以郑国人为此非常忧心。大夫们都说:"如果不顺从晋国,国家几乎就要灭亡了。楚国比晋国稍微弱一些,但晋国并不急着得到我们。如果晋国急需我们的话,楚国一定会避让他们的。怎么做才能让晋国军队出死力攻打我们,使楚国不敢相抗,然后使我们和晋国的关系牢固不破呢?"

子展说:"向宋国挑衅,诸侯必然会来到,我们就跟他们结盟。楚国来到,我们再服从楚国,这样晋国就会非常生气。如果晋国屡次前来进攻,楚国就将不能抵挡,这样我们就能和晋国保持稳固的同盟关系了。"大夫们对此都表示赞同,于是便派边境的官员向宋国挑衅。

鲁襄公十一年春,宋国因为受到挑衅,就派向戌率军进攻郑国,俘获了很多东西。子展说:"现在是出兵攻打宋国的时候了。如果我们攻打了宋国,晋国一定率领诸侯出死力气攻打我们,我们就马上听从晋国的命令,同时向楚国报告。楚国军队一来到,我们就和他们结盟,并且多多地贿赂晋军。这样我们就可以免于年年遭受战祸了。"夏天,郑国的子展出兵进攻宋国。

四月,晋国率领诸侯攻打郑国。十九日,齐国的太子光和宋国的向戌率先抵达郑国国都,驻扎在东门外。当天晚上,晋国的荀罃率军来到郑国都城的西郊,并且往东进攻许国的旧地。卫国的孙林父进攻郑国的北部边境。

六月，诸侯在北林会盟，军队驻扎在向地。然后又挥师西北逼近郑国都城，在琐地稍做停留后，就继续前进，包围了郑国的都城，并且在郑国都城的南门外面炫耀武力，又向西渡过了济隧河。郑国人害怕了，就向诸侯求和。

七月，郑国与诸侯在亳地方结盟。士匄说："我们如果不谨慎从事，就必然会失去诸侯。诸侯往来疲惫，却没有取得功绩，能不三心二意吗？"于是订立盟约，盟书上说："凡是我们的同盟国家，不要囤积粮食，不要垄断利益，不要庇护罪人，不要收留奸恶，要相互救济灾荒，安定祸乱，统一好恶标准，共同辅助王室。如果有谁触犯这些条律，司慎、司盟两位天神，名山大川的所有神灵，先王、先公、七姓十二国的祖宗，还有圣明的神灵都要诛戮他，让他失去百姓、丧失生命、家族灭亡、亡国亡家。"

楚国的子囊向秦国请求援兵，秦国的右大夫詹便率领军队跟随楚共王，由楚共王带领攻打郑国。郑简公马上前去迎接，表示顺服。二十七日，郑国按原先定下的策略又一次攻打宋国。

九月，晋国率领诸侯全军出动，再次攻打郑国。郑国派使者到楚国报告，说他们准备对晋国顺服，说："我们出于要保存国家社稷的考虑，不能再侍奉君王了。君王如果能够用玉帛安抚晋国，或者能够用武力威慑住他们，那就是我们的愿望了。"楚国人很生气，不顾外交的礼节与惯例，把郑国派来的使者抓住关了起来。

诸侯的军队又在郑国都城的东门外炫耀武力。郑简公派王子伯骈向诸侯求和。二十六日，晋国的赵武进入郑国都城与郑简公结盟。十月初九，郑国的子展出城和晋悼公结盟。十二月初一，双方在萧鱼会盟。初三，晋国赦免了郑国的俘虏，给他们以礼遇，然后将他们放了回去，同时收回了侦察兵，并且严禁掠夺。晋悼公派叔向把郑国归服的消息通告给各个诸侯，鲁襄公派臧孙纥回答说："凡是我们的同盟，小国有了罪过，大国派兵讨伐，只要稍有所得，大国很少不加以赦免的。我们国君完全听从君王的命令。"

郑国人把师悝、师触、师蠲三位乐师送给晋悼公，还送给他成对的广车、軘车各十五辆，车上盔甲武器配备齐全，加上其他的战车共一百辆，还有歌钟两架，还有与它相配的小钟和磬，以及能歌善舞的美女十六人。

## 吴乘楚丧

鲁襄公十三年，楚共王生病，他告诉大夫们说："我没有树立什么德行，就在年幼的时候做了一国之君。我十岁的时候失去了先君，还没来得及多向师保学习，听取他们的教海,就匆匆忙忙地继了位。正是由于缺乏德行,才在鄢陵丧失了军队,并且使国家蒙受耻辱,给大夫们增添了忧虑,这都是非常严重的了。如果能够托诸位大夫的福,使我得以保全尸首于地下,那么在安葬和祭祀之时,你们将我的牌位放入祢庙时,如果能给我一个'灵'或'厉'这样的谥号,我就满足了。请大夫们决定吧。"

大夫们听了,但没有人回答。谥法中,乱而不损为"灵",杀戮无辜为"厉",楚共王要求臣子给自己这样的恶谥,大概是希望这样能让自己更容易去见地下的先君。共王见大夫们不回答,就再次要求,直到第五次下令之后,大夫们才答应。

秋天,楚共王去世,子康王继位。令尹子囊和大家商量给楚庄王什么样的谥号,大夫们说:"国君不是已经下过令了吗?"意思是在共王要求的"灵"或"厉"中选一个即可。

子囊不想用恶谥,而希望用"共"这个谥号,于是歪曲国君的命令说:"国君下令用'共'字,我们怎么能废弃它呢?我们楚国声威赫赫,国君在上边统治,安抚了蛮夷,征服了南海,让他们从属于华夏,使他们知道自己的过错,用'共'不是很合适吗?我们就为他上'共'这个谥号吧。"大夫们都听从了他的意见。

这时,吴国趁机侵犯楚国,楚将养由基作为前锋先行,司马子庚率大军在后。养由基对子庚说:"吴国趁我们遭逢国丧,认定我们不能整顿兵马,因此一定会轻视我们而不加戒备。您设置三处伏兵来等待我,我去引诱他们。"子庚听从了他的计策。双方在庸浦交战,楚军大败吴军,并且俘虏了吴国的公子党。

次年春天,吴国向晋国报告了被楚国战败的消息,于是晋国的士匄召集鲁国的季孙宿和叔老、齐国人、宋国人、卫国人、郑国的子蟜、曹国人、莒国人、邾国人、滕国人、薛国人、杞国人、小邾国人在吴国的向地会盟,商量帮助吴国对付楚国的事。但是在会上,士匄责备吴国趁楚国国丧攻打楚国的不道德行为,并以此为由拒绝了吴国人的请求。

秋天,楚康王由于庸浦之役吴国趁楚国国丧入侵,让子囊在棠地集合军队,然后攻打吴国。吴国军队不敢出战,楚国军队就回去了。撤退的时候子囊殿后,他认为吴国是因为无能力迎战,因而就放松了警戒。没想到吴国人从皋舟险隘穿插出来,拦腰截击楚军。楚国军队不能彼此呼应,结果被吴国人击败了,楚公子宜谷被俘。

子囊回来之后,没多久就死了。临死前,他对子庚(子庚后来继任令尹之职)说:"一定要在郢地(不是郢都所在的地方)筑城。"君子因此认为:"子囊真是忠诚。国君逝世后,不忘记为他争取好名声,谥他为'共';临死之时,还不忘记保卫国家,能不认为他忠诚吗?忠诚正是百姓的希望所在。《诗经》中说:'一切行动都要归结到忠信,这就是老百姓所希望的。'说的就是这个意思。"

# 范宣子数戎

鲁襄公十四年春,吴国为前一年楚庄王去世时,趁机入侵楚国,反被楚军打败一事,向盟主晋国求告。晋国为此召集诸侯在吴国的向地会盟,在会上抓了莒国的公子务娄,原因是他和楚国的使节私下通消息。

晋国还准备逮捕戎国国君驹支。此次盟会的主持者范宣子(即晋卿士匄)亲自在盟会的朝位上列数罪状,说:"过来,姜戎氏!以前秦国把你的祖父吾离从瓜州赶了出去,那时吾离身披蓑衣、头戴草帽前来归附我们先君。我们先君惠公虽然只有不算广阔的土地,但是还是和他分享了,让你们可以生存下去。如今诸侯侍奉我们国君不如以前了,这是因为有些消息被泄漏了出去,这应当是因为你们的缘故。明天早晨的会你就不要参加了,如果你参加了,我们将把你逮起来。"

驹支回答说:"从前秦国人依仗着他们的人多,贪求土地,驱逐我们各个部落的戎人。惠公显示了他的大恩德,认为我们各部戎狄也都是尧时方伯的后代,不能加以抛弃。于是就赐给我们南部边境的土地,狐狸居住在那里,豺狼在那里嚎叫。我们各部戎人砍伐那里的荆棘,驱逐那里的狐狸豺狼,安心做你们先君的既不犯上也不背叛的臣子,直到如今也没有二心。

"从前晋文公和秦国一起攻打郑国,秦国人偷偷地和郑国结盟,并安排了戍守郑国的军队,因此就发生了殽地的战役。晋国在正面抵御,我们戎人在后面对抗,秦国的军队之所以会全军覆没,实在是因为有我们各部戎人奋力助战的结果呀。拿捕鹿来做比喻,晋国人抓住了它的角,各部戎人拖住了它的腿,和晋国人一起把它摔倒。我们戎人为什么不能免于罪责呢?

"从那个时候开始,晋国的各个战役,我们各部戎人都不失时机地参加,以追随执事,如同殽地的战役一样尽心尽力,丝毫也不敢违背。现在可能是因为贵国的官员有了过失,因而使诸侯三心二意、离心离德,却反而要责备我们各部戎人。我们各部戎人饮食、衣服和中原各国都不相同,而且不相往来,言语不通,我们又能够做什么坏事呢?即使不能参加会盟,我们也问心无愧。"说完就吟诵着《小雅》中的《青蝇》这首诗退了下去。

《青蝇》诗中有"恺悌君子,无信谗言"这样的句子,士匄听到后马上走上去表示歉意,决定让他参加诸侯的会盟,以显示自己有"恺悌君子"那样不听信谗言的美德。

# 迁延之役

晋楚两大强国争霸，秦国也不甘寂寞，想与楚国合作，向晋国挑衅。鲁襄公九年夏天，晋国正为要降服郑国，与楚、郑闹得不可开交的时候，秦景公派遣士雅到楚国请求出兵协助进攻晋国，楚共王同意了。

楚国的令尹子囊反对楚国出兵，他说："不行！现在我们还不能和晋国争霸。晋悼公任用贤良，选拔的人都能够胜任职务，官员们也能够执行政策。他的卿都心甘情愿地把职位让给有才能的人来担当，他的大夫也都能够恪尽职守，他的士也都能够致力于教化，他的农民也都能够辛勤耕作，他的工商皂隶也都能够安守本分。韩厥虽然已经告老还乡了，但是荀罃又接替了他的位置执掌政权。士匄比荀偃年轻，但是中行偃却让他居自己之上，担任中军副帅。韩起比栾黡年轻，栾黡和士鲂却让他位居他们之上，担任上军副帅。魏绛多次建立战功，但他认为赵武贤能，就心甘情愿地做他的副手。晋国君王贤明，臣子忠诚，上面谦让，下面团结。在这样的情况下，我们是不能与晋国为敌的，只有侍奉他们才可以。请君王还是好好考虑一下吧！"

共王说："我既然已经答应他了，虽然我们国家比不上晋国，但还是一定要出兵的。"秋天，楚共公在武城集合军队，作为对秦国的支援。

于是秦国人攻打晋国。当时晋国正在闹饥荒，因此没有能够给予回击。第二年夏天，晋国才派荀罃率军攻打秦国，以报去年秦军入侵之仇。

于是秦国也卷入了晋楚的争霸。鲁襄公十一年冬，秦国派庶长（秦国爵位名）鲍、庶长武两个人率军攻打晋国，以救援郑国。鲍首先进入晋国领土，士鲂率军抵御，由于他认为秦国的军队人数少，因而没有进行认真的戒备。初五，武又从辅氏渡河，和鲍一起攻击晋军。十二日，秦国和晋国在栎地交战，晋军大败，就是因为晋国人过于轻视秦国的缘故。

鲁襄公十四年夏，晋悼公召集诸侯军队攻打秦国，以报三年前栎地之役的仇。悼公在边境等待，让晋国的卿带领鲁国的叔孙豹、齐国人、宋国人、卫国的北宫括、郑国的子蟜、曹国人、莒国人、邾国人、滕国人、薛国人、杞国人、小邾国人一起进攻。

到达泾水时，诸侯的军队都不肯渡河。晋国的叔向去见叔孙豹打探情况，叔孙豹赋《匏有苦叶》一诗表示自己的意见，叔向听了以后就退出去准备船只了。匏就是葫芦，中间空可以浮在水上，但没有其他用途，所以叔向听叔孙豹赋《匏有苦叶》诗，就知道鲁国人是打算渡河的了。

鲁国人、莒国人率先渡河,郑国的司马子蟜去见卫国的北宫括,说:"依附别人却又不死心塌地,再没有比这个更让人讨厌的了。我们国家应该怎么办呢?"北宫括见英雄所见略同,很是高兴,于是两个人一起去见诸侯的军队,劝他们尽快渡河。诸侯军队渡过泾水,驻扎了下来。

秦国人在泾水上游下毒,诸侯的士兵喝了有毒的河水,死了很多人。子蟜率领郑国的军队前进,其他国家的军队也都跟上。大军到达棫林时,仍然不能迫使秦国屈服。中军统帅荀偃便打算进攻,下命令说:"明天鸡叫的时候套好战车,填井平灶,你们就看着我的马头行动好了。"

下军统帅栾黡说:"晋国的命令,从来没有这样的。我的马头偏偏想向东走。"秦军在晋军西面,栾黡这样说完后,就掉头回国,整个下军也跟着他回去了。

随军左史问下军副帅魏绛:"难道我们也不等待荀偃了吗?"

魏绛说:"是他老人家命令我们服从统帅的。栾黡是我的统帅,我只能服从他了。服从统帅,也就是服从荀偃他老人家呀。"

荀偃见下军回去了,说:"我的命令确实有错误,现在后悔哪里还来得及?只能给秦国创造一个俘获我军士兵的机会了。"于是就命令全军撤退。晋国人称这次战役为"迁延之役"。

栾黡的弟弟栾鍼,当时担任下军车右,他说:"这次战役,本来是为了报复棫地的失败。发动了战争却又没有功劳,这是晋国的耻辱。我的战车居于全军第二位,怎么能不感到耻辱呢?"于是就和士匄的儿子士鞅一起冲到秦军中间,最后栾鍼战死,士鞅则逃了回来。栾黡就对士匄说:"我的弟弟不想这样做,是你的儿子叫他去的。现在我的兄弟战死了,而你的儿子却回来了,这是你的儿子杀了我的兄弟。如果你不把他赶走,我也打算杀死他。"士鞅只好逃亡到秦国。

## 孙林父逐献公

卫献公约请孙林父、宁惠子一起吃饭,于是两个人都穿上朝服在朝廷上等待。但是到了太阳落山的时候,卫献公还没有召见他们,而是在园林里射大雁。两个人跟到园林里,卫献公跟他们说话的时候居然没有摘掉帽子,两个人都很生气。孙林父回到采邑戚地,派遣他的儿子孙蒯入朝请命。

卫献公招待孙蒯喝酒，并让主管音乐的太师唱《巧言》最后一章。《巧言》最后一章说："那是什么人啊，住在黄河的边上。既无武艺又不勇敢，却想要犯上作乱？"献公想以此讽刺孙林父，太师知道唱了一定会促使孙林父叛乱，于是就辞谢了，但太师手下的师曹却主动请求歌唱。原来，当初卫献公有一个宠妾，让师曹教她弹琴，师曹鞭打了她。卫献公发怒，就鞭打了师曹三百下。所以现在师曹愿意唱《巧言》来激怒孙蒯，作为对卫献公的报复。

卫献公同意了师曹的请求，师曹就朗诵了这首诗。孙蒯听到后非常害怕，回去告诉孙林父，孙林父说："国君已经嫉恨我了，如果不先下手，就非死不可！"

这时是鲁襄公十四年的夏天，孙林父把家族里的人集中起来，带着他们从戚地出发进攻国都。路上遇到遽伯玉，孙林父说："国君太暴虐了，这是你所知道的。我很害怕国家颠覆，你看该怎么办呢？"

遽伯玉回答说："君王管理他的国家，臣下哪里敢冒犯他呢？即使冒犯了他，立了新的国君后，又怎么知道这个新的国君不会比旧的更暴虐呢？"遽伯玉知道卫国将发生变乱，于是就从最近的出境关口逃出了卫国。

卫献公派子蟜、子伯、子皮和孙林父在丘宫结盟，孙林父把他们全都杀了。四月二十六日，子展逃亡到了齐国。卫献公逃到了鄄地，派子行向孙林父请求，孙林父又把子行也杀了。卫献公只好向齐国逃亡，孙林父追了上去，在菏泽打败了卫献公的亲兵。鄄地的人抓住了卫献公的败兵。

当初，尹公佗曾在庾公差那里学习射箭，庾公差又是在公孙丁那里学的箭术。现在尹公佗和庾公差追赶卫献公的车子，而为卫献公赶车的却是公孙丁。庾公差说："我如果射他，就是背弃了老师；如果不射，就会被诛戮。可能还是射了更合乎礼法吧。"于是就射中了车两边的曲木，然后便驱车回去了。尹公佗说："您为了老师而不忍心射中，我和他的关系就远了。"于是掉转车头再去追赶。公孙丁把马缰绳交给卫献公，然后张弓射尹公佗，一箭穿透了尹公佗的臂膀。

到达边境时，卫献公派祝宗向祖先报告逃亡之事，同时诉说自己并没有罪过。献公的母亲定姜说："如果没有神灵，那么报告什么呢？如果有神灵，就不能欺骗。你确实有罪，为什么要报告说没有呢？丢弃大臣而和小臣商量，这是第一件罪过；先君让孙林父等卿做你的辅佐大臣，你却轻视他们，这是第二件罪过；我尽心尽力侍奉先君，而你却像对待婢妾一样，凶暴地对待我，这是第三件罪过。你只报告逃亡就可以了，不要再报告没有罪过了。"

卫国大夫右宰谷随同献公一起逃亡，后来又逃了回去。卫国人打算杀掉他，他辩解说："当初跟随献公出逃，我也不愿意那么做。我虽然跟从献公出逃，但与献公并不同心。"于是卫国人就赦免了他。

卫国人立卫穆公的孙子剽为国君，是为殇公。孙林父、宁殖辅助他。乐师师旷在晋悼公身边侍奉。晋悼公说："卫国人把他们的国君赶走，不也太过分了吗？"

师旷回答说："也许是他们的国君实在太过分了吧！好的国君，会奖赏善良惩罚奸恶，抚养百姓就像儿女一样，覆盖他们就好像上天一样，容纳他们就好像大地一样。百姓对待君王，热爱他好像父母一样，敬仰他好像日月一样，敬重他就好像神灵一样，害怕他好像雷霆一样。这样的国君，难道还能够被赶走吗？君王是神灵的祭主，也是百姓的希望。如果让百姓财用匮乏，让神灵失去祭祀，那么百姓就会感到绝望，国家也将要没有主人，那么君王还有什么用呢？不把他赶走又该怎么办呢？

"上天创造了百姓，并且给他们一个君王，就是要让他统治他们，使他们不至于失去本分。因此天子有公，诸侯有卿，卿又设了侧室，大夫又有二宗，士有朋友，庶人、工、商、皂、隶、牧、圉也都有亲近的人，以互相帮助。行善了就要赞扬，有错了就要纠正。有患难就救援，有过失就改掉，从天子以下，各有父兄子弟来观察并补救他们的得失。太史加以记载，乐师写作诗歌，乐工吟诵箴谏，大夫规劝开导，士人传达意见，庶人指责缺点，商人在市场上议论，各种工匠则通过呈献技艺来规劝。所以《夏书》中说：'宣令官摇着木铎在大路上巡行，官师小吏相规劝，工匠呈献技艺以作劝谏。'正月初春，在这个时候宣令官就出动了，这是希望大家都能有机会劝谏君王的过失。上天非常爱护他的百姓，难道会让一个人在百姓的头上任意胡来，放纵他的邪恶而失掉天地的本性吗？一定不会这样的。"

晋悼公向荀偃询问卫国的事情，荀偃回答说："不如根据现在的状况而使卫国安定下来。卫国已经有了新的国君，如果攻打它，不见得能够满足我们的愿望，反而又惊动诸侯。《史佚》中有句话说：'趁着它的稳定，尽快加以安抚。'仲虺有句话说：'灭亡的可以欺侮，动乱的可以推翻，推翻灭亡的巩固存在的，这才是治理国家的常道。'君王还是安定卫国以等待时机吧！"

冬天，晋国召集诸侯，士匄与鲁国的季孙宿、宋国的华阅、卫国的孙林父、郑国的子蟜、莒国人、邾国人在戚地会盟，商量如何安定卫国。晋国以中原霸主的身份，居然认可了孙林父驱逐国君的行为，可以说是在公开鼓励逐君。从此，"政逮于大夫"的局面更是一发而不可收。

## 子罕不贪为宝

　　子罕是宋国的贤臣。鲁襄公十年郑国的尉氏、司氏之乱后，活下来的叛乱分子都逃到了宋国。鲁襄公十五年，因为子西之父子驷、良霄之父子耳和子产之父子国都在叛乱中被杀，郑国人就以一百六十匹马和乐师师筏、师慧作为礼物送给宋国，又让公孙黑去宋国作为人质，想要回逃亡宋国的叛乱分子。当时子罕是宋国的司城，他就把逃亡来的堵女父、尉翩、司齐交还给了郑国；另外还有一个叫司臣的，子罕认为他有才能，于是就放走了他，托付给鲁国的季武子，季武子把他安置在卞地。郑国人把堵女父、尉翩、司齐三个人剁成了肉酱。

　　师慧来到宋国，走过宋国朝廷的时候，就想在那儿小便。扶他的人说："这里是朝廷。"师慧说："这儿又没有人，怕什么？"扶他的人说："朝廷上怎么会没有人呢？"师慧说："一定没有人。如果还有人的话，难道会用千乘之国的相国去交换一个演唱淫乐的盲人吗？一定是宋国没有人的缘故。"子产等人是郑国的执政，师慧的意思是宋国不为子产等人主动送回叛乱者，却为了得到盲乐师而做。子罕听到后，坚决向宋平公请求，把师慧送了回去。

　　宋国有个人得到了一块美玉，把它献给了子罕，子罕不肯接受。献玉的人说："我已经拿给玉工看过了，玉工认为它是宝物，所以我才敢进献给您呀！"子罕说："我把不贪婪当作宝物，你把美玉作为宝物。如果把玉给了我，那么我们两人都丧失了宝物，不如各人保有自己的宝物吧。"

　　献玉的人叩头，然后对子罕说："小人怀中藏着宝玉，到哪里都不安全，还是把它送给您吧，这样就可以免于被人谋财害命了。"于是子罕就把美玉放在自己住的地方，让玉工雕琢它，然后又卖了出去，把钱给献玉的人，让他成了富翁，然后送他回家去了。

　　鲁襄公十七年的时候，宋国的皇国父做了太宰，要为平公建造一座高台，因此妨碍了农业收割。子罕请求在农事完毕以后再建造，平公不答应。于是筑城的人就唱着歌谣说："白皮肤的皇国父，征发我们做劳役；黑皮肤的子罕，体贴我们的心意。"

　　子罕听到了以后，亲自拿着竹鞭，监督施工，并且鞭打那些不肯出力气的人。他说："我们这些底下人都有房子躲避干湿寒暑，现在国君要建造一个台子，如果不能很快完工，还怎么做事情呢？"听了这些话，那些唱歌的人就都停下来不唱了。

有人问子罕为什么这么做,子罕说:"宋国这么一点地方,既有诅咒的声音,又有歌颂的声音,这是祸乱的根本啊。"

鲁襄公二十九年,郑国的子展去世,他的儿子子皮继承父亲的位子做了上卿。此时正逢郑国发生饥荒,而当年的麦子还未收割,老百姓困苦不堪。子皮根据子展的遗命给国内的人分发粮食,每户一钟,郑国人没有挨饿,子皮也得到了郑国老百姓的极大拥护。

子罕听说这一情况后说:"多做善事,这是百姓所希望的。"宋国也发生了饥荒,子罕便请示宋平公,要求拿出公室的粮食借给百姓,让大夫们也都把粮食借出来。子罕自己的家族借粮食给别人,却不写借据,不要求别人归还,同时还以那些缺乏粮食的大夫的名义,借给百姓粮食。宋国人也没有人挨饿。

晋国的叔向听说这些情况后说:"郑国的罕氏(即子展、子皮的家族)、宋国的乐氏(即子罕的家族),肯定会长盛不衰,他们应该都能够执掌国家的政权吧!这是因为民心都已归向他们了。以其他大夫的名义施舍,不只是考虑树立自己的德望名声,在这方面,乐氏更胜一筹。他们将与宋国共存亡吧!"

## 齐晋平阴之役

当初,晋卿士匄向齐国借了舞蹈或装饰用的鸟羽和牦牛尾,却一直没有归还,齐国人很不满,开始对晋国有了二心。鲁襄公十五年夏,齐灵公包围了鲁国的成地。当时晋国是齐国的盟主,鲁国也是同盟之一,齐国侵犯同盟国,正是因为它对晋国有了二心的缘故。

是年冬,晋悼公去世,子平公继位。次年春天,晋平公在溴梁召集诸侯会盟,然后在温地举行了宴会,宴会上让各国的大夫舞蹈,说:"跳舞时唱的诗歌,一定要和舞蹈相配合。"齐国的高厚唱的诗与舞蹈不配合,晋卿荀偃非常恼火,说:"诸侯有二心了。"于是就让各国大夫与高厚盟誓,高厚吓得逃回了国内。于是晋国的荀偃与鲁国的叔孙豹、宋国的向戌、卫国的宁殖、郑国的子蟜、小邾国的大夫一起盟誓说:"共同讨伐不敬盟主的人。"

秋天,齐灵公又一次包围了成地,鲁大夫孟献子的儿子孟孺子(名速)率军阻击齐军。齐灵公说:"速这个人一向很勇敢,我们不如离开,成就他的名声好了。"孟孺子封锁了鲁国的要道鄑陉后就回去了。

冬天,鲁国叔孙豹去晋国聘问,同时说到齐国又一次攻打鲁国成地的事情。晋国人说:"由于我们国君还没有举行将悼公牌位供入太庙的禘祭,百姓也没有得到休息,所以我们不能救援。如果不是这样的话,那我们是不敢忘记贵国面临的灾难的。"

叔孙豹说:"由于齐国人经常都在我们的土地上发泄愤恨,因此我们才郑重地前来请求贵国的援助。敝邑情况危急,朝不保夕,百姓天天引领西望说:'也许晋国就要来救援我们了吧!'等到贵国有空发兵的时候,恐怕已经来不及了。"

叔孙豹见到荀偃时,赋了《圻父》这首诗,诗中责备了圻父这个人,担任周王的大臣,却玩忽职守,让百姓流离失所。荀偃说:"我知道自己的罪过了。我岂敢不跟着你一起为贵国社稷担忧,而让贵国落到这样的地步呢?"

叔孙豹见到士匄时,赋了《鸿雁》这首诗的最后一章,把鲁国比喻成哀鸣失所的鸿雁。士匄说:"有我在这里,怎么敢让鲁国没有安居之所呢?"

齐国人前几次侵略鲁国都没有得到满足,于是就在鲁襄公十五年秋,由齐灵公率军攻打了鲁国的北部边境,并且包围了桃地,高厚把臧孙纥包围在防地。鲁国军队从阳关出动,迎接臧孙纥,到达旅松。郰叔纥(即孔子的父亲)、臧畴、臧贾等率领甲士三百人,在夜里从防地突围出来偷袭齐军,把臧孙纥送到旅松后才回来。齐军见得不到臧孙纥,就离开了鲁国。

齐国人俘虏了臧坚,齐灵公派夙沙卫前去慰问他,并且让他说:"你不要寻死。"臧坚叩头感激说:"拜谢君王的命令。然而君王赐我不死,却又故意派宦官来,这让我感到耻辱。"说完就用木棍刺进伤口而死。

鲁襄公十八年秋,齐灵公又一次攻打鲁国北部的边境,晋国作为盟主的面子再也挂不住了,荀偃打算发兵攻打齐国。荀偃做了一个梦,梦见和晋厉公争辩(厉公当年被荀偃所弑),结果没能辩赢。还梦见晋厉公用戈钩自己的脑袋,脑袋从前面掉了下来,荀偃就跪下来,把头按回脖子上,用手扶着逃走了,还见到了梗阳的巫师皋。过了几天,荀偃在路上真的碰见了巫皋,就和他谈起梦里的情况,没想到巫皋也做了同样的梦。巫皋说:"您今年一定会死。如果东边有战事,您就在那儿死去吧。"荀偃答应了。

晋平公亲自率军攻打齐国。将要渡过黄河时,荀偃用朱丝系着两块玉祷告说:"齐灵公靠着地形险要,仗着人马众多,丢弃友好违背盟誓,凌虐百姓。如今神的陪臣彪(彪是晋平公的名字。天子为神之臣,则诸侯为神之陪臣)将要率领诸侯的大军前去讨伐齐国,他的下属荀偃将在前后辅助,如果得胜有功,没有给神带来羞耻的话,那么我就不再渡河回来了。一切由神定夺。"然后就把玉沉入了黄河。

十月,晋平公召集鲁襄公、宋平公、卫献公、郑简公、曹成公、莒子、滕子、薛伯、杞孝公、小邾子在鲁国境内的济水边上会盟,重申了溴梁之会的誓词,然后一起攻打齐国。

齐灵公在平阴进行抵御,并在防门的长城外挖壕沟防守,壕沟挖了有一里长。夙沙卫说:"如果力量不足以交战,那就没有比扼守险要更好的办法了。"他认为防门不够险要,不足以恃,应该据守更险要的地方,但齐灵公不听。

诸侯的军队进攻防门,齐国人大多战死。士匄对齐国的大夫子家说:"我跟你那么熟,难道会向你隐瞒实情吗?鲁国人、莒国人都请求要带一千辆战车从他们那儿打过来,我们已经答应他们了。等他们攻过来,贵国君王必定会失掉整个国家。希望你能好好考虑一了。"

子家把这些话告诉了齐灵公,齐灵公非常害怕。晏婴听说后,说:"国君本来就没有勇气,如今又听到了这些话,一定活不了多久了。"

齐灵公登上巫山远望晋国军队。晋国人正在派司马排除山林河泽中的险阻,即便是军队达不到的地方,也一定树起大旗,并且稀疏地布置好战阵,让战车的左边坐上真人,而在右边放上假人,用大旗当作前导,战车后面拖上木柴跟上去,前进的时候就会尘土飞扬,如同大军奔驰的样子。齐灵公看到这些以后,害怕他们人多,就离开军队独自逃回去了。

二十九日,齐国军队在夜里逃走。师旷对晋平公说:"鸟叫的声音听起来很高兴,齐国的军队大概逃走了。"邢伯对荀偃说:"有马匹盘桓的声音,齐国的军队大概逃走了。"叔向也对晋平公说:"城上有乌鸦在飞,齐国的军队大概逃走了。"

十一月初一,晋国的军队进入平阴,紧接着就追赶齐军。夙沙卫把大车联结起来堵塞山里的小路,自己担任殿后。殖绰、郭最说:"你是一个宦官,来为我们的大军殿后,这是齐国的耻辱。你还是走在军队的前面吧!"于是就代替他走在了最后。

夙沙卫又把马也杀了,用以堵塞狭小的道路。晋国的州绰追了上来,用箭射殖绰,射中了两个肩膀,两箭正好把他的脖子夹住了。州绰对他喊道:"停下来,你还可以做我军的俘虏;你要是不停下来,我这一箭就要射你的脑袋了。"

殖绰回过头来说:"你要发誓不杀我。"

州绰说:"有太阳作证!"于是就把弓弦解下来,从后面把殖绰捆绑了起来。他的车右具丙也放下兵器,把郭最捆绑了起来。两人都还没有脱下盔甲,就被从后面捆绑住,然后被放到了中军大鼓的下边。

晋国人要继续追赶逃兵,鲁国、卫国的军队请求进攻险要的地方。十三日,荀偃、士匄率领中军攻下了京兹。十九日，魏绛、栾盈率领下军攻下了邶地。赵武、韩起率领上军包围了卢地，但是没有攻下。

十二月初二，诸侯军队到达了秦周，已经逼近了齐国的都城临淄，砍伐了临淄的西门雍门外边的树。晋国的士鞅攻打雍门，他的御者追喜还用戈杀死了门里的一条狗。鲁国的孟庄子砍下了当地的柞木，后来为鲁襄公制作了一把颂琴。

初三，晋国军队放火烧了雍门和西边、南边的外城，刘难、士弱率领诸侯的军队放火烧了申池边上的竹木。初六，又放火烧了东边和北边的外城。士鞅率兵攻打西北城门扬门。州绰攻打东门东闾，他左边的骖马由于拥挤不能前进，在停留的时间里，居然把城门上钉子的数目都数清楚了。

齐灵公备好马车，准备逃到邮棠去。太子光和大夫郭荣拉住他的马，说："敌军行动快速，而且攻击勇猛，这是为了掠夺财物，但是很快就会退去了，君王害怕什么呢？而且作为一国之君，不能随便逃走，否则就会失去大众。君王一定要耐心等待呀！"齐灵公不听劝告，打算冲向前去。太子光抽出剑来砍断了马鞅，才使灵公放弃了出逃。

初八，诸侯的军队转而向东边进攻，到达了潍水西岸，又向南边进攻，打到了沂水流域。

鲁襄公十九年的春，诸侯的军队从沂水边上回来，在督扬结盟，盟辞说："大国不要进攻小国。"在会上，将邾悼公抓了起来，这是因为他在鲁襄公十七年攻打鲁国的缘故。诸侯的军队就驻扎在泗水边上，重新划定了鲁国的疆界，取得了漷水以西邾国的全部土地。

晋平公先回国，鲁襄公在蒲圃招待了晋国的六卿，还送了他们礼物。荀偃头部生了恶疮，渡过黄河到达著雍时，他的病情加重，眼珠子都鼓了出来。先回去的大夫又都赶了回来，士匄请求见荀偃，但是荀偃不肯见；士匄又派人问谁可以做继承人，荀偃说："荀吴可以。"

二月十九日，荀偃去世。鲁用周正，晋用夏正，所以如果按照晋历，荀偃死时并没有过新年。巫皋说荀偃当年会死，荀偃果然死在了晋历的年末。

荀偃死时，眼睛仍然睁着，口却闭得紧紧的，以至于不能放进殊玉。士匄为荀偃擦洗尸体，然后抚着尸体说："以后一定会像侍奉您一样侍奉荀吴！"但是荀偃的尸体还是不闭眼。栾盈说："是因为齐国的事情没有完成的吗？"于是又抚着荀偃的尸体说："您去世以后，我们一定要继续攻打齐国，有河神为证。"荀偃的尸体这才闭上眼睛，并且张开嘴巴接受了含玉。士匄出去后感慨地说："作为一个男人，我哪里理解荀偃，实在是浅薄啊。"

当年五月，齐灵公去世，紧接着又发生了内乱。于是齐国向晋国求和，并在大隧结盟。为此叔孙豹和士匄在柯地见了面，叔孙豹见到叔向，吟诵《载驰》这首诗的第四章，表达了要依赖大国救助自己的意思。叔向说："我岂敢不接受你的命令？"叔孙豹回到鲁国，说："齐国还没有停止侵伐，我们不能放松警惕啊。"于是就在武城筑城。

鲁襄公二十年夏，晋平公召集鲁襄公、齐庄公、宋平公、卫殇公、郑简公、曹武公、莒子、邾子、滕子、薛伯、杞孝公、小邾子在澶渊会盟，就是因为与齐国讲和的缘故。

## 郑子孔起楚师

鲁襄公十八年，郑国的子孔想要铲除大夫们，打算背叛晋国，然后发动楚国军队来清除他们。于是就派人告诉楚令尹子庚，子庚不同意。楚康王听到以后，便派杨宜告诉子庚："都城的人认为我主持国家社稷，却不出兵打仗，死后就不配享受规定的祭祀礼仪。我即位到现在，已经五年了，从没有出兵征战，别人可能会认为我只顾自己的安逸，而忘了先君的霸业。大夫考虑一下，到底应该怎么办呢？"

子庚叹着气说："君王恐怕认为我是贪图安逸吧！我这样做是因为有利于国家啊！"接着便对康王派遣的使者叩头，然后回答说："如今诸侯正和晋国结盟，请让臣试探一下。如果可以的话，就请君王接着发兵。如果不行，就收兵退回去。这样就没有什么损失，君王也不会受到羞辱。"

于是子庚便率领军队在汾地修治武器。此时郑国的子蟜、良霄、子张正跟从郑简公攻打齐国，子孔、子展、子西在国内留守。子展和子西知道了子孔的阴谋，于是就加强防备，子孔也不敢和楚军会合了。

楚军到来，攻打郑国，军队驻扎在鱼陵。右军在上棘筑城，随后就渡过颍水，驻扎在旃然河边。芳子冯、公子格率领精锐部队攻打费滑、胥靡、献于、雍梁，然后挥师东进绕过梅山，进攻郑国的东北部，一直打到虫牢才返回。子庚攻打郑国国都外城的纯门，在城下住了两晚就回去了。在渡鱼齿山下的滽时，遇到了大雨，楚军的人多半都挨了冻，在军中服杂役的徒役几乎死光了。

晋国人听到楚国发兵入侵郑国，师旷说："没有妨碍的。我屡次歌唱北方的曲调，又歌唱南方的曲调。南方的曲调没有力量，就像死亡的声音。楚国的军队不可能建立什么大功。"

董叔说："从对天象的观察来看，现在木星运行的轨道多在西北，因而西北气运很强。

南方的军队出动不合天时,因而一定会无功而返。"

叔向则说:"胜负的关键在于他们国君的德行。"

次年夏天,郑国国都的人对子孔执政以来的独断专行深为忧虑,于是追究鲁襄公十年时的西宫叛乱,以及上一年楚国攻打纯门那次战役的罪责,结果判定子孔有罪。子孔带领他手下的甲兵和子革、子良的甲兵来保卫自己,八月十一日,子展、子西率领都城的人进攻,杀了子孔,并且瓜分了他的家财和封地。

## 崔杼立公子光

齐灵公在鲁国娶了个妻子,名叫颜懿姬,没有生孩子。她的陪嫁侄女鬷声姬生了公子光,灵公把他立为太子。齐灵公的姬妾中有仲子、戎子,其中戎子最受宠爱。仲子生了个儿子名叫牙,把他托付给了戎子。戎子请求灵公立公子牙为太子,齐灵公答应了。但是仲子说:"不行,废嫡立庶有违常规,这是不吉祥的,可能也会触犯诸侯,难以成功。公子光被立为太子,已经参加过诸侯的盟会了。现在无缘无故把他废掉,这是专横而轻视诸侯,为了难以成功的事去触犯不吉祥,君王将来一定会后悔的。"

齐灵公说:"是废是立,一切由我做主。"于是就把太子光流放到东部边境,立公子牙为太子,让高厚做公子牙的太傅,让夙沙卫做少傅。

鲁襄公十九年春,齐灵公生病,崔杼偷偷地把公子光接回来,在齐灵公病危的时候重新立为太子。太子光杀了戎子,把尸体陈列在朝廷上。太子光的行为不合乎当时的礼法,国家对妇女没有专门的刑罚,即使加以诛戮,也不能把尸体陈列在朝廷上,所以他的做法受到了君子的批评。

五月二十九日,齐灵公去世,太子光继位,是为庄公。齐庄公在句渎之丘逮住了公子牙。由于齐庄公认为是夙沙卫出主意把自己废黜的,于是夙沙卫就逃亡到高唐并且发动了叛乱。

八月,崔杼在洒蓝杀了高厚,然后兼并了他的家产和封地。

齐国的庆封领兵包围高唐,没能攻下。十一月,齐庄公亲自领兵包围高唐,见到夙沙卫站在城墙上,就大声喊他,他就下来了。齐庄公问夙沙卫防守的情况,夙沙卫告诉齐庄公说,这里并没有什么防守。两人相互作揖后,夙沙卫就登上城墙回去了。夙沙卫听说齐军将要围着城墙进攻,就让高唐城里的人饱餐一顿,准备迎战。城里的殖绰和工偻会在夜里把绳子垂下城墙,让城外的齐军士兵爬进来,将夙沙卫杀死,并且做成了肉酱。

## 臧孙纥论止盗

鲁襄公二十一年，邾国大夫庶其带着漆和闾丘两个地方投降了鲁国，季武子把襄公的姑母嫁给他做妻子，还赏赐了他带来的全部随从。此时鲁国的盗贼很多，季武子对司寇臧孙纥说："你为什么不禁止盗贼呢？"

臧孙纥回答说："盗贼难以禁止，我也没有能力禁止。"

季武子说："我国的四方边境都有人防守，为什么不能够禁止盗贼呢？你作为司寇，理应扫除盗贼，为什么说没有能力禁止呢？"

臧孙纥说："你把国外的盗贼招来，并且大大地给予礼遇，我又怎么能禁止国内的盗贼呢？你作为正卿，却招来外贼，而让我清除国内的盗贼，我凭什么能够做到？庶其盗窃了邾国的城邑来我国，你把姬氏送给他做妻子，还给了他城邑，他的随从都得到了赏赐。如果用国君的姑母和大城邑去表示对大盗贼的敬重，用皂隶车马、衣服佩剑等对其随从表示鼓励的话，那么这无疑就是奖励盗贼。既赏赐盗贼，又要清除盗贼，恐怕是很困难的呀。我曾经听说过，在上位的人要洗涤他的内心，专心一意地待人，使他们合乎法度，而要表现出自己的诚信，然后才可以治理别人。假如上层的人做了，百姓也会照着做，这是势所必然的，又怎么能够禁止呢？《夏书》说：'做什么得依据这个标准，不做什么也得依据这个标准，发号命令得依据这个标准，表示诚信也得依据这个标准。只有帝王才能建立这样的功勋。'意思是说要由自己体现思想和行动的一致，诚信出于自己的一致，然后才可以建立功劳。"

## 薳子冯为令尹

鲁襄公二十一年夏，楚国的令尹子庚去世。楚康王任命薳子冯为令尹，薳子冯就去找申叔豫商量。申叔豫说："国家宠臣很多而君王又年轻，国家的事情不好办。"于是薳子冯就用生病为理由来辞任令尹一职。当时正是大热天，他在地下挖了个洞，放上冰块后再安上床。他身穿两层棉衣，又穿上皮袍，吃了一点东西就躺在床上。楚康王派医生前去诊视，医生回去后报告说："他身体瘦是瘦，但气血还很正常。"于是楚康王就任命子南为令尹。

鲁襄公二十二年冬，楚国的观起受到令尹子南的宠信，俸禄没有增加，却有了够驾几十辆车子的马匹。楚国人对这种情况很担心,楚康王打算诛戮他们。子南的儿子弃疾做楚康王的侍卫,楚康王每次见到他,一定要哭泣。弃疾说:"君王三次向臣哭泣了。敢问是谁的罪过?"

楚康王说:"令尹的不善,这是你所知道的。国家打算诛戮他,你还待在这儿吗?"

弃疾回答说:"父亲被诛戮,儿子还留着,君王又怎么能加以任用?我若向父亲泄露消息,反而会加重父亲的罪罚,臣是不会干的。"

楚康王把子南杀死在朝廷上,把观起车裂,并把尸体在国内四方示众。子南的家臣对弃疾说:"请让我们到朝廷上把主人的尸体搬出来。"

弃疾说:"君臣之间有规定的礼仪,这只有看几位大臣怎么办了。"

过了三天,弃疾请求收尸,楚康王答应了。安葬完毕后,他的手下人问:"出逃吗?"

弃疾说:"我知道杀我父亲的预谋,所以也可以算是参与了杀我父亲的事。就算出走,有什么地方可去?"

手下人问:"那么还是侍奉君王,做他的臣子吗?"

弃疾说:"抛弃父亲,侍奉仇人,我不忍心做这样的事。"于是上吊自杀了。

楚康王再次让薳子冯做令尹,公子龄为司马,屈建为莫敖。受到薳子冯宠信的有八个人,也都没有俸禄而拥有很多马匹。过了些日子,薳子冯上朝,和申叔豫说话,申叔豫不理他就回头走了。薳子冯跟着他走,申叔豫走进人堆里。薳子冯还跟着他走,申叔豫就回家了。

薳子冯退朝后,去见申叔豫,说:"你在朝廷上三次让我受窘,我害怕,不敢不来见你。我有过错,你不妨告诉我。为什么嫌弃我呢?"

申叔豫回答说:"我怕的是不能免罪,哪里敢告诉你?"

子冯说:"什么原因?"

申叔豫回答说:"从前观起受到子南的宠信,子南有了罪过,观起被车裂,为什么不害怕?"

薳子冯听了,心里也害怕了。他自己驾着车子回去,因为心神不宁,车子都不能走在车道上。到家后,他对那八个人说:"我见了申叔豫,这个人就是所谓能使死者复生,使白骨长肉的人啊。能够像这个人一样了解我的就可以留下,否则就请他走。"薳子冯辞退了这八个人,楚康王才对他放心。

# 晋栾氏之乱

鲁襄公十四年,晋、秦迁延之役中,晋军因为下军统帅栾黡不服从中军统帅的命令而失败。栾黡的弟弟栾鍼感到羞愧,就与中军副帅范匄的弟弟范鞅(即士鞅)一起冲入敌阵中,结果栾鍼战死,范鞅生还。栾黡恼羞成怒,并迁罪于范鞅,逼得范鞅逃亡秦国。

秦景公问范鞅:"晋国的大夫谁先会灭亡?"

范鞅回答说:"恐怕会是栾氏吧!"

秦景公问:"是因为他们的骄横无礼吗?"

范鞅回答说:"对。栾黡骄纵暴虐,已经太过分了。不过他或许还能免于祸难,祸难恐怕要落在他儿子的身上!"

秦景公问:"这是什么缘故呢?"

范鞅回答说:"栾书的恩德至今仍然留在百姓的心中,他们好像周朝人怀念召公一样怀念栾书。周朝人对召公住处的甘棠树尚且爱护有加,不用说晋国人对栾书的儿子了。等栾黡死后,他儿子栾盈的好处又还没能施与到别人那里,而过去栾书所施的善行又逐渐消失了,那么人们对于栾黡的怨恨就会与日俱增。所以栾氏的祸难将会在栾盈身上发生。"秦伯认为这是非常有见识的话,就为他向晋国请求,让晋国恢复了他的职位。

栾黡娶了范匄(即士匄,范鞅之父)的女儿做妻子,生下了栾盈。栾黡死后,栾盈继承了家业。范鞅由于曾经被栾黡所迫而逃亡,心里怨恨栾氏,所以虽然和栾盈一起做公族大夫,却不能很好相处。

栾黡死后,他的妻子栾祁和他的家臣总管州宾私通,州宾几乎侵占了他们全部的家产,栾盈对这件事非常担心。栾祁害怕栾盈讨伐自己,便先到父亲范匄那里诬告说:"栾盈将要发动叛乱,认为范氏为了专擅晋国的政权而弄死了栾黡,他说:'当初我的父亲赶走了范鞅,范鞅回来后我父亲不但没有惩罚他,反而宠信并且重用他,让他和我担任同样的官职,从而使他得以独断专行。我的父亲死后,范氏更加富有。这分明是他们把我父亲害死,而要独揽大权。我宁可死了,也不能再听从他们。'他的计划就是这样,我怕会伤害您,所以不敢不说。"

范鞅也在一旁为她作证。栾盈喜欢施舍,很多人都乐意归附于他。范匄正害怕他笼络的人多,就相信了栾祁的话。当时正是鲁襄公二十一年,栾盈担任下卿,范匄便派他到著地筑城,并借此机会把他赶出了都城。秋天,栾盈逃亡到了楚国,范匄便把他的党羽箕遗、黄渊、嘉父、司空靖、邴豫、董叔、邴师、申书、羊舌虎、叔黑十位大夫杀死,又连坐囚禁了伯华、叔向、籍偃三人。

栾盈逃亡途中经过周室境内,周朝西部边境的人劫掠了他的财物。栾盈向周室使者申诉说:"天子的陪臣栾盈,获罪于天子的守臣,打算逃避惩罚时,又重新在天子的郊外获罪,没有地方可以逃窜藏匿,谨冒死陈言:从前陪臣的祖父栾书为王室尽力,天子施予了恩惠。他的儿子栾黡不能保持他父亲的功业。天王如果还没有忘记栾书的功劳,那么我这个逃亡在外的陪臣还有地方可以逃避。如果天王已经忘记了栾书的功劳,而只记得栾黡的罪过的话,那么陪臣我就只不过是个逃死的人,回去就将交付有司治罪,那我就不敢再回国了。谨将自己的命运交付天王,全听天王的命令。"

周灵王说:"我认为晋国驱逐栾盈的做法不对,如果再去学它,过错就更大了。"于是就让司徒抓住那些劫掠栾氏财物的人,让他们归还抢走的东西,并且派礼宾官员把栾盈送出了轘辕山。

晋平公召集鲁襄公、齐庄公、宋平公、卫殇公、郑简公、曹武公、莒子、邾子在商任会盟,目的是为了禁锢栾盈,不让诸侯收留他。

知起、中行喜、州绰、邢蒯逃亡到了齐国,他们也都是栾氏的党羽。乐王鲋对范匄说:"为什么不让州绰、邢蒯回来呢?他们都是勇士啊。"范匄说:"他们都是栾氏的勇士,我能得到什么呢?"乐王鲋说:"你如果待他们像栾氏的人那样,那他们就是你的勇士了。"

齐庄公上朝时,指着齐国勇士殖绰、郭最说:"这是寡人的勇士。"

州绰在一旁说:"您认为他们是勇士,谁敢不认为是这样呢?然而为臣不才,在平阴这次战役中,比他们二位先立下战功。"

齐庄公做了勇士专用的酒爵,殖绰、郭最都想要一个。但是州绰说:"在齐国东闾的战斗中,臣的骏马被逼得来回转圈,连城门上的钉子数目都数清楚了,是不是也可以得到一个酒爵呢?"

庄公说:"你是为晋国的国君而战的呀!"

州绰问答说:"臣充当您的仆隶不久,然而这两位,如果用禽兽作比方的话,在平阴之役中,我早就可以吃他们的肉,而睡在他们的皮上了。"

栾盈逃到了与晋国敌对的楚国。鲁襄公二十二年秋,栾盈又从楚国到了齐国。晏婴对齐庄公说:"商任的盟会上,我们接受了晋国的命令。现在接纳栾氏,打算怎么任用他?小国所用来侍奉大国的,是信用。失去了信用,不能立身立国。君王还是考虑一下。"齐晏婴退出后对陈文子说:"为人君主要保持信用,为人臣下的要保持恭敬。忠实、信用、诚笃、恭敬,上下要共同保持它,这是上天的常道。国君自暴自弃,就不能长久在位了。"

冬天,晋平公又召集鲁襄公、齐庄公、宋平公、卫殇公、郑简公、曹武公、莒子、邾子、薛伯、杞孝公、小邾子在沙随会盟,目的还是为了禁锢栾氏。

沙随之会后,齐庄公还是让栾盈在齐国住着。晏婴说:"祸乱将要发生了。齐国将会进攻晋国,不能不使人害怕。"齐庄公后来果然去进攻卫国、晋国、莒国,最后损兵折将,庄公自己也伤了大腿。

鲁襄公二十三年,晋平公打算把女儿嫁给吴国,齐庄公让析归父给晋国送去一个女子陪嫁,却偷偷用送女子的篷车藏着栾盈和他的随从,把他送回了栾氏封邑曲沃。栾盈想要叛乱,就在夜里去见守曲沃的大夫胥午,把情况都告诉他。胥午回答说:"不能那么做。上天所抛弃的,谁能够让他兴起?你若举事,必然不免于死。我不是爱惜一死,只是明知事情是办不成的。"

栾盈说:"尽管这样,但若因你的帮助而死去,我死了也不后悔。我确实不被上天保佑,你没有过错。"

胥午答应了,把栾盈藏起来后就请曲沃的人喝酒。开始演奏音乐,胥午发话说:"现在要是找到了栾盈,我们该怎么办?"

人们回答说:"找到了主人,得以为他而死,虽死犹生。"大家都叹息,还有哭泣的。

举杯时,胥午又说这话。大家都说:"找到了主人,有死而已,还有别的!"栾盈这才走出来,对大家一一拜谢。

四月,栾盈率领曲沃的甲兵,靠了魏舒的帮助,在大白天进入了晋都绛城。当初,栾盈在下军辅佐魏舒的父亲魏绛,和魏舒私下里很要好,所以这时依靠他。当时栾氏比较孤立,赵氏因为赵同、赵括的祸难(鲁成公八年)而怨恨栾氏,韩氏正与赵氏和睦,中行氏(荀氏的一支)由于攻打秦国的迁延之役而怨恨栾氏,知氏(也是荀氏的一支)的知盈(荀罃之子)年纪小,所以听中行氏的话,荀氏别族的程郑还受到晋平公的宠信,所以只有魏氏和七舆大夫支持栾氏。

乐王鲋陪坐在范匄旁边。有人报告说:"栾氏来了。"范匄很害怕。

乐王鲋说:"快保护国君逃到固宫(晋国的别宫),一定没有危险。而且栾氏怨敌很多,你又主持国政,栾氏从外边来,你在内掌权,有利的条件就多了。既然有利有权,又掌握着对百姓的赏罚,有什么可害怕的?栾氏所得到的,不就仅仅只有魏氏吗?而且魏氏是可以用强力争取过来的。平定叛乱在于权力,你可不要疏忽!"

晋平公正好有姻亲的丧事要办,乐王鲋让范匄穿着黑色的丧服,由两个女人拉着车去到晋平公那里,陪侍晋平公到固宫。范鞅去迎接魏舒,魏舒的军队已经排成行列,登上战车,准备去迎接栾氏了。范鞅快步走近,说:"栾氏率领叛乱分子进入国都,我的父亲和几位大夫都在国君那里,派我来迎接你。我请求上车作为陪乘。"然后拉着带子,就跳上了魏舒的战车。

上车后,范鞅右手握着剑,左手拉着上车的带子,下令驱车离开行列。驾车的人问到哪里去,范鞅说:"到国君那里。"范匄在阶前迎接魏舒,拉着他的手,答应把曲沃送给他。

栾氏有一个大力士叫督戎,都城的人都害怕他。有一个名叫斐豹的人,因犯罪被没为官奴,他的罪行被记载在丹书上。斐豹对范匄说:"如果您烧掉丹书,我就去杀死督戎。"范匄很高兴,说:"你杀了他,我一定请求国君烧掉丹书,有太阳可以作证!"于是就让斐豹出宫,然后关上宫门。督戎跟了上来,斐豹就翻进矮墙等着督戎,督戎也翻墙进来,斐豹从后面猛击杀死了他。

范氏的手下在官台的后面,栾氏冲上了宫门。范匄对范鞅说:"箭射到国君的屋子了,你要拼死抵抗!"

范鞅挥剑带领步兵迎战,栾氏败退。范鞅跳上战车追赶,碰到栾乐,范鞅说:"乐,别打了,我死了也会向上天控诉你。"栾乐用箭射他,没有射中;再把箭搭上弓弦上时,他的战车车轮碰上槐树根而翻了车。有人用戟钩他,把他的手臂拉断,他就因失血而死了。

栾鲂受伤,后来逃亡到宋国。栾盈逃到曲沃,晋国人包围了他,在曲沃打败了栾盈的部下,然后把栾氏的亲族全部杀光了。

# 齐庄公伐晋

鲁襄公二十三年秋,齐庄公见晋国发生栾氏之乱,非常高兴,打算趁机率军入侵晋国,于是先攻打了卫国。晏婴说:"君王依仗勇力,打算攻打盟主。如果不成功,这是国家的福气。没有德行而有功劳,忧患必然会降到君王身上。"

崔杼也劝谏说:"不行。臣听说:'小国钻了大国败坏的空子,而加之以武力,一定要受到灾祸。'君王还是考虑一下。"齐庄公不听。

攻打卫国后，齐庄公又去攻打晋国，占领了朝歌。然后兵分两路，一路进入孟门，一路登上太行山口。在荧庭收集晋军尸体建起武军，派人戍守郫邵，又在少水收集晋军尸体埋成一个大大的土堆，以报复鲁襄公十八年的平阴之役，然后才收兵回去。

齐庄公率军从晋国回来，没有进入国都，直接就带着军队前去袭击莒国，攻了莒邑且于的城门，因大腿受伤而退走。齐庄公打算第二天再战，约定军队在寿舒集中。齐国大夫华还、杞梁用战车载着甲士，连夜进入且于附近的狭路，露宿在莒国的郊外。

第二天，华还和杞梁先和莒子在莒邑蒲侯氏遭遇，双方兵力悬殊。莒子赠给他们重礼，让他们不要战死，说："请求和你们结盟。"华还回答说："贪爱财货，抛弃命令，这也是君王您所厌恶的。昨天晚上接受命令，今天太阳还没到头顶就丢掉，还用什么来侍奉国君？"双方于是交战，莒子亲自击鼓，莒军追击齐军，获得了杞梁的尸体。于是莒国和齐国讲和。

齐庄公回国后，在郊外遇到杞梁的妻子，派人向她吊唁。杞梁的妻子辞谢说："杞梁有罪，岂敢辱劳国君派人吊唁？如果能够免罪，还有祖先的破屋在那里，贱妾不能接受在郊外的吊唁。"于是齐庄公又到杞梁家里去吊唁。

## 臧孙纥犯门斩关

鲁大夫季武子没有嫡子，庶子当中公弥虽然年长，但季武子更喜欢悼子，想立悼子为继承人。季武子向家臣申丰询问说："公弥和悼子，我都喜欢，想要选择有才能的立为继承人。"申丰快步退出，回到家后，打算带着全家出走。过了几天，季武子又问申丰，申丰回答说："如果这样，我准备套上我的车走了。"季武子就不再和他谈继承人的事。

季武子又去问臧孙纥。臧孙纥说："你招待我喝酒，我就为你立他。"季氏招待大夫们喝酒，臧孙纥是上宾。臧孙纥向宾客献酒完毕，就命令朝北铺上两层席子，换上新洗的酒杯。然后召见悼子，臧孙纥走下台阶迎接他，大夫们都站起来。等到旅酬（宴会上宾主互相敬酒酬答的礼节）时，才召见公弥，让他和宾客按年龄大小排列座次。

当时宴会饮酒的礼仪，旅酬之后士人不入，在旅酬之时召见公弥，是以士礼对待他，明白地表示将来不会让他继承季武子的爵位。季武子见臧孙纥做得那么露骨，也感到意外，脸上都变了颜色。

季武子为了抚慰公弥，就让公弥担任马正（相当于大夫家的司马），公弥心里怨恨，不肯做。闵子马见到公弥，说："你别这样。祸和福都是人们自己招来的。做儿子的，担心的是不孝,而不是担心没有地位。恭敬地对待父亲的命令,事情怎么会固定不变呢? 如果能够恭敬孝顺,将来比悼子富有一倍都是可以的;奸邪不合法度,祸患就会比老百姓多一倍。"

公弥同意闵子马的话,就恭敬地早晚向季武子清安,谨慎地履行职务。季武子高兴了,让他招待自己喝酒,自己带着宴会用的器具,然后就把这些器具全部留下给他。公弥家因此致富,公弥又出仕鲁君,做了鲁君的左宰。

孟庄子讨厌臧孙纥,但季武子喜欢他。孟氏的车马官丰点喜欢孟庄子的庶子孝伯,说:"听从我的话,你一定会成为孟氏的继承人。"丰点再三地说,孝伯就听信了他。

鲁襄公二十三年,孟庄子生病,丰点对公弥说:"如果您能让孟氏立孝伯,我就能让他替你报复臧孙纥。"

于是公弥对季武子说:"孺子秩本来应当做孟氏的继承人。但是如果能改立孝伯为继承人,那么季氏的势力就会超过臧氏了。"但季武子不答应。

八月初十,孟庄子死了。公弥侍奉孝伯立在门边接受宾客吊唁。季武子去了,进门,哭,然后出来,说:"秩在哪里?"

公弥说:"孝伯在这里了。"

季武子说:"秩年长。"

公弥说:"有什么年长不年长?看谁更有才能吧。而且是孟庄子老人家的遗命。"于是就立了孝伯,秩逃亡到邾国。

臧孙纥进门号哭,非常哀痛,流了许多眼泪。出门后,他的御者说:"孟庄子讨厌您,而您悲哀成这个样子。如果季武子死了,您会怎么样?"

臧孙纥说:"季武子喜欢我,这是没有痛苦的疾病;孟庄子讨厌我,这是使人痛苦的良药。没有痛苦的疾病,不如使人痛苦的良药。良药还可以让我活下去,疾病没有痛苦,它的毒害更多。孟庄子死了,我灭亡的日子也没有多少了。"

孟氏关起大门,告诉季武子说:"臧氏打算发动变乱,不让我家安葬。"季武子不相信。

臧孙纥听说后,实行了戒备。十月,孟氏打算开掘墓道,向臧氏借用役夫。臧孙纥让徒役前去帮忙,自己带着甲士前去视察。孟氏又去向季武子诬告,季武子这次相信了,非常生

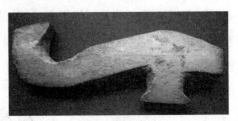

玉带钩(春秋)

气，下令攻打臧氏。初七，臧孙纥斩断鲁都东门鹿门的门闩，逃亡到了邾国。

当初，臧宣叔在铸国娶了个妻子，她生了贾和为就死了。臧宣叔以妻子的侄女作为继室，她是鲁宣公夫人穆姜妹妹的女儿，生了武仲（即臧孙纥），长在鲁公的宫中，穆姜很喜欢他，所以立为臧宣叔的继承人。臧贾、臧为离开家住到了铸国。

这时，臧孙纥从邾国派人告诉臧贾，同时送去大龟说："我没有才能，不能祭祀宗庙了，谨向你报告不好的事。我的罪过不至于让家族断绝祭祀，你把大龟进献，然后请求立为我家的继承人，也许是可以的。"

臧贾说："这是家门的灾祸，不是你的过错，我听到命令了。"再拜，接受了大龟，让臧为去进献请求，但臧为却请求立自己为继承人。

臧孙纥到达封邑防地，派人来向鲁襄公报告说："我并不能害人，而是由于智谋不足的缘故。我不敢为自己私人请求，如果能保存先人的祭祀，不废掉两位先人的功劳，哪里还敢不让出封邑？"于是鲁国就立了臧为，臧孙纥交出防地逃亡到齐国。

鲁大夫们也打算为臧氏出奔一事盟誓，好为这一事件定性。季武子召见掌管逃亡臣子的外史，询问盟辞的写法。外史回答说："当年为东门氏盟誓，说'不要像东门遂（即襄仲）那样，不听国君的命令，杀嫡子，立庶子。'为叔孙氏盟誓，说'不要像叔孙侨如那样，想要废弃国家的纲常，颠覆公室！'"

季武子说："臧孙纥的罪过都没有这么严重。"

孟椒说："何不把他闯城门、砍门闩写进盟辞？"

季武子采用了，就和大夫们盟誓，说："不要像臧孙纥那样触犯国家的法纪，闯城门，砍门闩！"

臧孙纥听到后，说："国内有人才啊！是谁呀？恐怕是孟椒吧！"孟椒，就是孟献子的孙子子服惠伯。

齐庄公准备封给臧孙纥土地。臧孙纥听说了，进见齐庄公。齐庄公对他说起攻打晋国的事，他回答说："功劳诚然很多了，可是君王却像老鼠。老鼠昼伏夜出，不在宗庙里做窝，这是由于怕人的缘故。现在君王听到晋国内乱然后起兵，一旦晋国安宁又准备侍奉晋国，这不是老鼠又是什么？"齐庄公生气，于是就不给他土地了。

## 郑公孙性急

齐庄公趁晋国发生栾氏之乱，发兵攻打了盟主晋国之后，又感到害怕，打算见楚康王,寻求楚国的支援。鲁襄公二十四年夏,楚康王派蒍启强去齐国聘问,同时询问会面的日期。

秋天,齐庄公听说晋国打算发兵报复,就派遣陈无宇跟随蒍启强去楚国,说明将有战争而不能会见,同时请求楚国出兵。崔杼领兵送他,乘机攻打了莒国,侵袭了莒国旧都介根城。晋平公召集诸侯在夷仪会合,打算攻打齐国,因为发生了水灾才没有打成。

冬天,楚康王接到陈无宇的请求,就发兵攻打了郑国,想以此救援齐国。楚军攻打了郑国都城的东门,然后驻扎在棘泽。诸侯回军救援郑国,双方对峙之后就各自撤军了。

两军对峙时,晋平公曾派张骼、辅砾向楚军挑战,向郑国求取驾御战车的人。郑国人为郑公的孙子宛射犬占卜,吉利。子太叔告诫宛射犬说:"对大国的人,不能和他们平等相抗。"

宛射犬回答说:"不论兵多兵少,御者的地位在车左车右都是一样的。"

子太叔说:"不是这样。小土山上不生松柏。"仍然强调小国不可与大国相抗。

张骼、辅砾两个人在帐篷里,让宛射犬坐在帐篷外,自己吃完饭,才让宛射犬吃。他们让宛射犬驾御挑战用的广车前进,自己却坐着平时的战车。快到楚军营垒时,他俩才登上宛射犬的车子,踞坐在车子后边的横木上弹琴。

车子进入楚营,宛射犬没有告诉他们两个人就疾驰而进。这两个人都从袋子里拿出头盔戴上,进入营垒后都下了战车,把楚兵提起来扔出去,把俘虏的楚兵捆绑好或者挟在腋下。宛射犬没有等这两个人就自己驱车出来,这两人就都跃上车,抽出弓箭射向追兵。

脱险以后,张骼和辅砾又坐在车后边的横木上弹琴,说:"公孙,同坐一辆战车,就是兄弟,为什么两次都不商量一下?"宛射犬回答说:"前一回一心想着冲进去,这一回是心里害怕了,顾不上商量。"两个人都笑了,说:"公孙的性子真急啊!"

## 崔杼弑其君

鲁襄公二十三年,齐庄公打算趁晋国内乱,发兵攻打晋国。崔杼上前劝阻,齐庄公不听。陈文子进见崔杼,说:"打算拿国君怎么办?"

崔杼说:"我对国君说了,国君不听。我们奉晋国为盟主,现在反而以它的祸难为自己的利益。臣子们如果着了急,哪里还有什么国君?你暂且不用管了。"

陈文子退出,告诉他的手下人说:"崔杼将要死了吧!指责国君过分,而自己的所作所为又超过国君,会不得善终的。道义超过国君,还需要自己加以抑制,何况是邪恶呢?"

鲁襄公二十五年春,崔杼率领齐军进攻鲁国北部边境,以报复前一年鲁国对齐国的进攻。鲁襄公很担心,便派人向盟主晋国报告。鲁大夫孟公绰说:"崔杼的心思放在另外一件大事上,并不放在困扰我国上面,一定会很快撤回去的,有什么可担心的呢?他来的时候不劫掠,对待士兵也不严厉,和以前完全不一样。"齐军白来了一趟就回去了。

齐国棠邑大夫棠公的妻子棠姜,是东郭偃的姐姐,而东郭偃是崔杼的家臣。棠公死的时候,东郭偃为崔杼驾车前去吊唁。崔杼看到棠姜,觉得她很美,让东郭偃帮他娶过来。东郭偃说:"男女同姓不婚配,现在您是丁公的后代,我们是桓公的后代,同为姜姓,这是不可以的。"

崔杼为此占筮,得到的是《困》卦,变成《大过》卦。太史都说:"吉利。"拿给陈文子看,陈文子说:"卦象上丈夫从风,风让妻子坠落,不能娶的。而且它的繇辞说:'为石头所困,据守在蒺藜丛,走进屋子,见不到妻子,凶。'为石头所困,这意味前去不能成功;据守在蒺藜丛,这意味所依靠的东西会使人受伤;走进屋子,见不到妻子,凶,这意味无所归宿。"

崔杼说:"她是寡妇,有什么妨碍?死去的丈夫已经承担过这凶兆了。"于是就娶了她。

齐庄公和棠姜私通,屡次到崔家去,拿了崔杼的帽子赐给别人。侍者说:"不行。"齐庄公说:"不用崔杼的帽子,难道就没有别的帽子了?"崔杼由此怀恨齐庄公。

如今,又因为齐庄公趁晋国内乱攻打晋国,崔杼说:"晋国必然要报复。"于是想杀死齐庄公来讨好晋国,但没有得到机会。齐庄公鞭打了侍人贾举,后来又亲近他,贾举就答应为崔杼找杀死齐庄公的机会。

五月,莒子由于前年且于战役的缘故,到齐国朝见。十六日,齐庄公在北城设享礼招待他,崔杼推说有病,没有上朝办公。十七日,齐庄公去问候崔杼,趁机跟姜氏幽会。姜氏进入内室,崔杼从侧门出去。齐庄公拍着柱子唱歌。侍人贾举不让庄公的随从入内,自己走进去,关上大门,埋伏的甲士们就发动了。

齐庄公登上高台,请求免自己一死,崔杼不答应;请求盟誓,也不答应;请求在太庙自杀,也不答应。众人都说:"君王的臣子崔杼病得厉害,不能听取您的命令。这里靠近君王的宫室,我们这些陪臣巡夜搜捕做坏事的人,不知道有其他命令。"

齐庄公跳墙,有人用箭射他,射中大腿,掉在墙里,于是就杀死了他。贾举、州绰、邴师、公孙敖、封具、铎父、襄伊、偻堙也被杀死。祝佗父在高唐祭祀,回到国都复命,还没有脱掉官帽就被崔杼杀死了。

申蒯是管理渔业的人,退出来对他的家臣说:"你带着我的妻子儿女逃走,我准备一死。"他的家臣说:"如果我逃走,就是违背道义了。"就和申蒯一起自杀了。

晏子站在崔氏的门外,他的手下人问:"要殉死吗?"

晏子说:"他只是我一个人的国君吗?就我一个人死?"

手下人问:"逃走吗?"

晏子说:"是我的罪过吗?我为什么要逃亡?"

手下人问:"回去吗?"

晏子说:"国君死了,回到哪儿去?作为百姓的君主,难道是用他的地位来高踞百姓之上的?应当主持国政。作为君主的臣下,难道只是为了他的俸禄吗?应当保护国家。所以君主若为国家而死,那么也就可以为他殉死;君主为国家而逃亡,那么也就可以为他而逃亡。如果君主为自己而死,为自己而逃亡,不是他个人宠爱的人,谁敢承担那样的责任?而且别人立了君主,又自己杀了他,我哪里能为他而殉死?哪里能为他而逃亡?但又能回到哪里去呢?"

崔杼家大门打开后,晏子进去,头枕在齐庄公尸体的大腿上号哭。哭完后站起来,往上跳了三次以后才出去。有人对崔杼说:"一定要杀了他。"崔杼说:"他是百姓仰望的人,放了他,可以得民心。"

以前,齐公子叔孙还把自己的女儿嫁给齐灵公,受到灵公宠爱,生了景公。五月十九日,崔杼拥立景公为国君,自己担任辅佐之职,庆封担任左相。他们和都城的人在太公的宗庙结盟,说:"有不亲附崔氏、庆氏的……"晏子就仰天而叹说:"我如果不亲附忠君利国的人,有天帝为证!"于是就歃血。二十三日,齐景公和大夫以及莒子结盟。

太史记载说:"崔杼弑杀他的国君。"崔杼杀死了太史。太史的弟弟接着这样写,崔杼接着杀,又杀了两人。剩下的弟弟还是这样写,崔杼就随他去了。南史氏听说太史都死了,拿上写了崔杼弑杀国君的竹简就去了,听到已经如实记载,这才回去。

闾丘婴把妻子藏在车里,和申鲜虞同乘而逃。申鲜虞把闾丘婴的妻子推下车,说:"国君昏昧而不能纠正,遇险而不能救援,死难而不能跟从,只知道藏匿自己所爱的人,有谁会接纳我们?"

他们逃到峇中峪,准备在那儿住宿。闾丘婴说:"崔氏、庆氏恐怕在追我们。"当地是险隘,申鲜虞说:"一对一,谁能让我害怕?"于是就住宿下来,头枕着马鞍睡觉。醒来后先把马喂饱,自己才吃饭,然后套上马继续赶路。走出了夆中峪,到了大路上,申鲜虞对间丘婴说:"快点赶马,崔氏、庆氏人多,大路上是不能抵挡的。"于是就逃亡到了鲁国。

崔杼在北郭烧土裹住齐庄公的棺材,二十九日,安葬在士孙之里。葬礼用四把长柄扇,不清道,只用了七辆破车送葬,也没出动仪仗甲兵护卫。

## 子产献捷于晋

鲁襄公二十四年冬,楚国为救援齐国而攻打郑国,陈哀公也率军参与了。陈军经过之处,水井被填,树木被砍,郑国人很怨恨。于是第二年六月,郑国的子展、子产率领七百辆战车攻打陈国,在夜里发动突然袭击,攻进了陈国都城。

陈哀公带着他的太子偃师逃往墓地避难,遇到了司马桓子,说:"用车装上我!"但司马桓子回答说:"我正要巡城呢。"碰到贾获驾着车,车上装着他的母亲和妻子,贾获让他的母亲和妻子下车,把车子交给陈哀公。陈哀公说:"安置好你的母亲。"贾获辞谢说:"妇女和您同坐不吉祥。"贾获就和他妻子扶着母亲逃奔到墓地,也躲过了祸难。

子展命令军队不要进入陈哀公的宫室,和子产亲自守卫在宫门口。陈哀公让司马桓子把宗庙的祭器送给他们作为贿赂。陈国人以为要亡国了,陈哀公穿上丧服,抱着土地神的神主,让他手下的男男女女分开排列,在朝廷上等待处理。子展拿着绳子进见陈哀公,再拜叩头,捧着酒杯向陈哀公献礼。子产进来,点了点俘虏的人数就出去了。郑国人向土地神祝告除灾去邪,司徒归还百姓,司马归还兵符,司空归还土地,表示无所侵犯,于是就撤兵回国了。

郑国的子产向盟主晋国奉献战利品,穿着军服安排事情。晋国人质问陈国的罪责,子产回答说:"从前虞阏父担任周王的陶正,服侍我们的先王周武王。周武王嘉奖他能制作器物,对百姓有利,并且是虞舜的后代,就把大女儿太姬许配给他的儿子胡公,并将他封在陈地,以表示对黄帝、尧、舜的后代的敬意。所以陈国是我周朝的外甥,到今天还仰赖周德。

"陈桓公死后,陈国发生动乱。蔡国人想要立与他们有血缘关系的后代(即陈桓公之子厉公),我们先君郑庄公拥戴陈桓公的弟弟五父佗,立他为国君;蔡国人杀了五父佗,我们又和蔡国人拥立陈厉公。一直到陈庄公、陈宣公,都是靠我们拥立的。夏征舒作乱杀死陈灵公(鲁宣公十年),陈成公流离失所,又是我们让他回国的,这是君王所知道的。

"现在陈国忘记了周朝的大德,丢掉了我国的大恩,抛弃了我们这个姻亲,倚仗楚国人多欺凌我们国家,但是并没有获得满足。因此去年我们国君向晋平公请求讨伐陈国,但没有得到贵国的允许,反倒又有了陈国进攻我国东门的战役。陈军经过的路上,水井被填,树木被砍。敝邑非常害怕被削弱,因而给太姬带来羞耻,幸而上天厌恶他们,启发了敝邑攻打陈国的念头。陈国知道自己的罪过,在我们这里得到了惩罚。因此我们敢于奉献俘虏。"

晋国人问:"为什么进攻小国?"

子产回答说:"先王的命令,只要有罪责,就要按情况加以惩罚。而且从前天子的土地方圆千里,诸侯的土地方圆百里,以此按级逐步减少。现在大国的土地多的方圆几千里,如果没有侵占小国,怎么能到这地步呢?"

晋国人说:"为什么穿着军服?"

子产回答说:"我们先君武公、庄公做周平王、桓王的卿士。城濮之役后,晋文公发布命令,说:'各人恢复原来的职务。'命令我们的郑文公穿着军服辅佐天子,以接受楚国俘虏献给天子。现在我穿着军服,就是由于不敢废弃天子命令的缘故。"

士弱不能问倒子产,就向赵文子回复。赵文子说:"他的言辞合于情理。如果我们违背了情理的话,就不吉利了。"于是就接受郑国奉献的战利品。

十月,子产作为郑简公的相礼一起去晋国,拜谢晋国接受他们奉献的战利品。子西再次攻打陈国,陈国被迫和郑国讲和。

孔子说:"《志》书上有这样的话:'言语是用来完成意愿的,文采是用来完成言语的。'不说话,谁知道他的意愿?说话没有文采,不能传到远方。晋国成为霸主,郑国在没有得到晋国的允许下攻入陈国,这件事,如果不是子产善于辞令,最后就不能够有功。所以要谨慎地使用辞令啊!"

## 宋太子痤冤死

当初,宋国的大夫芮司徒生了个女儿,皮肤红且多毛,就把她丢弃在河堤下。宋共公夫人共姬的侍妾把她捡回来,取名叫弃。弃长大后很漂亮。宋平公向共姬问候晚安,共姬给他东西吃。平公见到了弃,细看,觉得她美极了。共姬就把她送给平公做侍妾,受到宠爱,生下佐。佐长得难看,但性情温和。

宋国的太子痤,人长得很漂亮,但性情毒辣,大夫向戌很怕他,所以厌恶他。寺人惠墙伊戾做太子的内师,却不受宠信。鲁襄公二十六年秋,楚国人去晋国聘问,经过宋国。

太子和楚国来的客人原本相识，请求在野外设宴招待他，平公让他去了。

惠墙伊戾请求跟太子一起去。平公问："他不是讨厌你吗？"

惠墙伊戾回答说："小人侍奉君子，被讨厌不敢远离，被喜欢不敢亲近，恭敬地等待命令，岂敢三心二意呢？太子那里即便有人在外边侍候，却没有人在里边侍候，所以臣请求前去。"平公就派他去了。

惠墙伊戾到了设宴的地方，就在那里挖了个坑，放上祭祀用的牺牲，然后把伪造的盟书放在上面，检查一遍，驰马回来报告宋平公，说："太子将要作乱，已经和楚国的客人结盟了。"

平公说："已经是我的继承人了，还谋求什么？"

惠墙伊戾回答说："想早点即位。"

平公派人去视察，果真有这些迹象。向夫人弃和向戎征求意见，他们都说："的确听说过。"于是宋平公就抓住太子，把他关了起来。

太子说："只有佐能够让我免祸。"于是召请佐，想让他向平公请求，并且说："到中午还不来，我就知道要死了。"向戎听说这话，就故意和佐不停地说话。过了中午，太子见佐还不来，就上吊死了。佐被立为太子。平公渐渐了解到痤并没有罪，就把惠墙伊戾煮杀了。

# 卫献公复位

卫国的孙林父到鲁国来聘问时，鲁襄公陪他上殿，襄公每登上一级台阶，孙林父也并肩登上一级台阶。叔孙豹担任相礼，于是急忙快步走上前去，说："当初诸侯会盟时，我们君王从来没有走在贵国君王后面，因为两国的地位平等。现在你没有走在我们君王的后面，我们君王不知道自己的过错在哪里。你还是稍微慢一点吧。"孙林父没有话说，但是也没有改悔的样子。

叔孙豹说："孙林父必然会灭亡。他作为臣下却和国君一起并肩而行，有了过错而不知道改悔，这就是他灭亡的根本原因。《诗经》中说：'退朝回家吃饭，神态从容谦恭和蔼。'说的就是要小心顺从君王。专横无礼而又满不在乎，必然会遭受打击。"

鲁襄公十四年，孙林父和宁殖驱逐了卫献公。卫献公打算逃奔齐国，弟弟子展先去，然后献公也出逃，另一个同母的弟弟子鲜也跟随他。齐国人把他安置在郲地，但等献公后来回国复位时，居然把郲地一年的收成也给带了回去。

鲁襄公派厚成叔到卫国慰问,说:"我们国君派我前来慰问。听说贵国国君失去了国家,而流亡在别国境内,我们怎么能不来慰问呢?由于我们是同盟,所以我们国君派我来对诸位大夫说:'国君不善良,臣子就会不明达;国君不宽容,臣予就会不尽职。如果怨气积蓄很久才发泄出来,那该怎么办呢?'"

卫国派太叔仪回答,说:"我们没有才能,得罪了国君。国君不但没有把我们依法惩处,反而远远地抛弃了我们,流亡在外。承蒙贵国君王不忘记先君的友好,承你前来慰问我们,又对我们的不明达加以哀怜。谨拜谢贵国君王的关心,再拜谢对我们的哀怜。"

厚成叔回国复命后,告诉臧孙纥说:"卫国的国君肯定会回去复位的!有太叔仪这样的人留守国内,有同胞兄弟子鲜与他一起出奔。有人在国内安抚,有人在国外经营,能够不回去吗?"

卫献公住在郏地,臧孙纥来到齐国向他慰问,卫献公和他说话时态度粗暴。臧孙纥退出以后,告诉他的手下人说:"卫献公大概不能回国了,他说的话好像粪土。逃亡在外而不知悔改,怎么能够恢复国君的地位呢?"

子展、子鲜听说这话以后,马上求见臧孙纥。他们与臧孙纥说话时通情达理,臧孙纥很高兴,又对自己的手下人说:"卫献公一定能回国的。有这样两个人帮助他,他想不回国都不可能啊!"

鲁襄公二十年冬,宁殖生了病,他告诉儿子宁喜说:"我对君王犯下了过错,如今后悔也来不及了。我的名字记载在诸侯的简册上,并被加以收藏,上面说:'孙林父和宁殖赶走了他们的国君。'如果国君能够回国的话,还可以掩盖这件事。现在能掩盖我的恶名的,只有我的儿子你了。如果你不能做到这一点,那么假如死后有鬼神的话,我宁可挨饿,也不来享受你的祭品。"宁喜答应后,宁殖才死去。

鲁襄公二十五年,晋平公在卫邑夷仪召集诸侯会盟,派人把卫献公接过来,然后要求卫国把夷仪让给卫献公居住。于是卫献公来到夷仪,并派人向宁喜要求帮助自己复位,宁喜答应了。

太叔仪听说后,说:"啊!《诗经》中有'我自己尚且还不能被人容纳,哪里还顾得上我的后代'这样的,宁喜就可以算是不顾他的后代了。这样做难道也可以吗?大概一定是不可以的。君子有所行动,就要考虑事情的后果,就要考虑下次能否照做。《尚书》中说:'谨慎于开始,谨慎于结束,结果就不会困窘。'《诗经》说:'早晚不敢懈怠,侍奉我们国君。'现在宁喜对待国君都不如下棋谨慎,他怎么能免于祸难呢?下棋的人举棋不定,就会败给他的对手,何况安置了国君,却不能安定呢?他必定不能免于祸难了。九代相传的卿族,一朝就将被灭亡,可悲啊!"

次年春天,卫献公派子鲜为自己谋求重登君位,子鲜辞谢。他们的母亲敬姒一定要他去,子鲜回答说:"国君没有信用,臣下害怕不能免于祸难。"敬姒说:"尽管这样,为了我的缘故,你还是去干吧!"子鲜答应了。

当初,卫献公派人和宁喜谈起复位的事。宁喜说:"一定要子鲜在场,否则的话,事情肯定会失败。"所以献公派遣子鲜去。

子鲜并没有得到敬姒的进一步指示就去了,他就把献公的命令告诉宁喜,说:"如果回国,政事交给宁氏处理,祭祀就由寡人主持。"

宁喜告诉遽伯玉,遽伯玉说:"我当年没有能听到国君的出走,如今岂敢听到他的回归?"于是就出走,从最近的边关出国。

宁喜告诉右宰谷,右宰谷说:"不行,得罪了两个国君,天下谁能容纳你?"

宁喜说:"我在先人那里接受了命令,不能三心二意。"

右宰谷说:"我请求出使去察看一下。"于是去夷仪进见献公,回来后说:"国君流亡在外十二年了,却没有忧愁的样子,也没有宽容的话,还是以前那样一个人。如果不停止原计划,我们离死就没有几天了。"

宁喜说:"有子鲜在那里。"

右宰谷说:"子鲜在那里,有什么用处?至多不过他自己逃亡,又能为我们做些什么呢?"

宁喜说:"尽管这样,这件事也不能停下来。"

这时,孙林父住在食邑戚地,他的儿子孙嘉在齐国聘问,孙襄留守在都城的家里。二月初六,宁喜、右宰谷攻打孙氏,没有攻下,打伤了孙襄,宁喜退出都城在郊外住宿。孙襄死了,孙家的人在夜里号哭,都城里的人就召唤宁喜,宁喜再次攻打孙氏,这次成功了。

初七,宁喜杀了卫殇公和太子角。初十,卫献公回国复位。大夫们在边境上迎接他的,献公拉着他们的手跟他们说话;在大路上迎接他的,从车上对他们作揖;在都城门口迎接的,只是点点头而已。

卫献公到达后,派人责备太叔仪说:"寡人流亡在外边,几位大夫都使寡人听到卫国的消息,唯独你不关心寡人。古人有话说:'不是所应该怨恨的,不要怨恨。'如今寡人该怨恨了。"

太叔仪说："我知道罪过了。我没有才能,不能备上马笼头和马缰绳跟随君王保护财物,这是我的第一条罪状。有人逃奔国外,有人留守国内,我不能三心二意,在国内外传递消息来侍奉君主,这是我的第二条罪状。有两条罪状,岂敢忘记一死?"于是出走,打算从近处的边关出国,卫献公派人阻止了他。

卫国人进攻戚地东部边境,孙林父向晋国投诉,晋国派兵把守茅氏这个地方。勇士殖绰攻打茅氏,杀死晋国戍守的三百人。孙蒯追赶殖绰,但不敢攻击。孙林父说:"你连恶鬼都不如。"于是孙蒯就追击卫军,在圉地打败了他们,孙氏家臣雍鉏俘虏了殖绰。孙林父再次向晋国投诉。

晋国为了孙林父的投诉,召集诸侯,打算讨伐卫国。六月,晋卿赵武与鲁襄公、宋大夫向戍、郑大夫良霄、曹国人在澶渊会盟,商量讨伐卫国的事。卫献公也带着宁喜等去了,结果晋国人将宁喜、北宫遗先抓了起来,让女齐带着他们先回晋国。卫献公接着又到晋国,晋国人把他也抓住了,囚禁在掌管刑狱的大夫士弱家里。

七月,齐景公、郑简公为了卫献公的事去晋国。晋平公设享礼招待他们二人,平公赋《嘉乐》这首诗称赞他们。国弱担任齐景公的相礼,赋了《蓼萧》这首诗;子展担任郑简公的相礼,赋了《缁衣》这首诗,他们都有求情的意思。叔向告诉晋平公向两位国君下拜,说:"寡君拜谢齐国国君安定我国先君的宗庙,拜谢郑国国君对我们没有二心。"

国弱派晏婴私下对叔向说:"晋国国君在诸侯之中宣扬明德,为他们的忧患而操心,并补正他们的缺失,纠正他们的违礼,治理他们的动乱,因此才能担任盟主。现在为了臣子而抓了国君,怎么办?"

叔向转诉给赵武,赵武又把这些话报告给晋平公。晋平公还是不想放卫献公,就举出卫献公的罪过,派叔向告诉两位国君。国弱赋《辔之柔矣》这首诗,劝平公待人以柔;子展赋《将仲子兮》这首诗,告诉平公人言可畏。晋平公听了之后,终于同意让卫献公回国了。

## 蔡声子复伍举

当初,楚国的伍参和蔡国的太师子朝相友好,他的儿子伍举(伍子胥的祖父)和子朝的儿子声子关系也很好。伍举娶了申地大夫王子牟的女儿。王子牟获罪逃亡,楚国人举报说:"伍举的确护送了他。"于是伍举逃亡到郑国,打算乘机再到晋国。声子打算去晋国,在郑国的郊外碰到伍举。他们把草铺到地上,一起吃东西,谈到回楚国的事情。声子说:"你走吧,我一定让你回去。"

鲁襄公二十六年,宋国的向戌打算促成晋国和楚国的和平。声子为此出使到晋国,返回时去了楚国。楚令尹子木和他谈话,询问晋国的事情,而且问:"晋国的大夫和楚国的大夫谁更贤明?"

声子回答说:"晋国的不如楚国的。楚国的大夫都很贤明,都是当卿的人才。就像杞木、梓木、皮革都是楚国产,从楚国运出去的。虽然楚国有人才,但这些人才却往往被晋国所用。"

子木说:"难道晋国任用人才不讲究宗族和姻亲关系吗?"

声子回答说:"有,但虽然有,任用的楚国人才还是很多。我听说:善于治理国家的,赏赐不过分,刑罚不乱用。赏赐过分,就怕及于坏人;刑罚乱用,就怕及于好人。如果不幸而有了不当,宁可赏赐过分,也不要刑罚滥用。与其失掉好人,宁可便宜了坏人。因为没有了好人,国家就要跟着受害了。《诗经》中说:'这个人不在了,是国家的损失啊。'这就是说没有好人了。所以《夏书》说:'与其杀害无辜,宁可放过做了坏事的人。'这也是怕失掉好人。《商颂》有这样的话:'不过分,不滥用,不敢懈怠偷懒。向下面的国家发布命令,大大地建立他们的福利。'这就是汤所以获得上天保佑的原因。

"古代的管理百姓的人,乐于赏赐,而惧怕动用刑罚,为百姓操心而不知疲倦。在春夏行赏,在秋冬行刑。因此,在将要行赏的时候,他就会增加膳食,这样用膳后就可以把剩下的菜赏赐给下人,所以知道他乐于赏赐。将要施加刑罚的时候,就撤去丰盛的饮食,这样用膳时也就可以撤去音乐了,因此知道他惧怕动用刑罚。早起晚睡,不论早晨还是黄昏都亲临办理国事,因此知道他为百姓操心。这三件事情,是礼仪的大关键。有了礼仪,国家就不会败坏。

"现在楚国滥用刑罚,楚国的大夫为了活命逃亡到其他的国家,而成为那里的主要谋士,结果反过来危害楚国,乃至造成无法挽回的损失,这就是我所说的楚国不善于任用他们的人才。子仪叛乱时(鲁文公十四年),析公逃亡到晋国,晋国人把他安置在晋侯的战车后面,让他担任主要谋士。绕角战役(鲁成公六年)中,晋国人本来要逃走了,析公说:'楚军轻浮,容易被撼动。如果同时敲击许多大鼓,发出大声,在夜里全军合攻,楚军必败。'晋国人听从了,楚军夜里果然溃败。晋国接着进攻蔡国,袭击沈国,俘虏了沈国的国君,在桑隧击败申国和息国的军队,俘虏了申丽而后回国。以致郑国在那时不敢顺从南方的楚国,楚国失去中原,就是因为析公的缘故。

"雍子的父亲和哥哥诬陷雍子,国君和大夫们不为他们调解。雍子逃亡到晋国,晋国人封给他领地,让他作为主要谋士。彭城那次战役(鲁成公十八年),晋、楚两军在靡角之谷相遇,晋国人将要逃走时,雍子对军队发布命令说:'年纪老的和年纪小的都回去,孤儿和有病的都回去,兄弟两个当兵的回去一个,精选步兵,检阅车兵,喂饱战马,饱餐士卒,摆开阵势,烧掉帐篷,准备明天决战。'然后让该回家的出发,并且故意放走楚国俘虏。楚军听说后,夜里自己就崩溃了。晋国允许彭城投降,归还给了宋国,带了逃亡的宋大夫鱼石等人回国。楚国失去东夷,子辛为此而死,这就是因为雍子的缘故。

"子反与申公巫臣争夺夏姬,破坏申公巫臣的婚事。申公巫臣逃亡晋国,晋国人封给他领地,让他作为主要谋士,抵御北狄,让吴国和晋国通好,劝导吴国背叛楚国,教他们坐车、射箭、奔驰作战,让他的儿子狐庸做了吴国的外交官。吴国在那时候攻打巢地,占领驾地,攻克棘地,攻入州来,让楚国疲于奔命,至今仍然是大祸患,这就是申公巫臣做的。"

"若敖氏叛乱的时候,伯贲的儿子贲皇逃亡到晋国,晋国人给他苗邑作为封邑,让他担任主要谋士。鄢陵之战(鲁成公十六年)中,楚军早晨逼近晋军摆开阵势,晋国人打算逃走,苗贲皇说:'楚军的精锐在于他们中军的王族而已,如果填井平灶,摆开阵势以抵挡他们,栾书、士燮率领各自的家兵引诱楚军,左右两军的荀偃和郤锜、郤至一定能够战胜子重、子辛,然后我们就把四军集中起来对付他们中军的王族,一定能够把他们打得大败。'晋国人听从了,结果楚军大败,楚王受伤,军队一蹶不振,子反为此而死。接着郑国背叛,吴国兴起,楚国失去诸侯。这就是苗贲皇所做的。"

子木听完这番话,说:"这些都是事实。"

声子说:"现在又有比这还厉害的。伍举娶了王子牟的女儿,王子牟有罪逃亡,国君和大夫们对伍举说:'实在是你护送他走的。'伍举因害怕而逃亡郑国,伸长了脖子看着南方,说:'也许可以赦免我。'但是楚国也不放在心上。现在他在晋国了,晋国人将要把县邑封给他,让他和叔向并列。他如果策划危害楚国,岂不成为祸患?"子木害怕,就对楚王说了,增加伍举的官禄爵位,让他回到楚国。声子派伍举的儿子椒鸣前去迎接他。

## 卫献公杀宁喜

卫献公复位后,为复位出大力、立大功的宁喜开始把持朝政,独断专行,献公对此十分担心。大夫公孙免余请求杀了宁喜,卫献公说:"没有宁喜的帮助,我不会有今天。再说我曾经答应过让他掌权。如果要杀他,事情成不成功还不一定,倒是只会落下一个坏

中华传世藏书

春秋左传

《春秋左传》故事

公孙免余回答说:"我去杀他,君王您就全当一无所知好了。"

鲁襄公二十七年春,公孙免余就和公孙无地、公孙臣一起谋划,让他们攻打宁氏,但没有成功,公孙无地和公孙臣反而被杀掉了。卫献公说:"公孙臣没有罪,他们父子都是为我而死的。"

夏天,公孙免余又一次攻打宁喜,杀了宁喜和右宰谷,并把他们的尸体陈列在朝廷上示众。此时,石恶正准备去宋国参加盟会,他接受献公的命令出来,给宁喜和右宰谷穿上衣服,并枕着宁喜的大腿放声大哭。他准备为二人大殓,然后逃亡,但又害怕不能逃过灾祸,于是就找了一个理由说:"我已经接受了命令。"随后就动身去宋国了。

子鲜说:"赶走国君的人(孙林父)逃到了国外,接纳国君的人(宁喜)却惨遭杀害。赏罚如此地不公正,又怎么能惩恶扬善呢?君王不讲信用,国家没有正常的刑罚,这样怎能不生祸乱呢?再说当初是我让宁喜接纳献公复位的,我也不能免掉责任。"于是就准备逃亡到晋国。献公派人劝阻他,但没能劝住。子鲜到黄河边时,献公又派人挽留他,他向使者拒绝了献公的挽留,并对着黄河发誓说绝不再回去。

子鲜后来隐居在晋国的木门,而且即便在坐下的时候都不肯面对卫国的方向。木门大夫劝他出来做官,他也不肯答应,说:"如果做了官,却又不能尽职尽责,那就是罪过;但我若恪尽职守,就等于向世人说明我逃亡的责任是在卫君。我又能向谁去诉说这些呢?我不能在别的国家做官。"从此再也没有出来做官。子鲜死后,卫献公为他服丧,一直身穿丧服,直到自己去世。

卫献公赐给公孙免余六十座村庄,但公孙免余推辞说:"只有卿才能拥有一百座村庄,我这就要有六十座了。地位低下的人享有高位的俸禄,就会招致祸乱,我实在不敢想象这种后果。而且宁喜就是因为拥有太多的食邑,所以才招致杀身之祸。我害怕自己也会过早被杀。"献公坚持要给他,公孙免余才勉强接受了一半。

卫献公让公孙免余做了少师。不久,又准备升他为卿,但他推辞说:"太叔仪忠心不二,完全能够辅佐君王成就大事,君王还是任命他吧。"卫献公只好任命太叔仪为卿。

## 宋向戌弭兵

宋国的向戌和晋执政赵武关系很好,与楚国的令尹子木的关系也很密切。当时晋、楚争霸中原,连年争战,民生凋敝,所以向戌准备出面调停,促成诸侯之间的和平,还可以为自己争得名声。宋国似乎有成人之美的传统，总是出产和平大使。当年正是在宋执政华元的努力下，晋、楚两国曾达成和议（鲁成公十二年），如今向戌又出来继承先辈的遗志。

鲁襄公二十七年，向戌到晋国找赵武商量这件事，赵武又向大夫们征求意见。韩起说："战争向来是残害百姓的，又耗费财物，对于弱小国家来说更是深重的灾难。现在有人提出消除战争的倡议，虽然未必能做到，但也一定要答应他。如果我们不答应，而楚国却答应他，到那个时候，楚国就会以此来号召诸侯，我们就肯定会失去盟主的地位。"于是晋国就答应了向戌的请求。

向戌又去楚国，楚国人也完全赞同。到了齐国，齐国人却感到为难，陈文子说："晋、楚两国已经答应了，我们又怎么能够阻挠呢？再说人家说要'消除战争'，如果我们不同意，老百姓就会产生不满情绪，以后还怎么使用他们呢？"于是齐国人也答应了。

向戌又到秦国征求意见，秦国人也同意了。然后便由各大国分别吩咐自己的附属国，让他们到宋国参加盟会。

五月二十七日，晋国的赵武到了宋国。二十九日，郑国的良宵也到了。六月初一，宋国人设宴招待赵武，叔向为副宾。初二，鲁国的叔孙豹、齐国的庆封和陈须无、卫国的石恶来到宋国。初八，晋国的荀盈随赵武之后到会。初十，邾悼公到达。十六日，楚国的公子黑肱先于令尹到达，与晋国在口头上达成了和议。

二十一日，向戌到了陈国，和正在陈国出访的楚令尹子木商量盟约中有关楚国的条文。二十二日，滕成公到达。子木对向戌说，让晋、楚的盟国分别朝见，也就是说，让晋的盟国朝见楚国，让楚的盟国朝见晋国。

二十四日，向戌向赵武转达了这一提议。当时，晋国同盟的势力比楚同盟大，依附晋国的国家也比依附楚国的多，所以这一提议对晋国不利。赵武不想答应，就出了个难题说："晋、楚、齐、秦，四国地位相当，晋国不能指使齐国，就像楚国不能指使秦国一样。如果楚国能让秦国君王驾临我国，那么我们国君又怎能不让齐国去朝见楚国呢？"

二十六日，向戌把这一意见告诉了子木，子木立刻就派人乘驿车去请示楚康王。楚康王倒是很聪明，轻轻松松地把这难题往边上一搁，说："把秦国和齐国的问题暂时放在一边，先让其他国家互相朝见。"这样晋国也不好说什么了。

七月初二，向戌从陈国回到宋国。当晚，赵武和公子黑肱商议，敲定了盟辞。初四，子木从陈国赶来，陈国的孔奂、蔡国的公孙归生也一起到达，曹国、许国的大夫也都到会。

当时各国军队都用篱笆作为分界,晋、楚两国分别驻扎在南北两端,荀盈对赵武说:"楚国一边看起来气氛有点紧张,恐怕他们会发动突然袭击。"赵武说:"万一如此,我们就向左转,进入宋国都城,他们又能把我们怎么样?"

初五,诸侯们准备在宋都城的西门外举行结盟仪式。楚国人暗中在外衣里套上皮甲,伯州犁说:"这里集合了天下各诸侯的军队,我们如果这样不讲信用,恐怕不行吧。诸侯本来是信任楚国,才前来顺服的。如果不讲信用,这就是丢弃用以使诸侯顺服的东西了。"因此坚持请求脱下皮甲。

子木却说:"晋、楚之间互不信任由来已久,只要对我们有利就行了。假如能实现我们的愿望,哪里还用得着讲什么信用?"

伯州犁下去后对人说:"令尹寿数将尽,至多不到三年。只求满足欲望而丢弃信用,那么欲望又怎么可能总得到满足呢?心里有想法,说出来就成为言语;有了言语,需要有符合言语的行为,这就有了信用;有了信用,才可以实现心里的想法。这三个方面互相关联,互为条件。如今令尹已经丧失了信用,还怎么能活过三年呢?"

赵武对楚国人穿皮甲深为担心,把这件事告诉了叔向。叔向说:"这有什么妨害?一个普通人一旦背信弃义,尚且不能为社会所容,最后一定不会有好结果。如今在天下诸侯的卿面前,都敢做出失信的事,肯定不会获得成功的。说话不算数的人并不可怕,这并不是你所要担心的。这次盟会本来就是以信用来号召大家的,如果谁要是以伪装来欺骗诸侯,一定没有人支持他,又怎能危害到我们呢?楚国如果图谋我们,我们和宋军一起抵抗,晋军个个都敢拼死,宋军也个个能敢拼死,楚军即使再多一倍也能抵挡得住,你又有什么可担心的呢?况且事情还远不到这一步,楚国以消除战争为名召集诸侯,如果敢发动战争危害我们,这对我们反而是极其有利的,不值得担心!"

鲁国的季武子派人向叔孙豹传达了鲁襄公的命令:"比照邾、滕两国的情况订盟。"因为邾、滕两国小,贡赋也轻,季武子又怕到时鲁国既属晋又属楚,两边交贡赋,所以要求比照邾、滕两国。后来齐国人请求把邾国当作属国,宋国人请求把滕国当作属国,因此邾、滕两国都没有参与订盟。叔孙豹说:"邾、滕两国是其他国家的附属国,而我们鲁国是诸侯国,怎么能比照邾、滕两国呢?宋国、卫国,才是和我们地位一样的。"于是就擅自比照宋、卫的情况订盟。

在举行盟誓的时候,晋、楚两国为歃血的先后顺序争执起来。晋国人说:"晋国本来就是诸侯盟主,从来没有谁排在晋国前面。"楚国人说:"你们说过晋、楚两国地位平等,如果晋国事事都领先,就说明楚国弱于晋国。再说晋、楚两国轮流主持诸侯的盟会也由来已久,怎么能让晋国事事做主呢?"

叔向对赵武说:"诸侯臣服晋国,主要是由于晋国的德行,而不是因为晋国一直主持盟会。你只需致力于修养德行,又何必去争夺盟誓的先后?再说诸侯之间结盟,小国本来也可以参与支持的。我们权且把楚国当作为晋国主持盟会的小国不就行了吗?"于是晋国就让楚国先行歃血。

初六,宋平公设宴,同时招待晋、楚两国的大夫,赵武为主宾。子木与赵武谈话,赵武竟然答不上来;于是赵武让叔向在旁边代答,结果轮到子木答不上来了。

初九,宋平公与诸侯的大夫在宋都的蒙门外举行结盟仪式。子木问赵武:"士会的德行如何?"赵武回答说:"他治家十分有条理,为晋国说话时也十分坦荡,他的祝史向鬼神祷告时可以放心说真话而不必惭愧。"

子木回国后,将这话转告楚康王,楚康王感慨地说:"多么高尚呀!他能同时得到人和神的喜爱,难怪他能一连辅佐五代君主,而且使晋国成为盟主啊!"子木又对康王说:"晋国成为诸侯的盟主是理所当然的,因为现在有像叔向这样的人辅佐。而楚国就没有能和他能相提并论的人,因此难以与晋国争盟主之位。"

经过向戌的努力,晋、楚两国终于订立了和平盟约,春秋中期两国争霸的历史也暂时告一段落。当年华元促成两国的和平,订立了盟约,但只维持了短短几年就破裂了。但这一次,向戌再次促成的和平,却持续了几乎四十年,使诸侯各国都获得了发展各自政治、经济、文化的良机。

事后,向戌向宋平公请求赏赐,他说:"此次盟会有幸成功,使我免于一死,请大王赐给我食邑。"于是宋平公赐给他六十座村庄,并且把写有这一决定的简册拿给子罕看。

子罕说:"诸侯小国常常受到晋、楚两国的武力威胁,由于害怕他们而上下和睦,上下和睦然后才能使他们的国家安定,以此来侍奉那些大国,这才是小国的生存之道。没有外在威胁,便会滋生骄傲,骄傲会招致祸患,祸患会导致灭亡,这也就是一些小国灭亡的原因。上天创造了金、木、水、火、土五种元素,百姓已将它们全部使用了,想丢弃哪一种都不可能,那么又有谁能废弃武力呢?使用武力已经很久了,其目的是要威慑越轨行为,并宣扬文明德性的。圣人因为武力而兴起,作乱的人也是因为武力而被铲除。兴还是衰,存还是亡,昏庸还是贤明,这些都是由武力决定的。而他却企图消除武力,这不是自欺欺人吗?以欺骗之道蒙蔽诸侯,再没有比这更大的罪过了。对这样的人已经没有给予惩罚,他倒反过来请求奖赏,真是贪得无厌到了极点。"说完就用刀削去了简册上的字,并将它扔到地上。向戌这才收回了自己的请求。

## 齐人灭崔氏

齐国崔杼的妻子生了成和强两个儿子后就死了,崔杼又娶了东郭姜,生下儿子明。东郭姜出嫁时,把前夫的儿子也带过来了,叫棠无咎,后来就和东郭姜的弟弟东郭偃一起辅佐崔氏。长子崔成因身体有病而被废黜,崔明被立为崔氏继承人。

鲁襄公二十七年,崔成请求父亲把封邑崔地给他,让他得以养老,崔杼就答应了。但是,东郭偃和棠无咎却不让给,说:"崔地是崔氏宗庙所在地,一定只能给崔氏继承人。"

崔成和崔强知道后非常恼火,准备杀了他们,便对庆封说:"我父亲这个人您也知道,一向只听棠无咎和东郭偃的,崔氏父老兄弟谁都说不动他。我担心他这样以后会害了他,所以来向您报告。"

庆封说:"你们先回去,让我再考虑一下。"

庆封把这件事告诉属下卢蒲嫳,卢蒲嫳说:"崔杼本是国君的仇人,也许是上天将要抛弃他了吧。这是他们家族内部出了动乱,你又担心什么呢?崔氏受到削弱,也就等于是庆氏得到了加强。"

若干天后,崔成和崔强又向庆封说起这件事。庆封说:"如果对你们的父亲有利,就一定要将他们二人除掉。如果有什么困难,我帮助你们。"

九月初五,崔成和崔强在崔氏家族的外朝上,杀了东郭偃和棠无咎。崔杼发怒出门,但是他的手下全都逃走了,想找人套车都没有找到。最后崔杼只好让养马人套上车,让宦官驾着车出去了。走时崔杼还说:"如果崔氏还有福气的话,希望祸患能够集中在我身上,不要殃及我的后人。"

崔杼去见庆封,庆封说:"崔、庆犹如一家,这些人怎么能这样做呢?请允许我替你讨伐他们。"于是派卢蒲嫳率领甲兵攻打崔氏。崔氏族人加高宫墙抵抗,卢蒲嫳没有能攻下。卢蒲嫳又动员都城的人前来助战,最后将崔氏灭亡,杀了崔成和崔强,掠夺了他们的全部家财和人口,东郭姜上吊自杀。

卢蒲嫳向崔杼复命,并为他驾车,将崔杼送回了家。崔杼回家一看,知道已经无家可依,于是也上吊自杀了。崔明趁夜里天黑躲入祖坟,才得以逃脱不死,随后逃亡到了鲁国。从此以后,庆封就掌握了齐国的大权。

鲁襄公二十八年，庆氏被人攻打，庆封逃出国外。齐国人追究崔杼弑杀庄公的罪责，悬赏征求崔杼的尸首，准备戮尸泄愤，但一直没有找到。叔孙豹说："一定能得到崔杼的尸首。周武王当初有十个忠臣，崔杼有这么多忠于他的人吗？只要没有十个人，他就难以安葬；只要没有埋葬，就一定能够找出他的尸首来。"

不久，有一个崔氏的家臣出来说："如果把崔杼的那块大玉璧给我，我就献出崔杼的棺材。"于是找到了崔杼的尸首。齐国人为庄公迁葬，把他的棺材停放在正室。又用崔杼的棺材装着崔杼的尸体示众，都城里的人都还能认出是他，都说："这是崔杼。"

# 齐人逐庆氏

齐国的庆封跟从崔杼弑杀齐庄公，拥立齐景公后，逐渐掌握了齐国的大权。庆封性格贪鄙，鲁襄公二十七年，他去鲁国聘问，乘坐的车子十分豪华。鲁大夫孟孝伯就对叔孙豹说："庆封的车子实在是太漂亮了！"叔孙豹说："我听说：'一个人的车辆服饰如果和他的身份不相符合，这个人就必将招致悲惨的结果。'车子再漂亮有什么用呢？"叔孙豹招待庆封吃饭时，庆封的举止很不恭敬，叔孙豹就吟了一首《相鼠》去讽刺他，庆封也没有听出来。

当年，崔杼自己家里发生变乱，庆封借国人之手灭了崔氏，从此齐国的政权更加集中到庆氏手里。

庆封喜欢打猎，而且嗜好饮酒，于是第二年就把国家政权交给儿子庆合处理，自己带着妻妾宝物搬到卢蒲嫳家里住，两个人互换妻妾饮酒作乐。过了几天，官员们知道了，又都到卢蒲嫳家来朝见庆封。

庆封下令，凡是因崔氏之乱（指鲁襄公二十五年崔杼弑君）逃亡在外的人，只要能抓到崔氏的余党，就算将功赎罪，可以让他回来。当时，卢蒲癸逃亡到了晋国，王何逃亡到了莒国，这时卢蒲癸就借此机会回来了。卢蒲癸回来后做了庆舍的家臣，很受庆舍的宠幸，庆舍还把女儿嫁给了他。庆舍的家臣对卢蒲癸说："男女同姓不结婚，结婚第一要分辨姓氏，你为什么还娶同宗女子为妻呢？"卢蒲癸说："是同宗不避我，我又怎么能避开同宗呢？就像赋诗时人们断章取义一样，我也只是取得自己所需要罢了，又何必顾及什么同宗不同宗呢？"卢蒲癸又祈求庆舍让和他同时出逃的王何也回到齐国，两人都受到了庆舍的宠信，庆舍让他们手持武器护卫在自己左右。

齐国惯例，在国君朝廷办事，由朝廷供给伙食，每天应该有两只鸡。主管伙食的人暗中把两只鸡换成了两只鸭子,送饭的人知道了,干脆连鸭子也拿掉,只上肉汤。惠公之孙公孙灶和公孙虿大怒,怪罪当时执政的庆封。

庆封把这件事告诉了卢蒲嫳,卢蒲嫳主张杀了他们,说:"我就把他们当作禽兽,睡在他们的皮上。"并派析归父把这意思告诉晏婴。晏婴不愿参与他们的阴谋,说:"我的手下少不够用,我的智慧也不足以谋划这样的事。但我保证绝不泄露此事,我可以发誓。"析归父说:"既然你都这么说了,哪里还用得着你发誓呢?"析归父又把这件事告诉大夫北郭子车,子车说:"每个人都有不同的方式侍奉君王,这不是我力所能及的。"

陈文子对儿子无宇说:"祸事就要发生,我们能得到什么呢?"陈无宇回答说:"能在都城大道上得到庆封盖房子的一百车木材。"父子两人打隐语,陈无宇话中的意思,是庆氏必败,而陈氏可以得到庆氏手里的大权。陈文子说:"如果得到了就要小心保存好。"

卢蒲癸和王何两人为攻打庆氏而进行了占卜,然后把结果拿给庆舍看,并说:"有人要为攻打仇人而占卜,我们把卦象拿给您,您看看如何?"庆舍说:"能够战胜敌人,但会有人流血牺牲。"

十月,庆封在莱地打猎,陈无宇跟着去了。十七日,陈文子派人叫陈无宇回去,陈无宇便向庆封请求说:"我母亲有病,请允许我回去。"庆封为他占卜,并把结果给他看,无宇说:"这是母亲要死的征兆。"便捧着龟甲哭了起来,于是庆封便让他回去了。庆氏族人庆嗣听说此事后说:"祸患马上就要发生了。"便对庆封说:"赶快回去,祸乱肯定在举行秋祭时发生,现在回去还来得及阻止。"庆封不听,也丝毫没有改过的意思。庆嗣说:"庆氏要灭亡了!我若能逃到吴、越二国,就算是很侥幸的事了!"陈无宇渡过河流,就破坏渡船,并拆毁了桥梁。

庆舍的女儿卢蒲姜对丈夫卢蒲癸说:"如果发生了祸乱而不告诉我,肯定是不会成功的。"于是卢蒲癸便把此事告诉了她。卢蒲姜说:"老头子性格倔强,现在形势紧张,如果没有人去劝阻他,他可能会不出来。让我去劝阻他吧。"卢蒲癸同意了。

十一月初七,齐国在太庙举行了秋祭,庆舍准备亲自前去。卢蒲姜告诉他有人要发动叛乱,劝他别去,但他却不听,反而更坚持要去了,还说:"谁敢把我怎么样?"然后来到宫内的太公庙。

祭祀时,麻婴充当受祭者,庆绳充当上宾。卢蒲癸、王何暗藏兵器严阵以待,庆氏派甲士在公宫四周保护。陈氏、鲍氏的养马人表演节目。庆氏的马容易受惊,士兵都脱下皮甲,拴好马,一同喝酒,喝完酒又到鱼里巷去观看表演。于是公孙灶、公孙虿、陈文子、鲍国的部属乘机穿上庆氏甲士的皮甲，公孙虿抽出槌子在门上敲了三下，卢蒲癸从后面刺杀庆舍，王何用戈刺他，卸下了他的左肩。但庆舍还是拉掉了庙中的一根椽子，房顶都震动起来。他抓起盛肉的器皿和酒具扔了出去，杀死几个人后才死去。卢蒲癸杀了庆绳、麻婴。

齐景公十分害怕，鲍国安慰他：“我们是为了君王才发动这次事变的。”陈文子带着景公回去，脱下祭祀的服装回到了宫内。

庆封回来后，遇到向他报告事变消息的人。十九日，庆封带人攻打齐都西门，没能攻下来。又折回去攻打北门，结果顺利攻克。进城后就继续攻打公宫，却没能攻下来。又折回去在岳街列开阵势。庆封要求决一死战，却得不到回应，于是逃亡来到鲁国。

庆封献给了季武子一辆车，车子豪华无比，华光可鉴。鲁大夫展庄叔见到后说：“车子都这么豪华，它的主人一定会招致祸患，难怪他会逃亡到这儿。”叔孙穆子请庆封吃饭，庆封首先把各路神灵都祭祀了一番。穆子有点不高兴，便让乐师演奏了《茅鸱》一诗，讽刺他不恭敬，庆封也没听明白是怎么一回事。

不久，齐国人来责问鲁国为什么收留庆封，于是庆封就又逃亡到吴国。吴王句余封给他吴邑朱方，庆封便把族人集合在那里住了下来，反而比在齐国的时候更加富有。子服惠伯对叔孙豹说：“大概是上天要让恶人富有，所以庆封又富有起来。”叔孙豹说：“好人富有是奖赏，恶人富有是最大的祸患。恐怕是上天要降灾给他，所以先把他们的族人都集中起来，然后一举消灭他们。”

鲁昭公四年七月，楚灵王率领诸侯攻打吴国，又派屈申围攻朱方。八月，楚军攻下朱方，并捉住了齐国的庆封，把他的族人全都杀死了。在要杀庆封时，伍举说：“臣听说，只有自己没有缺点，才可以惩罚他人。庆封是因为违犯了齐国的君主，所以才留在这里，他能够默不吭声地接受楚国的惩罚吗？如果为了杀庆封，而使自己的丑事传播于诸侯，我们又该怎么办呢？”

楚灵王不听伍举的劝告，给庆封背上斧钺，在诸侯居住的地方徇行，宣布庆封的罪状，并且派人说：“请不要像齐国的庆封一样，弑杀自己的君王，削弱君主的遗孤，并与大夫们私订盟约。”庆封反唇相讥，也揭出楚灵王的丑事，说：“请不要像楚共王的小妾生下的儿子公子围那样，杀害自己的国君——他哥哥的儿子麇，并取代他为王，而与各诸侯订立盟约。”楚灵王叫人赶紧杀死庆封。

# 吴公子季札

鲁襄公十二年秋,吴王寿梦去世,长子诸樊继位。寿梦有四个儿子,长子叫诸樊,次子叫余祭,三子叫夷昧,最后是季札。季札贤而有才,寿梦曾想立他为太子,季札坚决辞让不同意,寿梦才立了长子诸樊。

鲁襄公十四年,吴王诸樊已经除去了丧服,打算让位给弟弟季札。季札辞让说:"曹宣公死的时候,负刍杀太子自立,诸侯和曹国人都不支持他,打算立子臧为国君。子臧逃离了曹国,曹国人才改变主意,成全了负刍(是为曹成公)。君子认为子臧'能够保持节操'。君王您是合法的继承人,谁敢冒犯您呢? 做君王不是我的志向。我虽然没有多少才能,但愿意追随子臧,使自己不丧失节操。"诸樊坚持要立他为国君,季札就放弃了他的家产,跑到乡下种田,并在那儿盖了房子住。于是诸樊就不再勉强他了。

鲁襄公二十五年,诸樊率军讨伐楚国,亲自攻打巢邑县城的城门,结果被守城的将领射死。诸樊死后,弟弟余祭继位,因为诸樊死前曾有遗命,死后让弟弟余祭继位,希望这样按顺序传下去,最后能传到季札手里。

吴国人攻打越国,得到一个俘虏,吴国人对他施以刑罚,然后让他守船。鲁襄公二十九年,余祭去观看舟船,结果被那个守船的俘虏杀死。余祭死后,弟弟夷昧继位,派季札出使各诸侯国,替新君联络感情。

季札到了鲁国,见到叔孙豹,十分高兴。他对叔孙豹说:"你将来很难善终,因为你虽然喜欢人才,可是却不能很好地选用他们。我听说君子应该致力于选拔人才,你作为鲁国宗卿,掌握鲁国的大权,但是却不能慎重地选用人才,怎么可以呢? 灾祸一定会降到你头上的。"后来叔孙豹果然被家臣所害,在家里活活饿死。

季札请求观赏周朝的乐舞,鲁襄公便让乐工为他演唱了《周南》《召南》,他听了以后赞美说:"太美妙了! 从中可以感受出,当时文王已经奠立了基础,虽然尚未成功,但百姓勤劳而没有任何怨言。"接着乐工又演唱了《邶风》《鄘风》《卫风》,他说:"太好听了,音调深沉。老百姓虽然忧伤,但并不为之所困。我听说卫国的康叔、武公就有这样的品德,刚才演唱的应该是《卫风》吧?"又演唱了《王风》,他说:"美极了! 老百姓虽然心怀忧思,但并不恐惧。这应该是周王室东迁之后的音乐吧?"又演唱了《郑风》,他说:"好听! 但歌词内容琐碎,多涉及男女之间的恋爱情事,有关政事的却很少,这样会使百姓难以忍受的。这也许就预示着郑国要首先亡国吧!"又演唱了《齐风》,他说:"好听,气魄宏大! 能够作为东海诸国领袖的,恐怕就应该是姜太公的国家齐国吧!他的国运是难以估量的。"演唱《豳风》,他说:"好听,宽广博大!快乐而又不过度,这应该是周公东征时的音乐吧!"演唱《秦风》,他说:"这是西方的声音吧。西方的国家应该能强盛,他们拥有了周朝故地的所有领土啊!"演唱《魏风》,他说:"好听!轻盈而又飘逸,豪放更加婉转,说明政令虽然很严,但并不难于实行。如果再用德治辅助,就可以成为一个贤明的君主了!"演唱《唐风》,他说:"思虑深沉!这里应该是陶唐氏的后人吧!不然,为什么忧思会这么深远呢?如果不是继承了唐尧美德的后代,谁又能像这样呢?"演唱《陈风》,他说:"听起来这个国家似乎没有主宰,那样的话他能够长久吗?"再演唱《郐风》以后的国风时,他就不再加以评论了。

乐工又为季札演唱了《小雅》,他说:"太美妙了!深深怀念文王、武王的德行,却没有叛逆的意图,有哀怨的意思,却没有在言语上表现出来。这是周德开始衰微的时候吗?不过还是有先王的遗民啊。"又演唱《大雅》,他说:"意境深广,和谐动听!表面上舒缓曲折,内里却刚劲有力,表现了文王的美好德行!"

又为他演唱《颂》,他说:"真是美到极点了!正直而不居高自傲,柔婉而又不屈不挠,紧凑而不局促,空疏而不散漫,富有变化而不过分,虽有重复而不惹烦,哀伤而不愁苦,欢乐而不过度,德用之而不穷,心宽广而不露,施舍恩惠而自己并不减少,索取财物而又不贪婪,平静而不停滞,流动而不泛滥。宫、商、角、徵、羽五音和调。节奏富有规律,乐器配合有序,所表现的与圣贤的美德是完全相同的。"

季札看到表演《象箾》舞、《南籥》舞时,说:"真优美!不过好像还有点欠缺。"看到表演《大武》时,说:"很美!当年周朝强盛的时候,就应该是这样的吧!"看到表演《韶濩》时,说:"体现了圣贤的宽宏大度,不过好像还流露出惭愧的意味,可见圣人也有为难的时候啊。"看到表演《大夏》时,说:"很美!表现了勤劳而不居功自傲的精神,除了大禹之外,还有哪个人能够做到呢?"看到表演《韶箾》时,他说:"功德达到了极点,并且广阔无边!如同上天一样囊括一切,又像大地一样承载万物。即使有再高尚的德行,也难以超过这种境界了,真是让我叹为观止了。即使你们还有其他的乐舞,我也不敢再请求欣赏了。"

接着,季札到了齐国。他很喜欢晏婴,就对他说:"你赶快把封邑和政权还给君王吧,唯有这样,你才能免于祸患的降临。齐国的政权将会另有所属,如果不能这样,祸患就不会终止。"于是晏婴就通过陈无宇把政权和封邑还给了齐景公,因此才逃过了后来栾氏和高氏发动的叛乱。

季札又到郑国，见到了子产，两人一见如故。他送给子产白绢大带，子产也送他麻布衣服。他对子产说："目前郑国的当权者太奢侈，所以祸患也快要降临了，政权必将落到你的手中。将来你如果掌握了政权，务必要依靠礼仪。不然的话，郑国必将走向灭亡。"

季札到了卫国，对蘧伯玉、史狗、史鳕、公子荆、公叔发、公子朝等人印象也很好，他说："卫国君子多着呢，不会产生忧患。"

季札接着从卫国到晋国去，还没有出境，准备在戚地留宿，突然听到一阵钟响。他说："奇怪！根据我的了解，一个人如果发动叛乱而又没有德行的话，一定会遭到杀戮的。孙林父得罪君王后就住在这里，担心还来不及呢，又怎么可能会如此快乐呢？他住在这里，就像燕子在随手可撤的帐幕上搭窝一样，是十分危险的。卫献公现在停棺待葬，国丧期间又怎么能够击钟奏乐呢？"说完便离开了戚地。孙林父听到这番话，一直到死也没有再听过音乐。

到晋国后，季札很喜欢赵武、韩起、魏舒，他说："晋国的政权大概会落到这三家的掌握之中！"他也很喜欢叔向，分别时对叔向说："你好好努力吧。晋国君王虽然奢侈，但良臣也很多，大夫们都非常富有，晋国的政权将要落到大夫们手里。你为人正直，但一定要设法使自己避免祸难。"

鲁襄公三十一年，吴王派屈狐庸到晋国聘问。赵武问他，说："季札最终能被立为国君吗？诸樊死于攻打巢邑县城的城门，余祭也被看守舟船的俘虏杀死，上天似乎在为季札打开做国君的大门，是这样的吗？"

屈狐庸回答说："季札是不会做国君的。诸樊和余祭先后死去，是他们两位的命运不好，并不是上天在为季札打开做国君的大门。如果说上天真的打开了大门的话，恐怕也是为了现在的国君夷昧吧！夷昧德行很好，而且行为合于法度。有德行就不会失去百姓，合于法度就不会办错事情；百姓亲附，事情有秩序，这难道不是上天为他打开的大门吗？保佑吴国的，最终一定是这位国君的子孙。至于说季札，他是一位保持节操的人，即使把国家让给他，他也是不肯做国君的。"

夷昧在位十七年，死的时候，又想把王位交给弟弟季札。季札辞让，逃走了。于是吴人说："先王曾经有命令，哥哥死了就让弟弟代立，一定要传到季札。现在季札逃走不肯继位，那么夷昧是最后的国君，他死了，他的儿子应当代立。"于是立夷昧的儿子僚为王。

# 郑人杀良霄

鲁襄公二十七年,晋卿赵武等人参加完宋国向戌发起的弭兵之盟,回国的路上经过郑国,郑简公在垂陇设宴招待他们,子展、良霄(伯有)、子西、子产、子太叔、印段、公孙段作陪。席间,赵武说:"七位大夫随同君王陪我,实在是我的荣幸。现在请各位大夫颂诗,来完成君王的恩赐,同时也让我能了解各位的志向。"

子展吟诵了《草虫》这首诗,夸赞赵武是君子,赵武说:"好啊。说的是百姓的主人啊。但是我赵武,还不足以当诗里的君子。"良霄吟诵了《鹑之贲贲》,这首诗是讽刺卫宣姜的淫乱的,赵武说:"男女枕席间的话,是不能传出门槛的,何况我们是在野外呢? 这些不是我这个使者所应当听的。"子西吟诵了《黍苗》的第四章,把赵武比作召伯,赵武说:"君王在上,我又有什么有能力呢?"子产吟诵了《隰桑》一诗,也是以君子比赵武,赵武说:"请允许我只接受最后的那一章。"表示希望听到子产的规诲。子太叔吟诵了《野有蔓草》一诗,表达自己见到赵武的荣幸之感,赵武说:"这是你的恩赐呀!"印段吟诵了《蟋蟀》一诗,赵武说:"好啊! 你是一位能保全家族的大夫! 我对你给予极大的希望。"公孙段吟诵了《桑扈》一诗,赵武说:"'不骄不傲',福禄还会跑到哪儿去呢? 如果能一直保持这样,想不要福禄,又怎么可能?"

宴会结束后,赵武对叔向说:"良霄将会遭到杀身之祸。诗能传达一个人的志向,如果他心里看不起国君,并且在言语中公开流露,还以此向宾客炫耀,这样他还能长久得了吗? 即使能侥幸免除一死,将来也注定要出逃流亡。"叔向说:"是啊,他实在是太傲慢了。所谓'等不了五年了',大概指的就是他了。"

次年冬天,为了履行在宋国定下的弭兵之约,鲁襄公和宋平公、陈哀公、郑简公、许男前往楚国朝见。鲁襄公路过郑国时,郑简公刚好不在都城。良霄来到黄崖慰问襄公,表现得不够恭敬。叔孙豹说:"如果郑国降罪于良霄,就必然会大祸临头。恭敬,是做人的基本准则,如果抛弃了这一点,还靠什么来继承祖先留下的产业呢? 郑国人如果不讨伐他,必然受到他的祸害。即使是贫瘠的土地,路边积水中的浮萍水草,作为祭品放到宗庙内,只要是由《诗经》中所描述的齐国季兰这样的女子来主持,神灵也会来享用的,就是因为她言语恭敬的缘故。恭敬难道是可以丢弃的吗?"

鲁襄公二十九年冬,郑执政良霄派子晳到楚国去,子晳不愿去,说:"楚、郑两国正在互相憎恨,让我到楚国去,不是要我的命吗?"良霄说:"因为你们家世代都是外交官,所以才让你去。"子皙说:"能去的话就去,危险的话就不去,这又和世代是外交官有什么关系呢?"良霄打算强迫他去,子皙十分恼火,准备攻打良霄的家族,幸而大夫们出面为他们调解了。

十二月初七,郑国的大夫们为调解良霄和子皙,在良霄家里订立盟约。裨谌说:"这次结盟,能维持多长时间呢?《诗经》说:'君子屡屡结盟,动乱因此增多。'这样的结盟实际上是在助长祸乱。祸乱暂时还难以消除,局势至少要在三年之后才能稳定下来。"

鲁襄公三十年春,子产陪同郑简公去晋国访问。叔向就郑国的政局向子产询问,子产回答说:"我估计今年能见出结果。现在子皙和良霄正在争夺,调停的最后结果还不得而知。如果调停能有效果,我就要到这效果出来之后,才知道将来会怎么发展。"

叔向说:"他们二人不是已经和好了吗?"

子产说:"良霄骄奢并且固执,子皙喜欢高居人上,他们俩互不相让,虽然表面上已经和好,但二人积怨已久,很快就会爆发。"

郑国的良霄喜欢喝酒,自己特地修建了地下室,有一天在夜里饮酒,一边还演奏音乐助兴。第二天早上,大夫们都来朝见了,他还没有尽兴。朝见的人都问:"良霄在哪里?"良霄的家人就说:"在地下室呢。"于是朝见的人就各自回去了。过了一会儿,良霄和众臣去朝见郑简公,良霄又让子皙出使楚国,说完之后就又回去喝酒了。

七月十一日,子皙率领自己家族的甲兵攻打良霄,放火烧了良霄的房子,良霄被手下人带着逃到了雍梁,酒醒之后才知道发生了什么事。于是便逃奔许国。

郑国的大夫们为此事聚集在一起商议。子皮说:"《仲虺之志》上说:'有作乱之人,就攻取他;有逃亡之人,就侮辱他。'排斥逃亡的人,巩固留下的人,这样才符合国家的利益。"子皮、子皙、公孙段三家本是同母兄弟,而良霄则骄傲放肆,因此不能免于灾祸。

有人劝子产要顺应形势,站在更强大的一方。子产说:"我怎么能够和他们结为一伙呢?国家的祸乱,谁知道如何才能平定?认为强大的就是正确的,难道就可以防止祸乱了?我还是保留我原来的态度吧。"

十二日,子产收拢了良霄家族死者的尸体,埋葬了他们,之后没有和大夫们商量就出走了。印段认为子产做得对,所以跟从他一起出走。子皮准备去阻止他们,众人都说:"他们既然不愿听我们的,留着又有什么用呢?"子皮说:"子产对死去的人尚且这么有礼节,更何况对活着的人?"说完又亲自出去劝阻子产。

十三日,子产回到了郑国都城。十四日,印段也回来了。于是大家都到子皙家里去订盟。十六日,郑简公也和大夫们在太庙之中订盟,然后又和国都的人在郑都的师之梁门外面订盟。

良霄听说郑国人为了对付自己而结盟,非常生气。后来听说子皮的甲兵并没有参与攻打他,又高兴起来,说:"子皮是支持我的!"

二十四日凌晨,良霄从墓门的排水沟进入郑国国都,通过马师颉获取了襄库中的皮甲,把自己的士兵都武装了起来,然后带领他们攻打郑都的旧北门。驷带(子西之子,子皙家的家长)率领国都的人应战。

这时,双方都去请子产帮助自己。子产说:"大家是兄弟之族(子产、良霄、子皙都是郑穆公的孙子),互相之间已经到了这种地步,我只好帮助上天保护的一方了。"结果良霄死在了卖羊肉的街市上。

子产给良霄穿上衣服,枕着他的大腿恸哭不止,并将良霄入殓,暂时停放在附近良霄家臣的家里。后来把他葬在了斗城。

子皙家族准备去攻打子产,子皮生气地说:"礼仪是一个国家的根本,如果杀了最讲礼仪的人,再也没有比这更大的祸患了。"这才避免了又一场争斗。

当初子蟜去世,将要下葬的时候,公孙挥(子羽)和裨灶早晨一起讨论丧礼事宜。路过良霄家时,看见他的门上长了狗尾巴草,公孙挥说:"这个狗尾巴草还能长久吗?"当时岁星正运行到降娄,降娄星行至天空正中天就亮了。裨灶指着绛娄星说:"还可以等岁星绕太阳一周,也就是十二年。他再也看不到岁星下次运行到绛娄了。"果然,良霄这年在被杀的时候,岁星才刚运行到娵訾的口上,要等到明年才能运行到绛娄的位置。

## 郑子产为政

鲁襄公二十四年,晋平公因为宠信程郑,让他代替栾盈担任下军副帅。郑国的外交官公孙挥到晋国聘问,程郑向他请教,问:"敢问怎样才能让自己降级?"公孙挥回答不出。

公孙挥回到郑国,把这件事告诉然明。然明说:"这个人将要死了,不然的话也将逃亡。地位太高而知道害怕,知道害怕就想到降级,以得到适合他的官位。自己把位子让给别人就行了,又有什么可问的? 而且登上高位之后又要求降级的,是聪明人做的事,程郑不是这样的人。有要逃亡的迹象了吗? 否则,恐怕就是他心神不宁,自知将死所以为自己担心啊!"

第二年程郑就死了。于是子产知道然明有才能,就向他询问怎样治理国家。然明回答说："把老百姓看作儿子一样。见到不仁的人，就诛戮他，就像老鹰追赶鸟雀一样。"子产很高兴，把这些话告诉子太叔，而且说："以前我见到的只是然明的面容，现在我见到他的心地了。"

子太叔向子产询问为政之道，子产说："处理政事就像干农活，白天黑夜想着它，考虑着怎么开始，还要考虑如何取得好结果，早晚都照着想的去做。所做的不超过所想的，好像田里有田埂，过错就会少一些。"

鲁襄公二十九年底，大夫们为调和良霄和子晳两人的争斗，在良霄家里结盟。然明和裨谌谈天，对郑国的政局深感忧虑。然明说："政权最终将会落到谁家呢？"

裨谌说："好人取代坏人符合天命之常，除了子产之外，政权还能落到哪里呢？如果按资历选拔人才，那么论次序也该轮到子产了吧。如果论才能选拔人才，那么也就非子产莫属了。而且上天又为他扫清了障碍，将使执政的良霄不得善终，又让应该继承良霄的子西早死，这样除了子产还能有谁呢？上天降祸于郑国已经很久了，一定要等子产出来平定动荡的局面，国家才可以安定。不然的话，郑国必将灭亡。"

次年郑国内乱，郑国人杀死了良霄。子皮要把政权交给子产，子产推辞说："国家本来就弱小，如今又受到大国的压迫，同时公族的势力强大，受宠专横的人也很多，太难治理了。"子皮说："只要我们大家听你的，还有谁敢违抗？你只管好好地去处理政事就行了。国家小没关系，小国只要能侍奉好大国，也就不会受到压迫了。"于是子产开始执政。

子产为了做一件事，有求于公孙段，就送给了他一座城邑作为贿赂。子太叔说："国家是大家的国家，为何单单要贿赂他呢？"

子产说："要使一个人没有欲望实在很难，现在我使他的欲望得到满足，以便让他为国家办事，争取能够把事情办成。能不能把事情办成，关键在于能不能找到合适的人，城邑有什么可吝惜的？再说，即使给了公孙段，还不一样是郑国的吗？"

子太叔说："周边的邻国又会怎么看待这件事呢？"

子产说："这样做，并不是要使群臣分裂，而是要使他们互相顺从，别的国家对此又有什么可不满的？《郑书》中有句话说：'要想使国家安定，必须使国内的大族得到优厚的待遇。'先让大族安定下来，再进一步观察他们有什么动向好了。"不久，公孙段害怕了，要主动归还

玉虎（春秋）

城邑,但子产还是坚持给了他。

良霄死后,郑简公让太史下令任命公孙段为卿,但公孙段推辞掉了。太史回去后,公孙段又请求太史再次下令任命自己为卿,但却又一次故意推辞掉了。如此反复三次,他才接受了任命。子产知道了这件事,就非常讨厌他的为人,但又害怕他会反叛,就只好给他仅次于自己的地位。

子产使都市和乡村有所差别,上下尊卑也遵循一定的制度,田地中有疆界和沟渠,又重新制定了收取赋税的方法。卿大夫中忠诚勤俭的,就提拔他;骄傲奢侈的,就撤销他的职务,并加以惩处。

郑国的丰卷准备进行家祭,请求允许让自己猎取祭品,子产不答应,他说:"只有君王祭祀才用新猎的野兽,至于群臣,只要祭品齐全就可以了。"丰卷十分生气,回去之后便召集军队准备攻打子产。子产准备逃亡到晋国去,子皮出面劝阻,并帮他驱逐了丰卷,结果丰卷逃亡到了晋国。子产请求君王不要没收丰卷的田地住宅,三年之就让丰卷回国,而还把田地住宅以及这三年的田赋一并还给了他。

子产执政一年,众人都唱道:"把我们的衣冠,没收进仓库;把我们的田地,抽取了赋税。谁去杀死子产,我就帮助他。"三年之后,人们又唱道:"我有子弟,子产帮着教育;我有田地,子产帮着耕种。如果子产死了,谁又能代替他呢?"

子产治理国家,能够按照人才的能力来任用他们。比如冯简子能够决断大事;子太叔外表英俊,而且有文采;公孙挥熟悉四方诸侯的政令,并且对各诸侯国大夫的家族姓氏、官职爵位、地位贵贱、才能高低等都了如指掌,而且还善于辞令;裨谌擅长谋划,但他在野外谋划就很得当,但是在城里谋划就不行了。因此,在郑国有事要和其他国家打交道的时候,子产就向公孙挥询问那个国家的政令情况,并且让他草拟外交文件,然后再和裨谌一起乘车到郊外,让他谋划是否可行,然后再把结果告诉冯简子,让他进行决断。计划完成以后,就交给子太叔去执行,让他和宾客进行谈判,所以很少有把事情办坏的时候。这就是北官文子所说的,郑国有礼仪。

郑国人经常在乡间的学校里游玩聚会,并且议论朝中政策的得失。所以然明对子产说:"把乡间的学校毁掉吧!"

子产说:"为什么要这样做呢?人们干完事情后,到那里游玩,并且议论国家政策的好坏。他们认为好的,我们就推行;他们所讨厌的,我们就更改。这是我们的老师啊,为什么要毁掉它呢?我只听说尽心择善来减少怨恨,没有听说过依靠威权来压制人们的怨恨。威权固然能很快把人们的嘴堵上,但这种做法就像用堵塞的方法来防止决口一样。河川如果一下子大决口,伤人必定很多,到那个时候我们就不能挽救了。不如现在开一个小口,并且引导河水的流向。所以堵塞言路,不如我们去听取人们的意见,并当作治病的良药来对待。"

然明说:"我到现在才真正明白,你的确是一位值得侍奉的人。是我缺乏才智,如果按你说的做,一定会有利于郑国的,受益的绝不仅仅是我们几个大臣。"

后来,孔子听到这些话,说:"从这件事来看,有人说子产不仁,我是绝对不相信的。"

子皮想让尹何主管自己的封邑。子产说:"他太年轻了,不知道行不行。"

子皮说:"这个人一向谨慎,我很喜欢他,相信他不会背叛我的。让他去学习一下,他就更能知道应该怎么处理事情了。"

子产说:"不能这样。喜欢一个人,总是希望能够对这个人有利。现在你喜欢一个人,却要把政事交给他,这就好像让一个不会拿刀子的人去割东西,在多数情况下是要损伤他自己的。如果你喜欢一个人,就是让他受到伤害,那以后还会有谁敢再博求你的喜欢呢?你是郑国的栋梁,如果栋梁折断了,房屋就会倒塌,我也将会被压在底下,所以哪敢不把话全部说出来?如果你有一块漂亮的彩绸,是不会让别人用它来练习裁剪衣服的,因为你怕他把彩绸糟蹋了。大的官职,大的封邑,是要用来保护身家性命的,你反而让人去练习治理的本领,这岂不是说你把彩绸看得比大官、大邑还要重要吗?我只听说过,学习以后才可以做官,还没有听说过把做官当作学习机会的。如果真的要这么办的话,那一定会有所伤害。譬如打猎,熟习射箭、驾车的人,才能够获得猎物。如果是从来没有登过车、射过箭的人,那么在车上只顾害怕车翻人亡了,哪里还有工夫去想猎物呢?"

子皮说:"你说得太好了,我真是不够聪明。我听说君子致力于大事,看得长远;小人致力于小事,看得短浅。看来我只是个小人啊。衣服穿在我身上,我知道慎重地对待它,而用来保护身家性命的大官位和大封邑,我却不放在心上。要是没有你的话,我是不会明白这些道理的。从前我就说过,您治理郑国,我治理我的家,能够有一个庇护我自己的地方就可以了。现在我才知道这样还不够。从现在开始我请求你,即使是我家族里的事情,也希望听从你的意见行事。"

子产说:"人心不同,就像人的面孔都不同一样,我哪里敢说你的面孔就像我的面孔一样呢?不过只要我心里觉得危险的事情,我就会把它告诉你。"子皮认为子产非常尽心尽力,于是将政事全都委托给了他,子产因此得以放手治理郑国。

子产既然能放手制定政策，就进行了更多的改革。这些改革有的因为违背了祖先的法则，而受到人们批评，有的也失于严苛。虽然往往对国家有利，但对子产自己，以及他的子孙后代就没有什么好处了。鲁昭公四年，子产为郑国制定了丘赋制度。国都的人都骂他说："他父亲被杀死在路上（子产的父亲在鲁襄公十年的郑国动乱中被杀），他自己就变成了蝎子的尾巴。在国内发布这样的命令，国家将怎么办呢？"

郑大夫子宽把这件事告诉子产，子产说："这有什么关系？只要我所做的有利于国家，我就不会计较个人的生死得失。而且我听说，推行善政的人不会改变他的行为准则，因此才能取得成功。对百姓不可以过度放纵，执政的原则不能够轻易改变。《诗经》中说：'只要在礼和义上没有什么过错，何必害怕别人的议论？'我绝不会改变我的政策！"

子宽评论说："国氏（郑国的公孙，常常以父亲的字为氏，子产父亲字子国，所以子产为国氏）可能会先灭亡吧。掌权的人制定赋税之法，哪怕一开始定得很轻，实行到后来都会流于贪暴。何况现在一开始就定得很贪，到将来还能够设想吗？在姬姓的国家中，蔡、曹、滕三国大概是要首先灭亡的，因为他们受大国压迫，却又不遵守礼仪；而郑国可能会先于卫国灭亡，因为它受大国压迫，却不遵守祖先的法则。制定政策不遵守祖先的法则，而是按照自己的意愿来决定。但百姓各有各的意愿，又怎么可能都与上面一致呢？"

鲁昭公二十年时，子产得了重病，他对游吉说："我死了之后，一定会让你执政。你要记住，只有具备高尚品德的人，才能既采用宽松的政策，又能让百姓服从。如果不能，就只能退而求其次，推行严格的法治。就像火看上去很猛烈，人们见了就会害怕，远远地躲着它，所以很少有人被火烧死；水看上去柔弱，所以人们都轻视它，放心地到水里玩耍，结果却总会有很多人被水淹死。用宽松的政策治理百姓，难啊！"

子产卧病几个月之后去世，游吉继承他担任执政。游吉不忍心推行严苛的法治，政策很宽松，没过多久郑国便出现了很多盗贼，他们多聚集在芦苇丛生的沼泽。见到这种情况，游吉很后悔，说："如果我一开始就听从子产的意见，就不会弄到现在这个地步了。"于是游吉动用步兵攻打沼泽中的盗贼，将他们全都杀了，郑国的匪患才有所减轻。

子产去世的消息传到鲁国，孔子听说后很痛心，流着泪说："子产，是继承了古人仁爱之风的人啊！"

## 子产坏晋馆垣

鲁襄公三十一年六月，襄公去世。当月，子产陪同郑简公来到了晋国，晋平公以鲁国的丧事为由，没有会见他们。于是子产派人把他们住的宾馆围墙全部拆除，然后把马车也赶到那里。

士匄当时正负责宾馆的事，就为这件事前去责问子产，说："我们国家由于政令、刑法没有修治好，所以盗贼很多，但是诸侯和卿大夫们又经常来朝见我们国君，因此为了安全起见，我们让人修建了外宾下榻的宾馆，加高了大门，增厚了围墙，这样就可以让使者安枕无忧了。现在你却把围墙拆毁了，虽然你有随从可以保护你，但是其他国家的宾客该怎么办呢？由于我们国家是诸侯的盟主，所以才修建了这样的馆舍，用来接待各国的宾客。如果把它们都拆毁的话，那还拿什么来满足各国宾客的要求？我们的国君特意派我来向你询问，你这样做是什么意思？"

子产回答说："因为我们的国家领土狭小，而且又夹在大国中间，大国常常向我们勒索贡品，因此我们不能安居乐业，聚集了所有的财富前来朝见。但是正好碰上贵国国君没有时间，而我们又没有得到贵国国君的进一步指示，不知道什么时候才可以朝见。这样我们既不能供奉贡品，又不敢把它们陈列在野外。如果已经献给了贵国，那么就是贵国仓库里的东西了，但现在还没经过一定的仪式，我们又不敢随便献纳。如果把贡品暴露在外面，因日晒雨淋而损坏的话，就又会加重我们的罪过。"

"我听说以前晋文公当诸侯盟主的时候，他的宫室又小又矮，也没有什么楼阁，但却修建了高大的宾馆来接待外宾，修建得像君王现在的寝宫一样，仓库和马棚也都修建得很好，可以收藏财物、安置车马。司空按时平整道路，泥瓦匠按时粉刷墙壁，每当诸侯的宾客到来时，负责接待的官员就会在庭院内设置火炬，仆人们也会日夜巡逻，车马有地方安置，有人为宾客提供服务，为车子盖上布，给车轴加上油，隶人、牧人和圉人各自做好分内的事情，朝中的文武百官也都拿出自己的礼品招待宾客。文公也不会无故让宾客滞留，不会让宾客耽误事情，与宾客同忧愁、共欢乐，发生什么事情也会亲自安抚，教导宾客不知道的东西，周济宾客缺少的东西，让宾客有种宾至如归的感觉，不但不用担心有什么灾祸，甚至也不用担心盗贼，也不必担心贡品会有什么损害。"

"现在诸侯下榻的馆合，好像奴隶居住的地方一样，大门连马车都进不去，周围又修建了围墙，使彼此无法穿越。而且盗贼公然横行，也不采取措施防止天灾疾疫。宾客不知道什么时候能够朝见，也不知道什么时候能得到指示。如果不把这些围墙拆毁的话，就没有地方可以用来安置贡品，将来必然会加重我们的罪责。请问贵国，你们对我们国家将有什么指示呢？虽然贵国君王遇到了鲁国的丧事，但是鲁国的丧事我们也很悲伤啊！如果可以早一点献上贡品的话，我们愿意把围墙修好再回去，君王若施与那样的恩惠，我们难道还不能做这点小事吗？"

士匄回去复命，赵武说："如果真是这样的话，那是因为我们缺少德行的缘故，用容纳奴隶的地方去接待宾客，这是我们的过错啊！"于是就又派士匄前去道歉。

当年十月，晋平公接见郑简公，格外讲究礼仪，宴会也格外地隆重，赠送了非常丰厚的礼品，然后才送他们回去，然后又修建了接待宾客的馆舍。叔向说："外交辞令竟然能重要到这样的地步！子产善于辞令，其他的诸侯也跟着得到好处。这样说来，怎么可以忽视辞令的作用呢？《诗经》中说：'言辞温和，百姓和睦；言辞动听，百姓太平。'看来写这首诗的人是很懂这个道理的。"

# 十、鲁昭公时期故事

## 公子围聘于郑

鲁昭公元年春，楚国的公子围由副使伍举陪同，到郑国聘问，同时去郑大夫公孙段家里去娶亲。当他们进入郑国都城，准备到郑国接待外宾的宾馆住宿时，郑国人因为楚国人向来狡诈，所以都表示了不安。于是郑国就派外交官公孙挥与他们商量，他们便在郑国都城的郊外住下了。

当楚国人完成了聘问的礼仪，公子围想率领随从到城内迎亲。子产对此十分担忧，就派公孙挥回绝他们说："因为我国的都城偏僻狭小，容纳不下贵国的随从人员，请在城外举行婚礼好吗？"

公子围派太宰伯州犁回答说："承蒙你们君主赐惠我们，对公子围说要把公孙段的女儿嫁给他为妻。公子围在楚庄王、楚共王的庙中摆设供桌，祭告之后才来到郑国。如果在郊外举行婚礼，就等于把贵国对我们的好意抛弃在草丛之中了，同时这样做也是没有把我国的大夫用卿礼来接待。不但如此，也是要使公子围欺骗祖先，以后没法向我们国君交代，使他失去在楚国做上卿的资格，再也无颜回到楚国了。所以请贵国慎重考虑。"

公孙挥说："郑国从来没有什么罪过。如果说有罪的话，那就是它一心仰仗大国而自己没有防备。我们想仰仗大国来安定自己，别人会不会包藏祸心来图谋我们？我们郑国如果失去了楚国的保护，那么我们也担心，楚国会因此而失去诸侯各国的信任，而引起他们的警戒。使他们抗拒楚王的命令，让楚国的愿望难以实行。要不然，我们郑国也只相当于是替楚国看守馆舍的，哪里会因为爱惜公孙段的家庙，而不让你们的公子围举行婚礼呢？"

伍举知道郑国已经有所戒备，于是便请求不带兵器进城，子产这才答应了他们。正月十五，公子围进入都城，举行了婚礼之后便出了城。

## 大夫会于虢

鲁昭公元年春，晋国的赵武、楚国的公子围、齐国国弱、宋国向戌、卫国齐恶、陈国公子招、蔡国公孙归生、郑国子皮、许国人、曹国人在郑国的虢地会盟，重申了他们五年前在宋国订立的弭兵之约。公子围刚刚在郑国都城娶了妻子，紧接着就来参加盟会。

晋国祁午对赵武说："五年前宋国的盟会，楚国人在仪式问题上占了晋国的便宜。如今的令尹公子围不守信用，是诸侯都知道的。你如果没有准备，我担心又会像在宋国的盟会上那样被他们占了便宜。那时，楚国的令尹子木是以守信用闻名于诸侯的，他尚且还能欺骗晋国，在衣服里面穿上皮甲，歃血时又凌驾于晋国之上，何况这个以不守信用闻名的公子围呢？如果楚国再一次占先，那将是晋国的耻辱啊！"

"阁下掌握晋国的大权，让我们国家成为盟主，到现在已经七年了！在这段时间里，晋国两次会合诸侯，三次会合大夫，征服了齐国和狄国，安定了东夏，平定了秦国的侵扰，修建了淳于城，同时又没有让军队过于疲累，国家也没有荒废政事，百姓没有怨言，诸侯没有反对，上天没有降下大的灾难，这都是你的功劳啊。你已经有了这样的美名，若最后在外交上败给楚国而蒙受耻辱，这正是我最替你担心的。你不可以不警惕啊！"

赵武说："我感谢你的建议。但是在宋国的盟会上，子木有害人之心，而我有仁人之心，所以楚国才能够凌驾在晋国之上。现在我的仁心还是没有改变，楚国想再次凌驾于我们之上，并不能对我们造成危害。我将以信义为本，遵守这样的原则办事。这就好像是一个农夫，只要他能够坚持不懈地除草插秧，即使有饥馑的时候，最终还是会获得丰收。而且我还听说：'不背弃信义的人，就不会居于别人之下。'恐怕我还没有完全做到这一点。《诗经》上说：'不背信弃义，不为非作歹，将成为做人的典范。'确实是这样的啊。能做他人典范的人，是不会居于人下的。我不能不守信义，楚国不足以成为我们的祸患。"

公子围担心这一次晋国会想办法争先,于是请求杀了牲畜作为牺牲后,就把五年前的盟约拿来宣读,然后放在牺牲上献给神灵。晋国人答应了。

三月二十五日,各国大夫举行了结盟仪式。公子围使用了君王的服饰器物,安排了成对的卫士。看到这种情况,郑国的叔孙豹说:"楚公子围很有派头嘛,将要成为君主了吧!"

子皮说:"还有两个执戈的人站在前面!"

蔡国的子家说:"他在楚国时,就住到楚王的离宫蒲宫里,前面也站两个执戈的卫士,现在有什么不可以呢?"

楚国的伯州犁听了,连忙解释说:"这一套装束,是我们离开的时候他向我们君王借来的。"

郑国的公孙挥讽刺他说:"借了恐怕就不会还回去了吧?"

伯州犁反唇相讥:"你还是为你们的子晳将要反叛作乱操心吧!"

公孙挥说:"贵国的君主还健在,公子围如果借了君王的装束不还,你能不担忧吗?"

国弱在一旁说:"我是真的替公子围和伯州犁这两人的命运担忧啊!"

公子招说:"没有忧患,怎么可以做成大事? 有忧患倒是一件好事情。如今公子围和伯州犁不知道担忧,反而很高兴,这才值得担忧。"

齐恶说:"如果他们能够事先明白,早做准备,即使有忧患又有什么关系呢?"

向戌说:"大国发出命令,小国只有恭敬听从。我们只管恭敬就是了。"

晋国的乐王鲋最懂得明哲保身之道,他见大夫们公开讥评,不亦乐乎,就不以为然地说:"《诗经》中《小旻》的最末一章说得好,我还是照那样去做。"《诗经·小旻》的最末一章说的是:"战战兢兢,如临深渊,如履薄冰。"

盟会结束后,公孙挥对子皮说:"叔孙豹的话恰当而委婉,向戌的话简洁而合乎礼节,乐王鲋的话谨慎而恭敬,你与子家的话很有分寸,你们都是能够安邦济世的栋梁之臣啊。齐国、卫国、陈国的大夫们,恐怕将来逃不过祸难吧? 国弱只知道为别人担忧,公子招以忧患为乐,齐恶认为即使有忧患也没有什么关系。只知担忧别人不知担忧自己,应该担忧反而高兴,与认为担忧没有什么害处的人,都是会惹来忧患的吧?《大誓》中说:'人所希望的,上天必然将赐给他们。'这三个大夫已经显露出忧患的兆头,忧患能不降临吗? 通过人说的话来知道事情的发展,说的就是这个意思啊。"

公孙挥这段话被记载在《左传》里,但客观地看,国弱、公子招、齐恶的话其实都是相当中肯的,只是都被公孙挥曲解了,公子招的话被曲解得尤其厉害;乐王鲋是老奸巨猾得出了名的,他在乱世或能自保,但说到安邦济世,对时代做出贡献,恐怕就说不上了。可见,想通过别人的片言只语,对人进行评判,对未来做出预测,恐怕并不是件容易的事。

## 楚人欲戮鲁使

鲁昭公元年,晋、楚召集各国大夫在郑国的虢地会盟,重申五年前在宋国订立的和平盟约。然而,鲁国的季武子却乘机发兵攻打莒国,夺取了郓地。莒国人到盟会上告状,楚国人对晋国使者说:"我们重申和平的盟会还没有散,鲁国就侵略了莒国,这是对我们盟约的侮辱。请同意杀掉鲁国的使者。"

当时,鲁国派来的使者是大夫叔孙豹。晋国的乐王鲋正担任赵武的副使,想向叔孙豹索取贿赂,以帮他在赵武那里求情。他不能明说要贿赂,就假装向叔孙豹索要他的衣带,以此暗示,但叔孙豹没有给他,也就是表示拒绝贿赂他。叔孙豹的家臣梁其跭说:"用财物来保护生命,您为什么舍不得给他呢?"

叔孙豹说:"参加诸侯的盟会,是为了保护国家社稷。我如果用财物保全了自身,那么鲁国必然受到进攻。这样做,就给我们国家带来了灾祸,哪里能够保护它呢?人们建造了墙壁,就是为了遮蔽外界的邪恶。如果墙壁损坏了,又是谁的过错呢?我本来是为保护国家而来的,如果反而让她受到攻伐,那我的罪过就更大了。我虽然怨恨季武子攻打莒国的做法,但我们鲁国又有什么罪,难道我忍心让她受过?我出使在外,季武子留在国内,这一向都是这样的,我又去怨恨谁呢?但是乐王鲋很贪婪,如果不给他,他是不会善罢甘休的。"于是叫来乐王鲋的使者,撕下衣裳的布帛给他,说:"衣带恐怕太窄,你把这个拿回去吧。"

赵武听说后,说:"临危而不忘国家,这是忠诚;临难而不逃避自己的职责,这是信义;为了国家的利益而把自己的生命置之度外,这是坚贞;做事能做到这三点,这是道义。有这四样在,又怎么能够杀他呢?"

于是向楚国请求说:"鲁国虽然有罪,它的使者却不避危难,畏惧盟主的威严,而服从盟主的命令。你还不如免除他的罪过,以此来劝勉贵国的左右大臣。如果楚国的群臣,能够做到在朝中不辞辛劳,在外出使不逃避危难,国家哪里还会有忧患呢?忧患之所以产生,都是因为大臣们看到麻烦而不愿意出力,遇到危难就不愿意坚守原则,这就是忧患的来源。如果能够处理好这两个问题,国家还有什么可忧患的呢?如果不能安抚贤能,又怎么会有人来效仿他？鲁国的叔孙豹，可以说是国家的能臣，请你免他一死，以表示对能臣的安抚。你能在盟会时赦免有罪，又奖赏了贤人，诸侯中还有谁不欣欣然望着楚国而渴望归附呢？楚国虽然远离中原，中原诸国恐怕都会把它当作近邻吧。

"那些在边境上的小国，总是一会儿这样，一会儿那样，哪里有什么常性？以前三王五伯有那样的美德，划分疆域，树立界碑，制定了边界的章程，对任意越境的人加以惩罚，即使这样也不能保持各国边界统一不变。因此，在虞舜统治的时候有三苗之乱，在夏代有观、扈之乱，在商代有姺、邳之乱，在周代有徐、奄之乱。自从失去了圣明的天子，诸侯争相扩张，轮流主持盟会，又怎么可能保持疆域的一成不变？关心大的祸乱，而不计较小的过失，这才是一个盟主应有的气度，你又何必什么事都一一过问？疆界遭到侵占，哪个国家没有这样的事情？作为盟主，你又怎么能一一过问得清楚？如果吴国和百濮来侵扰楚国，那么楚国的大臣是不是也要顾及弭兵之约，而不去讨伐他们？莒国的疆界问题，楚国不用过问，诸侯也不必为它烦恼，这样不也可以吗？莒国和鲁国争夺郓地，也不是一天两天的事了，如果没有对他们的社稷安危造成大的危害的话，不去管他也可以。免除诸侯的烦恼，宽宥贤能正直的大臣，大家就都会竞相努力。请你好好考虑一下吧！"在他的一再坚持请求下，楚国人答应了，于是赦免了叔孙豹。

叔孙豹回到鲁国，季武子前来慰劳他，曾夭为季武子驾车。他们早上到达，但是直到中午还不见叔孙豹出来见他们。曾夭对叔孙豹的家臣曾阜说："我们从早上等到中午，这就说明我们已经知罪了。鲁国一向都是以互相忍让来治理国家的，如果只是能在国外忍让，而对内却做不到忍让的话，又有什么用呢？"曾阜说："我们在外面奔波了几个月，你们才在这里等了一个上午，这对你们又有什么损害呢？这就像做买卖的人想要挣钱，又怎么能反感市场的喧闹呢？"

过了一会，曾阜对叔孙豹说："可以出去了！"叔孙豹指着堂上的大柱子，说："我虽然讨厌它，但是又怎么能去除它呢？"于是就出来接见了季武子他们。

## 子皙子南争妻

郑国徐吾犯的妹妹非常漂亮，本来已经由子南聘作未婚妻，但是子皙又派人硬是送去了聘礼。徐吾犯很害怕，告诉了子产。子产说："这是因为国家的政治混乱，不是你的过错啊。你不必忧虑，还是看你的妹妹的意愿，她愿意嫁给谁就嫁给谁吧。"

于是徐吾犯便向子皙和子南请求，让他的妹妹自己挑选丈夫，两个人都答应了。子皙穿着华丽的衣服来到徐吾犯家,把礼品陈列在堂上,然后就出去了。子南则穿着戎服到来,左右开弓射了两箭,然后飞身跃上马车走了。徐吾犯的妹妹从房里观察后说:"子皙确实是长得很好看,但子南有大丈夫气概。丈夫就要有丈夫的样子,妻子就要有妻子的样子,这才叫作顺理成章啊。"于是嫁给了子南。

子皙很生气,不久就穿着铠甲去见子南,想要杀掉他,抢夺他的妻子。子南知道了,抽出戈来追赶他。追上以后,就用戈打他,把子皙打伤了。子皙受伤回来,告诉大夫们说:"我好心去见子南,没想到他会有这样的坏心眼,所以才受了伤啊。"

大夫们都聚在一起商量这件事该怎么办。子产说:"两个人的罪过差不多。在这种情况下,应该是年纪小地位低的人不对,所以错在子南。"

于是把子南叫来,数落他的罪状,说:"国家的大规矩有五条,你都触犯了:敬畏君主的威严,服从国家的命令,尊重地位高的人,侍奉年纪长的人,供养自己的亲人。这五条是我们用来治理国家的原则。现在君王在国都,你却使用兵器,是不敬畏君主的威严。违反了国家的法纪,是不服从国家的命令。子皙是上大夫,而你是下大夫,却不肯对他谦让,是不尊重地位高的人。你年纪小而不恭敬,是不尊重年长的人。你用武器追打你的堂兄,是不供养你的亲人。君王说:'我不忍心杀了你,就赦免你的死罪,把你流放到远方去吧。'你好自为之,尽量快点走吧,不要再加重你的罪过!"

鲁昭公元年的五月初二,郑国把子南流放到吴国。快要让子南动身时,子产又去询问了游吉的意见。游吉是子南哥哥的儿子,但却是游氏的家长,所以子产向他询问。游吉说:"我尚且不能保全自己,怎么能够保护我的亲族呢?况且流放子南,也是你根据国家的法律决定的,并不是你私下里为难他。如果你这样做是为郑国的利益考虑,就照有利于国家的方向去做吧,有什么可犹豫的?以前周公杀死管叔,流放蔡叔,难道是他不爱惜他们吗?这都是为了整个周王室的利益考虑呀。即使我犯了罪,你也要按照这样的规矩来处理,何必顾虑我们游氏的想法?"

六月初九,因为子南的缘故,郑简公和他的大夫们在公孙段家里盟誓。郑国六卿子皮、子产、公孙段、印段、游吉、驷带又在郑国都城的大门之外订立了盟约,子皙也一定要参与结盟,而且还让太史写下他的名字,称为"七子"(本来郑国是六卿,子皙硬要加入,所以称七子),子产也没有追究。

# 公子围篡弑

　　鲁襄公二十九年四月,楚国安葬楚康王,鲁襄公、陈哀公、郑简公、许男都参加了送葬仪式,但是只送到楚都西门之外,各国大夫们则一直送到墓地。楚康王的儿子郏敖即位,康王的弟弟公子围担任令尹一职。郑国外交官公孙挥说:"这样的安排很不合适,令尹必将代替郏敖而昌盛。因为在松柏之下,野草是难以茂盛的。"

　　次年正月,楚王郏敖因为刚刚即位,派蘬罢来鲁国聘问。叔孙豹向蘬罢问起公子围的执政情况,蘬罢回答说:"我们这些下属为了吃饱饭而听别人使唤,即便这样还担心不能完成任务,而不能免于惩处,哪里还敢过问国家大事?"叔孙豹一再问他,他始终不回答。之后,叔孙豹对大夫们说:"楚国的令尹可能会发动政变,蘬罢将会参与并帮助他。他现在很明显是在掩饰实情。"

　　鲁襄公三十年,公子围杀了楚国的大司马芳掩,侵占了他的家产。申无宇说:"公子围肯定免不了祸难。好的人才是国家的栋梁,公子围担任楚国的辅佐之职,应当把培养人才放在第一位,但他却恶待他们,这就等于是在危害国家。再说司马本是令尹的助手,君王的手足,如今他砍断国家的栋梁,铲除自己的助手,斩断君王的手足,而给国家带来危害,再没有比这更大的不祥了。他怎么能免于祸难呢?"

　　鲁襄公三十一年冬,北宫文子陪伴卫襄公去楚国访问,见到公子围的威仪,就对卫襄公说:"如今令尹就像一位国君了,他一定会产生别的想法。但即使他的野心能得到满足,也不能够善终。《诗经》中说:'事情都有个开头,但很少能有个结果。'想要有个好结果是很难的,令尹恐怕不能免于祸难。"

　　鲁昭公元年,各诸侯国大夫在郑国的虢地举行了会盟之后,公子围设宴招待晋执政赵武。公子围吟诵了《大雅·大明》的第一章,赵武吟诵了《小雅·小宛》的第二章。宴会结束后,赵武对叔向说:"看来公子围要取代楚王了,怎么办呢?"

　　叔向回答说:"楚王懦弱,令尹强硬,当然可以取而代之!虽然这样,他也不会有好结果的。"

　　赵武问:"为什么呢?"

　　叔向回答说:"以强凌弱,而且还心安理得,这是一种不合道义的强大,不合道义而强大,他的灭亡也会很快就到来。《诗经》中说:'这样强大的西周,却因为褒姒而灭亡。'这就是强大而不合道义的后果啊。等公子围做了楚王,必定会谋求诸侯的拥护。而晋国已经有点衰弱了，诸侯必定会归附楚国。楚国得到了诸侯的拥护，他的暴虐就会变本加厉。等到百姓不堪忍受的时候，公子围又怎么可能得到善终呢？他用强力夺得王位，依靠不义取得成功，那么他一定会把这些当成正确的道路而继续走下去。把放纵暴虐当作正确的道路，当然是不可能长久的。"

当年秋，公子围派公子黑肱、伯州犁在靠近郑国的犨、栎、郏三个地方修筑城池，郑国人感到害怕。子产说："没有关系的。这是令尹打算要造反了，而先用这种方法除掉这两个人。祸乱不会牵连郑国，有什么好担心的？"

冬天，公子围将要到郑国聘问，伍举担任他的副手。还没有走出国境，就听说楚王生病，于是就返回了，由伍举代替他出使郑国。十一月初四，公子围赶到郢都，进入宫内探问楚王的病情，乘机把楚王勒死了，并且杀掉了楚王的两个儿子幕和平夏。右尹子干逃亡到晋国。宫厩尹子晳逃亡到郑国。公子围又在郏地杀掉太宰伯州犁，把楚王埋葬在郏地，没有给他谥号，而称之为郏敖。

公子围派使者到郑国报告这件事，伍举问使者如果郑国问起新君之事该如何回答。使者说："就说是我们的大夫公子围。"伍举纠正他说："你应该说：楚共王的儿子中以公子围最为年长！"

公子围即位，是为楚灵王。任命蒍罢为令尹，蒍启强为太宰。楚灵王在位十二年，最后因蔡人叛乱，自己的太子被杀，弟弟又在一旁伺机夺位，陷入绝境而上吊自杀。

## 秦后子适晋

秦桓公的儿子后子，名鍼，是秦景公的同母弟弟。后子很得秦桓公的喜爱，在秦景公继位以后，他的权势已经大到可以和君王匹敌的地步了。他的母亲说："你如果还不离开的话，恐怕会有灾祸。"鲁昭公元年五月，后子前往晋国，随行的车辆有一千辆之多。

后子设宴招待晋平公，在黄河里用船架设了浮桥，每隔十里就准备车辆，一直从秦国都城雍城摆到晋国都城绛城。后子用九献之礼招待晋平公，从开始到结束，为了运送后八献的酬币，车马在两国的都城之间往返了八次。

司马侯问后子："你的车子，就都在这里了吗？"后子回答说："这就够多的了！如果我的车子再少一些，我又怎么会跑来晋国，见到你们的君王呢？"司马侯把这件事情告诉晋平公，并且说："后子一定能回去的。我听说，一个人如果能知道自己的过错，就一定会有好的前程。这好的前程，是能够得到上天的帮助的。"

后子去见赵武，赵武问："你什么时候可以回去？"

后子回答说："我害怕在我们国君那里获罪，所以才会逃来这里。我准备等新的国君继位以后再回去。"

赵武问："秦景公现在怎么样？"

后子回答说："暴虐无道。"

赵武问："秦国会不会灭亡呢？"

后子回答说："怎么会呢？只是一个君王无道，国家还不至于陷入绝境。国家建立在天地间，必然会有能辅佐君王的臣子出现。如果不是连续几代都荒淫无道的话，是不可能灭亡的。"

赵武问："那么秦景公会短命吗？"

后子回答说："是的。"

赵武问："还能活几年呢？"

后子回答说："我听说，国家无道而能年谷丰收，那是老天在帮助他。所以他应该还可以维持五年。"

赵武看地上的影子说："人活世上朝不保夕，谁能够等待五年呢？"

后子出来，对别人说："赵武快要死了。主持国家大政，却感慨时间的流逝，为自己活不了多久而担心。他恐怕支持不了多久了。"当年年底，赵武就去世了。

这一年，楚国的公子围弑君自立，楚右尹子干逃亡到晋国，随行的只有五辆车子。叔向让他和秦公子后子享受一样的待遇，都是足够养活一百人的食禄。赵武说："秦国的公子富。"认为两人贫富不同，楚公子不应享受与后子一样的待遇。

叔向说："确定一个人的待遇，要根据他的品德；如果两人品德相当，就根据年龄；如果年龄也相同，就根据地位。对逃亡到晋国的公子，要根据他们国家的大小，而不是根据他们的贫富来决定待遇。再说秦国的公子带着一千辆车离开他的国家，可以说极其强大了。《诗经》中说：'不欺负鳏寡，不畏惧强大。'既然如此，秦国和楚国大小相当，他们的待遇也应该相当。"于是让后子和子干享受同样的待遇。

但是后子却认为自己不该享受与子干一样的待遇，推辞说："我是因为畏惧获罪，楚公子是因为身遭不幸，所以我们都来到这里，一切听从你的安排。再说我已经在晋国做官，是晋国的臣子，而楚公子是这里的客人。我们享受同样的待遇，怎么可以呢？《史佚》中不是说：'我不是客人，你为什么要客气？'"

鲁昭公五年,秦景公去世,景公子哀公继位。因为景公已死,后子就回到了秦国。

## 子皙不得善终

郑国的子皙在与郑国执政良霄的争斗中,靠着族人的帮助,居然攻灭了良霄,从此愈加放肆起来,开始有了犯上作乱的想法。鲁昭公元年,各国大夫在郑国的虢地会盟,连外国的使者都看出子皙将要作乱。会上,楚国公子围的服饰仪仗超出规格,郑国外交官公孙挥出言讥讽,楚国的伯州犁就反驳说:"你还是为你们的子皙将要反叛作乱操心吧!"

子皙与游氏家族的子南争夺妻子,两人发生冲突,郑国的大夫们慑于子皙的威势将子南逼走,然后又为此事订立盟约。子皮、子产、公孙段、印段、游吉、驷带六卿在郑都城门闺门之外订盟,子皙也一定要强行加入,并且让太史记下他的名字,与六卿并列。子产等人没有反对,但心里都很不满。

晋平公生病,郑简公派子产去晋国探望。晋国的叔向去子产住的地方看他,出来时,公孙挥送他。叔向向公孙挥询问郑国的情况,顺便问到子皙。公孙挥回答说:"他哪里还能长久?不遵礼仪,而喜欢凌驾在别人头上;依仗财势,而瞧不起他的上司。维持不了多久了。"

鲁昭公二年秋,子皙将要作乱,打算除掉游氏并且取而代之,但因为他旧伤复发而没有能够成功。他的家族驷氏的人和郑国的大夫们都想杀掉他。这时,子产正好在郑国的边境,听说了这件事,害怕来不及制止,急忙乘坐驿车赶了回来。

子产派了一个官吏去列数子皙的罪恶,说:"在良霄那次动乱中,我因为有与大国的事情需要处理,所以没来得及讨伐你。你一向都有叛乱之心,而且贪得无厌,国家已经不能够忍受你了。你攻打良霄,这是你的第一条罪状;与你的堂弟争夺妻室,这是你的第二条罪状;在薰隧(闺门外的大道)之盟的时候,你假托君命而与六卿并列,是你的第三条罪状。你有这三条死罪,怎么还可以再容忍你呢?你如果再不快点死去的话,死刑就要落到你的头上了。"

子皙想抗拒让他自杀的命令,拜了两拜,叩头辞谢说:"我旧伤复发,很快就要死掉了。老天都不让我活,你就不要再帮着老天来虐待我了。"

子产说:"人谁没有一死?只不过恶人都不得善终,这也是你的命啊。你做了坏事,成了恶人,我如果不帮助上天,难道还帮助恶人吗?"

子皙又请求让他自己的儿子印担任市官一职,子产说:"如果印真有才干的话,君王会任命他做官的。如果他没有才干的话，早晚也会有一天会步你的后尘。你的罪过本来就不可以赦免，你还有什么可要求的？如果你还不快点去死，司寇就要来捉拿你了。"

七月初一，子皙自缢而死。郑国人把他的尸体放到周氏大街上示众，并在一块木牌上写上他的罪状放在尸体旁。

# 齐晏婴使晋

鲁昭公三年春，因为去年少姜（齐庄公之女，嫁给晋平公，有宠）去世，齐景公派晏婴出使晋国，请求再嫁一个女子给晋平公，以继承少姜。晏婴说："我们国君派我来对你们的君王说：'我愿意侍奉君王，朝夕不知倦怠；我愿意奉上贡赋，不错过约好的时间。然而国家多难，所以我不能亲自前来。我们本有一位先君的嫡女嫁给君王，希望借此来光耀我的名望，可惜她又没有福气，早早地去世了，让我非常遗憾。如果君王不忘先君的旧好，肯照顾我们齐国，不嫌弃我无能，使我得以托福于太公和丁公，继续保佑齐国，帮助齐国安定社稷，那么我们还有先君的嫡女，以及庶出的女儿若干人。君王若不嫌弃的话，就请再派一个使者光临敝邑，慎重挑选一个，作为君王的姬妾。这正是我的愿望。'"

晋国的韩起派叔向回答说："这也正是我们国君的愿望啊。我们国君不能独自承担国家社稷的重任，就是因为没有正式的夫人。只是因为目前还在服丧期间，所以我们才没有敢对贵国有所请求。既然承蒙君王有这样的命令，是我们晋国莫大的荣幸。如果君主能这样照顾我们，安抚我们晋国，赐给我们一位夫人的话，那就不仅仅是我们的君王，我们这些臣子也感到无比荣幸，就连自唐叔以下的晋国历代祖先，也都会为这件事感到高兴的。"

订立婚约之后，晏婴接受了晋国的招待。叔向陪着晏婴吃饭，边吃饭边交谈。叔向问："齐国现在怎么样了？"

晏婴说："这已经是齐国的末世了。我不能保证，将来齐国会不会变成陈氏的国家。齐国君王不爱惜他的百姓，而百姓也就都归附了陈氏。齐国旧有的四种量具，豆、区、釜、钟，四升为一豆，四豆为一区，四区为一釜，然后十釜为一钟。但是陈氏的量具，前面三种都是逢五进一的，因此陈氏的一钟就比齐国旧有的一钟大很多了。他们用自己的量具借粮食给老百姓，而用旧有的量具收贷。山里的木材运到市场上，并不比山里的价格高。鱼、盐、蛤蜊，价格也不比海边更贵。老百姓一年的劳动成果，三分之二交给国家，只有三分之一留着自己生活。君主贮存的东西都腐朽蛀烂了，可老百姓即使上了年纪也还饥寒交迫。在国家的市场上，鞋子很便宜，但假腿却因为被砍脚的人太多而变贵，可见刑罚有多么严重！当老百姓处在痛苦或疾病中时，只要有人能够安抚他们，他们就会非常感激，并且像对待父母一样地爱戴他，如同流水一般地归附他，想要让他不获得民心，又有什么办法呢？现在恐怕陈氏的祖先箕伯、直柄、虞遂、伯戏，以及最先被封在陈地的胡公、大姬等人，他们的神灵恐怕已经聚集到齐国，等到享受陈氏的祭祀了。"

叔向说："是这样啊。即使是我们晋国，现在也是处于末世了。战马不再驾车出征，卿族不再率领公室军队，公室的车辆已没有卿族侍卫，军队中也没有称职的将官。百姓贫穷困顿，而宫室却越来越奢侈。路上随处都有饿死的人，但宠臣家里的财富却多得装也装不下。百姓听到君王的命令，就像躲避敌军那样避之唯恐不及。过去的卿大夫栾、郤、胥、原、狐、续、庆、伯八家的子孙，都沦落成了卑贱的皂、隶。政权落在韩、赵等大夫私人手里，而百姓却不知该依靠谁。君王不知悔改，整天沉溺在乐舞中，以排解忧患。公室如此衰弱，不知道还会持续到什么时候？《谗鼎》上有铭文说：'祖上每天天不亮就起来，创建了显赫的功绩，子孙后代却还是懒惰懈怠。'何况君王没有一天想到悔改，他的统治怎么可能长久呢？"

晏婴说："那么你将怎么办？"

叔向说："晋国的公族已经没有了。我听说，公室将要衰微，其宗族就会像树上的枝叶一样先落下来，然后公室也随之陨落。我们'叔'这一族，本来共有十一个家族，现在只剩下我这羊舌氏一族而已。我又没有儿子，公室又没有法度，如果能得善终就已经心满意足了，哪里还希望享受祭祀呢？"

夏天，晋国派韩起到齐国为晋平公迎娶夫人。齐国的公孙虿（子尾）因为少姜曾受晋平公宠爱，就用他的女儿换了齐景公的女儿嫁给晋平公。有人告诉韩起说："公孙虿欺骗了晋国，晋国怎么可以忍受这样的事呢？"韩起回答说："我们这次来，本来就是为了和齐国搞好关系，如果反而疏远了齐国的宠臣，那以后还怎么跟齐国搞好关系？"

## 齐景公更晏子宅

齐景公想为晏婴更换住处，说："你的住处太靠近市场，低洼潮湿，房子又小，周围又吵，而且尘土飞扬，不适合居住。请为你换一个明亮宽敞、清静干爽的地方住吧？"

晏婴推辞说："我的先辈们就是住在这里的，我还不足以继承他们的事业，这里对于我来说已经非常奢侈了。况且我住的地方靠近市场，想买东西早晚都很方便，对我来说是一大便利。何必烦劳里旅(齐官名,掌管卿大夫家宅)费心为我找房子呢?"

齐景公笑着说:"你靠近市场,能辨别东西的贵贱吗?"

晏婴回答说:"既然贪图这个方便,怎么会不知道呢?"

景公就问:"那么什么贵,什么贱?"

这个时候,齐国的刑罚很重,动不动就有人被砍脚。所以晏婴回答说:"假脚贵,鞋子贱。"

鲁昭公三年,晏婴出使晋国,与叔向交谈,谈到齐国的刑罚严苛,就把假脚贵、鞋子贱的话又对叔向说了。齐景公后来也因为晏婴的话而减轻了刑罚。君子说:"仁慈的人所说的话,能够给更多的人带来利益。因为晏婴一句话,齐景公就减轻了刑罚。《诗经》说:'君子实行仁政,祸乱就会自己停止。'说的就是这样的事情吧!"

齐景公趁晏婴在晋国访问,就为他翻修了住宅。晏婴回来时,房子已经翻修好了。晏婴拜谢了景公以后,就把新房子给拆了,并且重建了那些因为扩建晏婴住宅而被毁坏的房屋,又恢复成了原来的样子,让原来的主人住回去,并说:"谚语说:'不需要为住宅占卜吉凶,而需要为邻居占卜。'你们都是我经过占卜选择的好邻居,违背了占卜的结果是不吉利的。我们不做不合礼法的事情,也不做不吉利的事情,这是自古以来的规矩。我怎么能违背这些呢?"最后还是恢复了他房子原来的样子。齐景公开始时不答应,后来晏婴通过陈无宇向景公请求,景公才答应了。

## 楚灵王大会于申

楚灵王夺取君位后,一直想当诸侯的盟主,召集诸侯举行盟会。鲁昭公四年正月,许国国君去楚国访问,楚灵王就先将他留了下来,又把前一年年底来访的郑简公也留了下来,然后派伍举到晋国去,请晋平公允许各诸侯参加楚国主持的盟会,郑简公和许国国君则留在楚国静候伍举的回音。

伍举向晋平公转达楚灵王的要求说:"寡君派我来向您转告:以前承蒙您的恩惠,与我们国家在宋国订立盟约,盟约上说:'从属于晋、楚两国的诸侯,应分别朝见对方的盟主。'现在因为我国多灾多难,我愿意与各诸侯建立友好关系,所以派伍举来贵国,请求您的同意。如果贵国没有四方边境的事需要担忧,那就希望您能帮我们向各诸侯请求!"

晋平公想要拒绝伍举的请求,司马侯对晋平公说:"您不要这样做。楚王现在正骄横放纵,上天或许是想满足他的欲望,以此来增加他的凶残,然后再对他进行惩罚,也是很有可能的！也许楚王能这样善终，也是很有可能的。晋、楚两国都只能依靠上天的帮助，才能够实现霸业，而不能依靠对诸侯的争夺。所以君王您应该答应楚王的要求，而后培养道德，等待事情自然发展。如果发展的结果是楚王最后能以德治国，那我们晋国都还要继续侍奉楚国，更何况其他诸侯呢？如果发展的结果是楚王更加暴虐失德，那便是楚国自己抛弃诸侯，自己要放弃霸主的地位，还需要我们去争夺什么呢？"

晋平公说："晋国有三点可以使国家不致陷入危险，还有谁能够与我们相抗衡呢？我们国家地势险要，并且马匹众多，而齐、楚两国多灾多难，凭这三点，晋国怎么会不成功呢？"

司马侯回答说："仰仗地势险要与马匹众多，并且指望着邻国发生灾难，这本身就是三种危险。四岳、三涂山、阳城、太室山、荆山、终南山都是九州险要，但占据这些险要的国家，有的兴，有的亡。冀州的北边，是出产骏马的地方，却并没有强国因此而兴起。可见凭借地势险要和马匹众多，国家并不一定就能稳固，自古至今都是这样。因此古代的君王都致力于以德治国，来取悦神明与百姓，没有听说过一心依仗险要的地势和众多的马匹来使国家富强的。

"我们也不能寄希望于邻国发生灾难。有的国家正是由于经历了很多灾难，最后却使国家强大起来，反而扩大了自己的领土；也有的国家很久没有遭遇灾难，却反而丧失了自身的强大，失去了守护的领土。所以我们怎么能把希望寄托在别国发生灾难上呢？齐国因为发生了'仲孙之乱'，而得到齐桓公这样一位明主，至今齐国仍然从他的功绩中受益。晋国因为发生了'里克丕郑之乱'，而得到晋文公，晋国因此而成为诸侯的盟主。卫、邢二国，虽然没有发生过灾难，却被其他国家消灭了。所以别国的灾难，是绝对不可寄望的。只依仗您所讲的三点，却不去修明政治、培养道德，到时候挽救危亡都来不及，哪里还能成就霸业？所以希望您还是答应楚国的请求吧。殷纣王暴虐无道，而周文王仁慈祥和，所以殷商衰落，而周朝强盛。国家的兴衰，难道仅仅在于争夺诸侯吗？"

晋平公听了这些话，就答应了楚国的要求，并派叔向回答楚国的使者说："寡君由于有国家大事需要处理，所以没能在春秋两季亲自前去朝见。至于中原的诸侯，其实早已归属贵国，何必还要劳您派人到我们国家来征求意见呢？"于是伍举又替楚灵王向晋国求婚，晋平公也答应了。

楚灵王问郑国的子产说："晋国会答应让诸侯都归顺我吗？"

子产回答说："一定会的！晋平公只想着贪求眼前的安逸，而没有得到诸侯的野心。

晋国的大夫们都忙着追求富贵，没有人去辅佐他们的国君。而且在宋国订立的盟约中，也明文规定晋、楚两国的地位一样。如果晋国不会同意您的要求，那还要订立那样的盟约做什么？"

楚灵王问："那么诸侯会来参加楚国的会盟吗？"

子产回答说："一定会来的！他们要遵守在宋国订立的盟约，同时还要讨贤君的欢心，以后可以不再害怕晋国，他们为什么会不来呢？不到楚国来的国家，无非就是鲁、卫、曹、邾吧？曹国畏惧宋国，邾国畏惧鲁国，鲁、卫两国因为被齐国所逼而不得不与晋国亲近，所以大概就只有这几个国家不会来参加吧。其余的诸侯，都是君王您的威望所能影响的，受您的力量所控制的，谁敢不来呢？"

楚灵王问："那么只要是我所要求的，就没有得不到的了吗？"

子产回答说："强迫他人来满足自己的愿望是不可能的，但是如果与他人的愿望相同，则一定都能如愿以偿。"

这一年的夏天，各国诸侯都受命前往楚国，只有鲁、卫、曹、邾这四个国家没有参加会盟，曹、邾两国借口国家有内乱，鲁昭公则借口盟会的时间与祭祀的日子相冲突，卫襄公则以生病为由推辞不去。

郑简公先期抵达申地，在那里等待各国诸侯。六月十六日，楚灵王召齐蔡灵公、陈哀公、郑简公、许男、徐子、滕子、顿子、胡子、沈子、小邾子、宋国的太子佐等在申地会盟。伍举对楚灵王说："据我所知，现在诸侯不服从别的，只服从讲礼仪的。如今您刚刚得到诸侯的信任，在礼仪上必须更加谨慎才对。霸业能否建立，就看这次诸侯大会能否成功了。夏朝的启有钧台的享宴，商朝的汤有景亳的命令，周武王有孟津的盟誓，周成王有岐阳的会猎，周康王有酆宫的朝会，周穆王有涂山的会盟，齐桓公有召陵的阅兵，晋文公有践土的盟约，那么您要采用哪一种方式呢？宋国的向戌、郑国的子产都来参加这次大会了，他们都是诸侯国之中的杰出人才，君王您可以向他们咨询良策。"

楚灵王说："我要采用齐桓公的策略。"当年在召陵，齐桓公阅兵后，没有动用诸侯大军攻打楚国，而是退而与楚国结盟，以恩德安抚楚国。楚灵王这时有感于此，所以想采用齐桓公的策略。

楚灵王派人向向戌、子产请教礼仪的问题。向戌说："小国学习礼仪，大国使用礼仪，我怎么敢不向您进献我所知道的呢？"于是献上秦献公会合诸侯的礼节六种。子产说："小国把侍奉大国当作自己的职责，我怎敢不尽忠职守，向您进献我所知道的呢？"又献上伯爵、子爵、男爵会见公爵的礼节六种。向戌所献的,是盟主主持会盟的礼仪;子产所献的,是诸侯会见盟主的礼仪。评论者认为,向戌善于维护先代的传统,子产善于辅佐小国。

楚灵王让伍举跟随在自己左右,以指出并纠正自己不合礼仪的地方。但是直到大会结束,伍举也没指出过一次,灵王问他是什么缘故,他回答说:"关于礼仪,这六种(即向戌献上的六种)都是我从未见过的,我又怎么能帮您纠正呢?"

宋国的太子佐在大会之后才到达。楚灵王在武城打猎,过了很久也没有接见他。伍举建议灵王辞谢太子佐,灵王便派伍举去对他说:"我国正好要在武城祭祀宗庙,我们国君得去那里把宋国进献的财礼献给宗庙,所以派我来告诉你,为不能及时接见你而表示歉意。"

徐子是吴国女子所生,因而是吴国的外甥。楚国认为他与吴国暗自沟通,对楚国三心二意,所以在申地将他抓了起来。楚灵王这样做,是为了向诸侯显示他的威严,伍举劝谏说:"古代六王(夏启、商汤、周武、成、康、穆)和二公(齐桓、晋文)的事,都是向诸侯表示礼仪,因此诸侯才肯听从号令。夏桀举行'仍之会',缗国就背叛了他;商纣王在黎丘会猎,东夷就背叛了他;周幽王缔结'太室之盟',戎狄就背叛了他。这都是由于他们对诸侯乱施淫威,只知向诸侯显示君王的威严,所以诸侯才违背了王命。现在君王您也过分地展示威严,这样恐怕无法完成霸业吧?"楚灵王不听。

子产见向戌时,说:"我不再担心楚国了,因为楚王这样骄纵,并且听不进大臣的劝谏,所以楚国的盟主地位不会超过十年了。"

向戌说:"对。如果他骄纵的时间不到十年,他的罪恶就不能让天下人都知道。罪恶昭彰之后,他就必然会被众人抛弃。为善也是这样,当德行的影响广及天下时,国家才能够兴盛。"

随后,楚灵王率领诸侯军队消灭了赖国,把赖国遗民迁移到鄢地。又派人在赖地筑城,打算将许国人迁移到那儿。申无宇说:"楚国大祸的开端就在这里了。召集天下诸侯前来会盟,攻打赖国并加以占领,还要在那儿修筑城池,而竟然没有一个人出言反对。君王的每一个愿望都没有人敢反对,百姓还怎么能安居乐业,谁还能够忍受呢?百姓不能忍受君王的命令,祸乱就会因此而发生了。"

# 竖牛乱叔孙氏

当年,鲁国的叔孙豹见哥哥叔孙侨如与鲁成公的母亲私通,还打算除掉季孙、孟孙、夺取他们的财产,害怕大祸降临到家族头上,就逃离鲁国前往齐国。叔孙豹到达鲁地庚宗时,遇上一位妇人,于是就请她帮着偷偷弄些吃的,并和这个妇人发生了关系。妇人问叔孙豹要去什么地方,叔孙豹就把事情告诉了她,妇人便哭着为他送行。

叔孙豹到了齐国,娶国氏的女儿国姜为妻,并生下孟丙、仲壬两个孩子。一天,他梦见天压在自己身上,自己快要顶不住的时候,忽然看到一个人,这人皮肤很黑,肩颈部向前曲,眼眶很深,嘴巴像猪一样往外噘。叔孙豹便大声喊他说:"牛,快来帮助我!"于是便把天撑了起来。

第二天早晨,叔孙豹召集起所有的手下,一个一个看过来,但却没有发现梦中的那个人。叔孙豹便对自己手下说:"把这件事记下来再说!"

等到叔孙侨如逃亡去了齐国,叔孙豹给他送食物,侨如说:"鲁国因为我们祖先的缘故,必定会保留我们的家族祭祀,而且一定会召你回去。如果鲁国召你,你会怎么办?"叔孙豹回答说:"我早就盼望鲁国的召唤,想要回去了。"

后来鲁国果然来召叔孙豹回国,叔孙豹没有告诉侨如就走了。叔孙豹被确立为上卿之后,他在庚宗相遇的那个妇人来献山鸡。他问妇人有没有儿子,妇人回答说:"我的儿子已经长大了,已经能捧着山鸡跟我一起来了。"叔孙豹就叫妇人的儿子来见他,发现他就是自己梦见的那个人,还没问他的名字,就直接叫他:"牛!"那个孩子就答应:"是。"叔孙豹立即召集所有的手下,让他们见这个孩子,并且让这个孩子担任"竖"(未成年人担任的小官),人们称他为"竖牛"。叔孙豹对竖牛十分宠信,等他长大后就让他总管家中事务。

叔孙豹在齐国时,齐国大夫公孙明待他非常好。叔孙豹回到鲁国后,还没来得及把他的妻子国姜接回来,公孙明就娶了国姜。叔孙豹对国姜改嫁非常生气,甚至迁怒于他的两个儿子,直到他们长大后才派人将他们接回鲁国。

鲁昭公四年,叔孙豹在丘莸打猎时得了重病。竖牛企图先让叔孙豹的家里大乱,然后趁乱占有其家产,于是强迫孟丙与他订立盟约服从自己,孟丙不同意。叔孙豹曾给孟丙铸了一口钟,并告诫他说:"你还没有与大夫们正式交际。所以,等你享宴各位大夫时,再使用这口钟!"那时像钟这样的器物,使用前要先用动物的血祭它,称作"衅"。叔孙豹

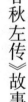

想用镈钟享宴这样的仪式,在大夫们面前确立孟丙的继承人地位。

孟丙准备好筵席,叫竖牛去向父亲请示宴请大夫们的日期。竖牛进了叔孙豹的屋子,但没有报告这件事,出来后就编了个日子骗孟丙说是叔孙豹选定的。等到那一天,宾客们都来了,叔孙豹听到钟鸣的声音,觉得很奇怪,竖牛趁机对叔孙豹说:"这是孟丙在招待国姜的客人们!"叔孙豹听了之后非常生气,想亲自去看个明白,但是竖牛想方设法不让他出去。客人们走了以后,叔孙豹就叫人捉住了孟丙,然后在大门外把他杀死了。

竖牛又强迫仲壬与他订立盟约,仲壬也坚决不同意。后来仲壬与为鲁昭公驾车的莱书私自去公宫游玩,昭公赏赐给仲壬一双玉环,仲壬让竖牛拿进去给叔孙豹看。但是竖牛进去之后,并没有拿玉杯给叔孙豹看,出来后骗仲壬说叔孙豹让仲壬把玉环佩在身上。然后,竖牛又对叔孙豹说:"您让仲壬谒见国君,有什么用意吗?"叔孙豹说:"我没有让他去见国君。"竖牛说:"您没有让他去,但是他已经自己谒见了国君。国君还赐给他一双玉环,他已经佩在身上了。"于是叔孙豹一怒之下又把仲壬赶走了,仲壬逃到了齐国。

不久,叔孙豹病情加重,就派人召仲壬回国。竖牛虽然口头上答应,却并不去召仲壬。这时家臣杜泄进见叔孙豹,叔孙豹告诉他自己又饥又喝,并交给杜泄一把长枪,想让他杀死竖牛。杜泄没有答应,说:"您过去千方百计找他,现在找到他了,为什么又要把他除掉呢?"

竖牛对大家说:"叔孙豹病得很重,不想见任何人。"因此凡是有人来送吃的,竖牛都让他们把东西放在厢房,然后让他们回去。竖牛自己也不把别人送来的食物送进去,而是把空碗放在叔孙豹屋里,然后命人把碗拿走。从十二月二十六日起,叔孙豹便没有吃东西,到了二十八日,就活活饿死了。

鲁昭公委托杜泄置办叔孙豹的葬礼,但竖牛又贿赂叔仲带和季氏家臣南遗,让他们在季武子面前说杜泄的坏话,想借季武了之手除掉杜泄。杜泄准备用周王所赐的路车来为叔孙豹送葬,而且全用上卿的礼仪。南遗便对季武子说:"叔孙豹活着的时候都没有坐过路车,怎么能用路车来为他送葬呢?而且卿中地位最高的如季氏都没有用过路车,像他这样次要地位的卿却用路车送葬,这么做不是不太合适吗?"

季武子认为他说得对,就命令杜泄不要用路车送葬。杜泄表示反对,对季武子说:"叔孙先生曾受命于襄公,而去周室聘问,晋见了周王。周天子念他家族的旧功,所以赏赐他路车。叔孙先生回来向襄公复命时,便把路车献给了襄公。襄公因为不敢违背天子的意思,再次把路车赐还给他,并命令司徒、司马、司空三位官员郑重记录此事。当时您担任司徒,是负责记录爵位和姓名的;叔孙先生担任司马,负责记录车服器用;孟孝伯担任司空,负责记录功勋。如今叔孙先生死了,却不用路车为他送葬,这是不服从君王的命令。有关这件事的记载都收藏在公府,如果不依据这些记载,就等于是否定了三官的价值。如果对于天子所赏赐的车服,在世时不敢使用,死了又不让他使用,那么将要在什么时候用呢?"于是季武子才让他们用路车为叔孙豹送葬。

季武子想要废除中军这一建制,竖牛趁机讨好他,编造谎言说:"叔孙先生生前早就想取消中军了。"鲁昭公五年春,鲁国废除了中军,这样一来就进一步降低了公室的地位。季武子将此事写成策书,让杜泄向叔孙豹的灵柩报告,策书上说:"您一直想废除中军,如今中军已经废除,特来向您的在天之灵报告这件事情。"杜泄说:"叔孙先生正是因为不想废除中军,所以当年才在僖公庙门前面盟誓,并在五父的路上诅咒。"杜泄接过策书后丢在地下,并带领着他的手下一起痛哭流涕。

叔仲带对季武子说:"我曾经听叔孙豹说过:'给不能善终的人送葬,枢车应该从城的西门出去。'"季武子听了以后便下令杜泄照办。杜泄说:"为卿士送葬,应该从宗庙出发,从国都的正门出去,这是鲁国的礼仪。您执掌国家政权,并没有重新制订礼仪,却按照自己的想法随意变更。群臣都害怕惹上杀身之罪,不敢遵从您的命令。"杜泄为叔孙豹送葬之后就出逃了。

这时仲壬从齐国回到鲁国,季孙想要立他为叔孙氏的继承人。南遗说:"叔孙氏强大,季孙就弱小了。叔孙家里现在发生了内乱,您假装不知道,不是更好吗?"南遗让都城的人帮助竖牛,在大库的庭院攻打仲壬,司宫用箭射中仲壬的眼睛,仲壬因此而死。事后,竖牛把东部边境的三十座城邑送给南遗。

竖牛拥立叔孙豹的庶子叔孙昭子为继承人。叔孙昭子正式即位后,召见他的手下,说:"竖牛为了破坏叔孙氏,在家中扰乱纲常,杀嫡立庶,还割裂叔孙家的土地赠送他人,妄想以此减轻自己的罪过,再也没有更大的罪过了!我们一定要赶紧将他杀死!"竖牛惧怕被杀,急忙向齐国逃去。孟丙和仲壬的儿子追到齐、鲁边界的关口将竖牛杀死,并把他的头割下来,丢在齐地宁风的荆棘丛里。

## 楚灵王欲辱晋

鲁昭公五年,晋卿韩起送晋平公的女儿去楚国完婚,叔向担任副使。路过郑国时,郑国的子皮、游吉在索氏慰劳他们,游吉对叔向说:"楚王骄纵放肆,实在是太过分了,你一定要存有戒心，小心为上。"

叔向回答说："楚王骄纵无度，是他自己的灾祸，怎么会危害到别的人呢？我只要奉上我的贡礼，谨慎地保持我的威仪，恪守我们的信用，遵守外交的礼节，自始至终保持对君王的尊敬，这样的做法即使到将来也是能行之有效的。顺从而不丧失分寸，恭敬而不丧失身份，以前贤的话语作为行动指南，遵循传统的准则，参考先王的事迹，衡量晋、楚两国的现状和利害得失，做到了这些，即使楚王再骄纵无度，又能够把我怎么样呢？"

韩起、叔向到达楚国。楚灵王召集楚国大夫上朝，说："晋国是寡人的仇敌，如果我们能够满足报仇的愿望，便可以什么都不考虑。现在晋国派来的使臣，分别是上卿和上大夫。我如果把韩起的双脚砍掉，让他当看门的小官；把叔向处以宫刑，让他做内宫太监。这样做就足以达到侮辱晋国的目的，并且满足了我报仇的愿望。你们说可以这样做吗？"

群臣听了，没有人回答。这时蓮启强说："可以。只要君王有所准备，有什么不可以的呢？不过连羞辱一个普通老百姓都不能没有准备，何况要羞辱一个国家？因此圣王都特别重视礼仪，不把羞辱他人当作自己的目的。朝聘时有玉珪，享宴时有玉璋。小国家有述职方面的礼仪，大国家有巡守方面的制度。主人摆了案几而不去倚靠，酒爵里斟满了酒而不饮，宴饮时为宾客准备有价值的礼物，吃饭时为宾客添加特别的好菜，有人来访则在都城郊外迎接慰劳，宾客回国时则赠送钱财礼物，这些都是礼仪的最高表现。

"国家的衰败，就是因为忽视了礼仪；忽视了礼仪，祸乱就因此而产生。城濮之战时（鲁僖公二十八年），晋国战胜了楚国，于是对楚国不再戒备，以致后来在邲地被楚国打败（鲁宣公十二年）。邲之战中楚国大败晋国，从此对晋国也不再防备，以致后来又在鄢陵被晋国打败（鲁成公十六年）。鄢陵之战后，晋国注意加强防范，对楚国以礼相待，并改善与楚国的关系，因而使得楚国不能进行报复，反而努力建立与晋国的友好关系。如今晋、楚两国已经结成姻亲，而君王您又想羞辱晋国，这是自己树立敌人的行为，即使已经有所准备又有什么用？谁又能承担如此的重任？如果有人能够承担这样的重任，能够替君王您收拾未来的局面，那么您羞辱一下晋国也是可以的；如果没有人能够承担的话，那就要请君王您仔细考虑一下了。

"晋国侍奉君王您，臣认为也算可以了。您要求晋国让诸侯参加会盟，于是诸侯就全都被您召集到这里。您向晋国求婚，晋国便把平公之女送来，而且晋平公亲自为女儿送行，并由晋国的上卿和上大夫陪伴而来。如果这样您还想羞辱他们的话，那么您就一定要有所准备才行，否则后果将会不堪设想。

"当今晋国的臣子,卿自韩起以下,还有赵成、中行吴、魏舒、范鞅、知盈;大夫自叔向以下,还有祁午、张趯、籍谈、女齐、梁丙、张骼、辅跞、苗贲皇,他们都是诸侯应该选拔的良臣。韩襄担任公族大夫,韩起的儿子韩须也受命出使在外,而箕襄、邢带、叔禽、叔椒、子羽,他们也都是大家族出生的。韩家拥有的七座城邑,都是拥有众多兵马的大县;羊舌氏的伯华、叔向、叔鱼、叔虎四家,都是兵强马壮的豪族。

"如果君王您这次真的侮辱了晋国,那么晋国失去韩起和叔向之后,将会由五位卿、八位大夫辅佐韩须、杨石(叔向之子),凭借他们十家九县、九百辆兵车的力量,还有其余四十县共计四千辆兵车留守国内,激励起将士的英勇和愤怒,来洗雪楚国的差辱之仇。叔向的哥哥伯华将为他们出谋划策,中行吴和魏舒统帅军队,那么是不会不成功的。这样一来,君主您要把亲善友好的姻亲关系,换成楚、晋两国的仇恨,那就确实是以不合礼仪的行为给自己招来仇敌,而且还没有足够的准备,把我们这些大臣们送去敌人的虎口而被俘,以便满足君主您的愿望,又有什么不可以的呢?"

楚灵王说:"这是寡人的过错,您不用再说啦!"于是楚灵王对韩起格外礼遇。灵王本来还想问叔向一些他不懂的事,好让他出丑,结果却因叔向博学而未能达到目的,于是又对叔向厚加礼遇。

## 郑人铸刑书

鲁昭公六年三月,郑国人把刑书铸在了鼎上。晋国的叔向派人送信给郑国的执政子产,信上说:"开始的时候,我对你抱着很大的期望,现在这一切都落空了。从前,先王根据事情的轻重来判断罪行的大小,决定惩罚的轻重,而不制定各种刑律法制,是因为担心百姓会产生抗辩之心的缘故。即使这样,还是不能禁止百姓的各种犯罪行为,所以用道义来加以约束,以政令来进行纠正,以礼仪来推行,以信用来护持,以仁爱来奉养。同时,还设立了食禄爵位,以鼓励服从政令的人;严厉地定罪判刑,以惩罚行为放荡的人。即使这样,还怕不能收到成效,所以又用忠诚来教诲百姓,根据他们的成绩进行奖赏,教导他们各种专门的知识和技艺,和颜悦色地使用他们,严肃认真地面对他们,庄重威严地接近他们,坚决果断地判断他们的罪行。而且还要征求聪明睿智的执政,明察秋毫的官员,忠诚守信的地方长官,以及慈祥和蔼的老师,这样才能使百姓听从君王的命令,而不会发生祸乱。

"如果百姓知道有了刑书,就会去依据法律,而不畏惧在上的统治者,并会产生依据法律与官长争执的念头。大家各自征引刑书，都心存侥幸，指望自己的争执能够获得成功，这样百姓就无法管理了。夏朝百姓违反政令，于是就制订了'禹刑'；商朝百姓违反政令，于是就制订了'汤刑'；周朝百姓违反政令，于是就制订了'九刑'。这三种刑法之所以会出现，就是因为国家已经处于末世了。

"现在你在郑国执政，在田地中开挖疆界和沟渠，确立了受人批评的丘赋制度，还制定了'禹刑''汤刑''九刑'那样的刑书，而且还要把刑书铸在鼎上，想靠这种方法管理百姓，不是太困难了吗？《诗经》中说：'仿效文王的德政，四方诸侯日益归服。'《诗经》中又说：'仿效文王，天下诸侯都会信赖。'如果能够这样，哪里还需要刑法呢？何况现在的百姓已经有了争执之心，他们就会舍弃礼仪而专门征引刑书，像针尖一样的小事都会去斤斤计较，百姓间的法律纠纷会越来越多，并且会争相贿赂。在你执政快要结束的时候，郑国恐怕就要衰亡了。我听人说：'国家将要灭亡的时候，法令必然制定得很多。'说得大概就是这样的情况啊！"

子产回信说："正像你所说，我是一个没有才干的人，不能考虑子孙后代的事情。我现在这么做，只是想拯救眼下这个世代。我虽然不能接受你的忠告，但绝不敢忘记你的好意！"

子产可以说是春秋时代有法家倾向的改革家，要改革，就会触动传统的观念，损害一些人的利益，所以也就免不了受到批评。将刑法铸在鼎上，意味着成文法的公布，当然是一种进步。古代虽然相传有很多条刑律，但似乎都是藏在贵族们的匣子里，而不是向百姓公布的。如今子产要把刑律公布出来，自然要触及贵族们的利益。鲁昭公二十九年，晋国也把刑书铸在鼎上公布，就遭到了孔子的批评，而所说的话也几乎和叔向一样，可见当时的贵族是多么地反对将成文法公布于众。

## 楚无宇执阍人

楚灵王还在担任令尹时，曾经做了一面国君才能使用的旌旗，并且打着这面旗子出去打猎。负责追赶野兽的芊尹无宇把旗上的飘带斩断（飘带的数目象征地位的高低），说："一个国家有两位国君，谁能够忍受呢？"

楚灵王即位以后，又兴建了章华之宫，收容逃亡的人住在里面。无宇的看门人犯罪逃到了章华之宫里，无宇想派人把他抓回来，可是管理宫殿的官员不让，并说："在王宫里抓人，这可是很大的罪过。"随后便把无宇抓起来交给楚灵王。

楚灵王此时正准备饮酒作乐，无宇为自己争辩说："天子治理天下，诸侯治理自己的封地，这是自古以来的制度。在所治理的封地之内，哪里不是君王的土地？靠这片土地养活的人，哪个不是君王的臣子？所以《诗经》中说：'普天之下，都是天子的土地；土地上的人，都是天子的臣民。'天有十日，人有十个等级，身处下位的人要侍奉处在上位的人，而身在上位的人又要侍奉神灵。所以王统治公，公统治大夫，大夫统治士，士统治皂，皂统治舆，舆统治隶，隶统治僚，僚统治仆，仆统治台。养马有马官，放牛有牛官，他们都分别管理自己的事情。"

"现在您的官员却说：'你为什么在王宫里抓人？'可是我不在王宫里抓他，又到哪里去抓呢？周文王的法令说：'有犯罪逃亡的人，就要到处搜捕他。'这正是周文王能取得天下的原因所在。我们的先君楚文王还制定了惩罚窝藏赃物的'仆区之法'，说：'窝藏偷窃来的赃物，与偷窃者罪责相同。'所以他那时楚国的疆域能到达汝水。如果按照那位管理宫殿官员的做法，我就不能捉住逃跑的奴仆；如果奴仆一逃亡，我们就放过他，那我们就会没有奴仆了，这样国家不是更难治理吗？以前周武王列数殷纣王的罪状，然后通告天下诸侯说：'纣王是窝藏天下逃亡奴仆的窝主，是逃犯聚集的渊薮。'因此天下人不怕流血牺牲也要反对纣王。如今君王您刚刚得到诸侯的拥护，便效仿纣王，这怎么可以呢？如果采用周文王和楚文王的办法，逮捕出逃的奴仆，便可以抓住盗贼了。"

楚灵王听完后，就说："那么把你的看门人抓起来带走吧！这里其他的盗贼都得寡人的宠信，你不能抓他们。"于是赦免了无宇的罪过。

## 薳启强致鲁侯

鲁昭公七年，楚灵王修建成了章华之台，希望让诸侯们都来参加落成典礼。太宰薳启强说："我可以请来鲁侯。"于是楚灵王就派薳启强去鲁国邀请鲁昭公。

薳启强到了鲁国，觐见鲁昭公，对他说："以前贵先君成公曾命令我国大夫婴齐说：'我们一定不要忘记先君的友谊，将派衡父来楚国，帮助楚国安定社稷，使楚国的百姓能安居乐业。'鲁成公二年，婴齐在蜀地结盟，接受了这个命令。自他接受命令以来，从不敢疏忽遗忘，还将这件事祭告宗庙。过去我们先君共王一直仰着脖子向北方眺望，每天都这样期待着贵国使者的到来，到现在已经更换了四代国君了。可是贵国的恩惠却一直没来，只有鲁襄公曾屈尊到敝国吊唁康王的丧事。我与楚王的臣子们心中烦乱，丧失了主意，忙于治理国家而没有空闲，没有能够怀念鲁襄公的恩德。如果君王您能屈尊来到我们楚国，使楚国上下都得到恩惠，以便再次申明蜀地盟誓中的友好关系，这便是君王您给敝国的恩惠了，楚国又哪敢奢望和那次蜀地的条件一样呢？我们先君在天之灵都将嘉许和依靠您，岂止是我们国君一人念您的恩情呢？如果君王您不来楚国，那寡君就要让臣问您，君王您参加盟会的日期。我们君主将带着礼物在蜀地与您相见，以请求贵先君成公对楚国的恩惠。"

蓮启强说得虽然好听，但事实上所发生的，是鲁成公二年楚国公子婴齐入侵鲁国，鲁国无奈之下请求结盟，让成公的弟弟衡父去楚国作人质，结果衡父逃了回来。蓮启强还加了威胁的

楚灵王

话，意思是鲁昭公如果不去楚国，楚王就要兴兵伐鲁，然后在蜀地接受鲁国的投降，而且还要鲁国的人质，以弥补当年衡父逃回鲁国的损失。

鲁昭公准备前往楚国，一天晚上梦见鲁襄公为他祭祀路神。梓慎对昭公说："您还是别去楚国了。从前襄公去楚国的时候，曾梦见周公为他祭祀路神，这才去了。如今襄公又为您祭祀路神，君王您还是别去楚国为好。"子服惠伯说："要去！先君襄公因为没去过楚国，周公才为他祭祀路神的。如今襄公已去过楚国，所以才为君王您祭祀路神。要是不去的话，又要去哪里呢？"

三月，鲁昭公前往楚国。楚灵王在新台设宴招待鲁昭公，并挑选了一位身高体壮的人担任相礼，还送给鲁昭公一把名叫"大屈"的好弓。但送了之后，楚灵王又后悔了。蓮启强听说后，便去拜见鲁昭公。鲁昭公对他说了宴会的经过，以及楚王送他大屈弓的事。蓮启强听了之后，立即下拜庆贺。昭公问："你为什么要祝贺我呢？"蓮启强说："齐、晋、越这三个国家早就想得到这把弓了，可是我们楚王没有给这三国的国君，却把这把弓送给了您。愿君王您能防范这三个邻国，谨慎地保护好这把弓。您得到这样一把宝弓，我怎敢不向您祝贺呢？"鲁昭公听了之后很害怕，就把大屈弓送还了楚灵王。

## 孟僖子好礼

鲁昭公七年，鲁大夫孟僖子跟随昭公去楚国，参加章华之台的落成典礼。经过郑国，

郑简公在郑国都城城门外慰问了昭公。孟僖子在仪式中担任昭公的副手,可是却对礼仪问题无所帮助。到楚国以后,他也不懂得该怎么答谢楚国人在郊外的迎接。九月,鲁昭公从楚国返回。孟僖子因为自己在这次出使中表现出来的对礼仪的无知感到羞耻,于是发愤学习礼仪,只要遇到懂得礼仪的人,不论贫贱都立刻拜他为师,向他学习。

后来,孟僖子临死的时候,把他手下的大夫叫到跟前说:"礼仪是一个人的立身之本,不懂得礼仪,一个人就无法在社会上立足。我听人说,有一位贤达的人名叫孔丘,是圣人成汤的后代,他的家族被宋国所灭。孔丘的高祖弗父何,本来应该继位为宋国国君,但他却把宋国让给了宋厉公。到了弗父何的曾孙正考父时,又辅佐戴公、武公、宣公,三次接受君命担任了正卿,却越发恭谨,所以正考父庙中的鼎上的铭文说:'一次受命以后就低着头,二次受命以后就弓着背,三次受命以后就弯着腰。入朝时要沿着墙边快步走,却没有一个人敢欺负我。在鼎中做稀饭或干饭吃,聊以糊口生活。'正考父是如此恭谨,所以臧孙纥说:'他们是道德很高的圣人,即使没有成为国君,子孙中也一定会出圣贤的。'这句话可能会在孔丘身上应验。我如果能得善终,一定要把南宫敬叔和孟懿子送到孔丘门下,让他们侍奉他并且跟他学习礼仪,使他们在社会上能够立足。"

因此孟僖子死后,孟懿子和南宫敬叔便把孔子当作他们的老师。孔子说:"知过能改的人就是君子。《诗经》里说:'君子的言行,让人们学习,让人们效仿。'像孟僖子这样的人,就是要让我们学习、让我们效仿的。"

## 郑人相惊以良霄

鲁襄公三十年,郑国的执政良霄被郑国大夫所杀,后来郑国都城的人便拿良霄来互相吓唬。只要一说:"良霄来了!"人们便吓得四处乱跑,也不知该躲到哪里才好。

鲁昭公六年的二月,有人梦见良霄身披盔甲,一边走一边说:"我要在三月初二杀死驷带,明年正月二十七再杀死公孙段。"驷带和公孙段都是当年帮助子晳攻打良霄的人。等到三月初二日,驷带果然死了,郑国人于是更加害怕。到了第二年的正月二十七日,公孙段也死了,郑国人变得更加恐慌。

公孙段死后的下一个月,子产立鲁襄公十九年被杀的子孔之子公孙泄,和良霄的儿子良止,让他们继承各自的家业,以此来安抚良霄的亡魂。这以后,才没有再发生类似的怪事。游吉问其中的原因,子产回答说:"鬼魂有人祭祀,找到了归宿,就不会再作祟吓人。现在我这样做,就是为了让他找到归宿啊。"

游吉问："那立公孙又是为什么呢?"

子产说："这是为了取悦于百姓。良霄和子孔都是做了坏事被杀,现在良霄作祟,如果只立良霄的儿子就说不过去。我身为执政,却违背道义行事,只是为了取悦于百姓。不让百姓高兴,百姓就不信任执政。失去了信任的百姓,就不会服从政令。"

这年夏天,子产到晋国访问。晋大夫赵成问他说："良霄还能作怪吗?"

子产说："还能。因为人在降生时,首先形成的叫魄。魄形成之后,有阳气附身就叫魂。在人活着的时候衣食精美,魂和魄也都旺盛起来,因而人的精气就上达神志,神志也因而清明。即使是普通男女,如果不得好死的话,死了之后其魂魄也会附在他人身上,成为作乱的厉鬼;更何况良霄这样,是我先君穆公的后代,公子去疾的孙子,子耳的儿子,担任敝国的卿,执政达三代之久。敝国虽然弱小,可是也像俗话说的:'再小也是一个国家。'良霄执政三代,他使用过的器物必定很多,从器物中得到的精髓就多了,他的家族又大,势力雄厚,而且良霄最终不得好死,他的魂魄变成厉鬼,不也是理所当然的吗?"

## 石言于晋魏榆

鲁昭公八年春,传闻有一块石头在晋国的魏榆开口说话。晋平公问师旷说:"这块石头为什么会开口说话呢?"

师旷趁机劝谏说:"石头本身自然不会说话,可能是有鬼神附在了石头上面吧。如果不是这样的话,就是人们听错了乱说。不过我还听人们说过:'假如大兴土木建造宫殿,而且不按时令,影响了百姓的耕种收割,百姓之间就会有怨言流传,而且不说话的东西也会开口说话了。'如今君王的宫室既富丽又奢华,民力已经被完全耗尽,怨恨的声音便在老百姓之间兴起了。百姓连自己的生活都无法保障,石头开口说话不也是应该的吗?"

此时晋平公正在兴建虒祁之宫,叔向听说了师旷的话,说:"从师旷所说的话看,他可真是一个君子啊。君子所说的话,既诚实而又有根据,所以就不会遭来怨恨;反之,小人所说的话,全是虚假之言,而且毫无根据,怨恨和怪罪便会降临到他身上。《诗经》中说:'不会说话真可悲啊,话刚刚离开舌头,招来的灾祸就降临到身上了。会说话真令人欣慰,美妙的言辞不绝如流水,使我们获得安宁保全自身。'大概说的就是这样的情况吧!等到虒祁之宫建成以后,天下诸侯必然背叛晋国,君王必然遭受灾祸,而师旷他早已预料到这样的情况了。"

# 楚灵王县陈

陈哀公有三个夫人，元配夫人郑姬生下太子偃师，二夫人生下公子留，三夫人生了公子胜。由于二夫人最受宠爱，所以公子留也最得哀公的宠爱，于是哀公把他托付给自己的弟弟司徒公子招和公子过。

鲁昭公八年春，陈哀公得了不治之症。三月十六日，公子招、公子过二人阴谋杀害了太子偃师，拥立公子留为太子。

四月十三日，陈哀公上吊而死。陈大夫干征师到楚国去报丧，同时通报陈国已经立公子留为新君的事。公子胜就公子过杀偃师一事到楚国去申诉，楚国便把无辜的外交官干征师抓起来杀了，公子留逃往郑国。

公子招把杀死偃师的罪过推给公子过，结果公子过被杀。同年九月，楚国的公子弃疾率领军队，奉持太子偃师的儿子太孙吴包围了陈国都城，宋国的大夫戴恶也率军与公子弃疾会合。十一月，他们灭亡了陈国。陈哀公的宠臣、掌管哀公车马的袁克，杀死马匹，毁坏玉器，为陈哀公陪葬。这时楚军要杀死袁克，袁克假意求饶，然后要求去方便一下。楚军让他在帐中方便，他乘机把麻带绑在额头上，为陈哀公服丧，然后就逃走了。

楚灵王就把陈国的疆土变成楚国的一个县，任命穿封戌为陈县的县公，并说："这是因为在'城麇之战'时，你没有诌媚我的缘故。"鲁襄公二十六年，楚康王和秦景公攻打郑国，攻打到城麇。郑国的皇颉戌守那里，出城与楚军作战，战败。穿封戌俘虏了皇颉，当时楚灵王还是公子围，要与他争功，请伯州犁定夺。伯州犁说："问一下俘虏好了。"于是就把俘虏叫出来，伯州犁故意暗示他说："他们所争夺的，是一个君子，君子有什么不明白的？"抬高手对着公子围，说："那一位是公子围，是寡君尊贵的弟弟。"放低手对着穿封戌，说："这个人是穿封戌，是方城山外的县尹。是谁俘虏了你？"穿封戌说："我碰上公子，结果抵挡不住。"穿封戌发怒，抽出戈追赶公子围，但没有追上。

穿封戌陪楚灵王饮酒，灵王问他说："'城麇之战'时，如果你能够料到我今天会当上国君，你是否会对寡人避让呢？"穿封戌回答说："如果我能料到您今天会当上国君，我一定会拼死维护君臣之礼，使楚国不致陷入纷乱。"意思是早知道的话，当时就杀了公子围，那他后来也不会弑杀楚王郏敖，篡夺君位，扰乱楚国了。

## 屠蒯酌酒进谏

鲁昭公九年,晋国的荀盈去齐国为自己迎娶妻子。六月,在回来的途中死于戏阳。晋人在绛地将他人殓,但是还没有举行葬礼。当时晋国公室衰微,卿族专权,晋平公见荀盈死了就很高兴,饮酒作乐,并让乐工奏乐助兴。

主管膳食的屠蒯快步走上前,请求平公让他斟酒,平公答应了。屠蒯给师旷斟满一酒爵酒,说:"你是君王的耳朵,负责帮君王听得更加清楚。殷纣王死在甲子日,夏桀王死在乙卯日,这两天是忌日,国君应戒除酒宴,撤掉音乐,连学习音乐的人也要暂时停下来,就是因为忌讳这两个日子。君王的辅佐大臣,就像是君王的手足。手足受到了伤害,难道不是非常让人痛苦的事吗?现在荀盈去世,你却没有帮君王听到这样的消息,仍旧演奏音乐,那么你这个耳朵是不中用的了啊。"

屠蒯又为大夫嬖叔斟酒,并对他说:"你是君王的眼睛,负责帮君王看得更加明白。君王的服用是要表现礼仪的,礼仪是要用来做事的,事情是有不同的类别的,不同的类别是会表现在人的神情上的。如今辅佐大臣死了,君王却很高兴,他的神情与所发生的事情不相符合,而你没有看见,说明你这个眼睛是不中用的了啊。"

屠蒯又为自己斟了一杯酒,然后说:"味道是可以让气血运行的,气血可以充实心志,心志可以表现为语言,语言可以用来下达命令。我的责任是帮助君王调和味道,君王的耳朵和眼睛都未尽到责任,而君王也没有下令纠正,这真是小臣的罪过!"晋平公听了之后十分赞赏,立即下令撤除了酒和音乐。

荀盈死的时候,晋平公本打算废除荀氏,让自己宠爱的大夫担任卿职。如今也因为听了屠蒯的劝说而作罢,毕竟他知道卿族势力大过公室,自己未必有实力这样做,就算做了也多半不能成功。这一年八月,晋平公让荀盈之子荀跞继承他父亲出任下军副帅,以表明自己对待卿族的态度。

## 齐四姓之乱

当初,鲁昭公二年春的时候,晋卿韩起去齐国,见到齐国大夫子雅(公孙灶)。子雅叫来儿子栾施,让他拜见韩起。韩起说:"这不是能守住家业的人,而且他有野心。"韩起又见了大夫子尾(公孙虿),子尾叫来儿子高强拜见韩起,韩起的评价和对栾施的一样。齐国的大夫大多笑话韩起，只有晏婴相信，说："韩起先生，是一个君子啊！君子言而有信，将来总有一天会证明他说的是对的。"

第二年冬天，子雅去世，大夫司马灶拜见晏婴，说："又少了个子雅。"晏婴说："可惜啊！他儿子栾施将来恐怕也难以免祸，栾氏一族要危险了。齐国姜姓将要衰落，而妫姓的陈氏将要兴起。如果子雅和子尾，齐惠公的这两个孙子都在或许还好，如今又死一个，姜姓就危险了！"

鲁昭公八年七月初八，子尾也去世了。栾施想吞并子尾的家产，于是就在十一日杀死了子尾的家臣梁婴。十四日，栾施又赶走了大夫子成、子工、子车，这三个人只好逃到鲁国。于是栾施为高强立家臣总管。子尾的家臣："高强已经长大了，栾施却要代管我们的家事，这很明显是要霸占我们的家产啊。"于是便把武器铠甲发给家臣，准备去攻打栾施。陈无宇一向和子尾很要好，因此也把武器铠甲发给家臣，准备帮助高强。

有人把这件事告诉了栾施，栾施却不相信，先后有好几个人来报告都如此。当栾施准备亲自去高强家里察看时，又有好几个人在路上将这件事告诉他，于是栾施便到陈无宇家去察看。陈无宇这时正准备率领甲兵从家里出来，听说栾施来了，赶紧返回，换上家常衣服出来迎接。栾施问陈无宇想要干什么，陈无宇回答说："听说高强已经给家臣发了武器铠甲，想要攻打你，不知你是否听说了？"

栾施说："没有听说。"

陈无宇说："你何不也把武器铠甲发给家臣，我请求随你一起战斗。"

栾施说："你为什么要这么做？高强还是个孩子，光是教导他我还担心不能使他成才，所以又为他立家臣总管，希望对他有所帮助。如果我像你说的那样与他交战的话，我还怎么面对祖先呢？你为什么不帮我劝劝他？《周书》中说：'要继续给那些不知感恩的人以恩惠，继续劝告那些不听劝告的人。'这就是康叔胸怀宽广的原因。"

陈无宇听了，连忙磕头说："但愿顷公、灵公的神灵保佑你，也请阁下能够施惠于我。"于是陈无宇从中调解，并使两家和好如初。

栾施和高强都喜欢喝酒，而且喜欢听信家里女人的话，容易怨恨别人。他们的势力虽然超过陈、鲍二氏，但却对陈、鲍二氏十分嫉恨。

鲁昭公十年夏，有人对陈无宇说："栾施、高强将要攻打陈、鲍二氏。"同时这个人也把消息告诉了大夫鲍国（鲍氏家长）。陈无宇把武器铠甲发给家臣，然后到鲍国家去商量对策，路上碰见高强，高强喝醉了酒，骑着马在路上横冲直撞。陈无宇到鲍国家的时候，鲍氏已经将自己的部下全部武装起来了。

他们又派人去察看栾施、高强的动静，得知他们正准备饮酒。陈无宇说："虽然我们没有证据证明他们进攻我们，但一旦知道我们武装部下后，必定会使用武力驱逐我们。不如我们先下手为强，乘他们饮酒没有防备时，去攻打他们。"陈、鲍两家这时关系和睦，于是便联合攻打栾、高二氏。

高强遭到攻打，说："只要我们把国君掌握在手中，陈、鲍二氏还能逃到哪里去？"于是想进入公宫，齐景公不让他们进，他们便攻打齐景公路寝的南门虎门。

听到这个消息，晏婴就身穿朝服站在虎门外，栾、高、陈、鲍四族都请他到自己家里去，他谁家不去。他的部下问："您要帮助陈、鲍二家吗？"晏婴说："他们有什么好的品行值得我去帮助？"部下又问："那么您要帮助栾、高二家吗？"晏婴说："难道他们有比那两家更强的地方吗？"部下又问："那么我们回去吗？"晏婴说："现在国君正受到进攻，我们怎能回去呢？"

等到齐景公召见晏婴，晏婴才进入宫内。齐景公打算派王黑举着齐桓公的龙旗作战，特意为此占卜，结果很吉利。王黑请求把旗杆砍去三尺以后再用，表示恭敬。双方在齐国首都的稷门交战，栾、高二氏战败。随后又在齐都的庄路交战，栾、高二氏再次战败。国都的人也来助战，追击栾、高二氏，并在鹿门将他们打败。栾施、高强逃亡到鲁国，陈、鲍二氏就瓜分了栾、高两家的家产。

晏婴对陈无宇说："你一定要把栾、高二家的家产献给国君。因为谦让是德行的基础，把东西让给别人是最高的美德。凡是有血气的人，都有争夺之心，所以利不能靠强力夺取，只有见利不忘义才可以胜过别人。义，是利的根本。过分贪求利便会招来灾祸。还是暂时放弃利，那么以后利益反而会滋长，以至于更多。"陈无宇便把栾、高二氏的财产全部献给齐景公，然后告老退休，请求把莒邑赐给他用来养老。

鲁大夫叔孙昭子出使晋国回来，大夫们都来拜见他。逃亡鲁国的高强也来了，见了他之后就退出去了。叔孙昭子对大夫们说："作为人子不能不谨慎啊！以前庆封败亡的时候，子尾得到了很多封邑，后来他把封邑还给齐君一部分，齐君就认为他很忠贞，因而特别宠信他。子尾死前，躺在公宫的病床上，齐君亲自推车送他回家。但子尾的儿子却不能做到像他父亲那样，所以他才困居在鲁国。忠贞是美德，子尾的儿子没能够继承这种美德，子尾本人也有过错。由此看来，怎么能不谨慎啊！高强毁了他父亲的功业，抛弃了他父亲的美德，丧失了宗族，使宗庙得不到祭祀，让灾难降到自己的身上，教训难道还不够惨痛吗？《诗经》中说：'灾祸不在我以前，也不在我以后。'大概说的就是高强吧！"

## 楚灵王灭蔡

鲁昭公十一年春，楚灵王在申地召蔡灵侯前去会面。蔡灵侯准备前往时，蔡国的大夫们劝他说："楚王贪婪而且不讲信义，他尤其对我们蔡国不肯顺服而怀恨在心。如今楚王用这么多贵重的礼物，而且说得那么动听，这显然是在引诱君王您，倒不如不去。"蔡灵侯不听。

三月十五日，楚灵王在申地方埋伏下甲士之后，设宴款待蔡灵侯，乘机把他灌醉并抓了起来。四月初七，楚灵王杀死了蔡灵侯，并且还杀了与蔡灵侯同去的七十多名士大夫。紧接着，公子弃疾便率军包围了蔡国都城。

晋卿韩起问叔向说："楚国能攻下蔡国吗？"

叔向回答说："能攻下。蔡灵侯当年弑父自立，而不能得到自己国家百姓的拥护，如今上天借楚国的手将他杀死，楚国怎么会攻不下蔡国呢？ 不过我还听说过，背弃信义而能侥幸成功的，即使成功了，也绝对不会再有第二次。三年前楚灵王奉持陈哀公的孙子太孙吴讨伐陈国，对他说：'我将替你安定国家。'陈国人听信了楚灵王的话，结果他却把陈国灭了，最后把陈国的疆土并为楚国的一个县。如今楚王又诱骗蔡灵侯，还把蔡灵侯杀死，发兵包围蔡国都城，即使侥幸能够征服蔡国，也必然要受到惩罚，是不能够长久的。以前夏桀虽然战胜了有缗，却因此而使自己的国家灭亡；殷纣王虽然征服了东夷，却因此而丢掉了性命。和夏桀、商纣他们相比，楚国地方狭小，而且地位低下，所做的事情却比夏桀和殷纣更加残暴，他们怎么会不蒙受灾难呢？ 上天借楚国之手来灭掉蔡国，并非是要降福给他，而是加深他的罪恶，以便日后再惩罚他。比如天有金、木、水、火、土五种材料可供使用，一旦把材料都用尽了，人们就会抛弃他。由此看来楚国是没有办法拯救了，最终是不可能得到振兴的。"

夏天的时候，楚国的军队还在蔡国围城。晋国的荀吴对韩起说："我们既不能援救陈国，又不能挽救蔡国，这样别的国家就不会亲附我们了。由此可见，晋国作为盟主已经没有能力做些什么了。晋国身为诸侯的盟主，竟然不能挽救将被灭亡的国家，诸侯们还要这个盟主干什么呢？"

秋天，晋国的韩起召集鲁国的季孙意如、齐国的国弱、宋国的华亥、卫国的北宫佗、郑国的子皮、曹国人、杞国人在厥憖会盟，一起商讨援救蔡国的事。

郑国的子皮准备出发参加会盟时，子产对他说："这次你的行程不会太远，因为根本救不了蔡国。蔡国小，而不顺从楚国；楚国大，而不重视道德。上天将遗弃蔡国，以增加楚国的罪恶，等到楚国恶贯满盈之后再来惩罚它，可见蔡国必定是要灭亡了。况且蔡国已经没有君主了，没有国君却能保住国家的，这种情况太少见了。"

十一月，楚灵王攻灭了蔡国，并且杀死蔡灵公的太子，用他祭祀冈山的神灵。申无宇说："这样做是不吉祥的。祭祀的时候，连牛、羊、鸡、狗、猪五种牲畜都不能替换使用，何况用诸侯的太子来祭祀呢？君王总有一天会后悔的。"

## 齐景公欲代晋霸

鲁昭公十二年，因为晋平公去世后晋昭公继位，齐景公到晋国朝见新君。晋昭公宴请齐景公，晋卿荀吴在席间负责礼仪方面的辅佐。举行"投壶"之礼时，晋昭公先投，荀吴在旁边说："酒像淮河那么多，肉像山陵那么高。我们寡君投中这支箭，做诸侯的盟主。"晋昭公一箭投去，果然正入壶中。接着轮到齐景公，齐景公举起箭，自己说："酒像渑河那么多，肉像丘陵那么高。我投中这支箭，代替晋君做诸侯的盟主。"齐景公也一箭投入壶中。

晋国人见事情弄成这样，很不高兴。士匄就在一旁责怪荀吴，说："你说错话了！我们晋国已经是诸侯的盟主，与投壶中不中有什么关系？就算投中了，也没有什么了不起的。齐景公这下看不起我们君王了，回国之后，一定不会再来朝见我们。"荀吴说："我们兵强马壮，步兵和战车都很强大，仍然和过去一样，齐国又能怎么样呢？"

这时，齐大夫公孙傁看到气氛尴尬，就赶紧走过来说："现在天色已晚，君王也已经很疲倦了。我们还是走吧。"公孙傁说完之后，就陪同齐景公一起离开了宴席。齐景公虽然公然挑战盟主的地位，晋国也拿他没有办法，可见晋国的国势这时确实已经大不如前了。

## 南蒯以费叛

鲁国大夫季悼子去世后，季孙意如继承了季氏的家业。季孙意如对他的家臣、季氏费邑的长官南蒯没有加以礼遇，南蒯很不满，对公子憖说："我准备把季孙意如赶走，将他的家产献给国君，然后由你取代季孙做卿，而我直接做国君的臣子管理费邑。"公子憖同意了。南蒯又把这件事告诉叔仲穆子（即叔仲小），同时又向他解释了其中的原因。

季悼子去世的时候，叔孙昭子(即叔孙豹之子叔孙婼)作为卿接受了鲁君再命之礼。鲁昭公十年七月，季孙意如率军攻打莒国，攻下了郠邑，叔孙昭子也有功劳，于是又要接受三命之礼。这时候叔仲穆子想挑拨季孙、叔孙两家的关系，对季孙意如说："叔孙昭子接受三命，其地位就会超过他的父亲和兄长。这是不合乎礼法的。"季孙意如说："确实是这样。"于是就让叔孙昭子拒绝接受三命之礼。但是叔孙昭子却说："我们叔孙家发生了家难，嫡子被杀，立了庶子，所以我才达到今天的地位。假如我是因为我们的家难而被惩罚，那我愿意接受阁下的命令。但若不废除国君的命令，那我今天的这个地位本来就是应该得到的。"

叔孙昭子上朝的时候，对官员们说："我将要和季氏争讼，请你们到时候不要偏袒任何一方!"季孙意如知道后十分害怕，就把罪过推到叔仲穆子身上。于是叔仲穆子、南蒯、公子慭打算一起推翻季氏，公子慭把这件事告诉了鲁昭公。

鲁昭公十二年，因为晋昭公新立，鲁昭公便带着公子慭去晋国朝见。当时莒国人因为鲁国攻占郠邑而向盟主晋国申诉，晋国就拒绝鲁昭公进境。所以鲁昭公走到黄河就回来了，派公子慭一个人前去处理余下的事务。南蒯本来的计划，是要依靠晋国的力量来加强鲁国公室，如今见晋国是这样的态度，害怕这件事情不能成功，便占据费邑发动叛乱，并投降了齐国。公子慭从晋国回来，到达卫国的时候，听到国内发生变乱的消息，赶紧抛下他的副使的职务，先跑回国内。等他走到鲁都郊外，听说是南蒯占据了费邑叛乱，于是也逃到齐国去了。

南蒯准备叛乱时，他的同乡中有人知道了这个阴谋，经过他的门口时深深叹息，并且说："担忧啊! 真是令人担忧! 志向远大，但是谋划得却很短浅;身近季氏，而心里想的却是赶走他;做季氏的家臣，却为国君公室考虑。要做这样的事，需要了不起的人才啊!"

南蒯占筮，但没有具体占哪一件事，只是泛泛而占凶吉。得到《坤》卦，变为《比》卦，卦辞说："黄裳元吉。"南蒯认为这是大吉之卦，把它拿给子服惠伯看，并且说："我马上就要去做这件事，你看怎么样?"

子服惠伯说："我曾经学习过《易》。如果是做忠信之事，那么结果就能像卦辞说的一样，否则的话一定会失败。《比》卦的外卦为《坎》，主刚强;内卦为《坤》，主柔顺;外强而内柔，这就是忠。坎为土，坤为水，水土相合为和，而以和顺来实践卦辞就是信。所以说：'黄裳元吉。'黄，是内衣的颜色;裳，是衣服下面的部分;元，是善之长。内心如果不忠诚，就与颜色不协调;身处下位而不恭敬，就不符合裳这一条;所做的事情不善，就不得作为标准。内心和外表和谐一致就是忠，做事讲求信义就是信。遵守忠、信、善这三种德行就能成功，离开了这三种德行，则当不起这样的卦辞。而且《易》不可占卜危险的事，你究竟要做什么事情呢？你有没有做到恭敬呢？中美为黄，上美为元，下美为裳，这三样如果都已具备，做事的结果才能与卦辞相符合。如果缺少其中的一样，占卜的结果虽然是吉利的，也还是不能够相信。"

南蒯将要去费邑反叛，设酒宴款待家乡父老，有一个人唱道："我有一块菜地，中间却长了杞树；听从我的是男子汉，违背我的是浅薄之人，背弃自己主人的是可耻之人！算了算了！反正你不是我的同路人！"

季孙意如想让叔孙昭子赶走叔仲穆子，叔仲穆子知道以后，便不敢再上朝。叔孙昭子让官员告诉叔仲穆子到朝廷上来听取命令，并且说："我不会替别人赶走你，而给自己招来怨恨的。"

第二年春天，鲁国的叔弓率军攻打费邑，他们不但没有攻下城池，反而被费邑的人打败了。季孙意如十分恼怒，下令只要见到费邑的人，就抓起来当作俘虏。鲁大夫冶区夫说："这样做不对！应该见了费邑的人，没有衣服穿的，就给他们衣服；没有东西吃的，就给他们饭吃。做他们的好主人，并且供应他们所缺乏的东西，那他们就会像回自己家一样来归顺我们，他们的旧主人南氏就会很快灭亡。而且只要百姓背叛了南氏，那么费邑还有谁会帮他们守城呢？如果像现在这样，用威严来恫吓他们，用愤怒来使他们畏惧，费邑的百姓就会因憎恨而背叛鲁国，并且聚集在南氏周围。如果天下诸侯都这么做，费邑的人在走投无路的情况下，他们不去投奔南氏，又能到哪里去呢？"季孙意如听从了冶区夫的建议，不久费邑的人便背叛了南氏。

南蒯将要反叛的时候，要与费邑的人订立盟约。他的司徒老祁、虑癸假装生病，派人对南蒯说："我们都很愿意和你结盟，但突然生了大病，不能够前往。假如我们能托你的福而活下来的话，就请等病好转以后再订盟。"南蒯答应了老祁、虑癸的要求。

鲁昭公十四年春，老祁和虑癸趁费人就要背叛南蒯的机会，请南蒯接见费城平民，然后一起订立盟约。南蒯照做了，他们就乘机劫持了南蒯，并且对他说："我们这些家臣不敢忘怀我们的主人季氏，只是因为畏惧你，才忍受到今天，三年来一直忍气吞声地服从你的命令。如果你还要这样下去的话，费人将会因为不忍心背叛主人而反抗，到那时我们就不怕你了，你还怎么能够达到自己的目的呢？请让我们送你到国外去吧。"南蒯请求给他五天限期，最后终于逃亡去了齐国。

南蒯在齐国，有一次陪齐景公喝酒，齐景公跟他开玩笑说："你这个叛徒！"南蒯回答说："我是想加强公室的力量。"齐大夫子韩哲说："作为大夫的家臣，却想加强公室的力量，没有比这更大的罪过了。"不久老祁、虑癸到鲁国，表示要让费邑回归鲁国。齐景公见大势如此，也赶紧做好人，派大夫鲍文子出使鲁国，表示是齐国把费邑归还给鲁国的。

## 楚子革谏灵王

鲁昭公十二年冬，楚灵王到州来巡猎，大军在颍尾停留后，就派荡侯、潘子、司马督、嚣尹午、陵尹喜五位大夫率军包围徐国国都，想以此来威胁吴国，楚灵王自己驻扎在乾溪作为后援。当时天降大雪，灵王从屋子里出来时，就戴上皮帽，身穿秦国所送的羽衣，外面披上翠羽披风，脚上穿着豹皮做的鞋子，手中拿着马鞭，让侍臣析父跟在自己后面。

右尹子革在夜里来见楚灵王，灵王接见了他，并且摘下皮帽，脱下披风，放下手中的马鞭，对子革说："从前我们先王熊绎，跟吕伋、王孙牟、燮父、禽父一起侍奉周康王，他们四国（指那四人的国家齐、卫、晋、鲁）都分到了珍宝器物的赏赐，唯独我国没得到任何东西。如果现在我派人到周王那里，请周王把九鼎作为补偿赐给我们，你认为周王会不会答应呢？"

子革回答说："我想应该会给您的！以前我们的先王熊泽身处偏僻的荆山，筚路蓝缕开辟荒野，跋涉山林前去侍奉周天子，但只能进贡一些桃弓、棘箭。齐国是周室的舅父，晋、鲁、卫的国君是天子的同母兄弟，因此楚国才没有得到周天子的赏赐，而他们都有。如今周室和那四个国家都已顺服侍奉我们楚国了，他们对君王您唯命是从，难道还舍不得那几座鼎吗？"

楚灵王说："从前我们的祖伯父昆吾住在过去的许国，现在郑国人贪爱许国的田地，不想把许田还给我。我如果提出要求让他们归还，郑国会还给我吗？"

子革回答说："会还给君王您的！连周天子都不吝惜他的九鼎，难道郑国还敢吝惜他们的田地吗？"

楚灵王说："以前天下诸侯认为楚国地处荒远的南方，又都惧怕晋国，所以疏远我们而亲近晋国。现在我国在陈、蔡、不羹等地修筑了高大的城墙，而且在每座城池驻扎上千辆的兵车——当然这里面也有你很大的功劳，这样的话诸侯是否会很惧怕寡人呢？"

子革回答说："会惧怕君王您的。因为单凭陈、蔡和两不羹（不羹一地建有两座城池）

这四座城池里面的兵力，就足以使各诸侯感到害怕了。如今又加上楚国强大的势力，哪里敢不惧怕您呢？"

这时工尹路进来请示说："君王您令臣剖开圭上的玉，用来装饰斧柄，请您指示要如何装饰。"于是楚灵王就进屋去观看。析父对子革说："你是楚国人寄予厚望的重臣，可是现在跟君王谈话，竟然就像应声虫一样，将来楚国要怎么办呢？"子革打比方说："刚才我还在磨刀呢。等君王从屋里出来，我就用磨好的刃一刀挥去，斩断君王的贪欲。"

不久楚灵王从屋里出来，又和子革谈起话来。这时左史倚相快步从他面前走过，灵王说："他是一位卓越的史官，贤卿要好好地对待他，他是能读《三坟》《五典》《八索》《九丘》的人。"

子革回答说："我曾经请教过他。从前周穆王想要放纵自己的野心，就周游天下，想让自己的车辙遍布天下各地。于是周公的孙子祭公谋父写了《祈招》一诗，想打消穆王的念头，因此穆王才得以在祇宫内善终。我问起倚相这首诗，但他竟然一点都不知道。如果再问他更为久远的事情，他又怎么能够知道呢？"

灵王说："那么贤卿知道那首诗吗？"

子革回答说："我知道。这首诗的内容是：'祈父的声音谦恭和悦，称颂了周王的美德。想到我们天子的品行，就好像玉和金一般坚实。要保存百姓的民力，而不能放纵自己的欲望。'"楚灵王听了之后，对子革作了个揖，然后走进了屋子。此后的几天，他饭也不吃，觉也不睡，可是最终还是没能克制住自己的欲望，以致后来身遭其祸。

孔子说："古书上曾有这样的记载：'能克制自己的私欲，让自己的言行符合礼仪，这便是仁。'这话说得的确太好了！如果楚灵王能做到这样，那后来怎么会在乾溪受到那样的屈辱呢？"

## 楚灵王作恶自毙

鲁昭公十一年底，楚灵王在陈、蔡、不羹三地筑城，并且任命公子弃疾为蔡公，负责管理刚刚吞并的蔡国疆土。楚灵王问申无宇说："任命弃疾为蔡公怎么样？"

申无宇回答说："了解儿子莫过于父亲，了解臣子莫过于君主。郑庄公修筑栎城时，让子元在那里镇守，结果后来子元赶走了郑昭公，让郑厉公成为国君；齐桓公修筑谷城时，让管仲在那里镇守，结果齐国到现在还能蒙受到他的恩惠。据我所知，有五种大臣不能派驻边疆，有五种小人不能留在朝廷。自己的亲族不可以在外，他国投奔而来的大臣不可以在内。如今公子弃疾将要被派往朝廷之外，却让流亡到楚国的郑丹留在朝中，君王应该对此有所警惕才是。"

楚灵王说："我们国家有高大的城池，可以抵御任何叛乱，又能怎么样呢？"

申无宇回答说："郑国的京、栎两城也有高大的城墙，却不能保护郑昭公，使他不被杀死；宋国的萧、亳两城也有高大的城墙，却不能保护子游，使他不被杀死；齐国的渠丘也有高大的城墙，却不能保护公孙无知，使他不被杀死；卫国的蒲、戚两城也有高大的城墙，却不能保护卫献公，使他不被放逐。如果从上面这些事来看，国家有高大的城池，反而足以危害国家。这就好比一棵树，枝叶过于繁茂就一定会被折断；又好比动物，尾巴过于庞大，就难以转身。我以为这些道理，君王您都是早已知道的。"

楚灵王还没继位，在做令尹时，曾经杀了大司马蒍掩，并占取了他的全部家财。灵王即位以后，又夺取了蒍掩的同族蒍居的田地，同时还把小国许国的人都迁走，并且扣押了许国大夫许围作为人质。蔡国的蔡洧出仕楚国，很受楚灵王宠信，楚国攻灭蔡国时，蔡洧的父亲也在战乱中被杀，蔡洧因此怨恨楚灵王。楚灵王在申地大会诸侯（鲁昭公四年）时，越国的大夫曾蒙受楚国的羞辱。楚灵王还夺取了令尹子文的玄孙斗韦龟的封邑中犫，又夺取了斗韦龟之子蔓成然的封邑，而派他出任治理郊区的大夫，此前蔓成然曾侍奉过公子弃疾。因此，蒍氏族人及蒍居、许围、蔡洧、蔓成然，这些都是与楚灵王结下怨仇的人。

鲁昭公十三年春，楚灵王让蔡洧镇守国都，自己跑到乾溪去了。于是上面这些人就联合那些被灵王剥夺了官职、失去了土地的人以及他们的族人，并且劝导越国的大夫常寿过，一起发动了叛乱。他们首先包围了楚国的固城，接着又攻陷了息舟，然后修筑了息舟的城墙，就在那儿屯兵驻扎了下来。

当年，楚国的观起因为受宠于令尹子南，结果与子南一起被杀的时候，他的儿子观从正在蔡国，后来就留在蔡国侍奉蔡大夫声子的儿子朝吴。这时，观从就对朝吴说："不趁这个机会恢复蔡国，恐怕以后蔡国就没有复兴的机会了。我请求让我试着恢复蔡国。"于是就借蔡公弃疾的名义发布命令，召回灵王篡弑时逃亡国外的子干和子皙（两人都是灵王的弟弟）。当他们二人走到蔡国地郊外时，便把实情告诉他们，并且强迫他们发誓结盟，然后率军袭击蔡地。

当时蔡公弃疾正要吃饭，看到这种情形便仓皇逃走了。于是观从就让子干假装蔡公吃了饭，饭后挖坑设坛，杀死牺牲放在坑里，在牺牲上面摆上盟书，制造出曾与蔡公结盟的假象。随后让子干和子皙二人立即返回,观从自己向蔡地的人宣布说:"蔡公已经召来子干和子皙,将要兴兵送他们入楚都,而且跟他们订立了盟约后才送他们回去。蔡公本人就要率领军队去帮助他们了。"

蔡地的人聚集起来,想逮捕观从。观从辩解说:"那两个人已经逃走了,蔡公的军队也组成了,你们就算杀了我,又有什么好处呢?"于是蔡地的人便放了观从。

朝吴说:"如果你们愿意为楚灵王去死,就应当违抗蔡公的命令,以等待事情的发展。如果只是想求得安定,那么就不如帮蔡公实现他的目标。再说你们是蔡地的人,如今违抗了蔡公,又能够到那里去呢?"蔡地的人都说:"我们支持蔡公。"于是大家便奉持蔡公弃疾,并且召回子干、子皙二人,在邓地订立了盟约,然后依靠陈、蔡两地的人攻打楚灵王,答应帮助他们恢复陈、蔡两国。

楚公子子干、公子子皙、蔡公弃疾、蔓成然、蔡大夫朝吴率领陈、蔡、不羹、许、叶等地的军队,并且依靠蓮掩、蓮居、蔡洧、许围四个家族的帮助,攻入了楚国都城的范围。大军开到楚都郊外时,陈、蔡二地的人因为故国已经灭亡,打算先建造一座堡垒,插上自己的旗帜,以此树立自己的名声。蔡公知道以后,说:"我们的行动越快越好。现在我们带来的徒役已经很疲惫了,不适合再建造堡垒,只要筑起栅栏守卫就可以了。"于是就用栅栏围成营寨。

蔡公派楚大夫须务牟、史猈先进入楚国都城,凭太子近臣的关系伺机杀死太子禄、公子罢敌,然后拥立子干为楚王,任命子皙为令尹,暂时将军队驻扎在鱼陂。蔡公弃疾被任命为司马,他首先进入王宫清除了灵王的亲信,把自己的党羽安插进去;又派观从到乾溪军中去,告诉他们都城发生的叛乱,并说:"先回去的人,可以恢复原来的官职与家财;回来晚的人,就要受到割鼻子的惩罚。"因此当楚灵王的军队行进到訾梁时,就自行溃散了。

楚灵王知道了两个儿子的死讯,从车上一头栽了下来。说:"别人的爱子之心,是否也跟我一样呢?"侍臣说:"恐怕比您还要深哪。我已经老了,却没有儿子,我自知死后尸体是会被丢弃到山沟里去的。"灵王说:"我以前杀别人的儿子杀得太多了,怎么会不落到这步田地呢?"

右尹子革对楚灵王说:"请您在郊外等待,以听候都城的人们处置。"灵王不愿意,说:"众怒不可犯啊!"子革说:"不如我们去一个大的城邑,然后派人向诸侯请求救兵行吗?"灵王说:"不行吧,他们都已经背叛了我啊。"子革说:"要不君王您逃到别的国家避难,然后听取大国君主的意见,让他们为您做主,行吗?"灵王说:"那样我也不可能再成为君主了。逃到别的国家只是自取羞辱而已！"于是子革离开灵王，回到了楚国都城。

楚灵王沿着汉水往南逃，打算进入鄾地。芊尹无宇的儿子申亥说："我父亲两次触犯君王，君王都没有杀他，难道还有比这更大的恩德吗？我不忍心背弃君王，君主的恩德也不可以忘记，我愿意追随君王！"于是申亥便去寻找楚灵王，并在棘闱遇到了灵王，于是和灵王一起回到申亥家里。

五月二十五日，楚灵王在申亥家里上吊自杀。申亥为了报答灵王的恩德，杀死了自己的两个女儿，为灵王殉葬。第二年，芊尹申亥把楚灵王灵柩所在报告给楚平王（即弃疾），于是将楚灵王择地安葬。

## 公子弃疾诈位

鲁昭公十三年，楚人观从召回流亡在外的公子子干和子皙，联合蔡公公子弃疾，依靠陈、蔡两国的遗民，趁着楚灵王在外地，而留守都城的又有自己的同党，于是攻入了楚都，拥立子干为楚王。观从对子干说："不杀公子弃疾，即使您能够得到国家，也还是会发生祸乱的。"子干说："我不忍心杀公子弃疾。"观从说："您不忍心杀他，他却会忍心杀您的。我不忍心看到那一天的到来。"于是观从离开了子干。

当时楚灵王虽然众叛亲离，麾下人马散尽，但他的威势仍然留在人们心中。楚国都城里每天夜晚都有人惊呼："大王进来了！"五月十七日的夜里，公子弃疾派人进入都城，到处乱喊："大王回来了！"都城的人无不大惊失色。又派蔓成然跑去告诉子干、子皙，骗他们说："大王回来了！都城的人杀死了您的司马，马上就要攻过来了！你们应该早做安排，就可以免受羞辱。众人的愤怒有如水火一般凶猛，根本没有办法阻止。"这时又有人惊呼着跑过来说，"愤怒的人群杀过来了！"子干、子皙都上当了，吓得绝望自杀。

十八日，公子弃疾即位，是为平王，改名为熊居。子干被葬在訾地，因此被称为"訾敖"。然后又杀掉一个囚犯，给他穿上灵王的服装，并丢进汉水里，再把他捞上来埋葬，借此使都城的人相信灵王确实已经死了，人心才逐渐安定下来。楚平王任命蔓成然为令尹。

楚平王遵守诺言，重新建立了陈国和蔡国，将流亡在外的人迁回去，赏赐举事时立下功劳的人，对百姓采取宽厚的政策，赦免了罪犯，恢复被罢免的官员。楚平王还召见观从说："如今你有什么要求，寡人都会应允。"观从回答说："臣的先祖曾担任卜师的助手。"楚平王就任命观从为卜师，是大夫一级的官职。

楚平王又派枝如子躬出访郑国，让他把犫、栎两地的田地归还给郑国。但直到访问结束，枝如子躬也没有提归还郑国田地的事情。郑国人请求说："我们听到外面的传说，说楚国要把犫、栎的田地还给我们。现在特向贵国请求。"枝如子躬回答说："我没有听到过这样的命令。"枝如子躬回到楚国复命时，楚平王问他关于归还犫、栎田地的事，枝如子躬脱去衣服，以罪人的姿态回答说："臣有罪，没有遵照君王的命令，没有把犫、栎的田地归还给郑国。"楚平王相信他那么做一定是有原因的，拉住枝如子躬的手说："你不必自责，先回去好了。等以后我有事情，我还是会请你去办的。"

当初，楚灵王曾经占卜，说："我想要得到天下！"占卜的结果是不吉利。灵王就扔掉占卜用的龟甲，责骂上天说："这么一个小小的要求都不满足我！我一定要凭自己的力量取得天下！"百姓对楚灵王的贪得无厌感到担心，等到听说叛乱的消息后，都像回家一样踊跃地参加。

当初，楚共王没有嫡长子，只有宠妃生的庶子五人，因而不知道立哪一个为太子才好。于是遍祭天下名山大川及星辰之神，向他们祷告说："请神在我的五个庶子之中选择一人，以便立他为太子，让他主持国家社稷。"又把一块玉璧展示给诸神，说："谁在玉璧前面下拜，谁就是神灵所立，任何人都不得违背！"共王与爱妾巴姬把玉璧偷偷埋在祖庙的庭院里，然后让五个儿子斋戒沐浴，按照年龄顺序进庙膜拜。楚康王的两只脚各跨在玉璧的一边，楚灵王的肘部位于玉璧之上，子干、子皙都离玉璧很远，只有楚平王当时因为年幼，被抱着进来，行再拜之礼时，两次手都压在玉璧的纽上。所以后来斗韦龟就嘱咐儿子蔓成然侍奉平王，并且说："如果立公子弃疾，便是违背了立长的礼法；如果不立公子弃疾，便是违背了共王的命令。楚国恐怕要陷入麻烦了！"

## 平丘之会

鲁昭公八年，晋平公修建的虒祁之宫落成，诸侯都来晋国朝贺。但是当他们回去之后，都因为晋公室的奢侈，而对晋国生出了背离之心。鲁昭公十三年，因为鲁国夺取了莒国的郠邑，莒国人向盟主晋国申诉，晋国就准备会合各诸侯的军队讨伐鲁国。晋大夫叔向说："对诸侯不能不显示一下我们的声威。"于是传令所有的诸侯，要召集他们举行盟会。

晋国人还通知了吴国。秋天的时候，晋昭公和吴王夷昧本来约好在良地会面，但是由于水路交通不便，吴王便推辞不来，晋昭公也只好回国了。

七月二十九日，晋国在郑国南边举行阅兵仪式，共出动战车四千辆，由叔向的弟弟叔鱼代理司马一职。然后，晋国就在卫国的平丘大会诸侯，到会的有晋昭公、鲁昭公、齐景公、宋元公、卫灵侯、郑定公、曹武公、刘子、莒子、邾子、滕子、薛伯、杞伯、小邾子。

郑国的子产、游吉陪同郑定公参加这次诸侯大会，子产总共带了九套帐幕，游吉所带的帐幕却达四十套之多。游吉见子产带得这么少，就后悔了，每当宿营的时候就减少一些，到达平丘的时候，他所剩下的帐幕便和子产的一样多了。

晋国大军驻扎在卫国境内的时候，叔鱼向卫国索要贿赂，并且放纵手下砍柴草的士兵。卫国派大夫屠伯给叔向送去肉汤，以及一箱子锦缎，并且对叔向说："各诸侯侍奉晋国都不敢三心二意，何况我们卫国是在贵君王的保护之下，又怎敢有其他的心思呢？现在贵国砍柴草的人与过去大不相同，我们斗胆请求阁下阻止他们。"

叔向接受了肉汤，却退回了锦缎，对使者说："晋国有一位叫叔鱼的人，他贪得无厌，因此也就快大祸临头了。你们请求我的事情，如果把这些锦缎以贵国国君的名义赏赐给叔鱼，他一定会下令禁止的。"卫国使者就按照叔向的建议，把锦缎送给了叔鱼。叔鱼接受了卫国的赠礼之后，没等卫国的使者退出，就下令禁止砍柴草的士兵为非作歹了。

晋国打算重续以前的盟约，但齐国人表示反对。于是晋昭公派叔向告诉周王的卿士刘献公，说："齐国不肯续盟，你看该怎么办？"刘献公回答说："盟约是用来表现信用的，如果贵君能坚守信用，诸侯就不会有二心，那你还担心什么呢？用严厉的文辞来警告他们，用雄壮的兵威来督促他们，齐国即使不听从命令，也只过是给你增加立功的机会罢了。到时，我作为天子的卿士，愿意率领周王的军队，为你做开路的先锋。至于什么时候讨伐齐国，则完全听凭贵国的安排。"

于是叔向告诉齐国人说："诸侯为了重续盟约，现在都已经聚集到这里。现在只有贵国君主不同意参与结盟，我们国君希望你们再好好考虑一下。"

齐国人回答说："只有需要讨伐对盟主怀有二心的国家时，才有与各诸侯重续盟约的必要。如今各诸侯都遵从盟约的规定，服从晋国的领导，为什么还要重续盟约呢？"

叔向说："一个国家之所以衰败，就是因为它即使还时常朝聘，但是却不进献贡赋，进献贡赋也时有时无。即使还进献贡赋，也往往不讲究礼仪，所以虽然正常进献也会使上下失序。即使讲究了礼仪，也没有什么威严，所以虽然上下有序，也不能做到恭敬。即使很有威严，也不能够展示，所以即使做到了恭敬，也不能昭告神灵（指盟誓）。不昭告神灵，便是抛弃了恭敬，各种事情就都会得不到结果，因此国家才会衰亡。"

"所以圣明君王的制度，是要让诸侯每年聘问一次，使他们能牢记自己的职责；每三年朝见一次，使他们温习礼仪；每六年会盟一次，以展示盟主的威严；每十二年盟誓一次，以彰显信义。按照这样的做法，使诸侯和和睦睦地履行自己的义务，按等级次序来执行礼仪，向大家展示威严，并且昭告神灵。自古以来就是这样，一直没有改变过。国家的兴衰存亡，往往便由此而决定。我们晋国现在按照礼仪主持盟会，常常担心自己做得不好，因此才奉献洁净的牺牲，并且征求各国国君的意见，就是为了把事情办好。可是现在贵国国君却说：'我一定要废除这件事情。'这对齐国又有什么好处呢？希望贵国国君能慎重考虑一下，我们国君在此等候命令。"

齐国人害怕了，回答说："我们小国，只是提出自己的意见，一切都还请大国做主决定，我们哪敢不听从呢？敝国已经决定听从贵国的命令了，一定会恭恭敬敬地前去参加盟会，至于什么时候完全听从贵国的吩咐。"

叔向报告说："诸侯已经生出二心了，所以我们不能不向他们显示一下兵威。"八月初四，晋国举行了大规模的军事演习，但是只插旌旗而不加飘带。初五，晋国再次进行了军事演习，这次却在旌旗上加了飘带，表示晋国已经做好了使用武力的准备，各国诸侯对此都很畏惧。

邾、莒二国向晋国申诉说："鲁国不断攻打我们，我们几乎就要灭亡了。我们之所以不能向贵国朝贡，都是由于鲁国攻打的缘故。"晋昭公因而不接见鲁昭公，并且派叔向辞谢说："各国诸侯已经决定在初七日订盟，我们国君知道不能够侍奉君王了，因此就请君王不必辛苦，赶来参加结盟了。"

鲁国的大夫子服惠伯回答说："贵君王竟然听信蛮夷小国的诬告，而断绝与兄弟之邦鲁国的关系，抛弃周公的后人！既然这样，也只能随你们。我们国君听到贵君王的命令了。"

叔向说："我们国君带了四千辆战车出来，即使没有名义地到处侵略，也足可让任何国家胆战心惊了。何况我们晋国是接受了周王的命令在主持正义，又有什么敌人可以抵挡得了呢？牛虽然瘦，但压在小猪身上，也能够把它压死。贵国刚刚经历南蒯、公子憗之乱，难道你们已经忘记了？如果动员我们晋国的军事力量，再会合各国诸侯的军队，利用邾、莒、杞、鄫这些国家对你们的怨恨，共同来讨伐鲁国的罪过，趁你们国家因南蒯、公子憗内乱而尚未恢复的时机，我们在鲁国还不是可以为所欲为，想做什么就做什么？"鲁国人听了叔向的话，感到十分害怕，决定完全听从晋国的命令。

八月初七，齐国既然已经服从了晋国，于是诸侯们在平丘一起盟誓，晋国下令各诸侯在当天正午抵达盟誓的地点。初六那天，各国使臣朝见晋昭公回来后，子产让仆人尽快在盟誓的地方搭帐篷，可是游吉却阻止了仆人，说可以等第二天再搭。到了当天晚上，子产听说还没有搭帐篷，就又命令仆人赶紧去搭，但这时发现已经没有空地方可供搭帐篷了。

到了要正式订立盟约的时候，子产为贡赋的数目级别与晋国争起来，他说："从前天子排定贡赋，其数目是按照各诸侯地位的高低来决定的。爵位高的贡赋就多，这是周朝一贯的制度；爵位低而贡赋反而重，那就只有王畿内的甸服是这样的。在天子的九服之中，郑伯是男服的诸侯，可是如今却让郑国缴纳与公侯一样重的贡赋，恐怕郑国不足以承担，所以我斗胆提出这个意见。各诸侯间停止战争，以友好的态度和平相处。现在晋国的使者每个月都会来郑国索要贡赋，催促我们赶紧缴纳，而贡赋又多得没有限度，那么小国一旦无力缴纳，就容易得罪晋国。各诸侯来参加这次盟会，是为了保护小国的利益，使小国能够继续生存；如果大国对小国索要的贡赋没有限度，那小国的灭亡也就近在眼前了。决定小国将来是生存还是灭亡，主要就看今天的结果。"

子产从中午开始争，一直太阳西下，晋国人终于答应了他的要求。盟会结束之后，游吉埋怨子产说："你那样争，要是惹恼了晋国，让他们会合诸侯的军队来攻打我国，我们怎么抵挡得了呢？"子产说："晋国的政权正分散在各卿族手中，他们整天在国内勾心斗角都忙不过来，哪还有时间来讨伐我们？国家不争取自己的利益，就会受到别国的欺凌，那还成什么国家呢？"

孔子后来评论说："子产这次参加平丘之会，其作为足以为郑国奠立基石了。《诗经》说：'君子啊，是安邦定国的基石。'而子产，就是君子中为百姓谋求安乐的人。"

## 晋执季孙意如

鲁昭公十三年秋，晋昭公在平丘大会诸侯，并在八月初七与诸侯订立了盟约。鲁昭公虽然也去了，但晋昭公因为邾国和莒国人控诉鲁国的侵略，所以就没有让鲁昭公参加盟誓。晋国人还抓了率军攻打莒国的鲁大夫季孙意如，然后把他囚禁在一座帐篷里，并且派狄人士兵看守他。鲁大夫司铎射在怀里藏了一块锦缎，里面包了一个装有冰的壶，匍匐着爬进帐篷，把冰水送去给季孙意如喝。负责看守的狄人士兵拦住了他，他把那块锦缎送给狄人士兵，才被放进去。不久，晋国把季孙意如带回了晋国。

到了冬天，季孙意如仍然被扣押在晋国。子服惠伯私下对晋卿荀吴说："鲁国侍奉晋国，哪一点比不上夷狄小国？鲁国是晋国的兄弟，土地还比较广阔，晋国要求的贡赋也还能够置备。如果晋国为了邾、莒那样的夷狄小国，就抛弃了鲁国的忠诚，迫使鲁国去侍奉齐、楚等国，这对晋国又有什么好处呢？晋国应该亲近有血缘关系的兄弟国家，支持土地仍然广阔的国家，赏赐能够缴纳贡赋的国家，惩罚不听从命令进献贡赋的国家。诸侯的盟主就应该这样，请你好好考虑这件事！俗话说：'臣子只一个，主人有两个。'鲁国难道就找不到其他大国可以侍奉了吗？"

荀吴把这话转告给了晋执政韩起，并说："当楚国灭亡陈、蔡两国时，我们都没有去援救他们，如今反而因为夷狄小国而扣押兄弟之国的使臣，又有什么好处呢？"于是晋国便释放了季孙意如。

子服惠伯说："我们国君仍不知道自己错在哪里。贵国召集诸侯大会，却在会上逮捕了诸侯的卿。如果我们真的有罪，那贵国就算处死季孙意如也可以。但如果说我们无罪，却要蒙贵国施舍恩惠来将他释放，其他诸侯也不知道其中的原因，不明不白的，这与季孙意如自己逃跑有什么区别，哪里算得上是释放呢？请再召集盟会，在盟会时当众宣布这件事。"

韩起很为这件事头痛，就去问叔向："你能把季孙意如送回鲁国吗？"叔向回答说："我不能，但叔鱼能。"于是韩起就派叔鱼去办这件事。

叔鱼见到季孙意如，对他说："以前我曾在晋国国君那里获罪，只好逃到鲁国投奔鲁君。如果当时没有你的祖父季武子的恩惠，我恐怕活不到今天了。如今我虽然回到了晋国，也就等于是你祖父给了我第二次生命，我又怎么能不报答这份恩情呢？现在晋国让你回鲁国，你又不愿意。我听晋国有关官吏说，他们打算在西河给你修建一所房屋，让你住到那儿去。我特地来告诉你，你打算怎么办？"叔鱼说着说着，竟忍不住掉下眼泪来。西河在黄河以西，离鲁国更加远了。季孙意如听了这话，也感到很害怕，就决定还是先回鲁国再说吧。

## 叔向不隐于亲

晋国的邢侯和雍子争夺鄐地的田产，争了很久也没有结果。当时审案子的士景伯到楚国去了，于是就由叔鱼代理他的职务。韩起让叔鱼审理这一旧案，叔鱼开始裁决雍子有罪。雍子赶紧把自己的女儿送给叔鱼，结果叔鱼又反过来判邢侯有罪。邢侯为此非常愤怒，在朝廷上杀掉了叔鱼、雍子二人。

韩起就向叔向请教该如何给他们定罪。叔向是叔鱼的哥哥，但他回答说："三个人的罪是一样的，只要把活着的邢侯杀了，并把三个人的尸体示众就可以了。雍子明知自己有罪，却用贿赂使自己胜诉；叔鱼贪赃枉法，制造冤狱；邢侯擅自在朝廷上杀人，他们三个人的罪都是一样的。自己有罪而加以掩饰，这就叫'昏'；贪赃枉法，这就叫'墨'；擅自杀人，无所顾忌，这就叫'贼'。《夏书》上说：'凡犯有昏、墨、贼之罪的，杀。'这是辅佐虞舜的皋陶所制定的刑法，我认为现在就应该按照皋陶之刑来办理！"于是先处死邢侯，再把他们三人的尸体陈列到市场上示众。

孔子评论说："叔向的正直，真是有古圣先贤的遗风啊！他治理国家，处理案件，能够不包庇自己的亲人，三次指责自己胞弟叔鱼的罪恶，而不是替他掩饰。他是按道义做事的人啊，可以称得上'直'了。在平丘的会上，叔向就指责叔鱼收受贿赂，使卫国免于受到晋国士兵的骚扰，使晋国避免了残暴。在晋国释放鲁国的季孙意如时，叔向又指责叔鱼的欺诈行为，从而缓和了鲁国的愤怒，使晋国不至于肆虐。在这一次邢侯的案子中，叔向毫不讳言弟弟叔鱼贪赃枉法，让刑法得以行使其威严，使晋国避免了不公正。叔向的三次指责，消除了晋国可能犯下的残暴、肆虐、不公正三项罪过，而且为晋国增添了三项光荣的政绩。虽然他的话使自己的亲人死后在街头示众，但叔向的声誉却更加卓著，就是因为他做事合乎道义的缘故。"

## 晋荀吴围鼓

鼓国是白狄部落所建立的国家。赤狄灭亡后，白狄逐渐向东迁移，在东方分为鲜虞、肥、鼓三大部落，各自建立了国家。等到晋国势力衰落，戎狄也就蠢蠢欲动。鲁昭公元年，晋卿荀吴因为戎狄是步兵，晋军是车兵，而作战大都在地形险厄的地带，不利于车兵施展。于是他把车兵改编成步兵，结果在大原大败无终之戎和各狄人部落。

鲁昭公十五年秋，荀吴率领军队讨伐鲜虞，首先攻打鼓国，包围了鼓国的都城。鼓城中有人要求献上城池投降，但荀吴不肯接受。荀吴的左右部将问："不用费将士们的力气，就能取得一个城池，您为什么还不答应呢？"

荀吴说："我听叔向说过：'喜好什么，厌恶什么，都要恰如其分，百姓们就会知道行动的方向。这样，做什么事都能够成功。'如果有人拿晋国的城池向敌人投降，那就是我最反对的事；如今鼓人拿鼓国的城池投降，我又有什么可高兴的呢？如果嘉奖自己最反对的行为,那该怎样对待自己所喜欢的做法呢?如果我接受了他们献上的城池,却又因为反对这样的行为而不加奖赏,那就是我不守信义,将来又拿什么来保护人民?还是依靠我们自己的力量,实力够强就进攻,否则就撤退,量力而行吧。但绝不可以因为贪图城池,而去亲近邪恶的行为,那样的话损失就会更大。"于是荀吴让鼓国人杀死想投降的人,加强鼓城的守备。

晋军围城到了三个月的时候,鼓城里又有人想要投降。荀吴就请鼓国的百姓来见他,并说:"我从你们鼓城人的面色观察,知道城里还有粮食,你们还是回去修缮城防,准备应战吧。"这时晋国有一位军吏说:"敌人开城投降,我们却不接受,还要在这里劳民伤财,白白损耗士兵和武器,这样的统帅怎么能侍奉君王呢?"

荀吴说:"我就是凭这一点来侍奉君王的。如果为了得到一个城池,而使老百姓学会了懈怠,那要了这个城池又有什么用呢?用一个城来换取老百姓的懈怠,还不如保持原来的样子呢!换来了懈怠,最终就不会有好结果;抛弃原有的勤勉和谨慎,不是吉祥的事情。鼓国人侍奉他们自己的君主,而我则侍奉我的君主。坚守正义之道而不违背,不论好恶都做到恰如其分,那就既能获得城池,又能使百姓明白什么才是正确的,懂得该为什么样的事情牺牲,而不会产生背叛之心,难道不是应该的吗!"

一直等到鼓城的粮食吃尽,鼓国人再没有力量守城时,荀吴才占领了该城。荀吴攻下鼓城之后就率军撤退了,城里的人一个也没有杀,只俘虏了鼓国国君鸢鞮,把他带回了晋国。晋国人在宗庙举行了进献俘虏的告捷仪式之后,就又释放了鸢鞮,让他回鼓国继续做他的国君。

后来鼓国又背叛晋国,归附了鲜虞。鲁昭公二十二年六月,荀吴率军巡行东阳,下令部下士兵全部伪装成搬运粮食的人,携带盔甲在昔阳城门外修整。然后乘机偷袭鼓国,并将它灭了,俘虏了鼓国国君鸢鞮,凯旋而归,派大夫涉佗留下镇守鼓国的领土。

## 子产命韩起舍玉

鲁昭公十六年,晋卿韩起去郑国聘问,受到郑定公的款待。韩起有一块玉环(玉环分两块或多块,合起来为环,分开来为玦),与之配套的另一块在郑国的一个商人手里。因此韩起就趁这次机会,请求郑定公把那一块要来给他。但是子产却拒绝了他,说:"这不是我们的公家府库所收藏的东西,我们国君也不知道这块玉在什么地方。"

游吉、公孙挥对子产说:"韩起的要求也不算太过分,我们对晋国也不可以表露二心,不管晋国还是韩起，都是不能轻视的。你现在拒绝韩起，万一正好有小人从中挑拨晋、郑两国的关系，而且鬼神也推波助澜的话，恐怕会引起他们的敌视，到那时后悔也来不及了。你为什么要吝惜那块玉环，并且为此而得罪一个大国呢？为什么不把玉环找来送给韩起？"

子产说："我并不是轻视晋国，对晋国怀有二心。但正是因为我准备长久地侍奉晋国，所以才不给韩起这块玉环，这是为了向晋国表明忠信的缘故。我听说，君子所担心并不是没有钱财，而是担心自己活在世上，却不能留下美好的名声。我又听说治理国家的困难，并不在于侍奉大国、保护小国，而是担心自己的国家违背礼法，因而丧失自己的地位。大国的人对小国下命令，假如他们有需要就让他们满足的话，以后还能拿什么去满足他们接二连三的要求呢？如果这一次满足了他们，下一次又拒绝他们，那就会更得罪大国。对于大国的要求，凡是不符合礼仪的，都应当按照礼仪拒绝他们才对，否则的话，他们哪会有满足的时候呢？如果真是这样，我们郑国不久就会变成晋国的一个边邑，就不成为一个独立的国家了。而且韩起这次是奉命出使我国，但是却私下里替自己索要玉环，他的贪婪也太过分了，这难道不是罪过吗？我们献出一块玉，却会引出两样罪过，还会使我国失去国家的独立，让韩起蒙上贪婪的恶名，这样的事何必去做呢？况且为了一块玉而犯下这样的罪过，不是太不值得了吗？"

于是韩起就自己找那个商人，强买了那块玉环。双方成交之后，商人说："我一定要把这件事报告给我的官员。"因此韩起向子产请求说："前几天我向贵国索要那块玉环，贵国的执政大夫认为不合道义，所以我也就不敢再要。现在我自己向商人买，可是那个商人却说一定要告官。希望你帮我解决这件事。"

子产回答说："从前我们先君桓公和商人们一起从周王畿内迁到这里，大家在一块土地上共同耕耘，铲除这里的荒草，开辟这里的蓬蒿和荆棘，然后一同定居在这里，因此世世代代都立誓订盟，以换取彼此的信任。桓公对商人们说：'你们不可以背弃我，我也不强买你们的货物，不对你们作过分的要求，不掠夺你们的宝物。你们买卖好获利多，或者得到什么奇货异宝，我也绝对不会干涉。'根据这项誓约，郑国的国君与商人间彼此扶持，传统一直延续到今天。现在阁下为了两国的友好来我国访问，却要求我们国家强夺商人的东西，这等于是教我们违背誓约，这种事我们怎么能做呢？假如阁下为了这块玉环，而失去了诸侯对晋国的信赖，我想阁下也一定不会这样做吧？如果将来晋国发布命令，让我们超出约定之外进献贡赋，以满足阁下的要求，郑国虽然是个小国，但也不愿意这样卑躬屈膝。如果要我把这块玉环献给阁下，我不知道有什么理由和好处，所以才私下对你说出我的心里话。"

韩起听了这番话，立刻表示不要玉环了，说："我虽然不聪明，但何尝敢为了一块玉环而换来两种罪过？请让我把玉环退回去吧。"随后韩起又私下去见子产，送给他宝玉和良马，说："你让我放弃那块玉环，就等于赐给我金玉，而免去我的死罪。现在又怎敢不借这双手送上礼物，以表达我对你的感谢呢？"

# 孔子师郯子

鲁昭公十七年秋，郯子（郯国的国君）来鲁国朝见鲁公，鲁昭公设宴款待他。叔孙昭子问郯子说："少皞氏（传说中的帝王）都用鸟来命名他的官职，这是为什么呢？"

郯子说："少皞氏是我的祖先，所以关于这点我知道得很清楚。当初黄帝受命的时候，天空中出现祥云，所以黄帝以云纪事，他的百官官长都以云为官名。到炎帝的时候，有火为祥瑞，所以以火纪事，他的百官官长就都以火为官名。到了共工的时候，有水为祥瑞，所以以水纪事，他的百官官长便以水为官名。太皞氏的时候，出现龙作为祥瑞，所以以龙作为官名。我的先祖少皞氏即位时，恰好有凤凰飞来，因此就以鸟来纪事，他的百官官长也就以鸟为官名。

"比如凤鸟氏是掌管历法的，玄鸟（燕子）氏掌管春分、秋分，伯赵（伯劳）氏掌管夏至、冬至，青鸟氏掌管立春、立夏，丹鸟（锦鸡）氏掌管立秋、立冬。祝鸠（鹁鸪）氏相当于司徒，鵙鸠（雕类猛禽）氏相当于司马，鸤鸠（布谷鸟）氏相当于司空，爽鸠（老鹰）氏相当于司寇，鹘鸠氏相当于司事，这五个鸠氏都是负责管理百姓的。还有五位雉氏，是管理各种工匠的官员，他们改进和发明器具，统一度量衡，方便百姓生活，在百姓生活中确立公平的标准。还有九个扈氏，是九位管理农业的官员，负责督促人民不要放纵偷懒。

"从颛顼氏以来，直到现在，因为没有远方而来的祥瑞可供纪事，只好从近处着眼，所以就参考民事，以民事来纪事。所以百官官长的名称，就不再像古代那样，用云、火、水、龙、鸟那样的东西来命名了。"

孔子听说这件事后，就去拜郯子为师，向他学习礼法。后来孔子告诉别人说："我听人说：'天子那里失去了古代的官制，却可以在边远的夷狄小国那里找到。'这话可不是骗人的！"

## 公子光夺余皇

鲁昭公十七年冬,吴国发兵攻打楚国。楚令尹阳匄为这次战争占卜,占卜的结果是不吉利。楚司马子鱼就说:"我军位于长江上游,占了地利,有什么不吉利的?何况按楚国的惯例,为打仗占卜,是由司马来命龟(占卜前告诉神灵所要占卜之事)。我请求再用龟甲占卜一次。"于是子鱼就向神灵祷告说:"我准备率领我自己的军队冲锋战死,让楚国的大军跟在我后面,请神灵保佑我军大获全胜!"得到了吉卦。

吴、楚两军在楚地长岸交战,子鱼首先战死,跟在他后面的楚国大军继续奋战,果然大败吴军,俘虏了吴王的座舰"余皇"号。

楚国人怕吴国人来夺"余皇"号,就派随国人和后到的楚军负责看守这艘战舰,然后在战舰周围挖了一道沟,一直深到看见泉水,并在进出口的通道上铺满木炭,最后在这里摆开阵势等候命令。

这时,吴国的公子光动员吴军士兵说:"我们丧失了先王乘坐的战舰,这不仅是我一个人的罪过,所有将士都会有责任。我希望大家同心协力,把这艘战舰重新夺回来,以便借此免除我们的死罪!"吴军将士一致表示赞成。

公子光派出三名身高体壮的士兵,潜伏到战舰旁边,并吩咐他们说:"当我们呼喊'余皇'时,你们就答应!"然后吴军就趁着黑夜前进到楚军阵地附近,连喊了三次"余皇",三名潜伏的士兵轮流答应。楚军追上这三个士兵,将他们杀死,但自己也阵脚大乱,结果被吴军打得大败。吴军夺回"余皇"号之后,就撤退回国了。

## 宋卫陈郑皆火

鲁昭公十七年冬,有彗星在大辰星(即心宿二,又名大火)附近出现,它的尾巴往西一直延伸到银河。鲁大夫申须和梓慎都认为将发生大火灾,梓慎还认为火灾将发生在宋、卫、陈、郑四国。郑国的裨灶也对执政子产说:"宋、卫、陈、郑四国,将在同一天发生火灾。假如我们能用灌尊、玉勺来祭祀神灵,郑国一定可以躲过这场火灾。"子产向来不相信这样的说法,所以没有答应裨灶的请求。

第二年五月,大辰星在黄昏时分出现。初七,又刮起了大风。梓慎说:"这就叫融风,是大火灾发生的前兆,恐怕再过七天就要发生了吧?"到初九那天,风刮更大了。十四日,出现了暴风。就在这一天,宋、卫、陈、郑四国同时发生了火灾。梓慎站在大庭氏的库房顶上,向着远方眺望,说:"大火发生在宋、卫、陈、郑四国。"果然,几天后这四个国家都先后派使者来鲁国,通报发生了火灾的消息。

神灶宣称:"假如不听从我的建议,郑国还会再发生火灾。"郑国人就请求采纳神灶的建议,但是子产还是不答应。游吉说:"宝物,本来就是用来保护百姓的,如果再次发生火灾,郑国就会陷于危亡。如今神灶既然有避免火灾的良策,你为什么要爱惜宝物而不肯采纳呢?"子产说:"天道远,人道迩(天地自然的道理幽远,人间社会的道理切近)。我们人类无法知道天上的事,又怎能凭天象预知人间的火灾呢?神灶又怎么懂得天地自然的道理?他这个人话那么多,总会被他凑巧说中一两次的。"直到最后,子产还是没采纳神灶的建议,郑国也没有再发生火灾。

子产不相信可以通过观察天象来预测人间灾祸,不肯采纳神灶的建议,而且留下"天道远,人道迩"那样的名言,可以称得上是破除迷信的先锋。郑国火灾的第二年,又遇上了水灾。当时传言在郑国都城南门外的洧渊中,有两条龙在那里打架,因此都城的人们请求举行祭祀把龙赶走。子产仍然反对,说:"我们人和人打架的时候,龙漠不关心不来观看;现在龙和龙打架,我们又为什么要去观看呢?龙本来就住在水深的地方,我们又为什么要通过祭祀把他们赶走呢?我们人对龙没有什么要求,龙对人也没有什么要求。"于是郑国人也没有举行祭龙的仪式。

当郑国还没有发生火灾时,大夫里析对子产说:"郑国将要发生大的灾异,将使全国百姓为之动荡,使我们郑国陷于危亡。我自己就快要死了,不能为这场灾难做些什么。不知道迁都可不可以帮郑国躲过这场灾难?"子产说:"虽然迁都可能是一个办法,但这不是我一个人所能决定的。"等到火灾发生时,里析已经去世了,但还没有入葬。于是子产就派三十个役夫把棺材迁走,转移到安全的地方。

大火烧起来以后,子产在都城东门辞谢晋国的公子和公孙,不让他们进入都城。派司寇阻止新来访的外宾进入都城,禁止已经到访的外宾离开他们的住所。又派子宽、子上等大夫巡视各个祭祀场所,把祭礼牌位都搬到祖庙内。又派占卜大夫公孙登把占卜用的大龟搬到安全的地方去,再派祝、史等官把宗庙中安放神位的石匣迁到周厉王庙中,并向先君祭告发生的事。他还命令管理府库的官员坚守自己的岗位,不准擅自离开。又命令大夫商成公,让他警告宫中的内监,叫他们把先君的宫女们送到火烧不到的地方去。还派司马、司寇带兵在火道上巡逻,既可以参加救火,又可以防止坏人趁火打劫。又让士兵列队登上城墙,防备奸人乘机作乱。

火灾发生的第二天,子产又命令各县邑官吏管好他们征召的民夫,不要让他们四下逃散。又让郊乡的长官帮助祝史,在国都的北城设置祭坛,并且向水神玄冥、火神回禄祈祷,以消除火灾,然后又在各个城楼上祷告。最后登记百姓被焚毁的房舍,以备将来减免他们的赋税,并且发放木材,好让他们重新修建家园。又宣布郑国人休息三天互相吊唁,都城的商人也都停止营业,以示哀悼。又派外交官把灾情通报给各诸侯国。宋国、卫国在火灾中也采取了类似的措施,只有陈国没有采取救灾措施,许国没有慰问其他国家的灾情,所以君子都认为陈国、许国的做法不合天道,必定会首先灭亡。

七月,子产由于火灾的缘故,就大兴土木,修建了神社和宗庙,祭祀四方神灵,以消除火灾带来的不祥,这些做法都是合乎礼仪的。接着又精选兵马,准备举行盛大的阅兵仪式。但是在为阅兵仪式清出场地时,由于游吉的家庙正好在道路的南边,而他的住宅在道路的北边,两者之间的庭院又太小,所以必须拆掉两者之一。已经过了拆除期限三天之后,游吉让清除场地的役夫集合在路的南侧、家庙的北侧,对他们说:"假如子产经过这里,命令你们赶紧拆除,你们就往面对的方向拆!"当子产上朝路过这里时,对于还没有拆完非常愤怒,于是役夫们就朝当初面对的南方拆家庙。子产走到十字街头时,又派他的随员去制止,说:"不要拆家庙,拆北边的住宅!"

火灾发生后,子产给边境的军民发放武器,让他们登上城墙警戒。游吉问:"你这样做(指发放兵器警戒,以及此前拒绝晋国的公子公孙入城),会不会让晋国来讨伐我们?"子产说:"我听说小国一旦忽视自己的防备,就会发生危险,何况发生了大火灾?一个国家之所以能不被人轻视,就是因为有所防备的缘故。"

不久,晋国的边防官向郑国抗议说:"由于郑国发生了火灾,晋国君臣都十分担心,先是求神问卜,然后又到各名山大川为郑国祈祷,并且不敢吝惜祭祀用的牺牲和宝玉。郑国发生火灾,我们国君也非常忧虑。可是如今贵国的执政却突然给边境军民发放武器,并让他们登上城墙警戒,这究竟是把谁当作了敌人呢?贵国执政的做法,使晋国边境上的百姓感到很害怕,所以不得不向贵国报告这件事。"

子产回答说:"恰如你所说的,我们国家的灾难,也让贵国君王非常忧虑。我们国家政策采用不当,以致上天降下灾祸,同时我们又担心奸邪之辈借机打我们国家的主意,发动贪心的人趁火打劫,使我国再次蒙受损害,而加重贵国君王的忧虑。幸亏郑国并未灭亡,还有机会进行辩解;如果郑国不幸灭亡了,到时候贵国君王即便为我国担忧,也没有什么用处了。郑国还有其他的邻国,但是能够仰赖的只有晋国。郑国既然已经侍奉晋国了,又怎么敢对晋国怀有二心呢?"

# 卫齐豹之乱

卫国的公孟絷(卫灵公哥哥)看不起齐豹(齐恶之子),夺走了他的司寇官职,还夺了他的封地鄄邑,但每当有劳役任务时就把鄄邑还给齐豹,让他去负责,没有劳役时就又把鄄邑夺走。另外,公孟絷还讨厌北宫喜、褚师圃二人,一直打算除掉他们。公子朝因为跟襄公夫人宣姜(卫灵公生母)通奸,心里害怕,想乘机作乱,于是在鲁昭公二十年六月,齐豹、北宫喜、褚师圃、公子朝一起发动了叛乱。

当初,齐豹把宗鲁推荐给公孟絷,宗鲁后来为公孟絷做骖乘。现在齐豹准备叛乱,便对宗鲁说:"公孟絷为人不好,你是知道的。你不要和他一起乘车,我准备杀了他。"宗鲁回答说:"我是通过你的推荐才得以侍奉公孟絷的,并且由于你帮我说好话,他才亲近并且信任我。虽说他的为人不好,我也知道得非常清楚,只是由于我要为自己的生计考虑,所以一直不能离他而去,另谋出路,这是我的过错。但如果听说他即将遭难而逃走,就会让你当初称赞我的话都变得不可信了。

齐豹

你尽管按计划去杀他,我将为主人而死。以保守秘密来报答你对我的恩惠,同时以我的生命来报答我的主人,这样就可以两全其美了。"

六月二十九日,卫灵公有事前往平寿邑,公孟絷就在卫国都城的盖获门外举行祭祀活动。齐豹在城门外搭了帐幕,并在其中埋伏甲士,同时让手下祝蛙在一辆装满柴草的车上藏起兵器,并堵在城门口。公孟絷离开家,齐豹派一辆车紧紧跟在后面,公孟絷让华齐给自己驾车,由宗鲁担任他的骖乘。公孟絷的车子来到城门口,见城门被车子挡住,打算从旁边的曲门绕出去。这时后面跟随那辆车立即追上来,齐豹挥戈猛击公孟絷。宗鲁用身体掩护公孟絷,结果手臂被斩断,公孟絷的肩膀也被击中,最后两个人都被齐豹杀死了。

卫灵公听说发生了动乱,赶紧乘车返回,从阅门进入国都,由庆比为他驾车,公南楚担任骖乘,由华寅乘坐副车跟在后面。到了卫公宫室,灵公装了一车宝物便要出逃。褚师子申在十字路口遇见灵公一行,也跳上副车跟灵公一起逃走。当他们经过齐豹家门口时,灵公命令华寅脱去盔甲(表示不想与齐豹战斗),手拿车盖挡住空隙。齐豹拿箭射灵公,射中了南公楚的背,还是让灵公逃出了城门。华寅又从里面关上外城的城门,然后翻出城墙去跟随灵公。卫灵公逃到一个名叫死鸟的地方时,析朱鉏也趁天黑从城墙的出水口逃出来,然后徒步追赶灵公。

齐景公派公孙青到卫国聘问。公孙青已经走到半路,听说卫国发生了叛乱,于是派人回去向景公请示此行应该向谁聘问。齐景公说:"只要卫灵公还在卫国境内,就还是卫国的国君。"于是公孙青仍然按正常方式进行聘问,赶到死鸟去晋见卫灵公。

公孙青要求行聘问之礼,正式晋见卫灵公。灵公派人拒绝他说:"我这个逃亡的人没有本事,以至于丧失了国家。现在我流落在乡野之间,没有合适的地方让你履行贵国君主的命令!"

公孙青回答说:"我们国君在我来之前曾亲口命令我说:'你要谦恭有礼地对待卫君!'我不敢违抗我们国君的命令。"

卫灵公说:"贵国国君如果顾念我们先君的友好关系,派使者到我国聘问,安抚我们的国家社稷,那么我们国家还有宗庙在,聘问仪式一定要在宗庙里举行。"于是公孙青就取消了正式的聘问仪式。卫灵公坚持要接见公孙青,公孙青则因为没有举行聘问仪式,不敢以客人的身份晋见,只好选了自己的一匹骏马作为私人晋见的礼物,后来卫灵公就用这匹马来驾驭自己的车子。

公孙青想替卫灵公担任卫士守夜,灵公辞谢说:"我这个逃亡之人的忧患,不应该让你来承担。在这荒野之中,也不敢劳你的大驾。希望你不要那么做。"

公孙青说:"我是我们国君的臣子,也就等于是您的奴仆。假如君王不接受我作为使者为您效劳,就是跟我们国君见外了。我生怕因为这件事情而获罪,所以才希望为您守夜,以此来免除我的死罪。"于是公孙青亲手拿着铃铛,整夜在篝火旁,与卫国武士一起为卫灵公守夜。

齐豹的家臣总管渠子奉命去召请北宫喜,可是北宫喜的家臣总管却不让北宫喜知道,就擅自密谋杀死了渠子,然后率军攻打齐豹,消灭了齐豹的家族。

六月三十日黄昏，卫灵公回到卫国都城，先与北宫喜在彭水之上订立了盟约。七月初一，卫灵公又与都城的人订立了盟约。八月二十五日，公子朝、褚师圃、子玉霄、子高魴逃亡到晋国。闰八月十二日，卫国人杀掉了宣姜。卫灵公赐谥号给北宫喜（春秋时期，一个人生前就可以有谥号），叫作"贞子"，赐析朱鉏谥号"成子"，并且把齐豹的墓田赏赐给他们。

然后，卫灵公又派使者向齐国报告卫国内乱已经平息的消息，并且对公孙青合乎礼仪的行为加以称赞。当时齐景公正准备饮宴，听了卫国使者的话，就给席间所有的大夫赐酒，说："公孙青的行为受到称赞，这全靠各位大夫的教导。"大夫苑何忌辞谢说："我今天要是分享了对公孙青的嘉奖，那么按理，将来也应该承担对他的责罚。《康诰》中说：'即使是父子兄弟之间，犯了罪也不能互相牵连。'何况在臣子之间呢？因此臣不敢贪图君王的赏赐，而违背先王的教导。"

琴张听说宗鲁被杀的消息，准备前去吊唁他。孔子却说："齐豹最后之所以能叛乱，公孟絷最后之所以被杀，这个宗鲁都有责任，你为什么还要去吊唁他呢？君子不接受恶人的俸禄，不以邪恶的念头侍奉他人，不掩盖不合道义的事情，不做不合礼法的事情。"

## 宋华氏之乱

宋元公待人不讲信义，有很多私宠亲信，而且非常厌恶华、向这两个家族的人。鲁昭公二十年，华定、华亥与向宁商量说："就算逃亡，也比丧命要好，我们还是先下手为强吧！"于是华亥就假装生病，诱骗宋国的公子前来探病，然后只要有公子到他家来探病，他都趁机把对方抓起来。六月初九，华氏杀死了公子寅、公子御戎、公子朱、公子固、公孙援、公孙丁，然后把向胜、向行囚禁在自家的谷仓中。

宋元公亲自到华氏家里为各位公子求情，华氏不但不答应，反而趁这个机会劫持了元公。十六日，又把太子栾和他的同母弟弟公子辰、公子地抓起来作人质。宋元公也抓到了华亥的儿子华无戚、向宁的儿子向罗、华定的儿子华启，以他们为人质，与华氏订立盟约。

华氏与向氏发动叛乱时，公子城、公孙忌、乐舍、司马强、向宜、向郑、逃亡宋国的楚太子建、郳申逃亡到郑国，然后率领他们的党羽在宋地鬼阁与华氏作战，结果公子城的部下战败，公子城又逃亡到晋国。

华亥和他的夫人吃饭前，一定先把吃饭的器皿洗刷干净，让作为人质的各位公子先

吃,然后自己才吃。宋元公和夫人每天都到华亥家里,让各位公子吃饭之后才回来。华亥对这件事很烦恼,打算把各位公子送回去,但向宁却说:"就是因为宋元公不讲信义,我们才用他的儿子作人质。如果把他们都放回去,那我们就没有几天好活了。"

宋元公向大司马华费遂(也是华氏族人)请求,准备攻打华亥。华费遂回答说:"我并不是怕死,我只是担心这样做不但不能消除忧患,反而会因此惹来新的忧患。我因此感到忧惧,哪里是敢不听从君王您的命令呢?"宋元公说:"我那些公子的生死自有上天决定,只是我实在不能忍受这种耻辱了。"

十月,宋元公杀掉华氏和向氏的人质,并发兵攻打他们。十三日,华氏和向氏逃往陈国,华登逃到吴国。向宁打算杀了作为人质的太子,华亥说:"我们因冒犯国君而出逃,如果又杀掉他的太子,将来还会有谁敢收留我们呢?不如把太子放了,也可以将功赎罪。"于是就派少司寇华轻把宋元公的三个儿子送回去。华轻是华亥庶出的哥哥,华亥对他说:"你现在年纪已大,不应该逃到别的国家做别人的臣子了。你现在把这三位公子送回去,表明你不参加叛乱,就一定可以免掉罪过。"华轻把三位公子送到公宫,正要出门离去,宋元公急忙出来见他,拉着他的手说:"我知道你没有罪过!你进宫来,我恢复你原来的职位!"

华费遂有华䝙、华多僚、华登三个儿子,华登在宋元公攻打华氏时逃奔吴国,华䝙担任少司马一职,华多僚担任宋元公的侍臣。鲁昭公二十一年,华多僚因为与华䝙互相仇视,就在元公面前诬陷华䝙说:"华䝙想让逃亡的华亥等人回国。"这样的谗言他说了很多次,于是宋元公说:"华费遂为了我的缘故,而让他的好儿子华登一直流亡在外。死生全由天命,寡人不可以再让华䝙也逃亡到国外去啊。"华多僚回答说:"君王您如果确实爱护我的父亲,实在不如让华䝙逃到国外去。假若逃亡国外可以免死,那么离得远一点又有什么关系呢?"

宋元公听了很害怕,就派人召见华费遂的侍臣宜僚,先赏他酒喝,然后派他告诉华费遂,让华费遂赶走华䝙。华费遂听了叹息道:"这一定是华多僚在君王面前进了谗言。我有这样一个进谗言的儿子,却不能杀死他,我自己年纪大了又还不死。现在君主有这样的命令,我该怎么办呢?"于是就跟宋元公商量驱逐华䝙的事,准备让他去孟诸打猎,然后借机驱逐他。

宋元公赐酒宴给华䝙,又赏赐他很多财物,同时还赏赐了他的随从人员。华费遂也像元公一样,送给他们很多礼物。华䝙的家臣张匄觉得很奇怪,说:"这里面肯定有问题。"于是就让华貙用宝剑抵住宜僚的脖子,逼问他是怎么回事。宜僚把真相全都说了,张匄便打算杀掉华多僚,华貙制止说:"我父亲年纪大了.我弟弟华登逃亡在外,已经使他很伤心了。现在我再杀掉多僚,会使父亲更伤心,还不如我自己逃亡到国外去!"

五月十四日,华貙想见父亲最后一面,然后便启程出发。这时,正好遇到华多僚给华费遂驾车,准备上朝去,张匄实在按捺不住心中的怒火,就跟华貙、臼任、郑翩上前杀掉了华多僚,并劫持华费遂反叛,同时派人召请逃亡在外的华亥等人回国。

二十日,华氏、向氏回到宋国,乐大心、丰愆、华轻等人率领军队在横城抵御他们。华氏占据了卢门,率领南里的人反叛。六月十九日,宋国修筑了旧城及外城的桑林门,然后派遣重兵把守。

十月,华登率领吴国的军队援助华氏,齐国的乌枝鸣则率军帮助宋国戍守。宋国厨邑的大夫濮说:"兵书上面说过这样的话:'占人先机的,可以一鼓作气摧垮敌人的意志;不占先机的,可以等敌人士气衰落之后再进攻。'我们为什么不趁吴军远道而来,还没立稳脚跟的时候,先发制人攻打他们呢?一旦等吴军进入南里,稳定了军心,并巩固了阵地,那么华氏的力量就非常强大了。到那时,我们后悔也来不及了。"乌枝鸣采纳了厨大夫濮的意见。

十七日,齐、宋联军在鸿口击败了吴军,俘获了吴军的两位主帅。华登聚集余下的士兵,又率领他们打败了宋军。宋元公打算逃亡,厨大夫濮说:"我们这些地位低下的人,可以为君王战死,但不能护送您逃亡国外。请君王等我们决一死战之后,再作决定。"

于是厨大夫濮巡视全军,说:"忠于国君的士兵,请举起你们的旗帜。"结果全体将士都举起了标识身份的小旗。宋元公在睢阳的东门扬门上看到这情景,就下来到军中巡视,对将士们说:"如果国家灭亡,国君身死,也是各位的耻辱,不仅仅是寡人的过错。"乌枝鸣说:"想要以少胜多,最好的办法就是拼死决战;想要拼死决战,不如故意向对方示弱,引对方来进攻。短兵相接勇者胜,这次我们都用剑去拼杀。"宋元公采纳了他的意见,结果华氏被打败,宋军、齐军随后追击。决战开始后,厨大夫濮用衣裳裹着一个人头,扛在肩膀上边跑边喊,说:"我已经砍下华登的人头了!"因此宋军能在新里击败华氏。

十一月初四日,公子城率领晋国的军队回到宋国,曹国的翰胡会合晋国的荀吴、齐国苑何忌、卫国的公子朝一起援救宋国。初七,诸侯联军与华氏在赭丘交战。华氏的党羽郑翩想摆鹳阵,为他驾车的人却想摆鹅阵。向宜为公子城驾车,庄堇为车右;干犫为封于吕邑的华豹驾车,由张匄担任车右。双方相遇后,公子城撤退。华豹看见公子城,大喊:

"公子城！"向他挑战。公子城听后大怒，掉头回来与华豹作战。公子城刚抽出箭矢搭在弓上，华豹已经拉满了弓。公子城说："我父平公在天之灵保佑我！"结果华豹的箭射在向宜和公子城的中间。公子城刚要射箭还击，华豹却又拉开了弓，公子城说："你连还手的机会都不给我，说明你卑鄙无耻。"华豹便放下箭，结果公子城一箭射死了华豹。

张匄拿起车上的长戈跳下来，可是公子城又射出一箭，射中了张匄的大腿。张匄爬起来，冲到公子城的车前去攻击他，并砍断了公子城车上的横木。公子城再射一箭，把张匄也射死了。干犨请求公子城把他也射死，公子城却说："我会替你向宋元公求情的。"干犨回答说："不跟同一辆战车上的人一起战死，就是犯了军法中的大罪。我已经犯了死罪，即使听从你，君王又怎么能任用我呢？请你快射死我吧！"于是公子城又射出一箭，把干犨也射死了。

华氏大败，被围困在南里。华亥捶胸顿足，去见华貙，说："我已经变成晋国的栾氏了！"（鲁襄公二十三年，逃亡在外的栾盈回国作乱，结果被杀）华貙说："你不要说这么吓人的话！哪会那么倒霉？"于是派华登去向楚国求援，华貙亲自带领战车十五辆、步兵七十人，冲破诸侯军队的包围，来到睢河岸边与华登饯别，哭着送华登上路，然后再次冲入南里。

楚平王派薳越率军接应华氏，太宰犯劝阻说："各诸侯国现在大都君权旁落，只有宋国的臣子还一心一意侍奉他们的君主。如今宋国也发生内乱，如果我们不帮他们的国君，反而援助叛乱的臣子，不可以这样吧？"楚平王说："你的话说得太迟了，我已经答应他们了。"

次年春天，薳越派使者告诉宋国人说："我们国君听说宋国有一个逆臣，让贵国国君很烦恼，可能为宋国的宗庙带来耻辱。因此，我们国君请求把这个逆臣交给楚国，让我们来处死他。"

宋元公回答说："寡人无德，不能让父辈兄辈的人（指公族华氏、向氏）高兴，以致惊扰了君王，让君王为寡人担忧，实在是很感激君王的好意。但是我们君臣之间发生了冲突，君王却说'我一定要帮助臣子'，那么我们宋国也只好悉听尊便了。常言道：'不要从作乱的人家门口走。'君王若确实想帮我们安定国家，那就请不要庇护作乱的逆臣，以免鼓励作乱的人。这是我的希望，请君王认真地考虑。"楚国人听了，也就无话可说。

戍守宋国的诸侯国将领商量说："如若华氏知道自己没有出路，拼死做困兽之斗；楚国为说服不了宋国而感到羞耻，迅速地出兵作战，那就对我们非常不利了。所以不如撤去包围,放华氏逃出去,也满足楚国的愿望,而且华氏也已不足为患了。我们为援救宋国而来,赶走华氏,就已经清除了宋国的祸患,还想怎么样呢?"于是他们就一再向宋元公提出要求,请宋国放华氏出去,宋元公最后也只好同意了。

二月二十一日,华亥、向宁、华定、华貙、华登、皇奄伤、省臧、士平逃往楚国。宋元公任命公孙忌为大司马,边卬为大司徒,乐祁为司城,仲几为左师,乐大心为右师,乐輓为大司寇,以安定宋国的百姓。

## 楚佞臣费无极

当初,蔡国大夫朝吴带领蔡人帮助楚平王获得王位,楚平王则重新建立蔡国作为报答。楚国有个大奸臣叫费无极,他很嫉妒朝吴,担心朝吴将来会受楚王的宠爱,所以想把他赶出蔡国。费无及对朝吴说:"正因为楚王信任你,所以才把你留在蔡国。你年纪已经这么大了,但官位却这么低,这是你的耻辱啊。你一定要请求晋升,我也可以助你一臂之力。"

费无极又对地位在朝吴之上的蔡国人说:"正因为楚王信任朝吴,所以让他留在蔡国。你们这些人没有一个能比得上他,但地位却比他高,这不是很麻烦的事吗? 如果你们不赶紧想办法,就一定会遇上祸难。"

鲁昭公十五年夏,蔡国人驱逐朝吴,朝吴逃到了郑国。楚平王得知这件事后,非常生气,对费无极说:"我正是因为信任朝吴,所以才把他留在蔡国。况且当初如果没有朝吴,我怎么会有今天呢? 你为什么把他赶出蔡国?"费无极回答说:"我难道不想让朝吴留在蔡国吗? 只是我此前这个人对楚国怀有二心。朝吴留在蔡国,蔡国一定会很快强大起来。我把朝吴赶走,就是为了剪除蔡国的羽翼。"

楚平王做公子时,曾经出使蔡国。溴阳封人的女儿私自跑到他那儿去,与他同居,不久生下太子建。楚平王即位以后,就派伍奢做太子建的老师,让费无极做少师。太子建不喜欢费无极,费无极想在平王面前诋毁太子建,就先说:"太子建可以结婚了。"于是楚平王就派人去秦国为太子建娶妻,费无极也去了,但他后来却劝平王自己娶这个女子为妻,平王也就真的将她娶做了自己的妻子。

鲁昭公十九年,楚平王建立水军,准备去讨伐南夷的濮国。费无极对平王说:"晋国能称霸的原因,是因为晋国跟中原各诸侯国距离都近;而我们楚国地方偏僻,所以很难跟晋国争夺诸侯。如果我们把靠近中原的城父建成一座大城,并让太子建在那里镇守,以联络北方的中原诸侯。大王您再全力征服南方，就可以称霸天下了。"楚平王听了很高兴，就按费无极的建议，把太子建派到城父去了。

到了第二年，费无极对楚平王说："太子建和伍奢打算占据方城之外的领土反叛，自以为可以和宋、郑一样，割据一方，成为一个独立的国家。齐国和晋国也都打算帮助他们，必将危害到我们楚国，如今他们的事情已经准备得差不多了。"楚平王听信了费无极的谗言，于是当面责问伍奢，伍奢回答说："君王您夺了太子建的妻子，过错就已经够严重的了，为什么还要听信谗言呢？"于是楚平王下令逮捕伍奢，随后又派城父司马奋扬去杀太子建。但奋扬还没走到城父的时候，就已经派人先去通知太子建，让他赶快逃走。

三月，太子建逃到宋国。楚平王派人召回奋扬，奋扬让城父的人把自己绑起来押送到国都。楚平王问他："杀太子的话从我口中说出来，只有你一个人听到，那么又是谁让太子逃走的呢？"奋扬回答说："是我通知太子逃走的。因为君王您以前曾命令我说：'你侍奉太子，要像侍奉我一样！'我虽然愚昧无知，却也不敢苟且反复。我心中念着君王最初让我一心侍奉太子的命令，便不忍执行后来让我去杀掉他的命令，所以我才通知太子让他逃走。虽然我后来也感到后悔，可是后悔也来不及了。"楚平王说："既然是你把他放走的，你为什么还敢回来见我？"奋扬回答说："身为臣子，却没能完成君主交付的使命，已经是罪过了。如果君王召见，我还不来应召的话，就是再次违抗君命，即使逃亡我也没有地方去呀！"楚平王说："你回去吧。仍旧做你的城父司马。"

费无极又出主意说："伍奢的儿子很有才能，如果让他们逃到吴国，必定会给楚国带来隐患。大王您何不装作要赦免他们父亲的罪过，将他们召来杀了呢？如果他们是仁孝之人，就一定会前来的。不然的话，日后恐怕就将成为楚国的祸患。"于是楚平王派人去召伍奢的两个儿子，对他们说："你们两个快来，我赦免你们父亲的死罪。"

伍奢的大儿子伍尚是棠地的长官，他对弟弟伍员（即伍子胥）说："你逃到吴国去，我将回都城去送死。我的才能智慧都不如你，让我去为父亲而死，而你将来可以为我们报仇。听到可以赦免父亲的命令，是不能不立即赶去的；自己的亲人遭到杀害，是不能不替他们报仇的。为了赦免父亲而赶去送死，是孝；考虑事情能否成功，然后再采取行动，是仁；根据各自不同的能力，承担不同的责任，是智，明知去了会死而不逃避，是勇。父亲不可以不管，名誉不可以不要，你要努力啊！去完成各自的使命吧！"

于是伍尚回到楚国都城，伍子胥则逃亡到吴国。伍奢听到伍子胥没来，说："楚国的君主和大夫们，以后恐怕要吃不好饭了吧？"楚平王把伍奢、伍尚父子都给杀了。

蔡平公去世后,他的儿子朱继位。蔡侯朱的叔父东国为了夺他的位子,就送给费无极很多财物。费无极收了东国的贿赂,就对蔡国人说:"蔡侯朱不服从楚国的命令,楚王准备另立东国为你们的国君。你们如果不先服从楚王的命令,楚军肯定会包围蔡国都城的。"蔡国人听了以后十分害怕,就驱逐了蔡侯朱,立东国为国君。

鲁昭公二十一年冬,蔡侯朱逃亡到楚国。蔡侯朱向楚国控告,楚平王本打算发兵征讨蔡国,费无极却说:"蔡平侯跟楚国订有盟约,所以我们才重建蔡国,立他为国君。可是蔡侯朱却对楚国怀有二心,所以才废掉他。楚灵王曾杀死东国的父亲太子隐,东国与您都厌恶楚灵王。楚灵王被您杀死,东国一定为此而对您感恩戴德。您如今若立他为君,他就更感激了,不是也很好吗?而且废立蔡君的权力,若完全掌握在您的手中,以后蔡国对楚国就不会有二心了。"楚平王听了,就放弃了帮蔡侯朱复位的想法。

## 王子朝乱周室

周景王最初立王子寿为太子,王子寿早逝,王子猛被继立为太子。景王的庶长子王子朝和他的老师宾起很受周景王的信任,周景王与宾起都喜欢王子朝,打算立王子朝为太子。刘献公的庶子刘狄正好在单穆公手下做事,他很不喜欢宾起的为人,想要杀掉他;同时他也很讨厌王子朝说过他想当太子,认为这样的话是违背礼制的,所以想把王子朝也杀了。

鲁昭公二十二年春,宾起到郊外游玩,看见一只公鸡自己啄掉自己尾巴上的羽毛,便向侍从询问,侍从回答说:"公鸡害怕自己被用作祭祀的牺牲,所以在自我摧残。"宾起回去之后,立刻把这件事报告给周景王,并暗示说:"鸡害怕被人所用,但是人就不同了。所谓牺牲,实际上是被人所用的。别人做牺牲就很麻烦,自己做牺牲又有什么坏处呢?"周景王没有回答。

四月,周景王到洛阳的邙山去打猎,命令所有公卿都跟着一起去,准备乘机杀死阻挠改立太子的单穆公和刘狄。周景王有心脏病,这时突然发作,十八日,死在大夫荣锜氏家中。二十二日,刘献公也去世了,由于他没有嫡子,单穆公就立刘狄为刘氏继承人。五月初四,刘狄觐见还未即位的悼王(即王子猛),于是攻打宾起,并且将他杀了,然后在单氏家中跟各位王子订立了盟约。

六月十一日,周室为周景王举行葬礼。王子朝利用失去职位和俸禄的前朝官员和工匠,以及灵王、景王的族人发动叛乱。王子朝率领郊邑、要邑、钱邑三地的甲兵攻打刘狄。

十六日，刘狄逃往戎人控制的扬地，单穆公则从庄公庙中把悼王接回自己家里，王子朝的党羽王子还又在夜里把悼王送回了庄公庙。十七日，单穆公逃出成周。

王子还与王子朝的另一名党羽召庄公商量说："我们还没有杀掉单穆公，就不算取得了胜利。如果我们假称与他重申上次的盟约，他一定会来。我们乘机杀了他，虽然违背了上次的盟约，但收获还是很大的。"召庄公打算采纳，但樊齐反对说："这不是好办法，一定不会成功的。"于是他们奉持周悼王追击单穆公，一直追到轩辕山，与单穆公订盟后返回，然后找了个替罪羊杀了，以博取单穆公的信任。

刘狄从扬地回到他的封邑刘地，而这时单穆公也得知了王子还的阴谋，便逃了出来。十九日，单穆公逃到平畤。各王子在后面追赶他，单穆公率军杀掉公子还、姑、发、弱、鬷、延、定、稠八人。王子朝逃往京邑，刘狄随后进入了王城。二十日，单穆公攻打京邑，京邑的人都逃到了邥山。二十五日，周卿士巩简公在京邑被王子朝打败。二十九日，王子朝又在京邑打败了甘平公。

鲁国的叔鞅参加完周景王的葬礼，从成周回到鲁国，说起王室的动乱。鲁大夫闵马父听了之后，就说："王子朝一定不能取胜，因为他所依仗的那些人，都是被上天摒弃的人。"

七月初三，单穆公侍奉悼王抵达平畤，然后前往圃车，在皇地稍做停留。刘狄回到自己的刘地，单穆公派王子处镇守王城，然后和工匠们在平王庙订立了盟约。十六日，王子朝的党羽郮胅攻打皇地，结果被单穆公打得大败，郮胅自己也被俘。十七日，单穆公将郮胖烧死在王城的市场上。

八月十六日，周悼王的司徒丑率领周室的军队攻打王子朝所在的前城，大败，以致成周的工匠们又背叛了。二十四日，工匠们攻打单穆公的住宅，但被单穆公击退。二十五日，单穆公大举反攻。二十六日，单穆公攻打成周东边的东圉。

单穆公此前已经派人向晋国求援，十月十三日，晋国的籍谈、荀跞率领陆浑的戎人，以及晋国焦、瑕、温、原四邑的军队，把周悼王护送回到成周。十六日，单穆公、刘狄率领周室军队在成周郊外与敌军作战，结果被王子朝的军队打败。同时，前城人也在社地大败陆浑的戎人。

十一月十二日，周悼王突然去世。十六日，王子猛的同母弟弟王子匄继位，是为敬王，暂时住在周大夫子旅家中。

十二月初七，籍谈、荀跞、贾辛、司马督率领大军，分别在平阴、侯氏、溪泉和社地驻扎,周室军队则驻扎在氾、解、任人三地。闰十二月,晋国的箕遗、乐征、右行诡率军渡过洛水,攻占了前城,然后驻扎在前城的东南方,周室军队驻扎在京楚。二十九日,他们攻打了王子朝占领的京邑,并且攻破了西南角外的城墙。

次年正月初一,晋、周联军包围了郊邑。初二,郊、郭二邑的主城全部陷落。初六,晋军驻扎在平阴,周室军队驻扎在泽邑,这时周敬王派人通知晋国,说王子朝的叛乱已经基本平定了。于是,晋军就在初九那天班师回国了。

周室军队继续讨伐王子朝。四月十四日,单穆公攻陷了訾邑,刘狄攻陷了墙人、直人二邑。六月十二日,王子朝进入尹邑。十三日,尹邑的尹文公诱杀了刘狄族人刘佗。十六日,单穆公取道阪道,刘狄从进入尹邑的大路,分别进军攻打尹邑。先到达的单穆公被王子朝打败,因此刘狄不战而归。十九日,召庄公、南宫极率领成周的军队戍守尹邑。二十日,单穆公、刘狄侍奉周敬王前往刘地。二十四日,王子朝进入王城,在王城的左巷驻扎。

七月初九,郭肸的儿子郭罗把王子朝护送到庄王庙,尹辛在唐地击败了刘狄的军队。十七日,尹辛又在郭地再败刘狄军队。二十五日,尹辛攻占了西闱。二十七日,尹辛进攻蒯邑,蒯城守军溃散。这时,周敬王的军队屡战屡败,敬王的王位在晋军回国后又开始不稳了。

鲁昭公二十四年正月初五,召简公(召庄公之子)、南宫嚚(南宫极之子)陪同甘桓公(甘桓公之子)拜见王子朝。刘狄对苌弘说:"甘桓公又到王子朝那里去了。"苌弘回答说:"这有什么妨碍?要想同心同德,关键在于合乎正义。《泰誓》中说:'殷纣王虽然有亿兆臣民,但他们全都离心离德;我虽然只有治臣十人,但他们全都同心同德。'这就是周朝能够兴盛的原因。你只需致力于自己的德行,不必担心没有人追随。"

二十二日,王子朝到达邬地。三月十五日,晋顷公派士景伯前往成周调查周敬王、王子朝之间的事情。士景伯站在王城的北门,向人们了解情况。最后,晋国人认定王子朝不对,就宣布与王子朝断绝来往,不再接见他派往晋国的使者。

六月初八,王子朝的军队攻打瑕、杏二邑,结果都被守军打败。

郑定公到晋国访问,执政大夫游吉担任他的副使。他们首先见了士鞅,士鞅说:"我们怎样对待周王室的这场内乱呢?"游吉回答说:"老夫连自己的国家都治理不好,哪敢谈论王室的事?不过我听人说:'寡妇不担心织布机上的纬线不够,而担心宗周将要灭亡,因为宗周灭亡后,祸患也会降临到她身上。'如今王室的确动荡不安,我们小小的郑国都很担心。但究竟怎么对待,这是你们大国所考虑的,我们小国知道什么？至于你,还是早点谋划吧。《诗经》中说:'小瓶子里没有酒了,这也是大坛子的耻辱。'可见周王室动荡不安,也就是诸侯霸主晋国的耻辱。"士鞅听了之后感到很忧虑,就跟执政韩起商量,决定召集各诸侯会盟,时间定在第二年。

这一年的十月十一日,王子朝将成周的宝珪沉到黄河中,乞求河神的保佑。十二日,黄河渡口的一个船夫在河里捞到了这块宝珪。周大夫阴不佞率温地的军队向南进攻,抓住了得到宝珪的船夫,把宝珪夺了过来。据说阴不佞拿到宝珪,想要把它卖掉时,发现宝珪变成了一块石头。等到周敬王平定内乱以后,石头才又恢复成宝珪。阴不佞把宝珪献给敬王,敬王很高兴,就把东訾封给他作为奖赏。

鲁昭公二十五年夏,晋国的赵鞅召集鲁国的叔诣、宋国的乐大心、卫国的北宫喜、郑国的游吉、曹国人、邾国人、滕国人、薛国人、小邾国人在黄父会盟,商讨平定周室内乱的事。赵鞅让各诸侯大夫给周敬王运送粮食,加强兵力武装,说:"我们明年就要护送周天子回到王城。"

将要盟誓时,宋国的乐大心说:"我们宋国不想送粮食。我们宋国是周朝的客人(宋君是商朝王室后裔),为什么要让客人给主人运送粮食呢?"晋国的士景伯说:"自从'践土之会'以来,宋国哪次战役没有参加?哪次盟誓没有同意?而且当年盟辞中说'共同辅佐王室',你怎么能逃避责任呢?你既然奉宋君之命前来参加此次会盟,却要让宋国背弃过去的盟约,这怎么可以呢?"乐大心不敢再说,只好拿起运送粮食的合约回去了。

鲁昭公二十六年四月,单穆公到晋国告急,请求援助。五月初五日,刘地的军队在尸氏打败了王子朝的王城军队。十五日,王城军队与刘地的军队又在施谷作战,结果刘地的军队败北。七月十七日,刘狄见形势不妙,于是奉持周敬王离开刘地;十八日,在渠地稍做停留。这时,王城的军队攻陷刘地,焚烧了当地的城邑。周敬王等人经褚氏、萑谷、胥靡,一路逃到了滑邑,这时晋国的荀跞、赵鞅率军前来援助敬王,于是派晋大夫叔宽在龙门驻守。

十月十六日,周敬王从滑邑发兵。二十一日,到达郊邑,不久又抵达尸氏。十一月十一日,晋军攻陷巩地。召简公见大势已去,就背叛了王子朝。王子朝和召氏族人、毛伯得、尹氏固、南宫嚚携带周朝的典籍逃奔楚国。王子朝的党羽阴忌则逃到莒邑,占据莒邑叛乱。召简公到尸氏迎接周敬王,并且和刘狄、单穆公订立盟约。二十三日,周敬王进入成周。二十四日,在周襄王庙中举行了结盟仪式。晋军派成公般帮助戍守成周,其余的部队便回国了。

王子朝写了一篇很长很漂亮的文告,派使者遍告诸侯,以诋毁周敬王、单穆公等人,为自己博取同情。鲁国的闵马父听说了文告的内容,说:"优美的言辞,是用来体现和实施礼仪的。王子朝既已违背周景王的遗命,又疏远晋国这样作为诸侯盟主的大国,一心想当周天子,不合礼法已经达到了极点,光凭这些优美的言辞又有什么用呢?"

次年秋天,晋国的士鞅召集宋国的乐祁犁、卫国的北宫喜、曹国人、邾国人、滕国人,在郑国的扈地会盟,商量让各诸侯派出军队,帮助周王室戍守。

鲁昭公二十九年三月十三日,周朝人在王城杀死了王子朝原先的党羽召简公、尹氏固和原伯鲁的儿子。三年前尹氏固跟随王子朝逃往楚国,半路上又自己返回来了。有位妇女在成周郊外遇见他,指责他说:"住在国都,就帮助别人造反;逃往国外,走了没几天又回来。你这种人还活得了三年吗?"三年后,他果然被杀死了。

此后,仍有王子朝的党羽发动叛乱,周敬王很担忧,就派使者向晋国请求,让诸侯为他修筑城墙,晋国答应了。鲁昭公三十二年,诸侯为周王室修筑了成周的城墙。

然而,周室的王子朝之乱至此并未完全平息。鲁定公五年,周人趁吴军攻入楚国郢都的机会,派人到楚国把王子朝给杀了。结果第二年夏天,王子朝余党郑翩依靠郑国人发动叛乱,周敬王再度出奔。一直到两年后,周室军队才凭借晋国的帮助,扫清了残余的叛党,周王室从此安定。这场动乱,起于鲁昭公二十二年,终于鲁定公八年,直闹了十九年之久。

# 叔孙得罪于晋

鲁昭公二十一年夏,晋卿士鞅来鲁国聘问,鲁国由叔孙昭子负责接待。季孙意如存心让叔孙昭子得罪晋国,就命令有关负责人以当年接待齐大夫鲍国的七牢之礼接待士鞅。士鞅果然大怒,说:"鲍国地位低贱,他的国家又小,现在却按接待鲍国的规格接待我,这分明是瞧不起我们晋国,我要回去向国君报告这件事。"鲁国人听了很害怕,赶紧增加了四牢,用超出规格的十一牢之礼来接待士鞅。

鲁昭公二十三年,邾国军队修筑翼城的城墙,回去的时候打算取道离姑,但中间必须经过鲁国的武城。邾大夫公孙锄说:"我们经过鲁国,却又不向鲁国借道。他们肯定要阻拦我们的。"建议到武城地界后,就改道顺着山往南走,绕过武城。

但是大夫徐锄、丘弱、茅地却说:"这条路地势很低,一旦下雨,就走不出来,回不了国都了。”最后决定还是按原计划走。

经过武城时，武城人的军队在前面拦住了去路，又把后面的树锯开，但并不完全锯断。当邾国的军队过去之后，鲁国人才把树推倒，挡住了邾军的退路。结果鲁军打败了邾军，并且俘虏了徐鉏、丘弱和茅地。

后来，邾国为这件事向盟主晋国告状，晋国人偏袒邾国，就发兵讨伐鲁国。鲁昭公派叔孙昭子去晋国解释，晋国就把他抓了起来。晋国想让叔孙昭子跟邾国大夫当面辩论是非曲直，叔孙昭子说：“各诸侯国的卿，相当于小国的国君，这是周朝的制度。再说邾国只是夷狄，我们国君所委派的副使子服也在这儿，理应让他跟邾国大夫辩论。我不敢废弃周朝的制度，不能参加辩论。”于是晋国最后没有让叔孙昭子辩论。

晋卿韩起让邾国把兵力集中起来，准备把叔孙昭子交给邾国处理。叔孙昭子得知后，就没有带随从和卫士，只身去晋国朝廷朝见晋君。士景伯对韩起说：“你不好好考虑一下，想一个比较妥当的办法，竟然就这样把叔孙昭子交给他的仇敌，叔孙昭子一定会因此而送命。鲁国一旦失去叔孙昭子，一定会发兵讨伐邾国。邾君（这时正在晋国）一旦失去国家，他将去哪儿呢？到那时你即使懊悔，恐怕也来不及了。所谓盟主，是负责讨伐违抗命令的诸侯。假如诸侯之间可以互相抓对方的大夫，那还要盟主做什么呢？”于是晋国就没有把叔孙昭子交给邾国，让他和副使子服住在两个不同的地方。

士景伯派人偷听鲁国正、副使的话，发现都没有屈服的意思。他把情况告诉韩起，韩起就把两个人都抓了起来。士景伯为叔孙昭子驾车，后面还跟着四个人，先从邾国人住的馆舍门口过一下，然后前往负责审判的官吏处，做出一个要严惩鲁国使者的样子给邾国人瞧。

然后，晋国人先让邾国国君回去，再派士景伯对叔孙昭子说：“由于这里柴草难以供给，加上侍从过分辛劳，所以我们想让你住到别的城邑去。”第二天，叔孙昭子一早就起来，站在那里等待命令。晋国人让叔孙昭子住在箕地，把子服昭伯软禁在别的城邑。

士鞅为两年前鲁国招待不周的事，还对叔孙昭子耿耿于怀，这时就趁机向他索要贿赂，但又不好直说，所以就假装要帽子，以此来暗示。谁知叔孙昭子不买他的账，故意装糊涂，询问士鞅赠子的尺寸，然后送了两顶帽子给士鞅，说：“我就只有这些了。”

为了让叔孙昭子早日归来，叔孙昭子的家臣申丰带着财物来到晋国。叔孙昭子不想靠行贿脱罪，就派人告诉申丰，说：“你先来见我，我告诉你把东西送给哪些人。”等申丰来了之后，叔孙昭子就不让他再离开了。

叔孙昭子有一只狗，非常会叫，很能看家。晋国派到箕地去监视叔孙昭子的小官很想要那只狗，但叔孙昭子没有给他。等到叔孙昭子将要回国时，便把那只狗杀了，然后把狗肉送给那个小官吃，表示自己以前不送给他并不是因为小气，而是不想讨好晋国人。叔孙昭子居住的地方，哪怕只住了一个晚上，他也一定要把内外修治一番，因此他走的时候屋子内外就跟他刚搬进去时一样。

鲁昭公二十四年春，士景伯来箕地接叔孙昭子。叔孙昭子担心士景伯是来杀自己的，就让家臣梁其踁躲在门后，并对他说："我把头往左转并且咳嗽，你就出来把他杀了；我把头往右转并且微笑的话，你就不要动手。"叔孙昭子见士景伯，士景伯说："我们国君因为晋国是诸侯的盟主，所以才把你留了那么长时间。我们准备了一些薄礼，打算用来送你回国。我这次来，就是来接你回去的。"叔孙昭子知道了士景伯的来意，就收下了礼物。二月，叔孙昭子终于回到了鲁国。

## 吴楚争州来

州来本是古代的一个小国，后来被楚国所灭，成为楚国的一个邑。州来处在吴、楚之间，是兵家必争之地。吴、楚两国经常为争夺州来而出兵，州来也是一时属于楚，一时又属于吴。鲁昭公十三年冬，吴国出动大军攻打州来。楚令尹子旗主张发兵攻打吴国，当时楚平王刚刚即位，所以没有同意，说："我们还没来得及安抚百姓，也没来得及祭祀祖先，更没有加强国防设施，国家也还没有从变乱中安定下来，却要滥用民力，兴兵打仗，一旦战败就后悔莫及了。州来在吴国，和在楚国也没有什么两样，你还是先耐心等待吧。"

鲁昭公二十年，楚国人在州来修筑城墙，沈尹戌说："楚国人一定会失败。以前吴国出动大军攻打州来时，令尹子旗就请求讨伐吴国，但楚王说：'我还没有安抚百姓呢！'其实现在情况还是一样，百姓还没得到休养生息，却在州来修筑城池，向吴国挑衅，他们又怎会不遭受失败呢？"

他身边的侍者说："我们国君一直在不停地施舍，而且已经让百姓休养生息达五年之久了，可以算得上已经安抚百姓了吧？"沈尹戌说："我曾听说，善于安抚百姓的君主，在内要尽量节约，对外要树立德行，让人民都能够安居乐业，那就能既无内忧也无外患了。可是现在君王大兴土木，而没有节制，百姓越来越惶恐不安，担心劳役太重疲惫不堪，死了被弃尸沟壑也无人收殓，以至于寝食难安。这可算不上已经安抚百姓了。"

鲁昭公二十三年秋，吴国发兵攻打州来。楚国司马薳越率领楚军，加上各诸侯国的援军，一起赶去援救州来。吴军在钟离抵御诸侯联军，这时楚国的令尹阳匄去世，楚军士气一落千丈。吴国的公子光说："诸侯中跟随楚国而来的固然很多，但都是一些弱小的国家，他们都是由于畏惧楚国，而不得不随楚国前来的。我听说：'军事崇尚威严，如果威严能胜过恩惠，即使兵力少，也一定能成功。'如今胡、沈两国的国君年轻狂妄，陈国大夫啮正当壮年却非常固执，顿、许、蔡三国都不满楚国的命令。如今楚令尹刚死，楚军士气必定一蹶不振，楚君又多任用自己宠信之人，楚国的政令也不能统一。楚、顿、胡、沈、蔡、陈、许七国，虽然并肩作战，却不能同心协力，再加上统帅出身低贱，不能节制下面的将领，威严不够，命令难以得到执行，所以楚军是可以打败的。如果我们先分兵攻打胡、沈、陈三国的军队，他们一定会先溃败。这三国军队溃败，必然会动摇其他诸侯国军队的军心。各诸侯国军队一旦开始混乱，楚军也一定四散奔逃。因此请君王下令，让先头部队假装军容不整，以引诱对方；让后面的主力严阵以待！"吴王僚采纳了公子光的计策。

七月二十九日，吴、楚军队在鸡父大战。吴王僚先派三千囚犯去攻打胡、沈、陈三国军队，让三国军队去争俘虏。吴军主力分为三队紧跟在囚犯后面，由吴王僚指挥中军，公子光指挥右军，掩余指挥左军。吴国的囚犯们跑的跑、停的停，三国军队阵容大乱，吴军趁机发起进攻，三国军队大败，胡、沈两国的君主和陈国大夫都被吴军俘虏了。然后，吴军又释放胡、沈两国的俘虏，让他们逃往许、蔡、顿三国的军队中，并教他们说："我们的君主已经死了。"吴军士兵则跟在后面高声呐喊，于是许国、蔡国、顿国的军队四散奔逃，楚军也就随之崩溃了。

于是吴国占领了州来，后来楚国也没有夺回来。吴王把州来送给公子季札，作为他的食邑。到了鲁哀公二年，吴军进入蔡国，把蔡国迁到州来，从此州来又成为蔡国的首都。

## 鲁三桓出昭公

当初，鲁国的季公鸟娶了齐国鲍文子的女儿为妻，人称季姒，生下儿子甲。季公鸟去世后，就由他的弟弟季公亥、同族公思展以及季公鸟的家臣申夜姑一起为他管理家事。季姒跟管理膳食的家臣檀通奸，害怕事情泄露受到惩罚，就让侍女将自己打伤，然后让鲁大夫秦遄的妻子、季公鸟的妹妹秦姬来看，说："季公亥逼我跟他睡觉。我没答应，他就把我打伤了。"又向季孙意如的弟弟公甫告状说："公思展、申夜姑强行非礼我。"

秦姬将此事告诉季孙意如的另一个弟弟公之，而公之、公甫又把事情告诉了季孙意如。身为季氏家长的季孙意如大发雷霆,便把公思展抓起来关押在卞邑,接着又把申夜姑抓起来。当他要杀掉这两个人时,季公亥哭着哀求说:"杀了申夜姑,就等于杀了我。"季公亥不停地请求饶申夜姑一命,可是季孙意如却吩咐仆人把他拦在门外,因此季公亥等到中午也没见到季孙意如。这时,管理行刑的官吏前来听取季孙意如的命令,公之便让官吏赶快将他们处死了,从此季公亥就非常怨恨季孙意如。

季氏和郈氏斗鸡争胜,季氏给自己的鸡穿上小铠甲,郈氏则给自己的鸡安上铜爪。结果季氏的鸡斗败,季孙意如大为恼火,借机侵占了郈氏的房产,还责备郈氏,因此郈昭伯也非常怨恨季孙意如。

臧孙赐的堂弟臧会因为在家里诬陷别人,和臧孙赐闹得很不愉快,就逃到季氏家中。臧孙赐派人到季氏家中抓他,季孙意如很生气,就把臧氏的家臣总管给抓了起来。后来鲁国为鲁襄公举行祭祀,行万舞礼的只有两个人,因为季氏的祭祀也在同一天,其他的舞者都去季氏家里跳万舞了。臧孙赐因为之前的事怨恨季氏,这时就说:"这样一来,在先君之庙祭祀时,都不能报答先君的功绩了。"鲁国大夫们也很义愤,听了之后对季孙意如就更加怨恨了。

鲁昭公二十五年,季公亥献了一把弓给鲁昭公的太子公为,并且和他一起去郊外练习射箭,趁机谋划怎样铲除季氏。公为把事情告诉弟弟公果、公贲,公果、公贲又派昭公侍臣僚楠告诉昭公。当时昭公正在睡觉,听到僚楠的报告,拿起身边的戈就要打僚楠,僚楠吓得赶紧跑了,昭公还在后边下令说:"抓住他!"但昭公也只是这么说说,并没有正式下什么命令。

僚楠吓得整天闭门不出,一连几个月都不去朝见鲁昭公。昭公其实也并没有真的生气。不久,两位公子又派僚楠去向昭公转告同样的事,昭公听了又拿起戈要打,僚楠又被吓跑了。等到僚楠再一次被派去说这事时,昭公才说:"这不是你们奴仆之辈所应参与的事。"

于是公果就亲自去向鲁昭公报告,昭公知道臧氏、季氏有仇,就与臧孙赐商量。臧孙认为这事很难办,昭公就与郈昭伯商量。郈昭伯认为事情可行,所以昭公又去告诉子家羁(鲁庄公的玄孙)。子家羁说:"他们奸佞小人,想利用君主做侥幸于万一的事。万一事情不成,恶名就会由君主来蒙受,所以这件事不能做。鲁国政权不在公室,国君失去他的百姓,已经有好几代了。在这样的情况下,想做这样的事,失败的结果是可以想见的。何况现在政权操在季氏手中,要想打他的主意,恐怕不容易吧?"

　　鲁昭公让子家羁退下，子家羁对昭公说："我已经参与了您的密谋。这事如果从我口中泄露出去，让我不得好死！"于是子家羁干脆就住在了公宫里。

　　这时，叔孙昭子前往阚邑，鲁昭公在藏财货的长府中住着。九月十一日，昭公发兵攻打季氏，在门口杀死季公之，然后便攻进季氏家中。季孙意如登上高台，向昭公请求说："您没有查明我是否有罪，就发兵攻打我。我请求到沂水岸边等待，请您调查我的罪状！"鲁昭公不肯答应；季孙意如又请求把自己囚禁在封地费邑，昭公也不答应。又请求让他只带领五辆车逃亡国外，昭公仍然不答应。

　　子家羁劝昭公说："您还是答应季孙意如的请求吧。政令出自季氏已经很久了，很多贫民都接受过季氏的恩惠，有很多拥护他的人。入夜以后，这些人会不会出来帮助他，现在还很难说。况且大众的愤怒不可以迁延，否则怒气就会蓄积。大众的怒气一旦积得深了，老百姓就会产生叛乱之心；老百姓一旦产生叛乱之心，就会和现在被讨伐的季氏联合。到那时，您一定会后悔的。"但是鲁昭公不听。

　　郈昭伯在一旁怂恿说："一定要把季孙意如给杀了！"于是鲁昭公派郈昭伯去接孟懿子商量对策。

　　这时，叔孙氏的司马鬷戾问他的手下说："我们该怎么办？"

　　大家听了都不说话，因而鬷戾又说："我只不过是叔孙氏的家臣，不敢过问国家的事情。如果只考虑季氏的存在和不存在，究竟哪一种情况对我们更有利呢？"

　　大家都回答说："假如没有了季氏，也就等于没有了叔孙氏。"

　　鬷戾说："那么我们就去援救季氏吧！"于是率领手下前去营救季氏，首先攻陷季孙家的西北角，然后冲进去。鲁昭公的士兵当时正脱了甲胄，拿着箭筒盖，踞坐在地上休息，结果就被叔孙氏的人赶走了。

　　孟氏家在季氏东南，孟懿子派人登上房屋的西北角眺望，看见叔孙氏的旌旗，告诉了孟懿子。于是孟懿子把前来接自己的郈昭伯抓起来，并在都城南门附近将他杀了，接着就领兵攻打鲁昭公的军队。子家羁对昭公说："现在让我们这些臣子假装是我们劫持您攻打季氏，让我们背着罪名逃亡，这样您就可以继续留在公宫。但以后季孙意如待您的态度，恐怕会更恶劣了。"

　　鲁昭公说："寡人不能忍受这样的事！"于是和臧孙赐一起，先去祖坟辞别先祖，然后就逃离了都城。

　　十一月十三日，鲁昭公逃到齐国，在阳州稍做停留。齐景公准备到平阴去慰问昭公，昭公却已经越过平阴，到达了野井。齐景公对鲁昭公说："这都是寡人的罪过。我派侍臣在平阴等候你们，因为平阴距阳州比较近。"然后又说："请允许我把齐、莒边境以西的两万五千家百姓给您，然后等待您讨伐叛臣的命令。寡人将率领齐国的军队跟从您，听从您的命令。您的忧虑，也就是寡人的忧虑。"

鲁昭公听了这话很高兴，可是子家羁却说："上天所赐的福禄，不会两次降临。上天赐您土地，也不过鲁国而已。如果您失去鲁国，而接受齐国的两万五千家百姓，相当于成为齐国的臣子，那么谁还会再帮您复位呢？况且齐景公一向不守信用，您还不如早点到晋国去！"鲁昭公不听。

臧昭伯带领一起逃亡的人，将要订立盟约，说："我们要同心协力，同仇敌忾，弄清谁有罪，谁没有罪，坚决追随君主，不要跟内外的敌人勾结！"他以鲁昭公的名义把盟辞拿给子家羁看，子家羁说："如果是这样的话，我就不能参加结盟。我愚笨无能，不能和诸位同心协力。而且我认为不论是留在国内的，还是逃亡在外的，都是有罪的。我还可能和国内的人联络，或者离开君主，为帮他复位而奔走。你们喜欢在外逃亡，而不愿国君回国复位，我怎么能跟你们同心协力呢？使君主陷于危难，还有比这更大的罪吗？联络留在鲁国的人，暂时离开君主，是为了让君主能尽快回国，为什么不行呢？不和鲁国国内的人沟通，以后又能凭借什么呢？"于是就没有参与盟誓。

不久叔孙昭子从阚地回到国都，首先去见季孙意如。季孙意如叩头说："你打算让我怎么办？"叔孙昭子回答说："只要是人，谁能不死？你背上了放逐君主的名声，子孙后代都不会忘记，这不是很悲哀的事吗？我又能让你怎么样呢？"季孙意如说："假如你能让我改过，重新侍奉君主，对我来说就是再造之恩啊。"

于是叔孙昭子到齐国求见鲁昭公，向昭公报告这件事。子家羁下令，把所有进入昭公馆舍的人扣押起来，以防泄密。鲁昭公和叔孙昭子在帷幕内商量，叔孙说："我先回去安抚百姓，然后再来接您。"

鲁昭公的手下想杀叔孙昭子，派人在道路两旁埋伏。跟随昭公的大夫左师展将这件事告诉了昭公，昭公便让叔孙昭子绕道铸地回国。但叔孙昭子回去以后，季孙意如已经改变主意，又不想接昭公回去了，叔孙昭子感到很惭愧。十月初四，叔孙昭子在自己的卧室斋戒，然后让祝宗为他祈祷死亡，并于十一日去世。左师展本打算带着昭公驾车回国，但是被昭公的手下抓住了。

# 齐景将纳鲁昭

鲁昭公二十五年底，齐景公率兵包围了鲁国的郓城，准备将这个地方攻下来，给逃亡到齐国的鲁昭公居住。次年正月初五，齐军攻陷郓城。三月，鲁昭公离开齐国，到郓地居住。

夏天，齐景公准备护送昭公回国复位，警告他的大臣们都不得收受鲁国的贿赂。季氏的家臣申丰带着手下女贾，带着两匹锦缎，并把它们紧紧绑住，随身藏好，然后来到齐国军营，求见齐景公宠臣梁丘据的手下高齮说："你若能帮我买通梁丘据，我们就立你为高氏的继承人，并且送你五千庾粮食。"

高齮就把锦缎拿去给梁丘据看，梁丘据很想要，高齮就说："鲁国人用很多这样的东西来贿赂我们，每一百匹一堆，只是因为渠道不通，不能带来更多，所以先送上这点意思意思。"

梁丘据接受了这些礼物，对齐景公说："群臣之所以不肯为鲁昭公的事尽力，并不代表他们不愿意服从您。只不过我听说有一些怪异的事情，宋元公去晋国为鲁君求情，半路上竟然死在了曲棘；鲁大夫叔孙昭子为了接鲁君回国，竟然什么病也没生，就突然在家里死了。我不知道这是上天要抛弃鲁国呢，还是鲁君得罪了鬼神，所以才会接连发生这样的怪事。不如您先在棘地等候，派群臣跟随鲁君去试着进攻一次。假如开始就有好兆头，那就说明这次出兵能成功，您再亲自前去，一定可以百战百胜。万一出师不利，就不必劳您亲自前往了。"齐景公接受了这一建议，派公子鉏率领军队跟随鲁昭公。

鲁国成邑大夫公孙朝对季孙意如说："我们修筑城池，就是用来保护国家的。请让我抵御齐国的军队。"季孙意如答应了他的请求。公孙朝是孟氏的家臣，担心季孙意如信不过自己，就请求送上人质。季孙意如谢绝了，说："我相信你，这就足够了，还要什么人质？"

于是公孙朝派人告诉齐军说："孟氏，是鲁国的破落家族，他们拼命榨取我们成邑的人力物力，我们实在无法忍受，就请让我们投降齐国，以便休养生息吧！"齐军听信了，就包围了成邑。成邑的人在淄水袭击了饮马的齐军，随后解释说："我们这样做，是为了麻痹那些不愿意投降的成邑居民。"等到完成了战斗的准备，才通知齐军说："成邑的人都不愿投降，我们也拗不过他们。"

于是鲁军和齐军在炊鼻开战。齐大夫子渊捷追击鲁大夫泄声子，一箭射去，掠过泄声子车前的曲木，从车辕上弹开，射中泄声子的盾脊，箭头直入盾脊梁有三寸之深。泄声子回射子渊捷的马,一箭射断马脖子上的皮带,余势未绝,把马也射死了,子渊捷只好改乘别人的马车。鲁国人误以为他是叔孙氏的司马鬷戾,都跑来帮助他。子渊捷大喝一声,说:"我是齐国人!"有一个鲁国士兵冲上来攻击,子渊捷一箭射去,将他射死。为子渊捷驾车的人说:"再射其他的人。"齐军并不想认真跟鲁军作战,所以子渊捷就说:"对方那么多人,让他们害怕就可以了,不能把他们激怒。"

齐大夫子囊带追击泄声子,并且叱骂他。泄声子说:"两军作战,不是为了私人之间的怨恨。假如我与你对骂,便是报私怨了。不过我会跟你较量的。"可是子囊带还是不停地骂他,因此泄声子也回骂起来。

季氏家臣冉竖射中了陈开(陈无宇长子)的手,陈开的弓掉到地上,于是也破口大骂起来。冉竖向季孙意如报告说:"有一个皮肤很白的君子,须眉又黑又密,他很会骂人。"季孙意如说:"这个人一定是陈子强,你为什么不攻击他呢?"冉竖回答说:"我既然认为他是个君子,又怎敢攻击他呢?"

鲁国的林雍羞于担任颜鸣的车右,就跳下车,徒步与齐军作战。齐大夫苑何忌攻击林雍,割下了林雍的耳朵。颜鸣准备把林雍救走,为苑何忌驾车的人说:"小心看下面!"于是苑何忌又斩向林雍,砍断了林雍的一条腿。颜鸣三次冲入齐军阵中,连连高呼:"林雍快上车!"后来林雍单脚跳上其他的车,逃了回去。

这次齐景公出动大军,却没能把鲁昭公送回鲁国复位,只好在秋天召集鲁昭公、莒子、邾子、杞伯在刬陵会盟,讨论帮鲁昭公复位的事,但也没能讨论出什么结果来。第二年,昭公又几次前往齐国,但也没有结果。而且齐景公也逐渐厌烦起他来,招待他的时候,表现得越来越不礼貌。

## 专诸刺吴王僚

鲁昭公二十年的时候,楚平王听信奸臣费无极的谗言,杀害了大臣伍奢和他的儿子伍尚,伍奢的另一个儿子伍子胥逃亡去了吴国。伍子胥到了吴国,就向吴王僚列举攻打楚国的种种好处。吴国的公子光对吴王僚说:"伍子胥是因为一家子都被楚王杀害,所以想利用吴国为他报仇。我们不能听他的话。"

伍子胥听说后,对自己说:"看来公子光有别的企图。我先为他找一位勇士,避处郊外等待时机吧。"于是就去拜见有名的勇士专诸,与他结交,后来又把他推荐给公子光,自己则在乡野耕田种地。

鲁昭公二十七年春,当时楚平王去世不久,吴王僚想趁楚国国丧之机攻打楚国,派公子掩余、公子烛庸率军包围潜邑,另派公子季札到中原各国聘问。季札首先去了晋国,以便观察各诸侯的反应。楚国的莠尹然、工尹麇分别率军救援潜邑,左司马沈尹戍率领临时从各大城市征发的兵马前去增援楚军,与吴军在穷地相遇。楚令尹子常率领水军,行进到沙汭河口就返回了。左尹郤宛、工尹寿则率领军队抵达潜邑,堵住了吴军的退路。

公子光得知消息后说:"这正是天赐良机,千万不可错过!"于是对专诸说:"中原上国有句话说:'自己不去争取,就什么也得不到。'我是王位的继承人,因此我要去争取王位。假如事情能成功,即使季札回来,也不会再废黜我。"

专诸回答说:"要杀吴王可以。但是我上有老母,下有年幼的子女,叫我怎么办呢?"

公子光说:"我就相当于你。"意思是如果专诸因为刺杀吴王僚而死,他自然会照顾专诸的母亲和孩子。

四月,公子光在地下室埋伏甲兵,然后设宴款待吴王僚。吴王僚让甲兵护卫,坐在道路两旁,一直排到门口。大门、台阶、小门、座席两旁,都有手持利剑的吴王亲信在那儿把守。送菜的人都要脱光衣服,换上新衣服后才能进去。上菜时,端菜的人必须跪着膝行到吴王面前,两边还都有手持利剑的护卫夹着,剑尖抵着端菜者的身体,然后再把菜端上去。

这时公子光假装脚疼,躲进另外的地下室。专诸将一把短剑藏进鱼肚子里,然后把鱼端上宴席。当他把鱼端到吴王僚面前时,突然从鱼肚子里抽出短剑刺向吴王僚。左右护卫的利剑虽然紧接着刺入专诸的胸膛,但是吴王僚也已被专诸刺死。

吴王僚已死,公子光即位,他就是历史上著名的吴王阖闾。吴王阖闾为了报答专诸,就任命专诸的儿子为卿。

季札出使回来,说:"只要先君的祭祀能够保持,又能得到百姓的拥护,社稷神灵得到侍奉,国家不至于覆亡,能够做到这些的就是我的君王,我又敢怨恨谁呢?哀悼死者,侍奉生者,等待天命的安排。不是我要制造内乱,只是新君既已即位,我也就只能服从他。这是古人的传统啊。"季札汇报完出使的结果,就到吴王僚的墓前痛哭,然后回到自己的职位上等候新王的命令。

## 楚令尹杀费无极

楚国左尹郤宛为人正直,待人又很谦和,所以都城的人都很爱戴他。鲁昭公二十七年,吴国趁楚国国丧,发兵包围了楚国的潜邑,郤宛率军赶去救援,切断了吴军的退路。这时,吴国的公子光在国内乘机发难,派专诸刺杀了吴王僚。郤宛听说后,就率领楚军撤回，放过了进退维谷的吴国军队。

鄢将师担任楚国的右领，他与费无极勾结，两人非常嫉恨郤宛。楚令尹子常贪图财物，而且又容易听信谗言，于是费无极就在他面前陷害郤宛。费无极对子常说："郤宛想请你喝酒呢!"又对郤宛说："子常想要到你家里来喝酒。"郤宛说："我出身低贱，不足以劳令尹的大驾。假如令尹一定要来我家，那可是我极大的荣耀。可我没有好东西来款待他，这可怎么办呢?"费无极就说："令尹最喜欢兵器铠甲，你把兵器铠甲搬出来，我来帮你挑一下。"于是费无极就选了五副铠甲、五件兵器，然后对郤宛说："你可以把这些放在门口。令尹来了，就一定会去看，你可以趁机把武器铠甲献给他。"

到了宴会那天，郤宛把兵器铠甲陈列在门的左侧，又用帷幕把它们遮了起来。费无极趁机对令尹子常说："我差一点害了你呀。郤宛将对你下毒手，他已经在门口准备了兵器铠甲了。你绝对不能去赴宴!"还进一步编造谣言，说："这次潜邑的战事，我们楚国本来可以打败吴军的，只因郤宛收了敌人的贿赂，所以才自己撤军回来。同时他还蒙骗其他将帅，让他们也退兵，说'乘人之危不吉利'。其实是吴国趁我们国丧出兵，现在我们趁吴国内乱，又有什么不可以的呢?"

令尹子常听了费无极的话，就派人去郤宛家中查看，果然发现门口放着铠甲和武器，于是就不去赴宴了。子常召见鄢将师，把郤宛的事告诉他。鄢将师回去以后，便立即下令攻打郤宛，并且纵火焚烧郤宛的房子。郤宛听说以后，就自杀了。

都城的人不肯去烧郤宛的房子，鄢将师就下令说："凡是不肯烧郤宛家的人，都跟郤宛同罪。"大家只好装装样子，有的拿一束草，有的拿一根柴，扔到郤宛的房子上，一直也没有把房子点着。令尹子常见都城的人不服从命令，只好命令街巷小吏去烧，最后将郤宛一族全部杀死，还杀死了郤宛的同党阳令终及其弟弟阳完、阳佗，还有大夫晋陈和他的子弟。

晋陈被杀，他的族人在都城里到处呼喊，说："鄢将师、费无极以楚王自居，他们祸乱楚国，削弱王室，欺蒙君王和令尹，为自己谋求利益! 现在令尹什么都相信他们，楚国该怎么办啊?"令尹子常听了非常担忧。

郤宛被杀是在夏天，一直到秋天，楚都的怨言也没有平息。每次祭祀完毕，向卿大夫分发祭肉的人也无不咒骂令尹子常。沈尹戍对令尹子常说："说到左尹郤宛和中厩尹阳令终，根本没人知道他们犯了什么罪，而你竟然杀了他们，结果招来了无数的批评，直到今天还没有平息。我现在对一件事感到很困惑:仁厚的人，即使杀了别人可以止住批评，他也不忍心去做。如今你杀了人，而招来无数的批评，却不去想办法弥补，这不是很奇怪的事吗？

"费无极那个人，是楚国出了名的奸臣，全国百姓没有人不知道的。他赶走朝吴，放逐了蔡侯朱，逼走了太子建，又杀了连尹伍奢。费无极塞住了平王的耳目，让平王失去了观察的能力，不能够明辨是非。否则的话，以平王的温良仁慈与恭谨节俭，有超过成、庄二王的，而没有赶不上他们的地方，但他却不能得到天下诸侯的拥护，就是因为太亲近费无极了。

"现在，你又杀掉郤宛、阳令终、晋陈这三个无辜的人，招致百姓莫大的批评，大祸几乎就要波及你了。在这种情况下，你还不赶快采取补救的措施，我不知道后果将会怎样。鄢将师假称奉你的命令，灭了郤氏、阳氏、晋陈氏三个家族。这三族都是楚国的栋梁，从来也没有犯过错误。如今吴国刚刚立了新君，边疆的形势越来越危急。楚国一旦有战事发生，你的处境就危险了！聪明人懂得铲除奸诈小人，来保证自身的安全。现在你竟然爱护小人，以致危害到自己，也太糊涂了！"

令尹子常听了，说："这都是我的罪过，我怎敢不好好想办法来补救呢？"九月十四日，令尹子常杀了费无极、鄢将师，把他们的族人也一并处死，以消除人们的怨恨。在这之后，对他的批评才逐渐平息下来。

## 龙见于绛郊

鲁昭公二十九年秋，在晋都绛城的郊外，据说出现了一条龙。晋卿魏舒向大夫蔡墨询问说："我听说，长虫类中没有比龙更聪明的了。因为人们从来也没有捉到过活的龙，所以大家认为龙最聪明，这种说法是真的吗？"

蔡墨回答说："其实是因为现在的人自己不聪明，而不是因为龙最聪明。古代就有人养过龙，所以古人有叫豢龙氏、御龙氏的。"

魏舒说："关于豢龙氏、御龙氏，我也曾经听说过，但是不知道他们的具体情况。你能告诉我到底是怎么回事吗？"

蔡墨回答说："古时飂国的君主叔安，有一个后代名叫董父的，很喜欢龙。他能知道龙的习性，并根据龙的喜好来喂养他们，有很多龙跑到他那里去，于是他就专门靠养龙来侍奉舜帝。舜帝赐他姓董，并赐他'豢龙'为氏，并且把他封在鬷川这个地方，鬷夷氏就是他的后人。所以在帝舜之后，世世代代都有养龙的。

"到了夏代，帝王孔甲能顺应天命，上天赏给他驾车的龙，在黄河、汉水中分别畜养了两条，都各有雌雄。但是孔甲不懂得怎么喂龙，就是因为他没有找到豢龙氏后人的缘故。

陶唐氏衰落以后,他的后人中有个叫刘累的,曾在豢龙氏那里学习过养龙的方法,便为孔甲养龙,从而使这几条龙得到喂养。孔甲为此嘉奖刘累,就赐给他'御龙'的氏,以他代替豕韦的后人。后来有一条母龙死了,刘景就把龙肉做成酱肉给夏帝吃。夏帝吃了以后觉得好吃,因此还派人找刘累要。刘累拿不出龙肉,又不敢说出真相,非常害怕,于是迁到了鲁县。我们国家的范氏就是刘累的后代。"

魏舒说:"那现在为什么没有能养龙的人了?"

蔡墨回答说:"每样事物,都要有相应的官吏来负责。官吏要不断学习相关的法术,从早到晚地研究。一旦失职,就可能会受到处罚,重则丢掉性命,轻则失去官位和俸禄。只有相应的官吏长久地安于他的职位,其事物才可能会出现。假如将相关职位给荒废了,相应的事物就会隐伏起来,而且停止繁衍。所以有负责五行的官员,也就是所谓的五官,他们的姓氏世代相沿,生前被封为上公,死了之后就被当成神来祭祀。社(地神)稷(谷神)之外,便是金、木、水、火、土这五官之神,受世人所尊奉。木官之长名叫句芒,火官之长名叫祝融,金官之长名叫蓐收,水官之长名叫玄冥,土官之长名叫后土。

"龙是水中的生物,由于水官早就荒废了,所以也没有人能活捉到龙了。否则,《周易》中怎么会有这么多关于龙的记载呢?在《乾》之《垢》卦说:'潜龙勿用。'《同人》卦说:'见龙在田。'《大有》卦说:'飞龙在天。'《夬》卦说:'亢龙有悔。'《坤》卦说:'看见群龙无首,这是吉利的。'《坤》之《剥》卦说:'龙战于野。'假如不是每天早晚都能看到龙,古人怎么能描写得这么细致呢?"

## 伍子胥扰楚

吴国公子光派刺客专诸刺杀了吴王僚,自立为吴王,是为吴王阖闾。当时,公子掩余逃亡到徐国,公子烛庸逃亡到钟吾国。鲁昭公三十年,吴王阖闾要求徐国和钟吾国把这两位公子抓起来,结果他们又逃到了楚国。楚昭王分封给他们土地,让他们对付吴国。吴王阖闾大怒,就先把徐国和钟吾国给灭了。

吴王阖闾打算攻打楚国,向楚亡臣伍子胥咨询,说:"当初你主张攻打楚国,我也认为可行,只是担心先王僚会派我前去,而且就算打了胜仗,好处最终也是他的。如今我能独占攻打楚国的好处了,准备攻打楚国,你认为怎么样?"

伍子胥回答说:"楚国执政大夫很多,意见难以统一,而且没有人敢主动承担责任。如果吴国派三支军队轮番对楚国发动突袭,只要有一支攻进楚国,楚国必然会全军出动。楚军一出动,吴军就撤退,等楚军回去后吴军又出击,这样一来楚军一定会疲于奔命。不断地使用这种战术使楚军疲惫,再用各种方法扰乱他们的判断,等到楚军疲惫不堪之后,再下令三军发动总攻,这样一定可以大获全胜。"吴王阖闾采纳了伍子胥的建议,从此吴国成了楚国的心腹大患。

公子光

次年秋天,吴国出兵侵袭楚国,攻打了夷地,袭击了潜地、六地。楚国沈尹戌率军救援潜地,吴军不战而退。楚军直到把潜地的人迁往南冈之后才回去。不久吴军又包围弦邑,楚国左司马戌、右司马稽率军救援,军队进发到豫章的时候,吴军就主动退兵了。这些都说明吴国开始用伍子胥的计谋了。

鲁昭公二年,桐国背叛了楚国。吴王阖闾派舒鸠氏去诱骗楚国人,他对舒鸠氏说:"你让楚国军队来攻打我国,我们就赶紧攻打桐国,假装害怕他们,使他们轻视我们吴国。"这也是伍子胥的计策,用各种方法扰乱楚国的判断。

当年秋,楚国听从了舒鸠氏的挑拨,派囊瓦率军攻打吴国,军队驻扎在豫章。吴国人把战船调集到豫章,假装要去为楚国攻打桐国,却暗中向巢邑集结军队。十月,吴军在豫章发动进攻,打败了当地的楚军,然后包围了巢邑的城池,最后也攻克了,俘获了守卫巢邑的大夫公子繁。

## 鲁昭公客死乾侯

鲁昭公被大夫逐出鲁国,齐景公想帮他复位却没有成功,这时作为诸侯盟主的晋国就不能袖手旁观了。鲁昭公二十七年秋,晋卿士鞅为守卫周王室的事,召集宋国的乐祁犁、卫国的北宫喜、曹国人、邾国人、滕国人在郑国的扈地会盟,同时也讨论了帮助鲁昭公复位的事。宋国和卫国的大夫都认为鲁昭公回国复位对自己国家有利,所以坚决请求晋国护送昭公回国。士鞅由于接受了季孙意如的贿赂,就拿话威胁乐祁犁和北宫喜,吓得他们二人不敢再提。最后,士鞅向各小国辞谢,然后向晋顷公复命,说会上讨论的结果,是大家认为送鲁昭公回国复位太难,所以没法做。

孟懿子与季氏家臣阳虎发兵攻打鲁昭公居住的郓地。郓地的军队准备迎战,子家羁说:"天命在季氏,已经不容置疑了。让我君逃亡的,也就是这些想作战的人。上天既然已经降祸给我君,却还想侥幸求福,这不是很难的事吗?假如真有鬼神的话,这次作战一定会以失败告终。唉,没有希望了,难道就要死在这里了吗?"鲁昭公派子家羁前往晋国去的时候,昭公的亲兵就在且知这个地方被战败了。

次年春天,鲁昭公离开郓地,打算前往晋国的乾侯。子家羁说:"您现在有求于晋国,却一直在齐国的保护下偷安,还有谁能同情您呢? 现在应该前往鲁、晋两国的边界,以示对晋国的尊重。"昭公不听。

鲁昭公到了乾侯,向晋国要求派人接他去晋国国都。晋顷公派使者传话说:"上天降祸给鲁国,而您流亡在外,竟然也没有派一名使者来通知寡人。您既然已经在鲁国的甥舅之国齐国安住,难道还要我们去齐国迎接您吗?"让鲁昭公先回到鲁、晋边境,然后才派人把他迎接到乾侯。

鲁昭公二十九年春,鲁昭公从晋国的乾侯回来,住在郓地。齐景公派大夫高张前来慰问昭公,在言谈竟然称昭公为"主君"(当时卿大夫的家臣称主人为主君)。子家羁说:"这表明齐国蔑视您,您在这里只能得到羞辱。"于是昭公又去了乾侯。

季孙意如每年都买一些马匹,并且为鲁昭公的随从准备一些衣服和鞋子,派人送到乾侯。但昭公却把送马的人抓起来,并把马卖掉,从此季孙意如不再给昭公送马了。

卫灵公献上一匹名叫"启服"的马,后来这匹马掉进深沟里摔死了,昭公就想为它做一口棺材。子家羁说:"随从们饿得厉害,不如把马肉分给大家吃了!"昭公最后按照礼仪的规定,用帷布裹马埋葬。

鲁昭公赏给儿子公衍一件羔羊皮袄,并让他献一块龙辅玉给齐景公,公衍就顺便把羔羊皮袄也献给了景公。景公收到礼物很高兴,就把齐邑阳谷赏赐给了公衍。当初,公衍、公为兄弟出生的时候,他们的母亲同时进入产房,结果公衍先出生,公为的母亲就说:"我们既然一同进入产房,就一起向君王报告孩子出生的消息吧!"过了三天,公为才出生,但是他的母亲却先报告昭公,结果公为变成了哥哥。如今,昭公因为公衍拥有了阳谷,又想起在鲁国时的往事,心想:"我这次出逃,都是公为惹的祸,再说他后出生的反而做了哥哥,欺骗了这么多年!"于是宣布取消公为的长子身份,而立公衍为太子。

到了鲁昭公三十一年春,昭公还是住在晋国的乾侯。当时晋顷公刚刚去世,晋定公继位。晋定公打算派军队护送鲁昭公回国复位,士鞅又从中阻挠,说:"我们不如先召见季孙意如,如果他不肯来,就证明他确实已背叛鲁君,到时我们再去攻打他,您认为怎么样?"于是晋定公派人召季孙意如,士鞅则暗中通知他说:"你一定要来晋国,我保证你不会有危险。"

季孙意如先到晋国的适历,见到晋卿荀跞。荀跞说:"我们国君派我对你说:'你为什么要赶走自己的君主? 你有君主,却不去侍奉,就是违背了周天子订立的刑律。希望你自己好好考虑一下!'"

季孙意如听了以后,头戴服丧时用的练冠,身穿麻衣,光着脚走过来,跪在地上回答:"侍奉我们的君主,是我求之而不得的事,又哪敢逃避周朝的刑罚?假如君王认为我有罪,就请把我囚禁在费邑,以等待君王把事实调查清楚,到时候一切都听凭君王处置。如果能念在我先人的份上,不让我们季氏的香火断绝,那就算赐我一死,我也没有怨言。如果君王既不杀我也不放逐我,那是君王对我的大恩大德,没齿难忘。如果我能跟从我们的国君一起回国,那本来就是我的愿望,我怎么敢有别的念头呢?"

四月,季孙意如跟随荀跞到了乾侯。子家羁对鲁昭公说:"您就跟季孙一同回国去吧!一次羞辱都已经无法忍受了,又怎能在这里受一辈子辱呢?"昭公说:"好的。"但底下的人却看不清形势,还以为只要昭公一句话,晋国就会把季孙赶走,所以都说:"就在您的一句话,君王您一定要把季孙意如赶走!"

荀跞先以晋定公的名义来慰问鲁昭公,说:"我们国君派我以他的名义责备季孙意如,意如已经认错,就请您和他一起回国吧!"昭公说:"承蒙贵国国君顾念我们先君的友谊,而对我这个逃亡的人施与恩惠,将让我回去打扫宗庙侍奉先君。但我不能再见到季孙意如。我可以对黄河发誓,我再也不能见到那个人!"

荀跞一听到这样的话,赶紧捂着耳朵跑掉了,他说:"我们国君深恐犯下过错,又怎么敢干预鲁国的内乱呢?请允许我向我们的国君复命。"荀跞退下以后,对季孙意如说:"鲁君的怒气还没有消。你姑且先回鲁国,代替鲁君主持祭祀!"

子家羁眼看回国的希望又要落空,赶紧出主意说:"君王您可以单车进入鲁军,到那时季孙意如一定会让您一同回国的。"鲁昭公本想采纳这建议,但跟随的人却胁迫他,因而昭公没有能够回国。

鲁昭公三十二年十二月,昭公生了病,于是遍赏追随他的大夫,但大夫们都不敢接受。昭公赐给子家羁一对玉琥、一个玉环、一块玉璧,还有一件质料很好的衣服,子家羁都接受了,然后其他大夫也都接受了赏赐。十四日,昭公去世,子家羁就把昭公赏赐给他的东西退还给管理财物的官员,说:"我当时之所以收下,是因为我不敢违背君王的命令。"接着其他大夫也都退还了昭公赏赐的东西。

次年夏天,叔孙成子在乾侯迎接鲁昭公的灵柩。季孙意如事先吩咐说:"子家羁屡次和我谈话,每次都很合我的心意。我打算让他跟我一起主持政事,所以你一定要留住他,有事要咨询他的意见。"但子家羁不想见叔孙成子,改变了自己哭丧的时间。叔孙成子求见子家羁,子家羁推辞说:"我还没见过你(叔孙成子是叔孙昭子的儿子,鲁昭公出逃时昭子还没死,成子也还没有继承卿位),就跟从先君出国了。先君还来不及任命你就去世了,所以我也不敢见你。"

叔孙成子派人跟他讨论立新君的事,说:"实际上是公衍、公为让各位大臣不得侍奉先君。如果让先君的弟弟公子宋来管理国家,那大臣们就都愿意接受了。跟随先君出国的人中,谁可以回国,这全都由您来决定。子家氏还没有继承人,季孙希望与您一起主持国政。上面这些都是季孙的愿望,特地派我来向您报告。"

子家羁说:"如果要立新君,有卿士、大夫和占卜的守龟在,我不敢发表意见。至于那些跟随先君出逃的人,如果只是表面上追随先君,但内心并不忠于先君的,可以让他们回国去;那些与季氏为敌而随先君出逃的,就不必让他们回去了。至于我,先君只看到我跟他出逃,而看不到我回到鲁国,所以我决定还是不回国了。"

当鲁昭公的灵柩运送到坏隤时,公子宋已经先进入国都了。于是当初跟随昭公逃亡的人又都离开鲁国,逃亡到其他的国家去。六月二十一日,昭公的灵柩运抵了国都。二十六日,公子宋即位,是为定公。

季孙意如派役伕到鲁君墓地挖沟,想把昭公的墓和他的祖坟隔开。鲁大夫荣成伯说:"先君活着的时候,你不能侍奉他;现在他死了,你又把他的墓地和祖坟隔开。你这不是表明自己的罪恶吗?即使你忍心这么做,你的后人也一定会把这当作耻辱的。"季孙意如这才改变主意,没有再挖沟。

季孙意如问荣成伯:"我打算给先君取一个不好的谥号,以便让子孙后代都知道他的过失。"荣成伯回答说:"先君活着的时候,你不能侍奉他;他死了之后,你又给他取一个不好的谥号。你这不是表明自己憎恨先君吗?何必这样做呢?"季孙意如听了之后就改变了主意。

七月二十二日,鲁国人把昭公安葬在墓道南侧。后来孔子出任鲁国司寇时,在昭公的坟墓之外挖了一条沟,扩大了墓地的范围,使昭公的墓和鲁国其他国君的墓连在了一起。

# 十一、鲁定公时期故事

## 召陵之会

蔡昭侯制作了两块玉佩和两件皮衣,带着它们去了楚国。他献给楚昭王一块玉佩、一件皮衣。昭王穿上皮衣,戴上玉佩,设宴招待蔡昭侯。蔡昭侯也穿上了皮衣,戴上了玉佩。楚令尹子常向蔡昭侯索要玉佩和皮衣,但蔡昭侯不给,结果子常把蔡昭侯扣留了三年。

唐成公去楚国,带了两匹名叫"肃爽"的骏马。子常想要这两匹马,但是唐成公不给,于是子常也把唐成公扣留了三年。唐国人经过商量,向楚国请求派人代替先前跟成公去的随从,楚国人答应了。于是代替者们来到楚国,让先来的随从喝酒,把他们灌醉,然后把骏马偷出来献给了子常,子常这才把唐成公释放回国。偷马的人把自己绑起来,到司法官那里请罪,说:"君王因为玩马,被他国扣留,而抛弃了自己的国家。大臣们请求帮助那个养马人赔偿马匹,一定要找到与前两匹一样的好马。"唐成公说:"这都是我的错,你们几个不要这样对待自己!"然后赏赐了他们所有的人。

蔡国人听说这件事情后,再三向蔡昭侯请求,把玉佩献给了子常。子常上朝时,见到蔡昭侯的随从,便让官员告诉他们:"蔡君之所以长期被扣留在楚国,就是因为你们不肯进献礼品。如果明天再不准备好,就要把你们处死。"然后才把蔡昭侯放了回去。

蔡昭侯回国,路上经过汉水时,拿起一块玉,把它沉到水里,发誓说:"我向河神发誓,今后决不再南渡汉水朝见楚国!"鲁定公三年冬,蔡昭侯去晋国,用自己的儿子元和大夫的儿子作为人质,请求晋国发兵攻打楚国。

次年三月,晋定公邀集宋景公、蔡昭侯、卫灵公、陈惠公、郑献公、许男斯、曹隐公、莒子、邾子、顿子、胡子、滕子、薛伯、杞伯、小邾子、齐大夫国夏在召陵会盟,商议攻打楚国的事。当时周王室因为王子朝在楚国避难,所以也派大臣刘文公到会监督。自鲁襄公二十七年宋国的向戌弭兵成功以来,中原诸侯再一次陷入了战争的危机。

晋卿荀寅向蔡昭侯索求贿赂,但是没有得到,便对士鞅说:"国家正处于危急关头,诸侯也对我们有了二心,在这种情况下攻打势均力敌的楚国,不是一件很困难的事吗?加上雨季刚刚到来,疾病将要流行,鲜虞人还没有服从我们。如果我们背弃盟约攻打楚国,招来楚国的怨恨,却不会对楚国造成什么损害,还会让我们失去鲜虞,那不如拒绝蔡侯的请求。自从方城之役(鲁襄公十六年)以来,我们就没有占到过楚国的便宜,如今恐怕也只是劳民伤财而已。"于是晋国便拒绝了蔡昭侯。

晋国人向郑国借装饰旌旗的羽毛,郑国人给了他们。第二天,晋国人就把羽毛装饰在旗杆顶上,打着这面旗子参加盟会,惹得郑国人很不满。晋国这次大张旗鼓地召集盟会,要讨伐楚国的罪,结果弄得虎头蛇尾,从此晋国就失去了诸侯的拥护。

# 柏举之战

鲁定公四年,因为沈国人没有参加召陵的盟会,晋国便让蔡国前去攻打它。当年夏天,蔡国灭掉了沈国。秋天,楚国因为沈国被灭而发兵,包围了蔡国的都城。蔡昭侯请求晋国讨伐楚国没有成功,于是就想依靠楚国的世仇吴国,把儿子乾和大夫的儿子送到吴国作人质,请求吴国攻打楚国。

冬天,蔡昭侯、吴王阖庐、唐成公联合出兵攻打楚国。吴军把舟船留在淮河岸边,从豫章开始,与楚军隔着汉水对峙。楚国左司马戌对令尹子常说:"你沿着汉水和他们周旋,我调动方城以外的军队,去毁掉他们的舟船,再回来堵塞大隧、直辕、冥阨这三处险要。然后你渡过汉水向他们发起攻击,我则领兵从后面夹击,一定能把他们打败。"两人商议之后,便开始分头行动。

楚国武城大夫黑对子常说:"吴国的战车完全是用木头做的,而我们的战车上蒙了一层皮革。因此我们不宜等太久(皮革用胶固定,遇水则化),不如速战速决。"大夫史皇对子常说:"楚国人本来就讨厌你,而喜欢左司马。如果他在淮河边上毁掉了吴国的战船,并封锁了那三处关隘,我们才开始作战,那就等于是他一个人战胜了吴军。所以你必须速战速决,不这样的话,你就难以躲过灾祸了。"于是子常便率领军队渡过汉水,摆开了阵势,从小别山一直绵延到大别山。

双方交战三次后,子常知道不能取胜,便打算逃走。史皇劝阻他,说:"往日平安无事,你忙着争权夺利;现在发生了战争,你却要溜之大吉。你能逃到哪里去呢?你一定要拼死一战,这样就洗刷掉以前所有的罪过了。"

十一月十八日,吴、楚两军在柏举列阵。早晨,吴王阖庐的弟弟夫概王向阖庐请示:"楚国的子常不讲仁义,他的手下没有人会拼死作战。如果我们先攻打他,他的士兵一定会四散奔逃。然后我们派大军追赶,就一定能战胜他们。"吴王阖庐没有同意。

夫概王说:"人们说'为人臣子,合于道义的就去做,不必等待君王的命令',说的就是现在这样吧。今天我要拼死一战,我们就可以攻进楚国的都城去了。"于是夫概王只率领他的部属五千人,首先进攻子常的部队。子常的士兵立即四散奔逃,楚军全军大乱,吴军大败楚军。子常逃亡到郑国,史皇则战死在子常的战车上。

吴军追击楚军,一直追到清发,准备再次发动进攻。夫概王说:"困兽犹斗,更何况是人呢?假如将他们逼到必死的境地,那他们就会拼死顽抗,一定会把我们打败。假如我们让一部分人先渡过河,已经渡河的人可以免于一死,后面的人就会羡慕他们,必然争相渡河逃命,这样他们就没有斗志了。等他们一半的人渡河以后,我们就可以发动进攻了。"吴王阖庐听从了这一建议,果然又一次把楚军打败了。楚军士兵渡河之后正在做饭,没想到吴军又追上来了,只好继续逃跑。吴军士兵吃完楚军做的饭,然后继续追赶,又在雍澨将他们打败。就这样,经过五次战斗,吴军攻到了楚国的郢都。

十一月二十七日,楚昭王带着他的妹妹季芈畀我逃出郢都,渡过了雎水。鍼尹固与楚昭王同乘一船,昭王让他用火点大象的尾巴,使大象冲向吴军,阻挡吴军的追赶。

二十八日,吴军进入了郢都,按照尊卑次序住进不同的宫室。吴王阖庐的儿子子山住进了令尹的宫室,夫概王打算攻打他,子山害怕了,连忙让了出来,于是夫概王就住了进去。

左司马戌率军走到息地,听说楚军战败,便连忙返回,在雍澨打败了吴军,不过他自己也受了伤。当初,左司马戌曾在吴国做过阖庐的臣子,因此深以被吴军俘虏为耻,便对部下说:"你们谁能让我的脑袋不落入吴军之手?"吴句卑说:"我地位低下,可以承担此任吗?"左司马戌说:"是我以前没能重用你,你当然可以!"与吴军进行了三次战斗,左司马戌都受了伤,他说:"我快要不行了。"不久他就死了。吴句卑割开衣裳的下摆,把左司马戌的头颅割下来包好,又藏起他的躯体,然后带着头颅逃走了。

## 楚昭王奔随

鲁定公四年,吴军攻入楚国的郢都。楚昭王逃离郢都,涉过雎水,渡过长江,进入了云梦泽。有一天,昭王正在睡觉,一群土匪袭击了他们。土匪用戈刺昭王,王孙由于连忙用背去挡,结果被刺中了肩膀,昏了过去。楚昭王逃到郧地,大夫钟建背着昭王的妹妹季芈畀我跟在后面。王孙由于后来苏醒过来,也跟了上去。

郧公辛的父亲蔓成然当年被楚平王所杀,这时他的弟弟怀就打算杀了楚昭王,说:"楚平王杀我们的父亲,我杀他的儿子,不是很公平吗?"郧公辛说:"君王讨伐臣子,谁敢仇恨君王呢?君王的命令,就相当于上天的命令。如果死于上天的命令,那你又能仇恨谁呢?《诗经》说:'不吞软的,也不吐硬的。不欺辱弱小,也不畏惧强梁。'只有仁爱的人才能做到这样啊!躲避强者,欺凌弱者,不能算是勇敢;乘人之危,不能算是仁慈;弑杀君王,招来灭族废祭祀之祸,不能算是孝顺;做事而不能博取好名声,不能算是聪明。你如果一定要杀害楚昭王,那我就先杀了你。"最后郧公辛与他的弟弟巢一起,护送昭王逃到了随国。

吴王阖庐率军追赶到随国,对随国国君说:"在汉水一带的周室子孙的国家,全都被楚国灭掉了。现在上天显示了它的意志,给楚国降下惩罚,而君王您却把楚昭王藏了起来,周王室哪里得罪你们了?君王若想报答周王室,并且帮助寡人,执行上天的意志,那就是君王您的恩惠了。汉水以北的土地,都可以归贵国所有。"

当时楚昭王住在随君宫室的北边,吴军在宫室的南边。昭王的哥哥子期跟昭王长得很像,他穿上昭王的衣服,装扮成昭王,说:"把我交给吴军,那么君王就一定可以逃脱。"

随国国君就把楚昭王交给吴军一事进行占卜,占卜的结果很不吉利,于是拒绝吴国人说:"我们随国地方偏僻,国家弱小,又紧靠着楚国,一向靠楚国保全我们。而且我们两国世世代代都订有盟约,至今也还没有改变过。如果楚国一遇到祸难,我们就抛弃他们,那又怎么能侍奉贵国君王呢?让贵国君王担忧的并不只有楚昭王一个人,如果你们安定了整个楚国,我们又哪里敢不听从你们的命令?"吴国人听了之后,便撤退了。

镶金当初曾给子期做过家臣,这次随国最后能保护楚昭王,也是因为他要求随国国君不要交出楚昭王。事后楚昭王要接见他,但他拒绝了,辞谢说:"我不敢利用君王的危难,来谋求自己的私利。"最后楚昭王割破子期心口的皮肤,取出血来,与随国国君订立了盟约。

## 申包胥兴楚

伍子胥还在楚国时,和申包胥是一对好友。楚平王杀害伍子胥父兄,伍子胥将要逃亡的时候,曾对申包胥说:"我一定要倾覆楚国。"申包胥说:"那你就努力去做吧!你能倾覆楚国,我就一定能使楚国复兴。"

鲁定公四年,吴国军队攻陷郢都,楚昭王逃亡到随国。申包胥就去秦国请求援兵,他说:"吴国就像尧帝时的封豕和长蛇一样,将要为害中原各诸侯国,而首先在楚国肆虐。现在我们国君失去了国家,流落在荒野,特派下臣前来贵国告急求援,他说:'吴国本性贪婪,不知满足,如果他们占有了楚国,与贵国为邻,那么就一定会成为贵国边境的一大祸患。君王为什么不趁吴国人还没在楚国站稳脚跟,就派兵进入楚国,与吴国人瓜分楚国的土地?如果楚国就这样灭亡了,那么楚国的土地就将成为君王的领土。如果托君王的洪福,能拯救楚国使其安定的话,那么楚国将世世代代侍奉君王。'"

秦哀公派人拒绝申包胥,对他说:"我听到楚王的命令了。你先到馆舍中休息,等我们商议之后再通知你。"

申包胥回答说:"我们国君流亡在荒野,没有安身之处,我怎么敢去安逸的地方呢?"于是就站在庭院的墙底下大哭起来,哭声日夜不停,一连七天滴水未进。秦哀公被他感动,赋了《无衣》这首诗,表示自己即将出兵。申包胥听到后,一连叩了九个头才坐下。于是秦国派出军队援救楚国。

次年六月,申包胥领着秦军回到楚国。秦国的子蒲、子虎率领五百辆战车救援楚国,子蒲说:"我还不了解吴军的战术。"于是就让楚军先与吴军交战,然后他领兵从稷地与楚军会合,在沂地大败夫概王。柏举之战时,吴军俘获了楚大夫薳射,这时薳射的儿子率领楚国的散兵跟随子西(楚昭王的叔父),在军祥打败了吴军。

七月,子期(楚昭王的哥哥)、子蒲灭了曾经帮助吴国攻打楚国的唐国。

这时,吴国自己也发生了内乱。九月,吴王阖庐的弟弟夫概王率领军队回国,自立为王,并与阖庐交战。结果夫概王战败,逃到了楚国,后来被封为堂溪氏。

秦军再一次打败吴军,吴军转移到麇地。子期打算用火攻烧他们,子西说:"去年我们的父老乡亲战死在那里,至今尸骨无人收敛。我们不但不能收敛他们的尸骨,现在还要纵火焚烧,不能这样做!"子期说:"如果国家都亡了,死者即使泉下有知,又还到哪里去享受祭祀?他们怎么会害怕被火烧?"于是他们就对麇地的吴军发动了火攻,接着又一次交战,吴军大败。接着又在公壻之溪交战,吴军又败,于是吴王就领兵回国了。吴军俘虏了一个楚国大夫,叫閵舆罢。閵舆罢请求先行被押送吴国,然后乘机在半路上逃脱,结果吴国在这次战争中就连有价值的俘虏都没有了。叶公诸梁的弟弟后臧和他母亲一起被抓到吴国,但他竟然丢下母亲,自己一个人逃了回来。叶公认为他不义,从此不正眼瞧他。

楚昭王回到郢都,赏赐了立下大功的斗辛、王孙由于、王孙圉、钟建、斗巢、申包胥、王孙贾、宗木、斗怀。申包胥说:"我是为君王而做这些事,并不是为了我自己。现在君王已经安定下来了,我还追求什么呢?再说我指责蔓成然贪得无厌(蔓成然仗着自己有功于楚平王,贪求无厌,于鲁昭公十四年被平王所杀),难道自己也要做他那样的事吗?"于是便逃走了,没有接受赏赐。

## 鲁阳虎之乱

春秋晚期,鲁国不但公室衰落,大夫专政,连大夫家的家臣也专横跋扈起来,季氏家臣阳虎就是一个典型的例子。鲁定公五年六月,季孙意如去东野巡视,回来的时候,还没走到国都就在房地去世了。阳虎准备用鲁国国宝玙璠玉给他作陪葬,但另一个家臣仲梁怀却不同意,他说:"当年先君出奔,由主公代行君事,所以佩戴这块宝玉,祭祀宗庙。如今新君已经即位,主公恢复臣子的身份,就不能再用这块宝玉了。"

阳虎打算把仲梁怀赶走，就将这件事告诉季氏家臣公山不狃。公山不狃劝阳虎说："他这也是为你着想，不想让你做僭上的事，你又抱怨什么呢？"

等到将季孙意如安葬，季孙意如之子、继承季氏家业的季桓子去东野巡视，到了费邑。公山不狃是费邑的长官，他到郊外迎接季桓子，季桓子对他非常尊敬。但当公山不狃问候仲梁怀时，仲梁怀对他却有点不敬。公山不狃发怒了，就挑唆阳虎说："你还想把仲梁怀赶走吗？"

九月二十八日，阳虎囚禁了季桓子和他的堂弟公父文伯，并赶走了仲梁怀。十月初十，杀了季氏族人公何藐。十二日，阳虎在都城南门稷门内跟季桓子订立了盟约。十三日，举行了祭神降咒仪式。然后阳虎又赶走了公父文伯和秦遄，他俩后来逃到了齐国。阳虎囚禁主公，胁迫他订立盟约，专横到了极点，大家对他也无可奈何。

季氏家臣季寤、公鉏极、公山不狃在季桓子那里都很不得志，叔孙辄也得不到叔孙氏的宠信，叔仲志则因为受季氏排挤，在鲁国没有得到重用，所以这五个人都投靠了阳虎。阳虎打算除掉鲁国"三桓"的家长，让季寤取代季桓子，用叔孙辄取代叔孙武叔，自己则取代孟懿子。鲁定公八年十月初一，阳虎等人按在位顺序祭祀了鲁国的历代国君，向他们祈祷。初二，他们又在僖公庙里举行了禘祭。他们准备初三那天在东门外的蒲圃设宴招待季桓子，然后乘机杀他，并命令国都的兵车："初四那天集合。"

孟氏成邑的长官公敛处父把这件事告诉孟懿子，问："季氏命令国都的兵车集合，这是为什么呢？"孟懿子说："我没有听说这样的事。"公敛处父说："这么说来，是有人要发动叛乱了，祸乱一定会牵连到您，您不如早做准备。"于是公敛处父与孟懿子约定初三带兵前去救援。

初三，阳虎驱车先到蒲圃。林楚为季桓子驾车，卫兵拿着铍、盾左右护卫季桓子，阳虎的弟弟阳越殿后。季桓子突然对林楚说："你的先辈都是我们季氏的忠臣，希望你也继承他们的志向。"林楚说："您说这话已经晚了。阳虎主管朝政之后，整个鲁国都听他的，我若违抗他，只是找死而已，而且就算死了对您也没有什么帮助。"季桓子说："怎么会晚呢？你能带我到孟懿子那里去吗？"林楚回答说："我并不怕死，只是怕救不了主公您。"桓子说："咱们走吧！"

这时，孟懿子挑选了三百个身强体壮的奴仆，假装在门外建造房子。季桓子一行快到时，林楚猛地用力鞭打驾车的马，马便在大街上狂奔起来。阳越在后面用箭射季桓子，但是没有射中。等季桓子逃到孟懿子家，建造房子的奴仆关上了大门。有人从门缝里向阳越射箭，把阳越射死了。

阳虎见季桓子逃脱,便劫持了鲁定公和叔孙武叔,然后率兵攻打孟氏。这时,公敛处父也率领成邑的军队从上东门进入都城,与阳虎在南门内交战,但是没有取胜;接着双方又在城内的棘下交战,终于把阳虎打败了。阳虎脱下皮甲,逃进了定公的宫室里,抢了宝玉、大弓逃了出去,当夜住在五父之衢。

阳虎自己睡下,而让仆人为他做饭。他的追随者说:"追兵恐怕就要到了。"阳虎说:"鲁国人听说我逃走了,正庆幸自己可以晚一点死呢,哪里有时间来追我?"随从说:"嘿!快点套上马吧,还有公敛处父在呢!"

公敛处父请求追赶阳虎,孟懿子不同意。公敛处父还想把季桓子给杀了,孟懿子害怕,赶紧把季桓子送回他自己家里去。季寤在季氏的祖庙里,把先祖酒爵一一斟满,祭告之后便逃跑了。阳虎逃到了讙地、阳关,又在那里发动了叛乱。

次年六月,鲁军攻打阳关。阳虎派人烧了阳关的城门莱门,使鲁军陷入混乱,阳虎乘机突围出去,逃到了齐国。

阳虎请求齐国出兵攻打鲁国,并说:"只要发动三次进攻,就一定能攻取鲁国。"

齐景公正准备答应他,大夫鲍文子在一旁劝谏说:"我曾经给鲁大夫施氏做过家臣,因此知道鲁国还不到能攻取的时候。目前鲁国上下还算团结一心,百姓也还能和睦相处,又能够侍奉大国,没有遇到天灾,我们凭什么去占领它呢?阳虎是要让我们兴师动众,等到齐军疲惫不堪,大臣牺牲惨重,阳虎就可以施展他的阴谋诡计了。阳虎受到鲁国季氏的宠信,但是他却想除掉季桓子,使鲁国受到损害,以此博取他国的欢心。阳虎喜欢的是富贵,而不是仁爱,君王怎么能听信这种人的话呢?君王您比季氏富有,齐国国力也比鲁国强大,这就是阳虎所想要颠覆的呀!鲁国好不容易铲除了阳虎这一祸害,现在您却要收留他,这不是害了您自己吗?"

于是齐景公把阳虎抓起来,准备把他囚禁在齐国的东部。阳虎表现出很乐意去东部的样子,齐景公又决定把他囚禁在西部的边境。阳虎到了齐国的西部边境后,把当地的车子都借来,用刀把车轴刻得很细,再用麻布缠在缺口处,然后还给车主。他这样做,是为了将来逃跑时,当地的人如果驾着这些车子追他,车轴很快就会折断,那他就可以逃之夭夭了。

等条件成熟时,阳虎就躲在一辆装满衣物的车子上逃跑,结果还是被齐国人追上,抓住后囚禁在齐国都城。后来阳虎再一次用同样的方法逃跑,成功地逃到宋国,然后又逃到晋国,投奔了晋卿赵鞅。

孔子对阳虎这个人非常痛恨,听说阳虎投靠了赵氏,就评论说:"赵氏这下恐怕要有乱子了。"不过赵鞅可不像季桓子那样无能,居然把阳虎治得服服帖帖的;阳虎也尽心辅佐赵鞅,使赵氏更为强大了。

## 夷仪之战

召陵之会后,齐景公称霸的野心全面暴露。他先是邀请已经叛晋的郑献公在盐地结盟,然后又逼迫卫国也在沙地与自己结盟。卫国这时还未完全背叛晋国,所以晋国就派人去卫国结盟,但由于晋国派去的大夫对卫灵公无礼,卫国最后拒绝了结盟。晋国军队攻打了卫国,齐国就帮卫国出头。鲁定公九年秋,齐景公发兵攻打了晋国的夷仪。

齐国有个人叫敝无存,他的父亲正准备给他娶妻,他拒绝了,把那女子让给他弟弟,说:"我去参加这场战役,如果能侥幸不死,回来后我一定能娶到高氏、国氏这些卿相的女儿。"攻城的时候,敝无存奋勇当先,率先登上了城墙。他冲进城,打算从城门冲出去,结果战死在城门的檐沟之下。

齐人东郭书也抢着攀登城墙,犁弥跟在他后面,他对东郭书说:"你从左边上城墙,我从右边上城墙,等大家都上去以后,我们再一齐下去。"东郭书听从了他的话,从左边登上了城墙,但是犁弥没等其他人都上城墙,就先跳了下去。战斗结束后,东郭书、犁弥两人在一起休息,犁弥说:"是我先登上城墙的。"东郭书拿起铠甲,就要穿上和犁弥决斗,说:"你先是让我从左边上城墙来为难我,现在你又拿这件事跟我过不去。"犁弥连忙笑着说:"我是跟着你登上城墙的,就像驾车的四匹马中,两边的骖马总是跟着中间的服马一样。"

这时,晋国有一千辆战车驻扎在中牟。卫灵公打算到五氏去,途中要经过中牟,所以卫灵公让人占卜行程的吉凶。谁知占卜的时候竟然把龟甲烧焦了。看不出兆纹,也就无法知道吉凶。卫灵公就说:"可以去!卫国有五百辆战车,能抵挡他们的半数;寡人相当于五百辆战车,也能抵挡他们的半数。我们和他们势均力敌。"于是便率军前往。

中牟的晋军打算攻打他们。这时,从卫国逃亡的褚师圃正好在中牟,他说:"卫国虽然是小国,但他们的国君在这里,很难被打败。齐军刚刚攻克夷仪,一定骄傲自满,再加上他们的将帅出身低贱,如果遇到他们,一定能将他们打败。我们不如去追击齐军。"于是晋军放过卫灵公一行,转而攻打齐军,果然将他们打败了。

齐景公要给犁弥一些赏赐,但他拒绝了,说:"有人率先登城,我只是跟着他上去的。那个人戴着白色头巾,穿着狸皮斗篷。"景公让他看东郭书,问他是不是那个人,他对景公说:"就是这个人。"又转过头对东郭书说:"我应该把景公的赏赐让给你。"景公便要赏赐东郭书,东郭书辞谢说:"犁弥是外国来的客臣。"最后齐景公还是赏赐了犁弥。

齐军在夷仪作战的时候，齐景公曾对夷仪人说："谁要是能找到敝无存的尸体，我就赏赐五户，并且免除他们的劳役。"于是找到了敝无存的尸体。景公在移尸、入殓、下葬时，三次给敝无存遗体穿上衣服，并用犀牛皮装饰的车子和长柄伞给他陪葬，又先把灵车送回国。出殡时，拉灵车的人跪着，全军大哭，齐景公亲自推了灵车三次。

## 孔子相于夹谷

召陵之会晋国失掉诸侯，齐景公开始实践他代晋称霸的想法，但鲁国不肯服从。于是齐国两次讨伐鲁国，鲁国也两次入侵齐国。鲁定公十年春，鲁国和齐国讲和。

夏天，鲁定公与齐景公在夹谷会盟，当时孔子作为鲁卿为定公担任相礼。犁弥对齐景公说："孔丘这个人虽然懂得礼法，但却没有勇力。如果让莱人用武力劫持鲁定公，那么就一定能够满足我们的愿望。"莱国被齐国所灭后，莱人多流落到夹谷，犁弥就想利用他们来对付鲁国人。齐景公听从了他的建议。

莱人来了之后，孔子一看情形不妙，就带着鲁定公退下去，并命令随行的士兵："战士们快攻击莱人！两国的国君是来建立友好关系的，却有莱人这些蛮夷俘虏拿着兵器来捣乱，这肯定不是齐国国君用来收服诸侯的办法。边远之国不可以图谋我中原上国，夷狄之人不可以扰乱我华夏之族，身为俘虏不可以侵扰诸侯会盟，武力不能用来逼迫友好的国家。否则，就会亵渎神灵，违背道义，丧失礼仪，齐国的国君肯定不会这么做的。"齐景公听了这番话，马上命令莱人离开。

齐、鲁两国正准备盟誓，齐国又在盟书上增加了这样的内容："如果齐军出境，而鲁国不派出三百辆战车跟随我军出战的话，受到的惩罚有如誓词！"孔子派鲁大夫兹无还作揖回答："你们不把汶水以北的田地归还我国，而我们派战车随齐军出战的话，受到的惩罚有如誓词。"

齐景公准备设宴，用享礼招待鲁定公。孔丘对齐国大夫梁丘据说："齐、鲁两国间过去的礼仪，难道你没有听说过吗？盟约既然已经签订了，还要再设享礼，这是给贵国增添麻烦。再说牺、象这两种酒器是不能离开国都的，钟、磬等乐器是不能在野外合奏的。如果宴会上这些东西都如数备齐，那就等于违背了礼法；如果不准备这些东西，那么享宴就太草率，就像用稗子代替稻谷一样。宴会太草率，礼仪不周，会是贵国君王的耻辱；违背礼仪，就会使贵国的名声受到损害。你为何不仔细考虑一下呢？设宴招待客人，是为了宣扬美德。如果不能宣扬美德，那还不如不设宴呢！"于是齐国便取消了宴会。

## 鲁侯犯之乱

当初，叔孙成子准备立叔孙武叔为继承人，但家臣公若藐坚决反对，说："不能这么做。"但最后叔孙成子还是立了武叔，不久自己就去世了。支持武叔的家臣公南曾派刺客用箭射杀公若藐，但是没有成功。后来公南担任了叔孙家的马正，公若藐担任叔孙氏封地郈邑的长官。

叔孙武叔的地位得到巩固之后，派郈邑的马正侯犯暗杀公若藐，也没有成功。侯犯手下的养马人对侯犯说："我带一把剑经过公若藐的朝堂，他一定会问我：'这是谁的剑？'我就说是您的剑。他一定会要查看，我假装愚鲁不懂得礼仪，把剑尖递给他，这样就可以乘机把他杀掉了。"侯犯便让他这样去做。

公若藐看到养马人拿着剑走近，说："你要像专诸刺杀吴王僚那样杀我吗？"最后还是被养马人杀死了。

鲁定公十年夏，侯犯既已杀死公若藐，便自己占据了郈邑，背叛了叔孙氏。叔孙武叔联合孟懿子包围了郈邑，但是没能攻克。

秋天，叔孙武叔和孟懿子再次率军包围郈邑，这次还请来了齐军帮忙，但还是攻不下。叔孙武叔对郈邑主管工匠的官员驷赤说："郈邑并不只是我们叔孙氏的忧患，而是整个国家的忧患，你有什么打算呢？"驷赤说："我想要说的，就是《扬水》最后一章的那四个字。"那四个字是"我闻有命"，驷赤以此表示他愿意帮助武叔，为国家出力。叔孙武叔听了，向驷赤叩头表示感谢。

于是驷赤便对侯犯说："郈邑地处齐、鲁之间，你如果两个国家都不侍奉，那一定是不行的。你为什么不向齐国请求，侍奉他们并继续管理这里的百姓？否则的话，恐怕郈邑的百姓就会背叛您。"侯犯采纳了他的建议。

齐国派使者来到了郈邑。驷赤和支持他的人在街上散布谣言，说："侯犯打算用郈邑跟齐国交换土地，齐国人将把郈邑原来的居民迁走。"众人议论纷纷，都感到很惊恐。驷赤又对侯犯说："大家的想法跟你不同啊。与其战死在这里，还不如用郈邑和齐国交换土地。这样，换回来的也是土地，跟郈邑一样，又能够缓解眼前的危险。你又何必死守这里不放？齐国人想用郈邑逼迫鲁国，一定会用加倍的土地跟你交换。再说，你为什么不在门口多放一些铠甲以备不测呢？"侯犯说："好。"于是就在门口放了很多铠甲。

侯犯请求跟齐国交换土地，齐国的有关官员前来视察。快到郈城时，驷赤派人在城里到处跑，一边跑一边喊："齐军到了！"郈人听了非常害怕，纷纷抢过侯犯门口的铠甲穿上,然后围攻侯犯。

驷赤假装要射杀围攻的人,侯犯阻止了他,说:"你快想办法救我。"

最后侯犯与郈人谈判,提出让自己逃亡,郈人同意了。于是侯犯等人前往齐国的宿邑,驷赤走在前面,侯犯走在后面。每当他们走出一道门,郈人就急忙把门关上,以防侯犯再进来。走到外城城门时,守门人拦住了侯犯一行,说:"你最好别带着叔孙氏的铠甲出去。否则官员们追究起来,我们怕受到惩罚。"驷赤说:"叔孙氏的铠甲上都有标志,我们不敢把它们带出去。"侯犯对驷赤说:"你留下来,把铠甲数目点清楚,交还给他们。"于是驷赤就留了下来,然后开城迎接鲁国人,侯犯则逃到了齐国。

齐国送回侯犯带去的地图户籍,表示正式把郈邑还给鲁国。所以年底的时候,叔孙武叔去齐国聘问表示感谢。齐景公设宴招待他,说:"叔孙先生,如果郈邑在其他国家的边界,别的国家会不会乘机占据,寡人就不敢肯定了。幸亏是在我们两国的交界处,寡人才能为贵国国君分忧解难啊。"叔孙武叔回答说:"我们国君可不敢把这看作恩惠。我国之所以侍奉您,是为了国家领土的安全,哪里敢为家臣作乱而劳烦贵国的大臣?不忠不善之臣,是天下人都厌恶的,您怎么能将讨伐恶人也看成是对我们国君的恩赐呢?"

# 十二、鲁哀公时期故事

## 吴越夫椒之战

鲁定公十四年夏,吴国发兵攻打越国,越王勾践率军抵抗,在檇李摆开阵势。勾践看到吴军军容十分严整,感到很担心,便两次派出敢死队员,让他们冲进吴军队列抓人,企图扰乱吴军阵脚,但吴军的阵脚却丝毫不乱。

勾践一计不成,又想出一个奇招。他派出一些犯人,让他们排成三行,把剑架在自己脖子上,走到吴军阵前说:"两国君王出兵交战,我们这些犯人因为违犯了军令,在君王面前表现得极其愚蠢。我们不敢逃避刑罚,愿自杀谢罪。"说完便自刎而死。

吴军将士都被这一幕所吸引,看得聚精会神,勾践趁机下令军队进攻,结果大败吴军。越国大夫灵姑浮用戈攻击吴王阖庐,把吴王阖庐的大脚趾砍掉了,灵姑浮还缴获了他的一只鞋子。吴王阖庐撤军回国,在陉地去世,离檇李只有七里远。吴王阖庐死后,他的儿子夫差继位。夫差专门派个人站在院子里,只要看到他进出,便问:"夫差!你忘记了越王的杀父之仇了吗?"夫差便连忙回答:"不! 我不敢忘记!"就这样到了第三年,夫差终于要向越国报杀父之仇了。

鲁哀公元年春,吴王夫差在夫椒打败了越军,报了当年樵李的一战之仇。随后,吴军又大举进攻越国。越王勾践率领五千名士兵退守会稽山,并让大夫文种通过吴国太宰嚭向夫差求和。吴王夫差准备答应,伍子胥说:"不能答应他们的要求。我听说:'树立德行要不断培养,铲除病患则务求干净。'从前寒浞杀死后羿,夺取了后羿的妻子,生下儿子浇,封在过国。有过浇杀死了斟灌国的君主,并攻打了斟鄩国,灭了夏王相。当时夏王相的妻子后缗正好怀有身孕,她从城墙的墙洞里逃了出去,逃回了娘家有仍氏,后来生下少康。

"少康长大以后,担任有仍氏的牧正。他非常仇恨浇,但又处处提防着他。浇派大臣椒四处寻访他,少康只好逃到了有虞部落,在那里担任庖正,躲过了浇的迫害。有虞的酋长虞思把自己的两个女儿嫁给他,并把纶邑封给了他。当时少康拥有的土地方圆只有十里,臣民只有五百人。但是少康广施德政,开始实施复兴夏朝的计划。他招纳了夏朝的遗民,安抚了各级官吏,又派大臣女艾打入浇的朝廷去做间谍,派儿子季杼去诱骗浇的弟弟豷。不久之后,少康就灭了浇的过国和豷的戈国,光复了大禹的功业,用夏朝的列祖列宗来配祭天帝,使夏朝的典章制度得以流传。

"现在的吴国还没有过国那么强大,但是越国的力量却超过了少康。如今吴国若同意讲和,上天或许还会让越国进一步强大,将来不是更难对付了吗? 越王勾践能够亲近臣下,致力于施恩,而且所施的都是有用之人,亲近的也从不疏漏有功之人。越国和我们同处一片土地,并且世代都是仇敌。在这个时候,如果我们战胜了他们,却又不去占领,反而打算让他们继续生存下去,那就是违背了天意,而助长了仇敌。以后就算后悔,恐怕也拿它没有办法了。而吴国的衰落,也就指日可待了。我们处在楚国和越国之间,却任凭仇敌发展壮大,想以此称霸诸侯,那是绝对不可能的。"吴王不听。

伍子胥退出来后,对别人说:"如果越国用十年的时间来休养生息,再用十年的时间来教导百姓、训练兵马,那么二十年之后,吴国的宫殿恐怕就要荒废成泥潭了。"三月,越国与吴国讲和了。

## 范中行氏之乱

鲁定公十三年,晋卿赵鞅对邯郸大夫赵午说:"你把卫国进贡的五百户人家给我,我要把他们安置在晋阳(赵鞅的私邑)。"赵午答应了。

赵午回去把这件事告诉邯郸的各位长辈。他们都说："不行。这五百户人家，是卫国用来帮助邯郸的。如果把他们迁到晋阳，那就等于是要和卫国断绝友好关系。不如我们先侵袭齐国，然后再想办法解决。"于是他们就出兵袭击了齐国，趁着齐军反击的机会，顺水推舟，把那五百户人家迁到了晋阳。

结果赵鞅还是非常生气，认为赵午不服从他的命令，办事拖延，便把赵午召去，关押在晋阳。赵鞅让赵午的随从解下佩剑，赵午的家臣涉宾不肯服从。于是赵鞅便派人告诉邯郸人："我用私人的名义惩罚赵午，你们可以按自己的意愿立继承人。"接着便杀了赵午。赵午的儿子赵稷和涉宾占据邯郸反叛。

六月，晋国上军司马籍秦率军包围了邯郸。赵午是荀寅的外甥，而荀寅是范吉射的儿女亲家，他们之间的关系很好，所以都不愿参与围攻邯郸的行动，并打算发动叛乱。赵鞅的家臣董安于听说这个消息后，马上告诉了赵鞅，问："你要事先做些准备吗？"赵鞅说："晋国的法律规定，首先制造祸乱的人，都要被处死。我们还是后发制人吧。"董安于劝赵鞅先动手，并且说："与其让百姓遭战祸，还不如让我一个人死。如果晋军要讨伐先挑起战祸的人，那就请用我顶罪吧。"赵鞅不同意。

七月，范氏、中行氏（即荀寅的家族，中行氏是荀姓的一支）攻打都城的赵氏宫室。赵鞅逃到晋阳，晋国人又包围了晋阳。

范皋夷不受族长范吉射的重用，因此准备在范氏内部发动叛乱。晋大夫梁婴父受荀跞宠信，荀跞打算让他当卿。韩简子（韩起之孙韩不信）和荀寅关系不好，魏襄子（魏舒之孙魏曼多）和范吉射关系也不好，因此范皋夷、梁婴父、荀跞、韩简子、魏襄子这五个人就一起商议，准备把荀寅和范吉射驱逐出去，让梁婴父接替荀寅的位子，让范皋夷接替范吉射的位子。

荀跞对晋定公说："君王您曾经命令各位大臣，如果谁先发动祸乱，那么谁就要被处死。当时还把一起发誓的盟书投到黄河里，请河神作证了。现在中行氏、范氏、赵氏三位大臣挑起战祸，但是却只放逐了赵鞅一个人。这样刑罚就不公平了，请把另外两个人也驱逐出去。"

十一月，荀跞、韩简子、魏襄子奉定公的命令，讨伐范氏和中行氏，但是没能获胜。

范吉射和荀寅打算攻打晋定公。高强当年离开齐国流亡，辗转来到晋国，如今正在他们手下，这时就劝谏他们说："我是久病成良医（鲁昭公十年，高强遭陈、鲍二氏攻打时，曾打算劫持齐景公，所以现在这么说）。什么都可以做，只有攻打君主是不可以做的，因为得不到百姓的支持。我就是因为攻打了齐国国君，才逃离故土，流亡到了这里。现在荀跞、韩简子和魏襄子还不能够和睦相处，我们可以设法打败他们。如果我们战胜了他们，那么君主又能依靠谁呢？如果我们先攻打君主，就是促使他们团结起来对付我们。"

荀寅和范吉射不听，开始攻打晋定公。国都的人都帮助定公，荀寅和范吉射最终被打败，荀跞、韩简子、魏襄子又趁机攻打他们。十八日，荀寅和范吉射逃到了朝歌。

韩简子、魏襄子向晋定公请求让赵鞅回国都。十二月十二日，赵鞅回到了绛都，在定公的宫室里举行了盟誓仪式。

到了第二年春天，梁婴父因为很讨厌董安于，就在荀跞面前使坏，说："假如不除掉董安于，让他一直辅佐赵氏，那么赵氏迟早会拥有整个晋国。为什么不拿赵氏引起这场祸乱为借口，去讨伐他们呢？"于是荀跞派人告诉赵鞅："当初荀寅和范吉射确实发动了叛乱，但这都是董安于挑起来的，这就相当于是董安于参与策划了他们的反叛。晋国的法律规定，率先挑起祸乱的人要被处死，荀寅和范吉射他们俩已经受到处罚了，请你也处罚董安于吧！"

**魏襄子**

赵鞅听了很担心。董安于说："如果我死了，能使晋国安宁，能使赵氏安定，那我活着又有何求呢？人，谁能不死？我已经算是死得晚的了。"于是自缢而死。

赵鞅派人将董安于的尸体抬到市场上示众，然后派人向荀跞报告："您命令我处罚罪人董安于，现在他已经受到处罚了，特此禀告。"荀跞得到报告，便和赵鞅结了盟。从此以后，赵氏才终于得以安定。赵鞅把董安于的牌位安放到家庙中，让他享有赵氏后人的祭祀。

夏天，晋国军队包围了范、中行氏控制的朝歌。齐景公正打算跟晋国争霸，就与鲁定公、卫灵公在牵地会盟，商量救援荀寅和范吉射。范、中行氏的党羽析成鲋、小王桃甲引来狄人侵袭晋国，但是没有获胜。析成鲋逃奔到成周，小王桃甲则逃进了朝歌。十二月，晋国军队又在潞地打败了范、中行氏的军队，并俘虏了籍秦和高强。接着，又在百泉打败了范吉射的军队及救援范氏的郑国军队。

晋国内有范、中行氏叛乱，外有齐景公等诸侯虎视眈眈，形势本来已非常严峻。幸好，这时齐党内部也出现了分裂。齐景公在牵地会盟后，秋天又在洮地会见了宋景公，打算再联合宋国救援范、中行氏。谁知齐党中的郑国与宋国是世仇，郑国对宋国的加入感到不满，于第二年夏天攻打了宋国。结果，齐国又得与卫国一起商量救援宋国，让晋国缓了一口气。

鲁哀公元年四月，齐景公和卫灵公率军救援邯郸，包围了晋国的五鹿。不久，齐军、鲁军、卫军和鲜虞的军队一起攻打晋国，夺取了棘蒲。十一月，赵鞅率军攻了朝歌。

鲁哀公二年，卫灵公去世，当时太子蒯聩逃亡在晋国，卫国人立蒯聩的儿子辄为国君。六月十七日，赵鞅就把蒯聩送到卫国的戚邑，借以威胁卫国。八月，齐景公给范氏输送粮食，让郑国的子姚和子般率军护送。范吉射出来迎接，赵鞅则前去堵截，双方在戚邑相遇，大战于铁丘。结果晋军大败郑军，缴获了齐国的一千车军粮。

鲁哀公三年春，齐、卫联军包围了戚邑，戚邑派人向中山国求援。十月，赵鞅也率军包围朝歌，把军队驻扎在朝歌的南面。城内的荀寅率军进攻南门外城的晋军，让晋军集中到南门，然后命令在城外的部众从北门冲进来，使自己得以从北门突围。二十三日，荀寅逃到了邯郸。

次年七月，齐国和卫国的大夫率军救援范氏。十四日，他们包围了晋国的五鹿。九月，赵鞅率军围攻邯郸。十一月，邯郸宣布投降，荀寅逃到了鲜虞，赵稷则逃到了临邑（当时属晋国）。十二月，齐大夫弦施前去迎接赵稷，并把临邑的城墙拆了。

齐大夫国夏率军攻打晋国，夺取了邢、任、栾、鄗、逆畤、阴人、盂、壶口八邑，并跟鲜虞人会合，把荀寅送到了范氏的私邑柏人。鲁哀公五年春，晋国派军队包围了柏人，荀寅和范吉射被迫逃亡到齐国。至此，晋国的范、中行氏之乱才终告结束。

## 晋郑铁丘之战

鲁哀公二年八月，齐景公为了与晋国争霸，给在晋国叛乱的范吉射输送粮食，让郑国的子姚和子般率军护送。范吉射出来迎接他们，晋卿赵鞅则前去阻截他们，双方在戚地相遇。

鲁国的阳虎逃亡到晋国后，做了赵鞅的家臣，这时为赵鞅出谋划策说："我们的兵车少，可以先把大将的旗帜插到车上，让子姚、子般的前锋战车摸不清深浅，不得不先与我们对阵。等子姚、子般从后面赶上来时，我们再追过去。他们看到我，一定会心生畏惧（阳虎在鲁国专权时，曾率军攻打郑国，所以郑国人怕他）。到那时再与他们交战，我们就一定能大获全胜。"赵鞅听从了他的建议。

晋军用龟甲占卜，结果把龟甲烧焦了，看不出兆纹。晋大夫乐丁说："《诗经》说：'先进行谋划,再占卜吉凶。'既然已经谋划妥当,那按上次占卜的结果(正好是吉兆)来判断就可以了。"

作战前,赵鞅发誓说:"范氏、中行氏违背天命,残害百姓,企图在晋国专权,而杀害国君。本来我们国君也打算依靠郑国,来谋求自己国家的安定。现在郑国不讲道义,舍弃我们的国君,却帮助晋国的乱臣。我们这几个人顺应天命,维护道德,遵循正义,清除污秽,洗雪耻辱,就在今天这一战了!如果能够战胜敌人,上大夫受封县邑,下大夫将受封郡邑,士将获得一千亩田地,平民和工匠、商人可以凭战功入仕做官,奴隶将可以获得自由。如果我战胜了,请君王免除我的罪过!如果我战败了,就请给我处罚,处以绞刑,只用三寸厚的桐木棺材为我收敛,并且只用一层棺材,用不加修饰的灵车、马匹运送灵柩,不把我葬在赵氏的墓地上,降格按下卿的身份接受处罚(当时赵鞅是上卿)。"

八月初七,晋军准备作战。邮无恤为赵鞅驾车,卫太子蒯聩担任车右。他们登上铁丘,一眼望去,郑军人马众多。蒯聩十分害怕,吓得从车上掉了下来。邮无恤赶紧递给他登车的带子,让他拉着上车,讽刺他说:"你就像个女人。"

赵鞅视察军阵,鼓舞将士说:"先君献公的车右毕万,当初只是一个普通人。他参加了七次战斗,每次都有俘获,后来家中有车百乘,并得以善终。大家勇敢作战!未必就会死在敌人手里!"

繁羽为赵罗驾御战车,宋勇担任车右。赵罗胆子很小,他们就用绳子把他绑在车上。当军吏过来询问时,繁羽就回答说:"他的疟疾发作了,所以才会趴下。"

卫太子蒯聩在战前祷告说:"曾孙蒯聩恭敬地向皇祖文王、列祖康叔、文祖襄公报告:郑胜公扰乱常道,而晋定公又遭受危难,不能亲自带兵平叛,特地派赵鞅前来讨伐。蒯聩不敢贪图安乐,也参加了这次战争,充当车右。祈求祖先们保佑我不伤筋、不断骨、不伤面容,并且成就大事,不让三位祖先蒙羞。我不敢为个人的生死祈求,也不敢吝惜祈祷用的佩玉。"

在交战中,郑国人用戈击中了赵鞅的肩膀,赵鞅倒在车中,郑国人趁机把车上的大旗拔走了。蒯聩这时也勇敢起来,举着戈抵挡救援。晋军终于打退了郑军,俘获了温邑大夫赵罗(这个赵罗是范氏党羽,与前面胆小装疟疾的赵罗不是同一个人)。郑军已经后退,蒯聩又代赵鞅率军攻打,大败郑军,缴获了齐国的一千车军粮。赵鞅十分高兴,满意地说:"可以了。"

当初,周王室赐给范氏一些田地,范氏家臣公孙龙去那里收田租,赵氏的人抓住了他,将他献给了赵鞅。军吏请求杀掉公孙龙,赵鞅说:"他只是为他主人办事,有什么罪过？"于是阻止了军吏，不但没有杀他，而且还送他田地，让他留下来。这次铁丘之战，公孙龙率领五百名士兵在夜间偷袭郑军，从子姚的帐幕下把赵鞅的那面大旗又夺了回来。他把大旗献给赵鞅，说："请让我以此报答你的恩德。"

晋军继续追赶郑军，子姚、子般、公孙林殿后，一边后退一边向晋军射箭，晋军前锋死伤很重。赵鞅说："看来小国也不能轻视啊。"

战斗结束后，赵鞅说："我趴在弓箭袋上吐血，但是仍然坚持击鼓，不让鼓声停下来。今天我的功劳最大。"卫太子蒯聩说："我冲到车前去救你，又把敌人击退，车右中我功劳最大。"邮无恤说："我驾御的那辆战车，控制骖马的皮带都快要断了，但是我还能控制住它们。御者中我功劳最大。"他说完，还怕人不信，便在车上装了一些细木，然后一赶马，皮带马上就断了。

## 齐陈氏专权

齐国四姓之乱时（鲁昭公十年），陈无宇联合鲍氏赶走了栾施和高强，瓜分了他们的家产。陈无宇听从晏婴的建议，把瓜分来的田地还给了齐景公，自己告老还乡，并且谢绝了景公的赏赐。后来，景公的母亲为陈无宇请求高唐一带作为封邑，陈氏从此开始强大起来。当时齐君厚敛于民，而陈氏却厚施于民，所以陈氏很得民心。到春秋末年，陈无宇的儿子陈乞执家的时候，陈氏潜在的势力就更大了。

齐国的政权，当时还是掌握在世卿高、国二氏手中。齐景公宠爱小儿子荼，想立他为太子，试探大夫们的看法，大夫们似乎都不赞成。齐景公很担忧，就使出强硬手段，让高张、国夏立荼为太子，把其他儿子都迁到边疆的莱邑去。鲁哀公五年秋，齐景公去世，莱邑的公子们纷纷出逃。

陈乞假装侍奉高张、国夏，每次上朝，一定要和他们同乘一辆车子。而且每次跟随他们时，也一定在他们面前诋毁其他大夫，说："那些大夫都十分狂妄，正打算违背您二位的命令呢。他们都说：'高张、国夏二人要是得到国君的宠信，就一定会欺压我们，为什么不除掉他们呢？'他们这些人已经准备对付你们了，你们一定要及早图谋，想办法对付他们！对付他们的最好办法，就是把他们全部杀掉。犹豫不决的话，那就是下策了。"到了朝廷上，陈乞又对高张、国夏说："那些大夫就像虎狼般凶狠。如果看见我紧随你们身侧，肯定很快就会杀了我。请允许我到他们的行列中去。"

他到了大夫们那里，又对他们说："高张、国夏那两个人打算作乱了。他们倚仗君王的宠信，想要对付你们。他们说：'国家之所以多灾多难，都是那些受宠的大夫闹的。一定要把他们全都铲除,这样君王才能够安定。'他们都已经策划好了。你们为什么不趁对方还没有采取行动,就先下手为强呢?如果你们让他们先动手,到时后悔也来不及了。"大夫们都听从了。

鲁哀公六年的六月二十三日,陈乞、鲍牧及诸位大夫率领甲士冲入齐侯的宫室。高张听到这一消息,赶紧和国夏一起乘车前往。双方士兵在庄街交战,高张和国夏战败。都城的人继续追赶他们,国夏逃到了莒国,不久又和高张、晏圉、弦施一起逃到了鲁国。

陈乞既已赶走高、国二氏,就派人前往鲁国,召请逃亡到鲁国的公子阳生。阳生驾着马车去见同在鲁国的公子鉏,说:"我曾献给季康子几匹马,但所献的都列不入他的上等马之中,我打算再献几匹,所以请你坐一坐试试。"车子出了莱门,阳生才把事实告诉公子鉏。

公子阳生的家臣阚止知道了这件事,就在城外等候阳生,准备跟他一起回齐国。阳生对他说:"现在还不知道事情会怎样发展,你先回去,和壬(阳生之子,后来的齐简公)一起等我的消息吧。"反复叮嘱阚止之后,他就出发了。到达齐国都城时,国都的百姓都知道他回来了。陈乞让自己的妾照料阳生,又让他和送饭的人一起进入公宫。

十月二十四日,陈乞宣布立公子阳生为国君。正要盟誓的时候,鲍牧喝得醉醺醺地来了。鲍氏家臣鲍点问陈乞:"这是谁的命令?"陈乞说:"我们是遵照鲍先生的命令啊。"便趁机诬赖鲍牧,说:"这分明是你的命令呀!"鲍牧说:"你忘记先君有多么喜爱荼,在荼小的时候,趴在地上给荼当牛骑,以致折断了一颗牙齿吗?你要背叛先君吗?"

公子阳生听到这话,赶紧叩头,对鲍牧说:"你是遵循道义的人。如果我能被立为国君,一定不愿失掉这样一位大夫的;如果我不能被立为国君,相信你也一定不会杀掉我这个公子的。合乎道义就去做,不合道义就罢手,我哪敢不听从你的安排?我只求废立之际,不要发生祸乱,不要有人流血,这就是我的愿望了。"鲍牧也被他打动,就说:"其实您和荼,谁不是先君的儿子?"于是就接受了盟约。

公子阳生被立为齐国国君,是为悼公。齐悼公让景公的宠妾胡姬带着荼住到赖地去,把公子荼的母亲鬻姒遣送到别处,然后杀死齐景公的宠臣王甲,拘谨江说,把王豹关押到句渎之丘。齐悼公想杀了荼,就让大夫朱毛把荼迁到了骀地。还没走到骀地,朱毛就在野外将荼杀死了。

陈乞赶走高、国二氏,独揽了齐国政权,接着又废掉孺子荼,拥立公子阳生,齐国的政局由此前的世卿执政,一转而变为田氏("陈""田"二字在古代音同相通,田氏即陈氏)独强。春秋、战国之际"田氏代齐"的局面,到这时也就开始成形了。

## 宋景公灭曹

鲁哀公七年秋,宋景公率军入侵曹国,包围了曹国的都城。郑国大夫子思说:"如果宋国占领了曹国,就会成为郑国的一大祸患,我们不能不援救曹国。"冬天,郑军救援曹国,并侵袭了宋国。

当初,曹国有人做了个梦,梦见一群君子站在土地庙的围墙上,一起商量如何灭亡曹国,叔振铎(周武王的弟弟,曹国的第一代国君)请求等公孙强,君子们答应了。梦醒之后,第二天一大早,这个人便开始寻找名叫公孙强的人,结果找遍了整个曹国也没有找到。临死前,这个人告诫他的儿子说:"等我死后,如果听说公孙强这个人主持政事了,你就一定要离开曹国。"曹伯阳即位后,非常喜欢猎鸟。正好曹国边境上有一个叫公孙强的人,也喜欢射鸟,他抓到一只大白雁,献给了曹伯阳,并且谈论猎鸟的技巧。曹伯阳十分高兴,又向公孙强询问治理国家的事,听公孙强谈论之后,更加地喜欢他。公孙强从此受到曹伯阳的宠信,曹伯阳让他担任司城,执掌国政。那个做梦人的儿子听说后,便急忙离开了曹国。

公孙强向曹伯阳讲述了称霸天下的策略,曹伯阳听从了,于是背叛了晋国,侵犯了宋国。宋国人攻打曹国,结果晋国人袖手旁观,不来救援。等到郑国派军队救援曹国,宋军才撤退。宋军撤退之后,公孙强又在都城郊外建造了五座城邑,就是黍丘、揖丘、大城、钟、邘。

鲁哀公八年春,宋景公再次率军攻打了曹国。将要撤军回国时,宋大夫褚师子肥殿后,曹国人在后面辱骂他,褚师子肥十分生气,不让殿后的军队撤退,害得整个宋军都得停下来等他。宋景公在前边得知这件事后,大为恼火,下令全军返回,继续攻打,于是便把曹国给灭了。宋军俘虏了曹伯阳和公孙强,把他们带回宋国,然后都给杀了。

## 吴为邾故伐鲁

鲁哀公七年秋,鲁国在季康子的坚持下,出兵攻打邾国。邾国这时正依附吴国,有一个厉害的靠山,而且当年夏天吴国和鲁国刚刚在鄫地结盟,所以邾国人并不防备鲁国。鲁军攻到邾国国都的范门时,还能听到城内传出的音乐声。鲁国的大夫们劝阻季康子,说攻打无备的小国,会招来吴国的讨伐,季康子不听。

邾国的大夫茅成子请求派人向吴国告急,邾隐公不同意,说:"鲁、邾两国是近邻,鲁国夜里巡更的梆子声，在邾国就能听到。吴国离我国有两千里之遥，没有三个月的时间，吴军是到不了我们这里的，怎么能解救我们的危难呢？再说凭借我们邾国自己的实力，难道就不能够抵抗鲁军吗？"

茅成子见邾隐公不听自己的劝告，就占据自己的封地茅邑反叛。鲁军攻入邾国的国都，并且住进了公宫。鲁军没有纪律，大白天到处抢掠财物，邾国人退守绎山。鲁军在夜里袭击了绎山，俘获了邾隐公，把他带回鲁国，在亳社献俘之后，就将他囚禁到负瑕去了。

茅成子带着五匹帛、四张熟牛皮，以私人的名义前往吴国请求救兵。他说："鲁国认为晋国已经衰落，吴国又距离遥远，便以强凌弱，背弃了与君王订立的盟约，瞧不起君王的大臣，而来欺压我们小国。我们邾国不敢如何爱惜自己，只是担心君王的威严不能够树立。君王的威严无法树立，那才是小国真正担忧的。如果鲁国夏天才在鄫地与君王结盟，到了秋天就背叛了盟约，而且为所欲为，没有受到任何制裁，那么四方的诸侯还凭什么来侍奉君王呢？再说鲁国虽有八百辆兵车，而只是您的副手；邾国只有六百辆战车，却是您的下属。把自己的下属，拱手让给副手，这样做的利害得失，希望您能认真考虑一下！"吴王夫差听从了。

第二年春天，吴国因为邾国的缘故，打算进攻鲁国，为此特地向流亡吴国的叔孙辄征求意见。叔孙辄说："鲁国有名无实，你们攻打它，一定能取得胜利。"

叔孙辄退出来之后，将这件事告诉了一起逃亡到吴国的公山不狃。公山不狃说："你这样做是不合礼法的。君子离开自己的国家，是不会逃去敌国的。你在鲁国没有尽到臣子的本分，离开之后又劝敌国攻打它，而为吴国效力，这样的话，还不如死了呢！遇到这样的使命，就应该躲开。再说流亡他乡的人，不应该为了国内有自己厌恶的人，就祸害自己的家乡。现在你因为自己小小的怨恨，就要倾覆自己的祖国，这怎么可以呢？如果吴国让你带路，你一定要拒绝，这样他们就会来找我。"叔孙辄听了之后，对自己说过的话感到很后悔。

吴王夫差又向公山不狃征求意见，公山不狃回答说："鲁国虽然没有可以依靠的国家，但到了国家危亡的时刻，却一定会有愿意和它同仇敌忾的国家。如果诸侯都去救援它，那么吴国就难以达到目的了。如果晋国、齐国和楚国愿意帮助鲁国，那吴国就多了四个敌人。而且鲁国就相当于齐、晋的嘴唇，唇亡齿寒的道理您也是知道的，齐国和晋国怎么可能不救援鲁国呢？"但吴王夫差没有听从。

三月，吴国发兵攻打鲁国，由公山不狃负责领路。公山不狃故意把吴军领到险路上，经过了武城。当初，武城中有人在靠近吴国边界的地方种田，曾经把鄫地一个浸泡菅草的人抓起来，质问他："你为什么把我们的水弄脏了？"等到这次吴军来了，那个鄫地人就为吴军带路，最后攻下了武城。

吴国大夫王犯曾经出仕鲁国，担任的正好是武城的长官。武城人澹台灭明（孔子弟子）的父亲与他关系一向很好，鲁国都城的人不知道鄫地人的事，以为是因为王犯，甚至有澹台灭明的父亲相助，吴军才能攻克武城，所以都很担心。孟懿子对子服景伯说："这该怎么办呢？"景伯回答说："吴军来，我们就和他们作战，有什么好害怕的？而且这是我们鲁国自己攻打邾国，才把他们招来的，我们还想怎样呢？"

吴军接着攻克了东阳，然后继续前进，在五梧扎营。第二天，又在蚕室扎营。鲁大夫公宾庚和公甲叔子率军和他们在夷地交战，结果吴军获得了公甲叔子和析朱的尸首，并把他们献给了吴王夫差。夫差说："这两人是同一辆战车上的，他们能一起赴死，说明鲁国善于用人，看来这个国家还不能够夺取呢。"

第二天，吴军在庚宗扎营。接着，又在泗上驻扎。鲁大夫微虎想在夜里偷袭吴王的军帐，便吩咐他的七百个部属到账幕外的空地上去，每人跳跃三次，最后从中选出三百人，孔子弟子有若也在其中。这三百人走到曲阜的稷门时，有人对季康子说："这样做，并不足以危害吴军，只能使我们损失更多的精英，还不如罢手呢。"于是季康子便下令取消了这次行动。吴王听说这件事后，吓得一夜之间连换了三个住处。

吴国人提出和鲁国讲和，双方将要结盟时，子服景伯说："当年楚国人包围宋国都城，宋国人相互交换儿子吃，折断骨头用来烧火，最后也没有订立城下之盟。现在我们消耗还不严重，却订立城下之盟，这就等于是舍弃自己的国家呀。吴军轻兵深入敌境，一定不能在此久战，很快就会回去的。请再等待一下。"但季康子等人听不进他的意见。

子服景伯只好带着草拟的盟书来到莱门。鲁国提出让景伯去吴国作人质，得到吴王的同意后，又提出吴国得把王子姑曹留下来也作为人质，吴王不想留下王子姑曹，交换人质这件事就此作罢。双方订立盟约后，吴军便回国了。后来鲁国又得罪了齐国，齐国派使者去吴国请兵，要一起讨伐鲁国。鲁国为了讨好吴国，就主动把邾隐公送回了邾国。

## 齐鲁战于郊

鲁哀公十年，鲁国跟随吴国攻打了齐国。第二年春，齐国为了报仇，派国书、高无丕率领军队攻打鲁国，到达了清地。

季康子问他的家臣总管冉有，说："齐军在清地集结，一定是准备攻打鲁国，我们该怎么办？"冉有说："你们三位大夫（季孙、孟孙、叔孙），一人留守国都，其他两人跟随国君前往边境抵御齐军。"季康子说："我无法让他们两人前往边境。"冉有说："那就在境内抵御齐军吧。"

季康子把这一方案告诉叔孙武叔和孟懿子，他们两人都不同意。冉有说："如果这样还不行，那么君王就不必亲自出征了。你一个人率领军队，背靠城池，拼死一战。谁不跟随你出战，那他就不是鲁国人。鲁国都城卿大夫之家的数目比齐国的兵车还要多，其中光你一家的兵车就比齐军的兵车还多，你还担心什么呢？叔孙和孟孙不愿意作战，也是情有可原的，因为鲁国的政权掌握在你手里。如果在你还活着的时候，齐国人攻打鲁国，而鲁国人不能奋起作战，那这就是你的耻辱，你也就没资格和诸侯们并列了。"

季康子让冉有跟随自己上朝，让他在党氏之沟等候。这时叔孙武叔路过这里，跟冉有打了个招呼，并向他询问关于作战的意见。冉有回答说："这个问题，君子们自有远虑，我一个小人又知道什么呢？"

这时孟懿子也走了过来，坚持要他回答这个问题。于是冉有暗含讽刺地回答说："小人估量了才能之后才说话，估量了力量之后才出力。"叔孙武叔听出了冉有的激将法，说："你这是在说我不是大丈夫啊！"他们两人退朝之后，便检阅部属准备参战。

孟懿子的儿子孟孺子泄统帅右军，颜羽为他驾车，邴泄担任车右。冉有统率左军，管周父为他驾车，樊迟担任车右。季康子说："樊迟太年轻了。"冉有说："但他能服从指挥。"

季氏共出动了七千名甲兵，冉有把三百个武城人编作自己的侍卫步兵，留下老弱士兵守卫宫室，然后带着其余的部队驻扎在雩门之外等候命令。五天之后，孟孺子泄率领的右军才跟了过来，可见孟孙还是不想参战。

鲁昭公的儿子公为一看到守城的人，便流下了眼泪，说："徭役繁多，赋税沉重，居上位者不能谋划，战士们又不愿拼命，那还靠什么来治理百姓呢？我既然这样谴责别人了，自己敢不努力吗？"

鲁国左军和齐军在国都的郊外作战。齐军从稷曲向鲁军发起了进攻，然后鲁军士兵却不敢越过壕沟迎战。樊迟对冉有说："并不是士兵不能够越过壕沟，而是大家对你还不信任。请你申明号令三次，然后带头越过壕沟。"冉有照他的话做了，士兵们也就跟着越过壕沟，冲入了齐军军阵。

孟孺子泄率领的右军四散奔逃，齐军追赶他们，齐大夫陈瓘、陈庄渡过了围绕都城的泗水。鲁国右军的孟之侧不愿就这样逃跑，于是故意走在最后头，还抽出一支箭来鞭打他的马，说："不是我想殿后，而是马不肯往前走了。"林不狃的队友问："我们逃吗？"林不狃说："谁逃跑吗？"队友又问："那么我们要停下来抵抗吗？"林不狃说："停下来抵抗就算有能耐吗?"于是他们就从容前行,结果被齐军杀死。

鲁国左军获得了八十个齐军甲士的首级,以致齐军无法重整军容。到了晚上,鲁军间谍报告说:"齐军逃跑了。"冉有三次请求追击齐军,但季康子都没有同意。

孟孺子泄后来对人说:"我虽然比不上颜羽勇敢,但还是比邴泄要好。颜羽沉稳敏锐,一心求战;我虽然不想作战,但至少没有吭声;邴泄作为车右,却在一旁催颜羽说:'快赶车逃跑!'"

公为与他宠爱的小僮汪锜同乘一辆战车,结果一起战死,人们为他们举行了葬礼。孔子说:"汪锜能和成年人一样,拿起武器保卫国家,可以不当成夭折对待,照成年人的规格安葬。"冉有让左军士兵用长矛冲锋,鲁军因此才能攻入敌阵,孔子说:"这说明冉有懂得具体情况具体对待呀。"

## 艾陵之战

鲁哀公十一年夏,因为当年春天齐军曾入侵到鲁国都城的郊外,鲁哀公为了报仇,就联合吴王夫差一起攻打齐国。五月,鲁、吴联军攻克了齐国的博邑。二十五日,军队攻到了嬴地。吴军中军由夫差亲自率领,吴大夫胥门巢率领上军,王子姑曹率领下军,展如率领右军。

齐军中军由国书率领,高无丕率领上军,宗楼率领下军。陈乞对他弟弟陈书说:"你要是战死,我就一定能实现我的愿望。"想以他弟弟的死,来抬高陈氏的威望。宗子阳和闾丘明以死互相勉励。桑掩胥为国书驾车,公孙夏说:"国书和桑掩胥一定会战死沙场。"

将要开战,公孙夏让他的部属高唱挽歌《虞殡》。陈逆让他部下都准备好入殓时的含玉,表示必死的决心。公孙挥命令他的部下:"每人准备一条八尺长的绳子,吴人头发短,到时好用来捆脑袋。"东郭书说:"俗话说:'参加三场战斗,必定难免一死。'这已经是我第三次参战了。"于是派人把自己的琴送给朋友弦多,说:"我恐怕再也见不到你了。"陈书说:"这一次,我恐怕只能听到前进的鼓声,而听不到收兵时的鸣金之声了。"

当时,吴国军事力量极强,威震诸侯。齐国人大都认为自己不能获胜,只有公孙挥表示了乐观的情绪。

五月二十七日,双方在艾陵交战。展如击败了高无丕,齐军上军败;国书击败了胥门巢,吴军上军也败。吴王夫差的中军和亲兵援助胥门巢,又将齐军杀得大败,并获得了国书、公孙夏、闾丘明、陈书、东郭书的尸体,还缴获了八百辆战车,斩获三千级齐军甲士的脑袋。因为鲁哀公也率军跟从,吴军就把这些战利品都献给了鲁哀公,以示慰劳。

将要作战时,吴王夫差对叔孙武叔喊道:"你担任什么职务?"叔孙武叔回答说:"司马。"于是吴王赏他铠甲和剑,对他说:"努力完成你们的君王交给你的任务,不要辜负了君王的希望!"

叔孙武叔一时不知该如何回答,子贡上前一步,代他回答说:"武叔接受君王的铠甲,随君王您一起作战。"叔孙武叔于是拜受了吴王的赏赐。君王赏赐剑,是要求臣子战死。大概当时没有受剑的礼仪,所以叔孙武叔不知道如何回答;子贡代答时,也只提到了铠甲,而没有提到剑。

鲁哀公派太史固把国书的首级送回齐国。首级放在一个新做的小箱子里,用红黑色与浅红色的帛垫在下面,还缠上了编起来的丝带。箱子上放了一封信,信中说:"如果上天不明了你们的罪恶,怎么会让小国获胜呢?"

当年秋,季康子下令整顿防务,并说:"小国战胜大国,也可以说是祸患。不用多久,齐军就会来进攻我们了。"

## 黄池之会

吴军在艾陵之战大败齐军后,吴国国势更强。鲁哀公十三年夏,吴王夫差北上中原,在黄池邀集晋定公、鲁哀公会盟,打算在会上争得一个中原霸主的名头。

六月十一日,越王勾践趁机攻打吴国。越军兵分两路:一路由越大夫畴无余、讴阳率领,从南部进军,率先攻到吴都郊区。吴国的太子友、王子地、王孙弥庸、寿于姚在泓水上观察越军情况,弥庸看到越地姑蔑的旌旗,说:"这是我父亲的战旗!我不能见到仇人而不去杀他们。"弥庸的父亲被越国人俘虏,旌旗也被夺去,姑蔑人拿来做了自己的旗帜。

太子友说:"作战而不能取胜,就可能导致亡国,请你耐心等待。"弥庸不听,集合了五千名士卒,王子地也帮助他。

二十日,双方交战,弥庸俘获了畴无余,王子地俘获了讴阳。这时,越王勾践率领主力部队赶到,王子地坚守阵地。二十一日,双方再次交战,结果吴军大败,太子友、王孙弥庸、寿于姚都被越军俘虏。二十二日,越军攻入了吴都。吴国人连忙派人向吴王夫差报告战败的消息。吴王害怕这个消息被参加盟会的诸侯知道,影响他争盟主,便亲自动手,一连杀了七个知情的人。

七月初六,在确定歃血的先后顺序(先歃血为盟主)时,吴国和晋国起了争执。吴国人说:"在姬姓国家中,我们吴国是周室的伯父之国(吴国始祖太伯是周文王的伯父)。"晋国人说:"在姬姓国家中,我们晋国一直都是盟主。"

晋卿赵鞅对司马寅说："现在天色已晚，但是盟誓的事还没有解决，这是我们两个的罪过。现在只有一个办法：让我们敲起战鼓，摆开阵仗，我们这两个做臣子的摆出要跟他们决一死战的样子，这样就可以确定先后顺序了。"司马寅回答说："请让我先到吴军中去观察一下吧。"他回来后说："身居高位的人，不应该脸色灰暗。现在吴王脸色灰暗，难道是吴国吃了败仗？还是太子去世了？夷狄之人性子浮躁，不够沉着，一定忍耐不了多久。让我们先等一等吧。"最后，晋国人还是让吴国人先歃血。（按：据《国语》，黄池之会最后是晋国人先歃血，此说似乎更可信。）

吴军回国时，吴王夫差又打算顺路攻打宋国都城（因为宋国人没有来参加黄池之会），把那里的男人都杀了，把女人都抓起来。太宰嚭说："虽然能战胜，但也无法占领这里。"于是吴军烧了宋都的外城，耀武扬威一番就回国了。冬天，吴国和越国讲和。

## 齐陈常弑简公

齐简公当上国君前，在鲁国流亡的时候，非常宠信阚止。等到他回国即位，就让阚止主持朝政。陈常（陈乞之子）对阚止十分忌惮，上朝时总是频频回头看阚止。大夫陈鞅对齐简公说："陈常和阚止这两个人不能并用，君王您必须从中做出选择。"但简公没有采纳他的建议。

一天傍晚，阚止前去谒见简公，正好碰见陈逆杀人，便派人把他抓起来带入公宫。当时陈氏族人非常团结，他们让陈逆装病，他们给陈逆送去了洗头的淘米水，趁机送进酒肉。陈逆把酒肉送给看守，等看守喝醉之后，就把看守杀了，然后逃跑。为此，阚止和各位陈氏大夫在陈氏宗主家里订立了盟约，以防陈逆回来作乱。

当初，陈氏族人陈豹打算做阚止的家臣，请齐大夫公孙向阚止推荐自己。不久因为陈豹家里有丧事，公孙便把这件事放了下来。等陈豹服完丧后，公孙对阚止说："有一个人叫陈豹，身材高大，有些驼背，眼睛总是朝上看，如果侍奉君子一定能令人满意，他希望做你的家臣。我有点担心他的为人，所以才没有马上告诉你。"阚止说："这有什么关系？关键在于我怎么用他。"便让陈豹做了家臣。过了些日子，阚止和陈豹谈论治理国家的事，谈得很高兴，不久陈豹便得到了阚止的宠信。

鲁哀公十四年，阚止对陈豹说："我把陈氏的人全都赶走，然后立你为陈氏的继承人，你看怎么样？"陈豹回答说："我在陈氏一族中，只是远支。再说陈氏一族中，不服从你的也就几个人，为什么要把他们全都赶走呢？"

陈豹做阚止的家臣，本来就是陈氏安插的奸细。如今陈豹先拿话稳住阚止，回头便把这事报告给了陈常。陈常召集族人商议,陈逆对陈常说:"阚止已经得到国君的宠信,如果我们不先下手,那么祸患就一定会降临到你头上。"于是陈逆住进公宫里,准备做内应。

五月十三日,陈常兄弟四人乘坐一辆马车,前往公宫。阚止当时正在里面,听说陈氏兄弟来了,就出来迎接他们。陈氏兄弟进去之后,便把大门关上。齐简公的侍者见陈氏兄弟来势不善,打算反抗,陈逆把他们都杀了。这时齐简公正在檀台上和女人喝酒,陈常想让简公转移到寝宫中去,简公不愿意,拿起戈要打陈常。太史子余(也是陈氏的人)赶紧劝解说:"陈常他们不是要对君王不利,而是要除掉君王身边的坏人!"

陈常因为齐简公发了怒,就退出来到府库里去住。过了一会,听说简公怒气还没有消,就打算逃走,说:"哪里没有可以侍奉的君主呢?"陈逆抽出宝剑,说:"犹疑不决,是做事的大敌。你要是逃走,谁又不能做陈氏的宗主呢?如果你要逃,我就一定杀了你!请陈氏祖先作证!"于是陈常放弃了出逃的想法。

阚止回到家里,集合自己的部属,攻打宫墙的小门和大门,但都没有攻下来,便逃走了。陈氏族人在后面追赶他,阚止在阚中峪迷了路,结果逃到了陈氏封邑丰丘。丰丘人抓住阚止,然后报告给陈常,陈氏便在外城城门之外将他杀了。

陈常还准备杀死阚止的家臣大陆子方,陈逆替子方求情,陈常才赦免了他。大陆子方假冒齐简公的命令,在路上征用了一辆车,但逃到齐鲁边界时被人发现,大家又逼着他往东返回了。大陆子方出了齐都的雍门,陈豹要把自己的马车送给他,他不肯接受,说:"陈逆为我求情,使我免于一死;陈豹送我车子,让我逃命,这说明我跟他们两人有私交。我侍奉阚止,却又跟他的仇人有交情,那我还拿什么去见鲁、卫之士呢?"后来子方逃到了卫国。

二十一日,陈常在舒州把齐简公抓了起来。简公说:"要是我早听陈鞅的劝告,就不会落到这一步了。"

六月初五,陈常在舒州杀了齐简公。孔子为此斋戒三天,并且三次向鲁哀公请求攻打齐国。鲁哀公说:"长期以来,齐国一直在削弱我们鲁国。现在你让我攻打它,我们究竟该怎么做呢?"孔子回答说:"陈常弑杀了君王,齐国百姓中不赞同他、不亲近他的有一半之多。如果我们用上鲁国的全部兵力,再加上齐国的那一半人,就一定能够获胜。"哀公说:"你去告诉季康子。"孔子拒绝了,退下之后对别人说:"我是因为位居大夫之末,所以才不敢不说啊。"

# 卫庄公蒯聩

卫灵公有三个妻子，其中他最宠爱娶自宋国的南子。南子过去与宋国的公子朝私通，她想念公子朝（公子朝是有名的美男子），就向卫灵公婉转地提出要求。鲁定公十四年秋，卫灵公为了南子，特意召见宋国的公子朝，在洮地举行会盟。

当时蒯聩是卫灵公的太子，正出使齐国。途经宋国的郊野时，当地有人对他唱道："既然已经满足了发情的母猪，为什么还不送回漂亮的公猪？"蒯聩听了，感到极其羞耻，便对家臣戏阳速说："你跟我去朝见夫人，等她接见我时，只要我一回头看你，你就把她杀了。"戏阳速说："好。"

于是他们两人便去朝见南子。南子接见了蒯聩，蒯聩三次回头看戏阳速，但是戏阳速就是不动手。南子看到太子的脸色不对，便哭着跑了，并喊："蒯聩要杀我。"卫灵公出来，拉着她的手登上高台躲避。蒯聩逃亡到了宋国，卫灵公把蒯聩的党羽也全都驱逐了出去。

蒯聩对别人说："是戏阳速害了我。"但戏阳速却对别人说："太子才想害我呢。他大逆不道，让我杀死他的母亲。如果我不答应，他就会残害我；如果我杀了夫人，他就会拿我当替罪羊，为自己开脱。因此我先答应他，后来又不真的去做，才得以暂免一死。俗话说：'百姓靠信义来保护自己。'我这就是信守道义啊。"

蒯聩出逃后，卫灵公到郊外游玩，由他的儿子公子郢替他驾车。灵公说："我没有其他嫡子，准备立你为太子。"公子郢没有回答。过了几天，灵公又对他说起这件事，公子郢回答说："我担当不起国君这个重任，您还是改变主意吧。现在您有君夫人在堂上，有卿、大夫、士在堂下，您不和他们商量，不经过他们同意，就这么做出决定，就算我接受了也只是辱没它而已。"

鲁哀公二年夏，卫灵公去世。夫人说："立公子郢为太子，这是先君的命令。"公子郢回答说："我与其他公子志向不同。况且先君死前，我一直陪伴在他身侧，如果先君有这样的遗命，我一定能听到。再说蒯聩虽然逃亡在外，但他的儿子辄还在国内，应该立他为国君。"于是卫国人立辄为君，是为出公。

当时晋国发生内乱，齐国为了争霸，就联合其他诸侯帮助晋国的乱党，卫国也加入了齐党。晋卿赵鞅为了威胁卫国，就准备把蒯聩送入卫国的戚邑。六月十七日晚，赵鞅一行迷失了方向，赵氏家臣阳虎说："向右走到黄河，渡河后再向南走，就一定能到达戚邑。"他们让蒯聩摘下了帽子假装奔丧，又让八个人穿着丧服，装成是从卫都来迎接太子的。

他们这样告诉戚邑的守门人，守门人就放他们进去了。他们哭着进去，随后就占据了戚邑。

当年秋，齐国为晋国叛党输送粮食，赵鞅率军截击，与为齐国护送粮食的郑国军队在戚邑的铁丘大战，结果赵鞅率领的晋军大获全胜，缴获了齐国的一千车军粮。蒯聩也参加这次战役，他担任赵鞅的车右，立下了赫赫战功。蒯聩从此就占据戚邑，一住住了很多年。

卫国的孔圉娶了蒯聩的姐姐为妻，后来生下孔悝。孔家的小厮浑良夫长大后很英俊，孔圉去世后，浑良夫便和孔圉的妻子孔姬私通。蒯聩流亡在戚邑时，孔姬派浑良夫去见蒯聩，蒯聩对他说："如果你能帮我回到卫国，当上国君，我就封你为大夫，赐给你大夫的衣冠、车马，并可以赦免你三次死罪。"于是他们两人就立下誓约。

浑良夫回来后，就替蒯聩向孔姬请求帮助。鲁哀公十五年闰十二月，浑良夫和蒯聩偷偷回到卫国都城，住在孔家宅院外面的菜园里。黄昏的时候，他们两人用头巾蒙住脸，装扮成妇女，坐在车子里，由宦官罗为他们驾车，驶进孔氏大门。孔氏的家臣总管栾宁向他们询问，罗就说是亲戚家的侍妾，得以进入大门，到了孔姬的住处。

吃完饭之后，孔姬拿着一柄戈当作手杖，走在前面，蒯聩和五个随从穿着铠甲，拉着一辆小车跟在后面，车里载着一头将用作牺牲的公猪。他们把孔悝逼到墙角，强迫他盟誓，然后又把他劫持到孔氏的高台上。这时栾宁正要喝酒，肉还没有烤熟，一听说发生了叛乱，便立即派人告诉子路，并叫手下获赶快套上马车，他在车上一边喝酒一边吃肉，护送卫出公出逃，逃到了鲁国。

子路当时是孔氏家臣，正在国都的郊外。接到报告后，他正要进入国都，就碰见正在逃难的同门子羔。子羔对他说："城门已经关上了。"子路说："我去试一试。"子羔说："来不及了！不要去惹祸送死。"子路说，"拿了孔氏的俸禄，就不能只顾着躲避祸难。"子羔还是逃走了。

子路进了城，来到孔氏家门口。孔氏家臣公孙敢负责守门，不让他进去，说："你不要进来了，没有用的。"子路说："你是公孙敢吧？你为了自己的利益，逃避孔氏的祸难。我是不会这样做的。既然我拿了孔氏的俸禄，那我一定要进去救他。"

正好这时有人从里面出来，子路便趁机溜了进去。他大声喊道："太子为什么要劫持孔悝？就算杀了他，也一定有人接替他的！"还说："太子不够勇敢，如果放火焚烧高台，烧到一半，他一定就会放了孔悝。"蒯聩听到之后，很害怕，便命令石乞、盂黡下去阻止。他们拿着长戈攻击子路，把子路的帽带割断了。子路说："君子就算死了，也不能脱掉帽子。"于是去系帽带,结果被杀死了。孔子得知动乱的消息,说:"子羔大概会回来,子路恐怕会死在那里吧。"

孔悝立蒯聩为国君,是为庄公。卫庄公担心以前卫出公的大臣靠不住,打算把他们全部除掉,就先对司徒瞒成说:"我在外面流亡了很久,尝够了各种艰辛,现在想请你也去体验一下。"司徒瞒成回去后,便告诉了褚师比,打算一起攻打庄公,但是没来得及付诸行动,于是都逃亡到宋国。

鲁哀公十六年六月,卫庄公在平阳招待孔悝喝酒,重重地酬谢他,对其他大夫也都馈赠了礼物。孔悝喝醉了,到了半夜才被送回去。孔悝用车子载着孔姬,从平阳出发,刚刚走到西门,就又派副车回到西圃的宗庙中,把安放祖先牌位的匣子拿来。子伯季子本来是孔氏家臣,如今刚被庄公提拔为自己的臣子,他在路上遇到回来取匣子的副车,于是就把副车上的人杀了,坐着夺来的车子追赶孔悝。

许公为被孔悝派去接应副车,结果遇到了子伯季子,他说:"和不仁不义的人作战,肯定能够获胜。"而且坚持要让子伯季子先射。子伯季子射了三支箭,都离许公为很远;许公为只射了一支箭,就把子伯季子射死了。许公为的手下夺回副车,并在弓袋中找到了安放牌位的匣子。孔悝见庄公容不下自己,就逃到了宋国。

卫庄公做了个梦,请人来占卜。他的一个宠臣曾经向大叔僖子要酒喝,但大叔僖子没给他,于是这次他就和卜人勾结起来,对庄公说:"君王您有一个大臣住在西南方向,如果不把他除掉,恐怕您就会有危险。"于是庄公驱逐大叔僖子,大叔僖子逃亡到晋国。

卫庄公对浑良夫说:"我虽然登上了君位,但是没有得到君王的宝器(出公辄逃亡时,把宝器都带走了)。我该怎么办呢?"浑良夫屏退执烛的侍者,自己代他执烛,对庄公说:"太子疾和出逃的辄,都是您的儿子。您可以把辄也召回来,然后根据他们两位的才干,选择一位立为太子。如果辄没有才能,您可以把他废掉,但宝器就已经到您的手中了。"

谁知这番话还是让仆人听见了,那人又偷偷地告诉了太子疾。太子疾让五个随从用小车载着公猪跟随自己,然后劫持了卫庄公,强迫庄公与他订盟,并请求杀死浑良夫。庄公说:"我曾经和他订盟,发誓说要赦免他三次死罪。"太子疾说:"那就请在赦免他三次之后,再把他杀掉。"庄公说:"好吧。"

鲁哀公十七年春,卫庄公在藉圃造了一座以虎纹为饰的小木屋。建成后,庄公想找一位有好名声的人,与他一起在新屋吃第一顿饭。太子疾趁机推荐浑良夫,庄公同意了。浑良夫乘着两匹公马驾的车子,朝服里面穿着紫色的外衣(当时紫色是国君的服色)和狐裘中衣。到了之后,浑良夫按礼仪只能敞开朝服露出外衣,但他却连外衣也敞开了,露出了中衣，而且没有解下佩剑就入座就餐。太子疾立即让人把他拉下去，列数了服紫、祖裘、带剑三条罪状后，便把他杀了。

这时，赵鞅从晋国派使者对卫庄公说："您在晋国的时候，那些事都是我替您做的主。现在我们国君有事，请您或太子来一趟晋国，以免我们国君以为是我从中阻挠。"卫庄公以国内尚未安定为由推辞了。太子疾又在赵鞅面前诋毁了他父亲。

六月，赵鞅率军包围了卫国都城。齐国大夫国观、陈瓘率军救援卫国，俘虏了晋军派来单车挑战的人。陈瓘接见了俘虏，说了几句客套话，就把他放了回去。赵鞅不好意思再战，说："我只占卜了攻打卫国的吉凶，没有占卜跟齐军作战的吉凶。"自己给自己找了个台阶下，然后就退兵了。

卫庄公梦见自己在北宫，看到有人登上昆吾之观，披散头发朝北方叫喊："我就是浑良夫，向上苍申诉自己的无辜！"庄公醒来后，亲自用筮草占卜。筮史胥弥赦看了筮辞，不敢说实话，说："没关系的。"庄公赏赐他县邑，胥弥赦没敢接受，逃奔到了宋国。

卫庄公又用龟甲占卜，繇辞说："就像红尾巴的鱼，经过急流而犹豫。靠近大国，大国发兵，将要灭亡。关闭大门，堵住缺口，越过后墙逃走。"

十月，晋国再次发兵攻打卫国，已经攻入外城，就快要攻破内城了。赵鞅说："停止进攻。叔向说过：'乘人之乱而灭亡他国的，断子绝孙。'"卫国人驱逐卫庄公，与晋国谈和。晋国人立卫襄公的孙子般师为君，然后撤军回国。但到了十一月，卫庄公又从齐国的鄄邑回到卫都，般师被迫出逃。

当初，卫庄公登上城墙远望，见到戎州（戎人的聚落）。庄公询问随从，随从告诉他这是戎州，庄公说："我们姬姓之国，哪里来的戎州？"于是就派军队前去扫荡。

卫庄公频频使用工匠，而不加顾惜，不让他们好好休息。庄公想驱逐大夫石圃，还没下手，石圃就先行发难。当月十二日，石圃依靠工匠攻打卫庄公，庄公关上宫门，向石圃求饶，石圃不答应。卫庄公打算翻越北面的围墙逃跑，结果从墙上摔下来，摔断了大腿。

这时，戎州的人为了报仇，也来进攻卫庄公。太子疾、公子青翻出围墙跟随庄公，被戎州的人杀了。庄公躲进戎州己氏的家中。当初，庄公从城墙上看见己氏的妻子头发很美，就让人把她的头发都剃了，拿回来给他夫人吕姜做假发。庄公躲进己氏家中后，拿出随身的玉璧给己氏看，说："让我活命，我就给你玉璧。"己氏说："杀了你，玉璧还能跑到哪儿去？"于是就杀了卫庄公，夺走了他的玉璧。卫国人迎回般师，仍旧立他为国君。

# 宋向魋之乱

宋国的向魋很得宋景公的宠信，势力越来越大，以至对公室都产生了威胁，景公打算伺机除掉他。鲁哀公十四年夏，宋景公让自己的母亲几次邀请向魋参加享宴，打算在宴会上攻击他。但计划还没来得及实施，向魋就已经先有动作了。

向魋请求用自己的封地鄇邑交换宋景公的薄邑。景公说："不行。薄邑是我公室宗庙的所在地。"于是就把周围的七个小邑赐给向魋，让它们并入鄇邑。向魋假装很高兴，要设享宴招待景公，以表示感谢。宴会的时间定在正午，向魋事先把自己家族的所有武士都埋伏在宴会的地点，准备袭击景公。

宋景公得知了这一阴谋，对司马皇野说："向魋是我从小养大的，现在竟然要加害于我。请你马上想办法救我。"皇野说："臣子如果不顺从君命，那么就连神灵也会厌恶他，更何况是人呢？我哪敢不接受您的命令！不过这件事，必须得有左师向巢的支持，请用君王的名义召见向巢。"

向巢是向魋的哥哥，他每次吃饭时都要敲钟。听到钟声传来，宋景公说："他正要吃饭。"向巢吃完饭之后，再敲一次钟。景公说："你现在可以去了。"于是皇野乘车到向巢家去，对向巢说："追踪野兽的官员前来报告：'逢泽那里有一只麋鹿。'君王说：'现在向魋还没有回来，如果左师肯来，我可以和他一起去打猎，怎么样？'君王不敢拿私事来麻烦大臣，我就说：'让我跟他私下谈谈。'君王想快点出发，所以就让我乘车来接你。"向巢便和他同乘一辆马车，到了景公的住处。

宋景公把实情告诉了向巢，向巢吓得拜倒在地，不敢起身。皇野对景公说："君王您要和他盟誓。"景公为了让向巢宽心，就发誓说："上有苍天，下有先君，我发誓我绝不会害你！"向巢回答说："向魋不服从君王的命令，这是宋国的祸害。我一定对君王唯命是从！"

皇野求得发兵的符瑞，发动家族的士兵攻打向魋。他家族内的父老兄弟和旧臣都说："别去！"而新来的家臣都说："要服从我们君王的命令。"最终还是决定攻打向魋。

向魋的弟弟子颀骑马报告了向魋，向魋打算率部下进城攻打宋景公。他的另一个弟弟子车劝阻他说："不能侍奉君王，又要攻打国都，百姓不会赞成你的，这样做只能自取灭亡。"于是向魋便进入曹邑，在那儿发动了叛乱。

六月，宋景公派向巢讨伐向魋。向巢未能取胜，想返回都城，又担心景公降罪，就要求让都城的大夫作他的人质，都城的人没有答应。于是向巢也进入曹邑，打算抓一些曹邑的人作人质。向魋说："不行！既然不能侍奉君王，还要得罪百姓，以后该怎么办？"于是向巢释放了曹邑的人，但曹邑的百姓不久就背叛了他们。

向魋得不到百姓的支持，只好逃到卫国。向巢准备逃到鲁国，宋景公派人挽留他，说："我已经和你有了誓约，不会让向氏的祭祀断绝的。"向巢推辞说："我的罪过太大了，就算把向氏全都灭掉也不算过分。假如君王能看在向氏先臣的面子上，让向氏的后代得以延续，那就是君王的恩惠了。至于我，是不能再进入宋国了。"

向魋逃到卫国后，卫大夫公文氏攻打他，向他索要向家的宝物——夏后氏的玉璜。向魋用另一块玉冒充夏后氏的玉璜给了他，然后在公文氏发现之前逃到了齐国，齐国的陈常让他担任次卿。

## 越王勾践灭吴

鲁哀公元年，吴王夫差在夫椒大败越军，随后大举侵入越国，将越王勾践和他的剩余士兵包围在会稽山上。但是，夫差却没有借此良机灭了越国，他不听伍子胥的劝谏，而听信了太宰嚭的谗言（太宰嚭接受了勾践的贿赂，所以劝夫差接受越王求和），答应了越王勾践的求和。从此，越王勾践卧薪尝胆，争取有朝一日复仇雪耻。

鲁哀公十一年，吴国在艾陵之战前，正准备攻打齐国的时候，越王勾践曾率领群臣到吴国朝见，向吴王和各位大臣赠送了礼物。吴国人都非常高兴，只有伍子胥心怀忧惧，他说："这是把吴国当牺牲，在喂养吴国啊。"于是劝谏吴王，让他趁早把越国灭掉，吴王夫差不听。

吴王夫差派伍子胥出使齐国，伍子胥就把儿子留在了齐国，托付给齐国的鲍氏照顾，这就是后来的王孙氏。夫差从艾陵之战返回，听说了这件事，非常生气，就派人把宝剑"属镂"赐给伍子胥，让他自杀。伍子胥将要自杀时，说："我死后，请在我墓上种上楸树。等它成材的时候，吴国恐怕就要灭亡了！三年之后，吴国就要开始衰落。物极必反，这是上天的规律。"

鲁哀公十三年，吴王夫差邀集诸侯在黄池会盟，打算争盟主之位。越王勾践趁机发兵攻打吴国都城，在郊外大败吴军，俘虏了吴国的太子友、

伍子胥

王孙弥庸等人。吴王夫差得知此事后，为了防止消息泄露，被诸侯知道，影响自己争盟主，一连杀了自己手下的七个知情者，然后匆匆结束盟会回国，与越国讲和。

鲁哀公十七年三月，越王勾践又一次率军攻打吴国。吴王夫差率军在笠泽（即淞江）抵御，两军夹水对阵。勾践创出"左右句卒"阵，到了夜间，或是左军，或是右军，擂鼓呼喊而进，骚扰吴军，吴军被迫在左右两翼分兵抵挡。某一个夜晚，勾践集合三军偷偷渡过淞江，行进到吴军中军前，然后擂鼓进攻。吴军只有中军一军，而越军有三军，吴军抵挡不住，大乱，越军终于大败吴军。

笠泽大败后，吴国元气大伤，但吴王夫差仍旧任用奸臣，不知悔改。吴国的公子庆忌屡屡向夫差进谏，说："再不改变，吴国一定会亡！"夫差不听。

公子庆忌离开都城，居住到艾邑，随后又去了楚国。鲁哀公二十年冬，听说越国又要进攻吴国，庆忌就向楚国人请求回国，打算帮吴国与越国讲和。庆忌回国后，准备铲除奸臣，缓和与越国的矛盾，结果吴王夫差却将他杀了。

十一月，越王勾践发兵攻打吴国，包围了吴国的都城。

当时，晋卿赵鞅去世不久，其子赵无恤继位，正在服丧期间。服丧期间饮食本来就很简单，赵无恤听说吴国被围，又进一步降低了自己的饮食标准。他的家臣楚隆问："服三年之丧，已经是为最亲近的人了。如今主公还要简化饮食，难道是有别的原因吗？"

赵无恤说："黄池之会时，先父与吴王有过盟约，说：'患难与共！'如今越军包围了吴国都城，我作为先父的继承人，想不废弃先父的誓言而为吴王抵御越军，却又非晋国的力量所能办到，所以我只好降低自己的饮食标准。"

楚隆说："若是让吴王知道您的心意，如何？"

赵无恤问："能做到吗？"

楚隆说："让我试试看吧。"于是前往吴国。

当时吴国都城已经被包围，外人无法进入。楚隆就先到越国军队中，说："吴国侵扰我们中原的诸侯国，已经有很多次了。听说大王御驾亲征，率军讨伐吴国，中原各国没有一个人不欣喜若狂，唯恐大王不能获胜，所以请让我进城为大王侦察一下。"越人同意了。

楚隆进入吴国都城，对吴王夫差说："我们国君的正卿赵无恤，特派陪臣楚隆来向大王谢罪。在黄池之会上，我们国君的先臣赵鞅曾与大王一起盟誓，说过'患难与共'。如今大王身处危难，家主赵无恤虽然不敢惮烦救援的劳苦，只是这并非晋国的力量所能办到，所以特派陪臣我来向大王说明这一切。"

吴王夫差拜了两拜，叩头说："寡人愚钝无能，不能侍奉越国，以致让贵国的卿大夫担忧,特此拜谢!"然后拿出一小盒珍珠,让楚隆转赠赵无恤,说:"勾践不让我好好地活,而我大概也不得好死了。"

夫差又问楚隆:"俗话说:快要淹死的人,知道自己反正活不成了,反而会笑出来。我现在有个问题要问你,贵国的史墨为什么称得上是个君子?"

楚隆回答说:"史墨那个人,在朝廷做官时,没有人会嫌恶他;辞官离任时,也没有人会诽谤他。"

夫差感慨地说:"他的确当得起君子之称啊!"鲁昭公三十二年,史墨曾经预言说:"用不了四十年,越国就将拥有吴国。"夫差大概正是想起了这个三十五前的预言,所以才会在绝境之中问起史墨的为人来。

围城进行到第三年,也就是鲁哀公二十二年十一月的时候,越军终于攻破了吴国的都城,吴国从此灭亡。越王勾践派人告诉吴王夫差,请他居住到甬东。夫差辞谢说:"寡人年事已高,哪里还能侍奉大王呢?"说完就上吊自杀了。越国人把他的尸体带回了国都。

**特别提示:**

　　本书在编写过程中,参阅和使用了一些报刊、著述和图片。由于联系上的困难,和部分作品的作者(或译者)未能取得联系,对此谨致深深的歉意。敬请原作者(或译者)见到本书后,及时与本书编者联系,以便我们按照国家有关规定支付稿酬并赠送样书。

　　联系电话:010-80776121　　联系人:马老师